IBN-SÉOUD

ou

LA NAISSANCE D'UN ROYAUME

BENOIST-MÉCHIN

LE LOUP ET LE LÉOPARD

IBN-SÉOUD

ou

LA NAISSÀNCE
D'UN ROYAUME

*Nouvelle édition
revue et augmentée*

ALBIN MICHEL

Il a été tiré de cet ouvrage :
35 exemplaires sur vélin de Lana,
dont 30 numérotés de 1 à 30,
et 5 hors commerce numérotés de I à V.

© Éditions Albin Michel, 1955
22, rue Huyghens, 75014 Paris

ISBN 2-226-04110-9

PREMIÈRE PARTIE

MOBILITÉ ET IMMOBILITÉ DES ARABES
(5000 av. J.-C.-1880 ap. J.-C.)

I

On a peine à se représenter l'Arabie autrement que comme
une masse désertique de pierres et de sables, comme un
brasier qui se consume lentement sous un soleil dévorant.
Contrairement à beaucoup d'autres contrées du monde, c'est
un pays où le rôle primordial de la terre a été confisqué
au profit de la lumière et du ciel. Il semble avoir été façonné
dans une substance immatérielle et ses horizons ressemblent
moins à des paysages qu'à ces images incandescentes qui
naissent au cœur du feu.

Pourtant, il n'en fut pas toujours ainsi. Car les historiens nous assurent qu'en des temps immémoriaux, quand
l'Europe gisait ensevelie sous le linceul blanc de l'époque
glaciaire, l'Arabie était une contrée verdoyante et fertile,
irriguée par plusieurs fleuves, un pays souriant où les pâturages alternaient avec les forêts.

Quelle fut la vie de cette Arabie fraîche et boisée, où les
sources bruissaient au fond des clairières ? Nous n'en
savons rien, car aucun témoignage n'en est parvenu jusqu'à
nous. Sans doute sa faune était-elle semblable à celle de
l'Afrique et des Indes, entre lesquelles elle servait de trait
d'union. On devait y rencontrer des mammouths et des
aurochs, des buffles et des gazelles, des aigles et des léopards.
Mais tout cela n'est plus.

Car lorsque les glaces reculèrent vers le Nord, l'Europe sortit de sa léthargie et s'éveilla à la vie ; tandis que l'Arabie vit ses forêts dévorées par le soleil, et devint un désert. Ses arbres calcinés tombèrent en poussière ; les pluies se firent plus rares ; les fleuves se desséchèrent : l'érosion gagna de proche en proche, et le vent que n'entravait plus rien, le terrible vent du Sud, recouvrit ses pâturages d'une couche de sable mouvant.

Pendant plusieurs milliers d'années, les choses restèrent inchangées. Aux lisières de l'Arabie, telles des fusées étincelantes, des civilisations naquirent, montèrent vers leur zénith, brillèrent d'un éclat fulgurant, puis déclinèrent. Leur ascension et leur chute étaient si rapides que leur splendeur s'effaçait devant le sentiment de leur fragilité.

De grands royaumes surgirent ainsi et retournèrent au néant. A l'est, sur les rives du Tigre et de l'Euphrate, on vit grandir successivement Ur, Babylone, Ninive, Ctésiphon, et autour de ces opulentes cités, les empires des Sumériens, des Akkadiens, des Assyriens et des Perses. Tous sombrèrent les uns après les autres, ne laissant subsister à l'horizon qu'un chapelet de villes défuntes, dont les arches triomphales achevaient de se dissoudre sous le soleil. A l'ouest, dans la vallée du Nil, autour de Thèbes et de Memphis, l'Egypte des Pharaons monta et atteignit au sommet de sa magnificence. A son tour, elle sombra dans la mort, et l'on n'entendit plus que le cri aigu des éperviers, planant sur les décombres des hypogées royales. Au nord, sur les rives de la Méditerranée, émergèrent et s'épanouirent la Phénicie, la Thalassocratie grecque et l'empire romain.

Mais l'Arabie resta à l'écart de ces mouvements. Repliée sur elle-même, immobile et silencieuse, elle se refusait au temps, au changement, à l'Histoire. Le monde civilisé ne parvenait pas à franchir le rideau de feu qui la dérobait aux regards. Parce qu'elle demeurait inconnue, on la croyait heureuse.

Le peu qu'on savait d'elle était vague et contradictoire. De temps à autre, un marchand venant des Indes, qui apportait à Tyr ou à Byblos des bijoux, de l'ivoire ou de la myrrhe, parlait avec émerveillement des royaumes qu'il avait traversés au cours de son voyage et faisait des descriptions enthousiastes des cités cachées derrière les sables du désert. Des scribes et des savants s'emparaient de ces légendes, et leur conféraient, sans contrôle, le sceau de leur autorité. C'est ainsi que Ptolémée énumère, pour la seule « Arabie heureuse » cent soixante-dix places fortes, dont six métropoles et cinq villes royales... [1]

Voulant savoir quelles réalités se cachaient derrière ces fables, l'empereur Auguste chargea le proconsul d'Egypte Aélius Gallus d'envahir la péninsule pour s'emparer des citadelles dont on lui vantait la richesse. Le proconsul rassembla ses légions, leur ordonna de revêtir leurs lourdes cuirasses d'airain, et s'enfonça avec elles au cœur de l'Arabie (24 avant J.-C.). Il ne trouva qu'une terre stérile et désolée, habitée par des tribus sauvages, qui avaient à peine figure humaine. La plupart des légionnaires périrent de soif au cours de l'expédition. Les autres succombèrent à la chaleur et à l'épuisement. Leurs dépouilles, groupées par centuries, furent abandonnées aux oiseaux de proie. Les nomades qui passèrent par là, quelques semaines plus tard, trouvèrent leurs cadavres à moitié recouverts par le sable, serrant encore leurs glaives dans leurs poings décharnés.

Sur le conseil d'Aélius, Rome renonça à conquérir la péninsule. L'Arabie demeura donc inviolée et isolée du monde, « car c'était une contrée aride et inhospitalière, un pays violent et cruel, peuplé d'habitants aussi violents et aussi cruels que leur pays ».

Là où il y avait un peu d'eau, un puits rond au milieu d'une oasis ou sur les plages, quelques tribus avaient réussi à bâtir des hameaux en brique et en torchis. Le reste de la population menait une existence misérable. Elle était constituée par des bergers nomades qui poussaient devant eux de maigres troupeaux, à la recherche d'une pâture plus

---

1. Ptolémée : *Géographie, Livres V et VI.* Voir aussi Strabon, *Livre XVII.*

maigre encore. Hirsutes, faméliques, et dénués de toute culture, leur seule richesse était leur vitalité.

Mais celle-ci était immense, comme tout ce que le désert suscite au cœur de l'homme.

II

Car le désert n'est immobile et vide que pour ceux qui ignorent ses secrets. A travers ce décor inerte et pétrifié, où rien ne semble avoir bougé depuis les origines du monde, coule un flot lent mais ininterrompu d'êtres humains dont les migrations, partant de l'Yémen, à l'angle sud-ouest de la péninsule, vont se perdre au nord-est, dans les régions plus fertiles de la Syrie et de la Mésopotamie.

Dans les agglomérations urbaines des provinces méditer-ranéennes le taux des naissances était bas, et la mortalité élevée. Les villes absorbaient donc facilement le surplus de la paysannerie locale ; celle-ci n'avait pas besoin de s'expa-trier, pour assurer sa subsistance.

Toute autre était la situation à l'autre bout de l'Arabie. Dans l'Yémen, le sol moins aride et les pluies plus abon-dantes avaient permis aux habitants de s'y livrer très tôt à l'agriculture. La population, en conséquence, avait aug-menté rapidement. Mais comme la surface des terres culti-vées n'avait pas pu s'étendre, et qu'il n'y avait ni villes, ni artisanat local pour en absorber le surplus, il en était résulté une congestion lente, dont le pays ne pouvait se libérer qu'en expulsant au dehors l'excédent de sa population.

Celle-ci ne pouvait franchir la mer Rouge, pour coloniser l'Afrique, car le Soudan, qui fait face à l'Yémen est un désert plus inhospitalier encore que l'Arabie. Elle ne pou-vait pas davantage remonter le long de la côte, car le littoral était occupé par des peuplades d'origine étrangère, résolues à défendre âprement l'accès de leur territoire.

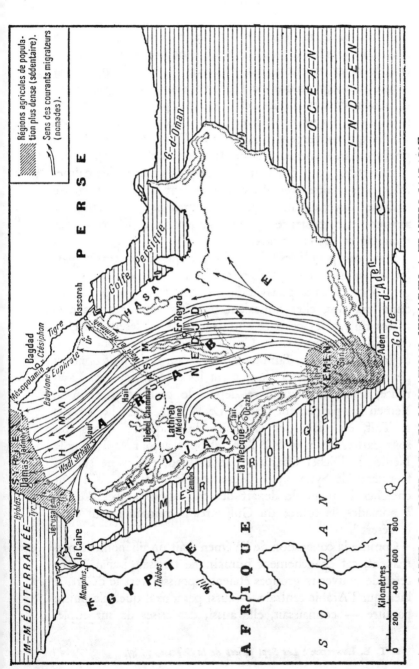

CARTE I. — COURANT DES MIGRATIONS HUMAINES A TRAVERS L'ARABIE.

Force lui était donc de s'enfoncer dans les sables, en marchant vers le nord-est. La seule issue qui lui était offerte, était le désert intérieur. La partie de la population, que la densité démographique de l'Yémen vouait à l'expatriation, repoussait devant elle les petits groupes plus faibles installés à la lisière des terres cultivées, les obligeait à descendre les vallées qui convergent vers l'Arabie Centrale et les contraignait à abandonner sans cesse des sources abondantes et des oasis fertiles, pour des points d'eau plus rares et des palmeraies plus clairsemées. Rejetés vers une région où la vie agricole devenait impossible, ces groupes ne pouvaient assurer leur existence qu'en s'adonnant à l'élevage des moutons et des chameaux.

Mais ces peuplades, devenues presque uniquement pastorales, n'en étaient pas, pour cela, au bout de leurs périgrinations. Sous la poussée des multitudes qui se pressaient dans leur dos, elles finissaient par être expulsées des dernières misérables oasis et entraient dans le désert, où elles devenaient nomades. « Ce processus, observable encore aujourd'hui sur des familles isolées et sur des tribus dont on peut mesurer et dater exactement les étapes, nous dit Lawrence, a dû se poursuivre depuis le premier jour où le Yémen fut pleinement peuplé. Le Widian, entre la Mecque et Taïf, est plein des souvenirs de cinquante tribus qui sont parties de là et que l'on retrouve aujourd'hui dans le Nedjd, le Djebel Chammar, le Hamad, et jusque sur les frontières de Syrie ou de Mésopotamie. C'est là qu'il faut chercher le point de départ des migrations arabes, l'usine à nomades, la source du Gulf-Stream humain errant dans le désert [1]. »

Comme la congestion de l'Yémen était un phénomène permanent, cet épanchement humain ne tarissait jamais. Sans cesse de nouveaux groupes étaient repoussés vers le désert, si bien que l'Arabie centrale — aussi paradoxal que cela puisse paraître — connaissait, elle aussi, des crises de surpeuple-

1. T. E. Lawrence : *Les Sept piliers de la Sagesse*, p. 47.

ment. D'où les remous, les soubresauts et les collisions des tribus, cherchant à s'entre-détruire pour assurer leur droit à la vie.

Où pouvaient-elles aller ? Le Sud leur était interdit. Remonter le courant était impossible et même si elles y étaient parvenues, elles n'auraient trouvé, dans cette direction, que des sables arides ou d'autres clans décidés à les exterminer. Pénétrer dans le Hedjaz n'était pas recommandable non plus, car les pentes abruptes, qui forment la face intérieure de cette région « étaient ourlées, par rangs épais, de populations montagnardes, qui tiraient un plein avantage de leur position défensive [1] ».

Restaient les oasis centrales du Nedjd, vers lesquelles se dirigeaient les tribus errantes, et, si leurs hommes étaient vigoureux et bien armés, elles pouvaient réussir à les occuper en partie. Mais si le désert avait mal nourri leurs forces, elles étaient repoussées graduellement vers le nord, entre les falaises du Hedjaz et les éboulis du Hasa.

La pression, néanmoins, ne cessait pas pour autant. D'un mouvement lent, mais inexorable, le gulf-stream humain continuait à progresser vers le nord, entraînant les tribus le long de l'échelle d'oasis qui montait, par Tadmor, Jauf et le Wadi Sirhan, jusqu'à la lisière de la Syrie et de la Mésopotamie. « L'occasion et le cri de leur ventre affamé leur suggéraient alors de posséder des chèvres, puis des moutons. Un jour, ils semaient ne fût-ce qu'un peu d'orge pour leurs bêtes. Dès lors, cessant d'être des Bédouins, ils commençaient à souffrir, comme les villageois, des nomades dont la poussée se faisait sentir derrière eux, et qui suivaient les pistes qu'ils avaient eux-mêmes empruntées. Insensiblement, pour ne pas être spoliés, ils faisaient cause commune avec les paysans déjà établis sur le sol. Peu à peu, ils s'assimilaient à eux et devenaient eux-mêmes paysans [2]. »

Ainsi s'achevait, aux alentours de Damas, le cycle d'une évolution amorcée près d'Aden. La même poussée qui

1. T. E. Lawrence : *op. cit.*, p. 48.
2. *Id* : pp. 48-49.

avait chassé les Arabes de leurs terres pour en faire des nomades, les avait expulsés à leur tour du désert, pour en refaire des agriculteurs. Tous, sans exception, étaient passés par là. Pas une famille, installée dans le Nord, dont les ancêtres n'eussent traversé l'Arabie centrale à quelque moment de l'Histoire. C'est là qu'elle avait reçu l'empreinte du nomadisme. Et cette empreinte l'avait marquée d'une façon d'autant plus indélébile que son séjour dans le désert avait été plus long. « Le Bédouin », a fort bien remarqué un des meilleurs connaisseurs du monde islamique, « n'est pas — comme on serait porté à le croire — un déraciné errant à l'aventure pour le seul plaisir d'errer : il représente la meilleure adaptation possible de l'homme à une ambiance désertique. Le nomadisme n'est pas un mode de vie moins scientifique que l'industrialisme à Détroit ou à Manchester : c'est une adaptation rationnelle et stoïque de l'homme à un milieu naturel, sévère jusqu'à l'excès [1]. »

III

Aussi loin que l'on remonte dans le passé de l'Arabie, on y trouve ce courant ininterrompu, coulant du sud au nord. Il est le phénomène fondamental de toute la vie arabe, la cause sous-jacente qui détermine et explique chacune de ses grandes crises historiques. C'est lui qui a entretenu la vie à l'intérieur d'une région du globe où l'existence, à première vue, paraissait impossible. C'est lui qui a préservé et accru la vitalité de ses habitants. Il a imposé ses disciplines à la force élémentaire que des conditions défavorables avaient lancé à travers l'espace. Cette force, le désert l'a canalisée et transformée lentement en énergie et en lumière. D'une matière première fruste et indifférenciée, il

1. Philip K. Hitti : *Précis d'Histoire des Arabes*, p. 14.

a fait surgir les trois types humains les plus achevés du monde arabe : le guerrier, le poète, et le saint.

Nulle part, peut-être, autant qu'en Arabie, le milieu extérieur n'a soumis la matière humaine à des pressions aussi fortes, à des contraintes aussi sévères, à des enivrements aussi puissants. « C'est seulement dans le désert, nous dit Gérald de Gaury, que l'homme peut savouver pleinement la joie d'être un homme et d'échapper aux promiscuités étouffantes du monde. Là, tout ce qu'il voit l'enorgueillit d'appartenir au règne humain. Aucun rival n'existe plus. Nulle bête ne peut fondre sur lui à l'improviste et même les arbres sont absents. Le silence de la solitude apaise les nerfs tendus, et, en dehors de la bête qui le porte et de quelques objets de première nécessité, toute propriété devient inutile et cesse d'être convoitée. L'homme est seul, au milieu de ses frères, sur la terre dont ils ont été formés, face à face avec les plus grands outils du Créateur : le soleil, la lune et les planètes. La beauté indescriptible des aurores, la gloire des couchants et le scintillement des étoiles proclament quotidiennement le triomphe de la Création. L'amour du désert semble être un défi à la raison. Pourtant, l'instinct de l'homme sain ne peut y résister et une fois qu'il l'a connu, le désert ne cesse jamais de le rappeler à lui [1]. »

Le désert ne se borne d'ailleurs pas à attirer l'homme. Il le pétrit et le transforme. « Le désert est trop exclusif pour souffrir de partage, écrit de son côté T. E. Lawrence. Il saisit l'homme tout entier, et ne le lâche plus, sans l'avoir remodelé de fond en comble. Même l'étranger qui ne fait qu'y passer, en sort un homme différent de ce qu'il était auparavant. Quoi qu'il fasse par la suite, jamais il n'oubliera le temps qu'il y a vécu, et en gardera la nostalgie jusqu'à son dernier jour [2]. »

A bien plus forte raison ce décor devait-il marquer de son empreinte les tribus errantes, amenées à y vivre pendant

1. Gérald de Gaury : *Arabia Phœnix*, p. 105.
2. T. E. Lawrence : *Les Sept piliers de la Sagesse*, p. 52.

17

des siècles. Une fois sorties de leur Yémen natal, elles perdaient rapidement le souvenir de leurs origines. Tout ce qui n'était pas le désert s'effaçait de leur mémoire. Elles ne se connaissaient bientôt plus d'autre patrie que lui.

Alors commençait, sur les âmes et sur les corps, un lent travail de façonnement qui faisait de ces agriculteurs médiocres,. des guerriers incomparables. Les ressources du désert étaient si maigres, les tribus si nombreuses et la volonté de vivre si passionnée, que l'existence y devenait l'enjeu d'une compétition impitoyable. Dans cette fournaise où rien ne s'obtenait que par violence ou par ruse, l'avenir appartenait au plus apte et au plus vigoureux. Par la force des choses, la vie nomade finissait par s'organiser suivant une échelle de valeurs au sommet de laquelle se trouvait la « muruwa », terme qui signifie à la fois l'honneur et la virilité. L'homme qui possédait la « muruwa » à un degré éminent était reconnu pour chef, car il était plus capable qu'un autre d'assurer la pérennité de son clan. La vigueur de ses reins compensait les ravages d'une mortalité effrayante. La vigueur de son bras frayait à ses compagnons l'accès des points d'eau. Une tribu sans « muruwa » était condamnée à disparaître, soit qu'elle pérît d'inanition, s'éteignît sans descendance ou, — pis encore , — fût réduite en esclavage par une tribu plus combative.

Dans ce monde brutal et simple, constamment visité par la faim et par la mort, les armes assumaient un rôle si important qu'elles ne tardèrent pas à se parer de vertus symboliques. Une sorte de fusion mystique s'établissait entre elles et ceux qui les maniaient, soit que l'homme transmît ses vertus à ses armes, soit que celles-ci lui communiquassent leur force et leur dureté. L'épée représentait à la fois l'endurance, par sa trempe ; l'ingéniosité, par son fil ; la chasteté, par l'éclat de son acier rigide et nu. Corps et âme, chair et esprit ne faisaient qu'un, — comme ne faisaient qu'un le sabre et le bras qui le maniait, — parce que les dissocier l'un de l'autre eût équivalu à un suicide. L'homme stérile ou lâche voyait son épée se ternir et se briser entre ses mains. Il devenait faible, et sa faiblesse lui faisait perdre la prééminence au sein de son clan. Tout guerrier « déchu » était rejeté de sa collectivité et aucune autre tribu ne l'accueillait chez elle. « Pas de pire calamité pour un Bédouin que de perdre son affiliation à une tribu, nous dit Philip K. Hitti, car sans celle-ci il se trouvait pratiquement réduit à la plus complète impuissance : son statut était désormais celui d'un hors-la-loi, sans protection ni sécurité aucune [1]. »

Ainsi s'opérait, de génération en génération, une sélection sévère qui excluait les faibles au bénéfice des forts et haussait au rang des chefs les hommes les plus « virils », c'est-à-dire les plus féconds, les plus inventifs et les plus braves.

IV

.Pourtant ces tribus, que la passion de vivre condamnait à s'entre-tuer, continuaient à se sentir apparentées les unes aux autres, parce qu'elles parlaient la même langue. Et elles en éprouvaient une grande fierté.

Malheureusement, cette langue avait tendance à évoluer en sens divers, selon l'itinéraire des tribus. Deux clans issus d'une même souche, que les vicissitudes du nomadisme avaient séparés et qui avaient cheminé à l'écart pendant plusieurs générations, s'apercevaient avec étonnement, lorsqu'ils se rencontraient de nouveau autour d'un puits, qu'ils n'employaient plus les mêmes termes pour désigner les mêmes choses. Fait plus grave : les guerriers du Hedjaz ou du Hasa commençaient à ne plus comprendre ceux du Nedj ou du Haïl. Les Arabes étaient orgueilleux. Ils voulaient que leurs prouesses fussent connues de toute la péninsule. Or la corruption de la langue faisait obstacle à l'exten·sion de leur gloire.

1. Philip K. Hitti : *Précis d'Histoire des Arabes*, p. 21.

Le désert qui avait engendré le guerrier, engendra alors le poète. Celui-ci prit rapidement un grand ascendant sur ces peuplades assoiffées de récits fabuleux et de poèmes héroïques. C'est au « chahir » — à « celui qui sait » — qu'échut la mission de trancher les différends d'ordre linguistique, de dire quelle locution était bonne, quelle formule était à rejeter, et de fixer les mots destinés à représenter irrévocablement les choses. Lorsque deux familles se servaient de deux expressions différentes pour traduire la même pensée, on adoptait celle que le poète avait choisie. Son jugement était sans appel et s'étendait à tous. Ainsi se dégagea peu à peu une langue unique que les Arabes adoptèrent avec tant d'enthousiasme qu'ils finirent par la considérer comme leur seconde patrie. « Nul peuple au monde, écrit Philip K. Hitti, n'éprouve une admiration aussi exaltée pour l'expression littéraire ; nul n'est remué comme les Arabes par la parole ou l'écriture. Aucune autre langue ne semble capable d'exercer sur l'esprit de ceux qui la parlent une influence à ce point irrésistible. De nos jours encore, à Bagdad, à Damas, au Caire, on peut voir des auditeurs transportés jusqu'au délire par la récitation de poèmes antiques, par des discours en arabe littéraire que bien peu, pourtant, peuvent comprendre à fond. Le rythme, la rime, la musique produisent sur les auditeurs un effet par eux-mêmes qualifié de *magie bienfaisante* [1]. »

C'est pourquoi — fait significatif — les premières manifestations tangibles de l'unité arabe ne doivent être cherchées ni dans un Etat, ni dans une forme de gouvernement, mais dans une institution de caractère poétique.

Dès le IIIe siècle de notre ère, à intervalles réguliers, les tribus prirent l'habitude de conclure une trêve générale et de se rendre à Ocazh, petite ville située entre Taïf et Nakhla, pour entendre les poètes déclamer leurs œuvres, et confronter les « chahirs » des différentes tribus. Ces réunions, qui tenaient dans la vie des Arabes une place compa-

---

1. Philip K. Hitti : *Précis d'Histoire des Arabes*, p. 27.

rable à celle des Jeux olympiques chez les Grecs, duraient plusieurs jours. C'étaient de véritables tournois d'éloquence, où la palme revenait « à celui qui avait chanté l'exploit du plus brave, dans la langue la plus pure ».

Le dernier jour de l'Assemblée, devant un auditoire immense, le poète dont l'œuvre avait remporté le plus de suffrages, montait sur un tertre et commençait à déclamer. « Tantôt il chantait les hauts faits de sa tribu et la noblesse de son chef ; tantôt il décrivait les plaisirs de la vengeance ; tantôt le courage ; toujours l'honneur. D'autres fois, il s'arrêtait à dépeindre les merveilles de la nature, les solitudes du désert, le parfum des oasis et la fraîcheur des sources. Suspendus à ses lèvres, les auditeurs se laissaient aller à tous les sentiments que le poète voulait leur inspirer. Sur leur figure attentive, se peignaient l'admiration pour le héros, le mépris pour le lâche, et le poète, puisant un surcroît d'énergie dans ce témoignage de sa puissance, reprenait son récit avec une ardeur renouvelée [1]. »

Le poète parlait longtemps, emporté par son inspiration. Souvent, la nuit était tombée avant que le tournoi n'eût pris fin. Les étoiles montaient au ciel, et l'on entendait, plus qu'on ne voyait, les multitudes enivrées de poésie, qui s'agitaient dans l'ombre. Enfin, lorsque le dernier « chahir » avait fini de chanter, un héraut proclamait le nom du vainqueur. Son poème était inscrit en lettres d'or sur des bandes d'étoffes précieuses et suspendu dans la Kaaba, pour être conservé à la postérité [2].

Alors la trêve cessait. Les tribus reprenaient leurs armes et retournaient dans le désert où les rivalités et les luttes recommençaient de plus belle. Mais elles remportaient des Assemblées d'Ocazh un sentiment nouveau : celui de pos-

1. Sédillot : *Histoire des Arabes*, p. 32.
2. Grâce à ce soin, sept « poèmes dorés » ou « moallakas », sont parvenus jusqu'à nous et le nom de leurs auteurs est demeuré célèbre. Plusieurs d'entre eux chantent des combats survenus dans le Nedjd et décrivent les luttes de l'antique tribu des Temim contre les Amirs (579) et les Bacrites (602-630). (Cf. Sédillot, *op. cit.*, p. 32.)

séder en commun un trésor inestimable, qu'il leur faudrait défendre ensemble, s'il était menacé.

V

Orientés par les poètes vers les manifestations de l'esprit, les Arabes ne tardèrent pas à faire un pas de plus et à découvrir, au delà de la poésie, une troisième patrie : la religion.

Au début, les tribus nomades avaient commencé par adorer une épée nue, plantée dans le sol, pour fixer en son centre le cercle des démons. Peu à peu, le cercle s'était évanoui : seule était restée l'épée nue, témoignage des efforts accomplis pour se hausser de l'image sensible à la pensée abstraite. Ainsi, le polythéisme primitif avait cédé la place au pressentiment d'un dieu unique, éternel et absolu, conçu par analogie avec la nudité du désert.

Cette nudité était trop âpre et trop désolée pour séduire les sensibilités étrangères. Elle les remplissait d'un sentiment de frayeur et d'accablement. Mais le Bédouin, lui, l'accueillait de toute son âme. N'était-ce pas dans le désert que, délié de tout lien matériel, il accédait à une liberté personnelle absolue ? N'était-ce pas là qu'il ressentait ses émotions les plus intenses et ses joies les plus riches ? « Il y possédait l'air, les vents, le soleil, la lumière, les espaces découverts et un vide illimité. Il ne voyait plus, dans la nature, ni effort humain, ni fécondité : simplement le ciel au-dessous, la terre immaculée. C'était là qu'il approchait inconsciemment de son dieu. Car Dieu n'était pour lui, ni anthropomorphique, ni tangible, ni moral, ni préoccupé du monde ou de lui-même : il était l'être sans couleur, sans figure et sans voix, l'Etre qui embrasse tout, l'œuf de toute activité. Nature et matière n'étaient qu'un miroir pour le refléter. Le Bédouin ne pouvait chercher Dieu à l'intérieur de lui-même, tant il était sûr d'être lui-même à l'intérieur de Dieu. Il trouvait dans ce Dieu arabe, qui seul est grand, mais qui était aussi dans l'acte de manger, de se battre, de faire l'amour, sa pensée la plus familière, son appui et son compagnon [1]. »

De génération en génération, les Arabes s'efforcèrent de se rapprocher de leur Dieu, en écartant ses attributs pour l'atteindre dans son essence. Mais ils y parvenaient difficilement. Leur pensée fléchissait sous le poids de leur imagination, et leur tendance naturelle à s'exprimer par images, plutôt que par concepts, les entravait dans leur lutte pour arracher son nom à la divinité. Leur élan en gardait quelque chose d'infirme et d'inachevé. Mais au-dessus de ces efforts, planait, comme un cri trop aigu pour être perçu par des oreilles humaines, l'obsession torturante de la transcendance.

C'est alors qu'après avoir engendré le guerrier et le poète, le désert engendra le prophète. « Ce peuple, nous dit Lawrence, passe sans cesse par des spasmes, des sursauts ; c'est la race des idées, du génie individuel. Les mouvements des Bédouins sont étranges, surtout par leur contraste avec la tranquillité journalière ; leurs grands hommes sont d'autant plus grands qu'ils tranchent sur l'humanité de leur masse. Leurs convictions procèdent de l'instinct ; leurs actes, de l'intuition. Ce qu'ils fabriquent le plus, ce sont des croyances [2]. »

Les Arabes s'enorgueillissent d'avoir fourni quarante mille prophètes au monde et nous possédons des témoignages historiques sur au moins cent d'entre eux. L'examen de leurs vies révèle une similitude étrange : toutes reproduisent la même trajectoire, avec une obstination monotone.

Ces hommes, marqués par la vocation religieuse, naquirent tous, non pas dans la solitude, mais au cœur d'une agglomération humaine : oasis, bourgade ou ville située en bordure du désert. Soudain, un élan passionné et irra-

---

1. T. E. Lawrence : *op. cit.*, p. 55.
2. *Id.* : *Préface à l'Arabia Deserta de Charles M. Doughty*, p. 11.

tionnel s'emparait d'eux et les chassait vers le silence des sables, où ils entendaient plus distinctement le Verbe vivant qu'ils y apportaient peut-être avec eux. Ils y séjournaient pendant un temps plus ou moins long, dans les macérations et la prière. Enfin, leur inspiration ayant pris corps, ils revenaient à leur lieu d'origine, pour faire partager leur révélation à leurs disciples.

Tous n'étaient pas assez forts pour supporter une pareille tension d'esprit. Beaucoup succombaient en cours de route et c'est pourquoi « la frange des déserts arabes est jonchée de croyances brisées ». Mais certains surmontaient victorieusement l'épreuve. Ils revenaient « éblouis par un seul regard jeté sur Dieu et montraient à travers leur opacité charnelle (comme à travers un verre fumé) quelque chose de la majesté éclatante, dont la pleine vision laisserait l'homme aveugle, sourd et muet [1] ».

De même que le guerrier était à l'avant-garde du combat physique, le prophète était à la pointe du combat spirituel. Il y était guetté par des périls réels — démence ou convulsions — et c'est pourquoi les Arabes l'entouraient d'une vénération particulière. Lorsqu'il reparaissait en public, chancelant et épuisé, moins par l'effet de ses macérations que par la violence de sa tension intérieure, les Bédouins se pressaient autour de lui pour apprendre de sa bouche quel éclair avait jailli de son corps à corps avec l'absolu, quel progrès avait été accompli dans l'investissement de Dieu.

Les prophètes les plus célèbres de l'époque préislamique — Waraga, Othman-ben-Houwarith, Obeïdollah, Zaïd-ben-Amr — suscitèrent par leurs prédications, un enthousiasme passionné. Ils luttèrent contre les anciennes superstitions, réprimèrent les cultes locaux, apprirent aux Arabes à prier en commun et firent progresser l'idée d'un Dieu unique. Mais s'ils furent capables de dire, plus clairement que leurs devanciers, ce que Dieu n'était pas, ils ne réussirent pas mieux qu'eux, à dire ce qu'il était. Dans leur impuissance

---

1. T. E. Lawrence : *op. cit.*, p. 55.

à rien édifier, ils se bornèrent à annoncer « qu'un envoyé du ciel apparaîtrait bientôt sur terre, pour apporter la Loi aux Arabes et leur ouvrir les portes du Paradis ». C'était assez pour que tous attendissent ce Messie avec un frémissement d'impatience.

Tel était le travail qui s'était accompli, depuis les origines, au fond de ce désert que le monde civilisé croyait inerte et vide. Une race de guerriers indomptables avait été forgée. L'unité de la langue avait été sauvegardée. La montée vers le monothéisme approchait de son couronnement.

L'Arabie n'attendait plus que l'homme de génie qui, nouant en un seul faisceau toutes ces forces éparses, lui apporterait, dans une illumination soudaine, la conscience de son unité.

VI

Cet homme fut Mahomet (570-632).

Si le fils d'Abdallah le Hachémite put s'emparer aussi totalement de l'âme de ses compatriotes et imposer une loi unique à l'ensemble des tribus c'est qu'il fut à la fois prophète, poète et guerrier et réunit en lui, à un degré supérieur, les vertus caractéristiques de ces trois types humains Il fut une synthèse vivante de toutes les aspirations arabes.

Prophète, il apporta aux Bédouins la religion qu'ils attendaient, l'Islam, ou « Abandon à la volonté divine », et en fit des Musulmans, c'est-à-dire des Croyants. Grâce à lui la Kaaba, ce cube de maçonnerie que l'on considérait comme l'habitacle vide d'un dieu inconnu, se remplit d'une présence surnaturelle et devint la demeure d'Allah, Dieu unique, infini, éternel, et cependant exclusivement arabe. Poète, il rédigea le Coran dans une langue si pure, que l'on vit dans sa pureté même la preuve de son origine divine. Guerrier, il forgea les armées qui allaient porter sa doctrine des rives du Gange à celles du Guadalquivir.

En composant son livre, le but de Mahomet n'était pas de donner à l'humanité une morale supérieure à celle de l'Evangile, ni d'imposer des lois uniformes à tous les peuples de l'Orient, mais d'apporter aux Bédouins une doctrine susceptible de provoquer chez eux un grand mouvement d'unification nationale. Cette pensée, qui fut sa préoccupation centrale, ne domine pas seulement le Coran, mais tous les actes de sa vie.

Dès l'âge de vingt-cinq ans, lorsqu'il se retirait sur la montagne de Hira, près de la Mecque, pour prier dans la solitude, il agitait dans son esprit les destinées de sa patrie et s'affligeait de voir les clans dissiper leur énergie en luttes fratricides. Tout ce sang inutilement versé dans le désert, ne serait-il pas plus agréable à Dieu, s'il était répandu pour la diffusion de Sa parole ?

Il fallait, pour cela, créer entre les tribus une solidarité assez forte pour leur faire déposer leurs querelles intestines et les amener à se constituer en un seul corps de nation. Mahomet savait qu'il n'y parviendrait qu'en fondant leurs antagonismes privés dans une passion plus vaste, que seule pouvait susciter une doctrine religieuse. Mais connaissant ses compatriotes, il savait aussi que cette doctrine ne serait pleinement adoptée par eux, que si elle remportait la victoire sur les champs de bataille. C'était là, et là seulement, qu'elle serait reconnue pour vraie, et recueillerait sans arrière-pensée l'adhésion des Fidèles. C'est pourquoi tant de passages du texte sacré ont trait à la conduite de la guerre et à l'organisation de l'armée.

Habitués aux contrastes violents du désert, les Arabes ont une vision simple et tranchée des choses. Pour eux il n'existe que la vérité et la non-vérité, la croyance et la non-croyance, sans l'indécise continuité des nuances intermédiaires. « Ce peuple s'en tient aux couleurs primaires, spécialement au noir et au blanc ; il voit toujours le monde suivant une ligne droite. Peuple rempli de certitude, méprisant le doute, cette moderne couronne d'épines des hommes occidentaux. Un

Arabe ne saurait comprendre nos difficultés métaphysiques, les questions que nous nous posons à nous-mêmes. Il ne connaît que ce qui est vrai, et ce qui ne l'est pas, ce qu'on croit et ce qu'on ne croit pas ; toutes nos hésitations, nos réserves, lui sont étrangères.

« Ce n'est pas seulement la vue des Arabes qui en reste au blanc et au noir ; c'est aussi leur équipement intérieur. Leurs pensées passent avec la plus grande facilité d'un extrême à l'autre. Ils se meuvent spontanément dans les superlatifs. Parfois, de grandes inconséquences semblent s'être emparées d'eux en bloc. Ils excluent tout compromis et poursuivent la logique de leurs idées jusqu'à l'absurde, sans voir rien d'incompatible entre leurs conclusions opposées. Leur jugement tranquille oscille avec sang-froid d'asymptote en asymptote, si imperturbablement qu'ils semblent à peine conscients de leur fuite vertigineuse [1]. »

L'univers que leur apporta Mahomet correspondait à cette psychologie. Les hommes y étaient répartis en deux catégories bien tranchées : d'un côté, les Arabes, croyants et dépositaires de la vérité divine ; de l'autre, les païens mécréants, qui niaient l'existence d'Allah, l'immortalité de la chair et la mission du Prophète. Le devoir de tout musulman à l'égard de ces derniers était simple : il devait s'efforcer de les rallier à l'Islamisme et les exterminer sans pitié s'ils refusaient de se convertir.

Toute guerre était donc sainte qui visait à propager « la vraie religion », et Dieu réservait des faveurs particulières à ceux qui y consacraient leur vie. Le service des armes revêtait le caractère d'une obligation sacrée. Tous devaient participer au combat, même les aveugles et les estropiés. Seuls en étaient dispensés les enfants en bas âge, les déments et les femmes. Encore celles-ci avaient-elles pour devoir, « de passer au fil de l'épée tout musulman qu'elles verraient fuir ». Car de tous les péchés, la fuite était le plus abominable, un de ceux qui entraînaient la damnation éter-

---

1. T. E. Lawrence : *Préface à l'Arabia Deserta de Doughty*, pp. 10-11.

nelle. Toutes les prescriptions coraniques, édictées pour enflammer le zèle des Arabes, culminaient dans cette affirmation, qui devint leur cri de ralliement : « Le Paradis est devant vous, et l'Enfer, derrière ! »

Mahomet ne s'en tint pas à ces préceptes d'ordre général. Descendant jusqu'aux détails de l'organisation pratique, il promulgua une loi sur le partage du butin, qui prouve qu'il ne sous-estimait pas l'importance de la propagande : quatre cinquièmes des trésors conquis devaient revenir à l'armée, tandis que le dernier cinquième serait réparti entre les poètes, les moralistes et les maîtres d'école « pour les encourager à célébrer les prouesses des combattants ». Il réglementa également la discipline des camps. La vie y prit un caractère grave et même austère. Les jeux de hasard, les passe-temps frivoles, les conversations profanes furent interdits au soldat. Au milieu du fracas des armes on s'y livrait à l'exercice du culte. Les intervalles de l'action devaient être employés aux prières, à la méditation et à l'étude du Coran. Une extrême frugalité devint de rigueur. L'usage du vin fut puni. Enfin, il apporta tous ses soins au recrutement, à l'armement et à la composition des troupes. Chaque cavalier devait amener avec lui ses montures, ses armes et des vivres pour une semaine. Encore n'admettait-on aucun nouveau volontaire sans avoir examiné avec soin sa conduite, ses antécédents et les motifs qui le poussaient à s'enrôler dans l'armée. « Que la gloire de nos étendards soit sans tache, disait Mahomet, car c'est elle qui convertira les plus incrédules. »

Pourtant, ce fut seulement en 621, c'est-à-dire après avoir franchi la cinquantaine, que Mahomet décida de passer de la prédication pacifique, au prosélytisme armé. Ayant réuni ses disciples autour de lui, dans la petite ville d'Akaba, il leur fit part de sa décision et leur demanda s'ils étaient prêts à le suivre dans cette voie nouvelle. Les disciples ayant répondu par l'affirmative, le Prophète leur fit jurer de lui rester fidèles et de lutter jusqu'à la mort pour le triomphe de la foi.

— « Désormais, leur dit-il, je vivrai et je mourrai parmi vous. Ma vie est votre vie, votre sang est mon sang ; votre ruine sera la mienne et ma victoire sera la vôtre.

— « Mais si nous sommes tués pour toi, demanda l'un d'eux, quelle sera notre récompense ? »

— « Le Paradis ! » répondit Mahomet sans hésiter.

Les assistants, au nombre de quarante environ, se constituèrent alors en « Ikwan », ou fraternité de guerriers, et Mahomet leur donna sa bénédiction. Cette petite poignée d'hommes, unis par une foi commune, fut le noyau initial des légions islamiques.

La nouvelle de la fondation de l'Ikwan se répandit dans la contrée. On déclara qu'Allah la couvrait de sa protection et qu'une longue série de victoires lui était promise. Convertis à l'Islam par les sermons enflammés du Prophète, des volontaires accoururent des bourgades voisines et portèrent à deux cents hommes les effectifs de la petite cohorte.

Un historien impartial, qui aurait visité l'Arabie à cette époque, aurait été frappé par la tendance à l'unité qui se manifestait déjà parmi les diverses peuplades de la péninsule. Mais il aurait prédit que cette unité se réaliserait au profit de la tribu des Coréischites, car tout semblait la désigner pour la souveraineté de l'Arabie. Cette famille, la plus riche et la plus honorée du Hedjaz, avait pris une certaine avance dans l'œuvre d'unification politique. C'était elle qui garantissait la trêve des Assemblées d'Ocazh, qui assurait la paix à la Mecque et fournissait les pontifes et les fonctionnaires au Temple. Auprès d'elle, Mahomet n'était qu'un aventurier sans passé, sans richesse et, surtout, sans traditions.

Mais les Coréischites avaient beau être riches et cultivés, ils avaient beau détenir tous les postes influents au Hedjaz, il leur manquait la passion brûlante qui seule assure le succès des grands destins politiques. Libéraux et sceptiques, peut-être même païens, ils avaient laissé ériger une foule de statues autour de la Kaaba, pour être sûrs de ne mécontenter aucun dieu, en l'excluant du culte. Ils s'attachaient leur clientèle avec ce qu'ils possédaient : des dons matériels et des prébendes administratives.

Mahomet avait sur eux un avantage écrasant : il portait en lui une révélation divine. Il parlait « au nom du seul dieu qui existât », et qui, de surcroît, était « le Dieu des Arabes » ; il pouvait affirmer à ses compatriotes que ce dieu leur avait donné le monde en partage et qu'ils jouiraient des félicités célestes s'ils mouraient en combattant pour lui. Or il est sans exemple que les hommes — et surtout les Bédouins — ne finissent par se rallier à celui qui leur promet la vie la plus dure, mais la plus exaltante. « Ce que désire la fleur du monde, a dit un poète islamique, ce n'est pas la sécurité matérielle, mais le danger surmonté en bonne compagnie, l'amour, le rire, le contraste et la conquête. »

Sentant que la prééminence leur échapperait s'ils laissaient se développer l'activité du Prophète, les Coréischites refusèrent de reconnaître le caractère sacré de sa mission. Ils fomentèrent un complot contre lui et l'obligèrent à s'enfuir précipitamment de la Mecque (Hégire, 16 juillet 622).

Faisant confiance à sa petite troupe, Mahomet riposta en leur déclarant la guerre. Il fondit sur eux à l'improviste, à la tête de 311 fantassins et de 3 cavaliers, et les battit à plate couture aux environs de Beder (624). Comme il l'avait prévu, cette première victoire fit plus, pour l'Islamisme, que les plus éloquentes prédications. « Les croyants furent affermis dans leur foi ; les hésitants se prononcèrent ; les incrédules furent ébranlés. » Elle amena à l'Ikwan de nouveaux volontaires. Quelques mois plus tard, Mahomet disposait d'une force de 1.500 cavaliers.

Voulant en finir avec le fils d'Abdallah, les Coréischites se liguèrent alors avec une douzaine de tribus et vinrent l'assiéger à Médine. Mahomet se retrancha derrière un fossé profond et attendit (626). Réduits à l'inaction, les assaillants ne tardèrent pas à se quereller entre eux. Mahomet en profita pour rompre le cercle de ses ennemis, reprendre l'offensive, et battre les tribus hostiles les unes après les autres. Celles-ci implorèrent son pardon et se convertirent à l'Islam (627).

Vainqueur de la « guerre du fossé », l'auteur du Coran conclut avec les Coréischites une trêve de dix années (convention d'Hodaïbia, 629). Se retournant alors contre les Juifs, dont certains éléments s'étaient avancés vers le sud et interceptaient les caravanes sortant de Médine, il leur arracha successivement Khaïbar, Fadac, Wadil-Cora, et Taïma. Après quoi, pour remercier le Seigneur de lui avoir accordé ces victoires, il décida de se montrer de nouveau aux populations de la Mecque et fit son entrée dans la ville, à titre de simple pèlerin, escorté par une troupe de 2.000 cavaliers (629).

La renommée du Prophète commença à s'étendre au delà des limites du Hedjaz. Les tribus du Nedjd, impressionnées par ses succès, vinrent saluer en lui « le chef de l'Arabie ». Elles lui donnèrent sur elles-mêmes une autorité absolue et demandèrent la permission de le suivre dans toutes les guerres qu'il entreprendrait.

C'était plus que ne pouvaient en supporter les Coréischites. Alarmés de voir l'autorité de leur ennemi grandir parallèlement aux effectifs de son armée, ils rompirent imprudemment la convention d'Hodaïbia. Mahomet en profita pour s'emparer de la Mecque, et s'y installer définitivement. La possession de la ville sainte était indispensable à la diffusion de sa doctrine religieuse et à l'affermissement de son pouvoir politique. Il se présenta devant les remparts avec 10.000 cavaliers en armes. Cette démonstration de force impressionna l'adversaire. Une partie des habitants, prise de panique, s'enfuit vers la côte et les défenseurs, commandés par Abou-Sophian, se rendirent sans résister (11 janvier 630). Abou-Sophian demanda à Mahomet, comme une faveur, de prendre auprès de lui son fils Moawiah. Mahomet accepta. Cette décision devait être grosse de conséquences, car Moawiah allait devenir un des généraux les plus prestigieux de l'armée musulmane et le fondateur de la dynastie glorieuse des Ommeyades.

Après avoir reçu la soumission de la garnison, le Prophète entra dans le sanctuaire, renversa la cohue de statues qui l'encombrait, débarrassa la Kaaba de toutes les immondices qu'avait laissées s'y accumuler un clergé négligent, rétablit la nudité de la Maison de Dieu et fixa les rites des futurs pèlerinages. Toutes les dignités d'institution païenne furent abolies. « La vérité est venue, s'écria Mahomet, que le mensonge disparaisse ! »

La conquête de la Mecque accrut considérablement le prestige de Mahomet et décupla l'ardeur combative de ses troupes. Nul ne pouvait plus en douter : Allah protégeait l'Ikwan. Les Coréischites vaincus et dépouillés de leurs prérogatives, se convertirent à l'Islam, ainsi que les derniers clans hostiles du Hedjaz. La célèbre tribu des Temim, fit également profession de foi musulmane, à la suite d'une « lutte de gloire », — sorte de tournoi spectaculaire où les adversaires s'efforçaient « de se surpasser en générosité ».

Alors, de tous les coins de l'Arabie, les tribus affluèrent à la Mecque pour rendre hommage au Prophète. L'année 630-631, dite « année des Ambassades », vit les chefs du Taïf, de l'Hadramaout, de l'Oman, du Hasa, de Bahreïn et du Haïl offrir à Mahomet le serment d'allégeance. Tous s'engagèrent à respecter les prescriptions du Coran et à fournir des contingents importants à l'Ikwan. Ceux de l'Yémen, qui faisaient mine de refuser, furent rapidement mis à la raison par Ali, un jeune cousin du Prophète. Les forces de l'Islam étaient maintenant si importantes, que Mahomet put les répartir en plusieurs corps d'armée.

A la fin de 631, Mahomet était parvenu au faîte de sa gloire. Son pouvoir s'étendait à toute l'Arabie. Son autorité spirituelle et temporelle était indiscutée. Le Coran était devenu la loi commune des tribus. Investi de toutes les attributions royales et sacerdotales, sa personne était entourée d'un respect absolu. « J'ai admiré César [1] et Chosroès [2] dans toute la pompe de leur puissance, disait un Coréischite, mais

1. Héraclius, Empereur d'Orient.
2. Le roi de Perse.

je n'ai jamais vu un souverain vénéré par ses compagnons comme l'est Mahomet. »

A la mosquée, adossé au tronc d'un palmier ou dans une chaire dépourvue de tout ornement, il ne cessait de commenter le texte du Coran et d'exciter l'ardeur belliqueuse des fidèles. « Lorsque j'étais assiégé à Médine, leur disait-il, j'ai pris moi-même la pioche pour creuser le fossé. Mon pic fit jaillir trois étincelles : la première m'annonça la soumission de l'Yémen ; la seconde, la conquête de la Perse et de l'Orient ; la troisième, la conquête de l'Egypte et de l'Occident. Soldats, jugez par là quels triomphes vous attendent ! »

Déjà il avait envoyé « aux rois de la terre », des lettres les invitant à se convertir à l'Islam, sans quoi il se verrait contraint de venir les exterminer. Ses messagers furent reçus avec un sourire de condescendance. Quel était ce petit Bédouin outrecuidant qui osait parler ainsi au roi de Perse et à l'Empereur d'Orient ? Chosroès II déchira la lettre du Prophète. En l'apprenant, Mahomet s'écria : « Que son royaume soit déchiré ! » Les princes Ghassanides des environs de Damas lui répondirent en termes méprisants et le mirent au défi d'exécuter ses menaces.

Le Prophète fit un dernier pèlerinage à la Mecque, rassembla toutes ses forces à Médine, au nombre de 140.000 hommes, et s'apprêtait à envahir la Syrie pour châtier les Ghassanides insolents, lorsqu'il tomba malade et mourut (8 juin 632).

Il léguait à ses lieutenants le soin de poursuivre son œuvre « en portant la parole de Dieu jusqu'aux confins de la Terre ». Il leur léguait aussi les instruments nécessaires à l'exécution de cette mission : une Arabie unifiée dont toutes les tribus, groupées les unes à côté des autres, ne formaient plus qu'un seul peuple ; une armée fanatique, instruite et aguerrie par dix années de combats.

Rien ne pouvait plus empêcher toutes ces énergies comprimées, portées à l'incandescence par la promesse du Paradis, de faire explosion au dehors. Conduites par leurs généraux, les Légions musulmanes se mirent en branle et commencèrent à déferler sur le monde avec la violence d'un ouragan.

VII

Elles progressèrent d'autant plus rapidement qu'elles faisaient irruption chez des nations énervées, qui sombraient dans le désordre et l'anarchie. Aucun adversaire n'était de taille à endiguer leur avance et si puissant était l'élan qui les animait qu'elles ne devaient s'arrêter qu'après avoir atteint l'Himalaya et la Bourgogne.

Le premier successeur de Mahomet, Abou-Bekr (632-634) appela toute la nation aux armes et la lança sur la Syrie. C'était le premier objectif assigné par le Prophète ; mais c'était aussi le sens du courant qui poussait depuis des siècles les tribus méridionales vers les terres plus fertiles du nord. Ainsi l'impulsion de la nature venait renforcer le fanatisme religieux.

Abou-Bekr confia le commandement des troupes à Khaled, un général qui avait fait ses preuves durant le siège de Médine. Celui-ci commença par s'emparer de Jauf et du Hauran, ce qui lui donna accès au Jourdain et à l'Oronte. Puis, à la tête de 20.000 cavaliers, il se rua sur les armées coalisées d'Héraclius II, empereur d'Orient, et des princes chrétiens Ghassanides, fortes de 60.000 hommes, et les écrasa dans la plaine d'Aïznadin. Malgré leur supériorité numérique, les Grecs ne purent résister aux charges furieuses des Musulmans et se replièrent après avoir perdu 40.000 des leurs. Cette première victoire des Légions islamiques ouvrit à Khaled la route de Damas. Il alla aussitôt y mettre le siège. La ville finit par se rendre, après avoir subi plusieurs assauts (633). Khaled y installa son quartier général. Les derniers princes Ghassanides, expulsés du pays, se réfugièrent à Byzance.

Abou-Bekr mourut l'année suivante. Omar lui succéda (634-644). Homme de guerre remarquable, le deuxième calife Raschédite consacra les dix ans de son règne à « l'extension de la Loi ». Il chargea Abou-Obeïdah d'achever la soumission de la Syrie, tandis qu'Amrou, Yézid et Moawiah, fils d'Abou-Sophian, recevaient la mission de réduire la Palestine.

Abou-Obeïdah prit l'offensive et s'empara successivement d'Emèse, d'Héliopolis et d'Antioche, refoulant les forces gréco-byzantines en Cilicie et en Cappadoce. Béryte, Gaballah, Laodicée, Palmyre et Alep tombèrent dans le courant de 638. Après quoi, Abou-Obeïdah tourna ses forces contre les villes maritimes et les enleva une à une. Tyr, Tripoli, Sidon et Acre furent contraints de lui ouvrir leurs portes et reçurent des garnisons islamiques.

Possesseur de la côte, Abou-Obeïdah descendit alors vers le sud, s'empara d'Ascalon, de Gaza, de Naplouse, de Tibériade, et vint mettre le siège devant Jérusalem. Le patriarche Sophronius lui opposa une résistance désespérée, mais vaine. À bout de vivres et d'eau il finit par capituler, mais exigea que sa reddition se fît entre les mains du Calife en personne. Omar vint exprès de la Mecque pour recevoir les clefs du Saint-Sépulcre et faire son entrée solennelle dans la ville. Il y posa aussitôt les fondations d'une mosquée. L'Islam était installé au tombeau du Christ.

Omar donna alors l'ordre à Iyadh de pénétrer en Mésopotamie. La campagne fut rapide. Iyadh s'empara successivement de Racca, Seroudj, Harran, Edesse, Dara-Rhesena et Nisibin. Mossoul et Amida tombèrent entre ses mains en 640. La Mésopotamie fut divisée en quatre provinces, confiées à l'administration de gouverneurs arabes.

Puis ce fut le tour de l'Arménie et de la Géorgie, qui durent se soumettre et payer tribut aux Emirs musulmans. En 642, les forces islamiques avaient atteint le Caucase.

Pendant que ces opérations se déroulaient dans le Chat-

el-Arab et au sud de la mer Caspienne, Abou-Obeïdah et
Saïd marchaient contre la Perse de Chosroès, dont Mahomet
avait ordonné de « déchirer le royaume ». Depuis lors
Chosroès II avait été assassiné par son fils, Siroës, et remplacé par son petit-fils Iezdedjerd III. Franchissant l'Euphrate, Abou-Obeïdah et Saïd rencontrèrent les avant-gardes
perses à Cos-Ennatif et les écrasèrent. Puis, ils foncèrent
sur le gros de l'armée ennemie, qui campait dans la plaine
de Cadesiah. La bataille, meurtrière et indécise, fit rage
pendant trois jours. Finalement, les Perses furent battus et
refluèrent en désordre vers le cœur du pays. Iezdedjerd,
vaincu une troisième fois à Djamlah, alla s'enfermer à
Istakhar (Persépolis) en emportant avec lui le feu sacré de
Zoroastre.

La victoire de Cadésiah valut aux Arabes, outre un butin
immense, la possession de la Chaldée et de l'Assyrie, auxquelles ils donnèrent le nom d'Irak-Arabi. Hira fut prise,
ainsi que Koufah, Bab-el-Sabât et Nahr-Chir. Ctésiphon
tomba en 637. Saïd ordonna de raser la capitale et n'en
laissa subsister que les ruines du Palais, dont la voûte majestueuse témoigne, aujourd'hui encore, du degré de splendeur
auquel était parvenu la civilisation sassanide. Les Arabes
fondèrent, pour la remplacer, Bassorah, au confluent du
Tigre et de l'Euphrate. Cette ville connut rapidement une
grande prospérité et devint une étape importante sur la route
terrestre des Indes.

Tandis que Saïd achevait la conquête du Delta, Abou
Obeïdah s'était mis à la poursuite de Iezdedjerd. Il le rejoi-
gnit à Nehavend, au sud d'Ecbatane et pulvérisa littéralement son armée. Cette victoire retentissante, que les Arabes
appelèrent « la victoire des victoires », leur ouvrit tout
l'Orient. Le Kurdistan et l'Azerbaïdjan tombèrent rapidement entre leurs mains. Puis ils s'emparèrent de Chiraz,
d'Ispahan, de Hamadan, de Kaswin, de Taurus et de Suze,
devenant ainsi les maîtres de la Suziane et du Farsistan.

Comme bien l'on pense, cette succession de victoires avait
mis le comble à l'ardeur des Légions musulmanes. Elles

se précipitèrent à travers la steppe « comme une trombe de feu » et enlevèrent successivement Ahwaz, Çhuster et Djondischabur. La Caramanië et la Gédrosie se soumirent à leur tour. Rien ne semblait plus pouvoir les arrêter. L'Asie était comme étourdie sous la véhémence du simoun arabe.

Ahnaf paracheva l'œuvre d'Abou-Obeidah en rejetant derrière l'Indus les forces hindoues, venues trop tardivement du Sind au secours de Iezdedjerd. Puis, remontant vers le nord, il enleva d'assaut Mérou, Hérat, Balk et Nischabur. L'Arie, l'Hyrcanie, la Margiane, la Drangiane, la Paropamise et l'Arachosie furent occupées l'une après l'autre. Ces conquêtes placèrent la Perse tout entière sous la domination arabe.

Ahnaf voulut alors franchir l'Oxus, mais le passage du fleuve lui fut chèrement disputé. Pour la première fois, les formations arabes se heurtèrent à des tribus mieux trempées que toutes celles auxquelles elles avaient eu affaire jusqu'ici : c'étaient les Türks. Ahnaf se borna à voir se profiler à l'horizon les villes de Boukhara et de Samarcande, et se replia derrière l'Oxus en attendant des renforts.

Tandis que les Légions islamiques s'enfonçaient ainsi en Asie centrale, Moawiah avait construit une flotte puissante dans les chantiers maritimes de Tyr et de Sidon. Les opérations sur mer étaient une nouveauté pour les Arabes et l'on pouvait se demander comment ils s'y comporteraient. Ils s'y montrèrent aussi entreprenants et aussi braves que sur terre. Sous la conduite de ses Amiraux, — c'était la première fois que ce terme apparaissait dans l'Histoire — la « flotte sarrazine », comme l'appelaient les Grecs, fut bientôt assez forte pour inspirer la erreur à ses adversaires et planter le drapeau du Prophète sur les principales îles de la mer Egée. Puis, les marins arabes s'emparèrent de Chypre (647), de la Crète et de Rhodes (649-650), dont ils massacrèrent les garnisons. Quinze ans après avoir débouché sur les côtes de la Syrie, l'Islam détenait la maîtrise de la Méditerranée orientale.

Mais Omar n'aspirait pas seulement à conquérir l'Orient. L'Occident aussi devait apprendre à connaître la Loi du Prophète. Sa chute n'avait-elle pas été prédite à Mahomet, par la troisième étincelle qui avait jailli sous son pic, lorsqu'il avait creusé le fossé devant Médine ? C'est dans ce dessein qu'il avait conservé en Palestine, Amrou, son meilleur général. Le plaçant à la tête d'un second groupe d'armées, il le chargea de « conquérir à la foi » l'Égypte et l'Afrique.

Partant de Jérusalem, Amrou traversa la presqu'île de Sinaï, franchit l'isthme de Suez, s'empara de Peluse (639) et marcha directement sur la Moyenne Égypte, qu'un gouverneur copte, du nom de Mokawkas, administrait vaguement au nom des Ptolémées. Puis, ayant pris Memphis (640), Amrou se rabattit vers le nord et mit le siège devant Alexandrie. La ville, secourue à diverses reprises par la flotte byzantine, résista pendant quatorze mois, infligeant des pertes sévères aux assaillants. Malgré la défense héroïque de la garnison, elle finit par succomber. Les Arabes y entrèrent en trombe le 21 décembre 641.

La nouvelle de la chute d'Alexandrie ébranla profondément tout le monde civilisé. La conquête de cette ville superbe devait avoir une influence considérable sur l'évolution ultérieure de la civilisation arabe, car c'était là que s'était concentré, au VII⁰ siècle, presque tout l'héritage culturel de l'Antiquité. Rendu furieux par les pertes que lui avait coûtées la conquête de cette ville, Amrou s'était juré de la détruire de fond en comble. Mais l'euphorie de la victoire fit tomber sa colère. Il se borna à la démanteler, et construisit sur l'emplacement des anciens remparts une mosquée qu'il baptisa Djami-el-Rahmet, ou « mosquée de la Miséricorde ».

La prise de Messah (le Caire), survenue au printemps suivant, et la soumission de la Nubie conclurent victorieusement la conquête de l'Egypte. Le pouvoir des Ptolémées était anéanti.

Alors, de même que les Légions musulmanes avaient fait

irruption en Asie centrale, de même elles déferlèrent avec une violence irrésistible le long de la côte d'Afrique. Abdallah-ibn-Saad et Zobeïr, « progressant comme un orage le long du littoral », s'emparèrent successivement de Barcah, de Tripoli et de Gabès. Ces victoires les rendirent maîtres de la Lybie, de la Tripolitaine et de la Byzacène.

Le lieutenant d'Abdallah, Akbah-ibn-Nazi, fonda Kairouan, à 160 kilomètres de Carthage. Puis, négligeant d'investir cette forteresse redoutable, il fonça à travers le Maghreb, peuplé, à cette époque, d'un mélange de Grecs, de Vandales et de Maures. Fendant les populations hostiles à la tête de ses légions, il exécuta un raid fulgurant qui le porta jusqu'à la côte de l'Atlantique (675). Ses guerriers exultaient en apercevant cet océan inconnu et se croyaient arrivés aux confins de l'univers. Lançant son cheval au milieu des vagues et tendant son épée vers l'horizon, Akbah s'écria, au comble de l'enthousiasme :

— « Dieu de Mahomet ! Si je n'étais retenu par les flots, j'irais porter la gloire de ton nom bien au delà des limites du monde ! »

VIII

Entre temps, Othman (644-655) avait succédé à Omar, et Ali (655-660) à Othman. Mais l'empire était devenu trop vaste pour s'accommoder du système électif qui remettait tout en question à la mort de chaque Calife. Après le décès d'Ali, une querelle violente éclata parmi les candidats à la succession. Elle engendra des troubles graves dans toute la péninsule. Un général énergique, du nom d'Hégiage, dut recourir aux moyens les plus brutaux pour maintenir l'unité. La révolte, un instant maîtresse de la Mecque, fut réprimée sans pitié. Hégiage n'hésita pas, pour sauver l'Empire, à massacrer le dernier groupe de rebelles jusque sur les mar-

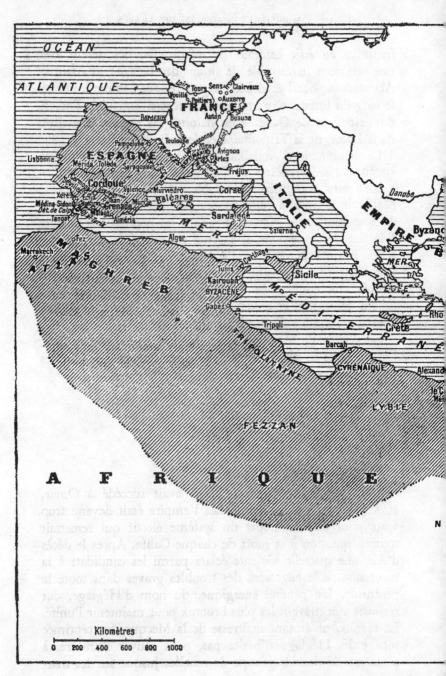

CARTE II. — L'ISLAM ET L'E[

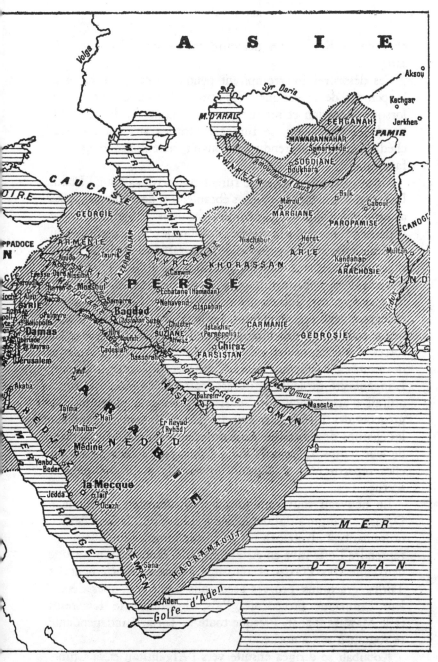

ARABE A SON APOGÉE (750).

ches de la Kaaba. La demeure sacrée fut éclaboussée de sang.

Ces désordres interrompirent pendant trente ans le développement de la conquête (675-705). Celle-ci ne reprit que lorsque Moawiah et ses successeurs, fondateurs de la dynastie des Ommeyades, se furent substitués aux Califes Raschédites et eurent rendu le pouvoir héréditaire dans leur famille.

Mais ces trente années ne furent pas perdues pour l'Islam. Lorsque les armées arabes s'ébranlèrent de nouveau, elles avaient fait des progrès considérables dans l'art militaire. Au départ, ce n'avaient été que des hordes de cavaliers qui tiraient leur force essentielle de leur rapidité, de leur endurance et de leur fanatisme religieux. Elles se jetaient en hurlant vers l'ennemi, sans se soucier de leurs pertes, et finissaient par le fracasser sous les coups de bélier de leurs charges réitérées. A présent, les armées arabes avaient acquis une connaissance bien plus déliée de l'art de la guerre et leurs forces s'étaient articulées. La composition et l'armement des unités s'étaient diversifiés. Leur tactique s'était assouplie. L'ingéniosité de leurs artificiers les avait dotées de tout un attirail d'armes nouvelles, dérivées pour la plupart du feu grégeois des Phéniciens. Enfin leurs généraux, grandis sur les champs de bataille, étaient devenus les meilleurs stratèges de leur temps. Quand Walid I (705-715) accéda au pouvoir, elles repartirent à l'assaut du monde avec une puissance accrue.

Le nouveau souverain, qui avait transféré sa capitale à Damas, inaugura la deuxième phase de la conquête en ordonnant à Kotaïbah et à Mohammed-ibn-Cassem de reprendre l'offensive en Asie centrale. Kotaïbah franchit une deuxième fois l'Oxus et réussit à battre complètement les Türks, grâce aux progrès accomplis par ses troupes depuis leur campagne précédente. Puis, il réduisit le Kwaresm et le Mawarannabar. Presque toute la Tartarie indépendante se soumit à son autorité.

Kotaïbah se dirigea ensuite vers l'Afganistan et la Chine.

Non content d'avoir brûlé les idoles de Ferganah, de Naks-cheb, de Baïkend, de Boukhara et d'être entré en vainqueur à Samarcande, il s'empara coup sur coup de Kashgar, d'Aksou, de Jerkhen, de Khotan et envoya douze ambassadeurs à l'Empereur de Chine, pour le sommer d'embrasser la religion islamique. L'Empereur chercha à gagner du temps en faisant des promesses dilatoires aux « Envoyés du Prophète » et en les couvrant d'or. Le roi d'Afghanistan ne s'en tira pas à si bon compte et dut verser au vainqueur un tribut régulier. Une garnison musulmane fut installée à Caboul.

Les Arabes se tournèrent alors vers les Indes (707). Cette campagne, exécutée par Mohammed-ibn-Cassem, fut sanglante et rapide. S'étant avancé jusque sur les bords de l'Indus, Mohammed attaqua le roi Daher, le défit, prit d'assaut les villes de Daybal, Byroun, Bahmanabad, Alor et Multan, tandis qu'une flotte partie de Bahrein, dans le golfe Persique, remontait l'Indus pour venir à sa rencontre. Tout le Sind fut conquis. L'Indus devint « le boulevard de l'Islamisme en Orient », et le Sind, une base de départ pour les expéditions futures.

En 715, Mohammed-ibn-Cassem, franchissant les premiers contreforts de l'Himalaya, s'apprêtait à envahir le royaume de Canoge (Pendjab). Déjà ses avant-gardes avaient fait leur apparition sur les rives du Gange lorsqu'il reçut un ordre de Damas, lui enjoignant de s'arrêter. Soliman, le nouveau Calife, ayant appris la richesse fabuleuse des villes conquises par son général, était devenu jaloux de sa puissance et craignait qu'il ne voulût se tailler un empire personnel en Asie.

Durant ce temps, la flotte sarrazine n'était pas restée inactive. Elle aussi, s'était considérablement renforcée depuis la première phase de la conquête. Au cours d' « algarades » et de razzias rapidement menées, elle avait pris pied en Sicile (720), en Sardaigne (724), en Corse et dans les Baléares, donnant ainsi aux Arabes la maîtrise de toute la Méditerranée.

Mais plus spectaculaires encore furent les succès remportés du côté de l'Occident.

L'avance fulgurante d'Akbah sur l'Atlantique, en 675, n'avait été qu'un raid sans lendemain. Attaquées par les Grecs et les Maures, les forces islamiques avaient dû évacuer tout le Maghreb et se replier sur Barcah. Akbah avait commis une imprudence grave en ne s'emparant pas de Carthage. Cette ville, puissamment fortifiée, présentait une ligne de défense formidable. Sa possession commandait l'accès du Maghreb. Hassan, chargé de reconquérir les territoires perdus, eut garde de commettre la même faute que son prédécesseur.

La première mission qu'il assigna à ses troupes fut de faire tomber coûte que coûte cette forteresse, réputée inexpugnable. Les soldats s'en acquittèrent avec une fougue extraordinaire. Rien ne résista à l'impétuosité de leurs assauts. « Entraînés par leur course frénétique, nous dit un chroniqueur, les morts eux-mêmes tombaient dans la ville, sur les défenseurs. Hallucinés, les yeux exorbités, les lèvres hurlantes, les mains crispées sur des cimeterres sanglants ou sur la hampe de leur lance où pendaient des lambeaux de chair, les guerriers islamiques se dispersèrent dans l'enceinte, en quête de têtes à couper, de ventres à éventrer, dans une rage de mort et de butin. » La ville fut balayée comme par un raz-de-marée et ses richesses passèrent aux mains du vainqueur (707). Hassan la fit raser, pour l'empêcher de faire concurrence à Kairouan, fondé par Akbah en 674.

Puis il se porta au-devant des Maures, qui s'étaient groupés autour d'une prophétesse étrange, du nom de Kahina, qui haïssait les Arabes et se disait envoyée par Dieu « pour mettre un terme à leur présomption ». Hassan contraignit Kahina au combat et écrasa ses partisans dans les défilés de l'Atlas (708). Cette victoire lui donna la possession définitive du littoral et lui permit de prélever un lourd tribut sur les Maures (ou Berbères).

Le successeur de Hassan, Mousa-ibn-Noseïr, fut une des

plus grandes figures de l'épopée islamique. Rompant avec la politique de son prédécesseur, il se rallia les Maures vaincus, et sut leur inspirer confiance par ses mesures de clémence. Il les attira auprès de lui, les incorpora à ses troupes et les invita « à le suivre où il les conduirait » (709).

En agissant ainsi, Mousa travaillait à la réalisation d'un plan qui mûrissait depuis longtemps dans son esprit. Face à la côte africaine, il voyait se déployer à l'horizon un autre littoral qui exerçait sur lui une fascination étrange. C'était l'Espagne. Comme les voyageurs ne cessaient de lui vanter l'opulence de ses villes, l'enchantement de ses jardins et la fertilité de ses plaines, il résolut de s'en emparer.

Ayant obtenu l'autorisation de Walid, Mousa accéléra ses préparatifs. Mais le fils de Noseïr était un homme prudent. Ne voulant pas engager ses meilleures troupes dans une entreprise qui comportait beaucoup d'aléas, il décida d'envoyer en avant-garde ses régiments maures, sous le commandement de leur chef, Tarik. Celui-ci franchit le détroit de Calpé le 28 avril 711, débarqua sur la côte espagnole et dressa son camp au pied d'une falaise abrupte qu'il baptisa Djebel-al-Tarik (Gibraltar). Puis, ayant passé une dernière fois ses hommes en revue, il brûla ses embarcations pour leur montrer que l'aventure dans laquelle il s'engageait était sans retour, et s'enfonça vers l'intérieur du pays.

Les Wisigoths, qui occupaient à cette époque la péninsule ibérique avaient beaucoup perdu de leur vigueur primitive. Leur roi Roderic était un prince raffiné, d'une grande élévation d'esprit, mais émasculé par la mollesse et le luxe de sa cour. « Ses vêtements couverts d'or, son char d'ivoire, sa selle tout incrustée de pierreries cachaient sous leur éclat le fer, qui seul, en ce moment, avait de la valeur. Les nobles qui l'entouraient, équipés magnifiquement, se fiaient bien moins à leur courage qu'au nombre de leurs soldats, esclaves embrigadés de force qui ne combattaient qu'à contre-cœur. En face d'eux, les Berbères, commandés par un chef intelligent et prêts à accepter la mort comme un bienfait, puisqu'elle devait leur assurer le ciel, semblaient avoir oublié leur infériorité numérique [1]. »

Le choc décisif eut lieu sur les bords du Guadalete, non loin de Xérès. Pendant sept jours, les deux armées s'épuisèrent en escarmouches et en combats singuliers. Enfin Tarik, voulant forcer la décision, chargea impétueusement les Wisigoths à la tête de sa cavalerie et réussit à couper les forces ennemies en plusieurs tronçons. Aussitôt, les Wisigoths commencèrent à perdre pied. Les voyant se débander, l'évêque de Séville et les troupes qu'il commandait, se rangèrent du côté des envahisseurs. Roderic, trahi, chercha en vain à rallier ses escadrons qui fuyaient de tous côtés. Il fut entraîné dans la déroute générale et périt probablement dans les eaux du Guadalquivir (711).

Tarik sut exploiter à fond cette éclatante victoire. Il fonça sur Tolède, la capitale du royaume, après s'être emparé d'Ecija, de Malaga, d'Elvira, de Grenade et de Cordoue. Tolède, privée de défenseurs, capitula. Tarik poursuivit sa marche vers le nord et parvint, par Saragosse et Pampelune, jusqu'à Giron, sur le golfe de Biscaye.

Mousa, ne voulant pas laisser à son lieutenant tout le bénéfice de cette campagne, se hâta de traverser à son tour le détroit de Gibraltar et pénétra en Andalousie, qui n'était pas encore entièrement subjuguée. Ayant pris Mérida, Carmona et Séville, il alla rejoindre Tarik à Tolède, tandis que son jeune fils Abdelaziz, qui avait amené d'Afrique un renfort de 7.000 hommes, se rendait maître de la Lusitanie et de l'Estrémadure.

Toute l'Espagne était aux mains de l'Islam. Cette proie splendide fut partagée entre les légions victorieuses. La légion de Damas s'établit à Cordoue ; celle d'Emèse, à Séville ; celle de Kinnesrin (Chalcis), à Jaen ; celle de Palestine, à Médina-Sidonia et à Algéziras ; celle de Perse, à Xérès de la Frontera ; celle de l'Yémen, à Tolède ; celle de l'Irak, à Grenade ; celle d'Egypte, à Murcie et à Lis-

1. L. A. Sédillot, *op. cit*, p. 149.

bonne. Enfin, 10.000 cavaliers du Nedjd et du Hedjaz se virent attribuer les plaines les plus fertiles de l'intérieur. On eût dit qu'une « Arabie nouvelle », avec toutes ses provinces, s'était constituée derrière les colonnes d'Hercule, à cette pointe extrême du Ponant.

Mais pour Mousa, la conquête de l'Espagne n'était qu'un commencement. Remettant à son fils Abdelaziz le soin d'administrer le pays et laissant en arrière des garnisons suffisantes pour y assurer l'ordre, il partit pour le nord avec le reste de ses troupes. Lorsqu'il fut parvenu au sommet des Pyrénées et qu'il vit se déployer à ses pieds les riches plaines de la Narbonnaise, Mousa « suspendu sur l'Europe » conçut un plan grandiose : il décida de rejoindre le Bosphore par la voie de terre et de prendre Constantinople de revers, en subjuguant tous les peuples qu'il rencontrerait sur sa route. Ce projet lui était inspiré « par un orgueil démesuré et par son vieil instinct nomade, pour qui les distances ne comptent pas ».

Il détacha une avant-garde, sous le commandement de l'Emir Alsamah, et lui enjoignit de conquérir la Septimanie. Narbonne fut occupée en 719. Alsamah ayant été tué au cours d'un combat, son successeur Ambizah s'empara de Carcassonne, d'Adge, de Béziers et de Nîmes, mais se heurta à une résistance vigoureuse d'Eudes, duc d'Aquitaine, qui lui interdit l'accès de Toulouse (721). Ambizah et ses cavaliers s'infléchirent alors vers la vallée du Rhône, qu'ils remontèrent par étapes. L'Albigeois, le Rouergue, le Gévaudan, le Velay subirent leurs déprédations. Poursuivant leur avance le long de la Saône, les forces musulmanes parvinrent en Bourgogne. Beaune fut prise et ravagée. Sens se racheta par un tribut. Autun fut enlevé d'assaut et pillé (725). Auxerre faillit connaître le même sort. Les Arabes campèrent dans les vallées de l'Aube et de l'Absinthe à peu près là où devait s'élever plus tard l'abbaye de Clairvaux. Troyes barricada ses portes, en prévision d'un siège.

Ces opérations coïncidèrent avec un débarquement effectué par la flotte sarrazine dans la région de Fréjus (Fraxi-net). Les escadrons musulmans s'installèrent en force dans le massif dit des Maures. De là, ils rayonnèrent jusqu'en Provence, où ils occupèrent Arles et Avignon (730).

Enhardi par ces succès, Mousa ordonna à un autre de ses généraux, l'Emir Abderrahman, de conquérir le reste de la Gaule. A la tête d'une armée nombreuse, Abderrahman franchit le col de Puygcerda. Cette fois-ci, le duc d'Aquitaine ne put résister à l'envahisseur. Battu sur les bords de la Garonne, Eudes dut se replier en toute hâte vers le nord-est, ouvrant aux Arabes la route de Bordeaux, qui fut emporté d'assaut. Abderrahman, vainqueur de nouveau au passage de la Dordogne, se dirigea vers Tours, dans l'intention de s'emparer de l'Abbaye de Saint-Martin, qui était, à cette époque, le sanctuaire national des Francs.

La nouvelle de l'arrivée des Arabes sur les bords de la Loire, souleva, dans toute la Gaule, une émotion indescriptible. L'Europe allait-elle devenir musulmane ? Charles, fils de Pépin d'Héristal, que soutenait la fortune ascendante de sa famille, résolut de sauver la Chrétienté menacée. Il appela les Leudes aux armes, convoqua le ban et l'arrière-ban des guerriers francs et meusiens. Tous les hommes en état de se battre répondirent à son appel. Abderrahman décrocha de la Loire et attendit son ennemi à Vouillé, entre Tours et Poitiers. C'est là qu'allait se décider le sort de l'Occident (732).

« Les Arabes comptaient sur une seconde bataille de Xérès, et furent déçus dans leurs espérances. Les Francs austrasiens ne ressemblaient pas aux Wisigoths dégénérés. Ils ne portaient point d'or sur leurs vêtements et se présentaient au combat tout bardés de fer. Là, point d'esclaves combattant pour un maître détesté, mais des compagnons entourant un chef qui se disait leur égal. Pendant les six premiers jours, il n'y eut que des engagements partiels, où les musulmans eurent l'avantage. Le septième, l'action devint générale ; elle fut sanglante et solennelle. Les Arabes, accablés par la force et la stature des Francs, furent mis en déroute par l'impétuosité de Charles, qui gagna dans cette bataille le nom de Martel [1]. »

Abderrahman fut tué au cours de la mêlée. Dans la nuit qui suivit, les Arabes, privés de chef, perdus dans un pays qu'ils ne connaissaient pas, furent pris de panique et se querellèrent entre eux. On vit alors, dans les clairières du Poitou, les tribus du Hedjaz, de l'Yémen et du Nedjd tourner leurs armes les unes contre les autres et s'entre-déchirer avec fureur. L'armée se volatilisa sous l'effet du désastre. Ses débris se replièrent péniblement vers la Septimanie, harcelés par Charles Martel et son frère Childebrand. Ils ne se retrouvèrent en sûreté que derrière les remparts de Narbonne et de Carcassonne.

Stoppée en Occident par la victoire de Charles Martel, bloquée devant Byzance par la résistance de Léon III et de Justinien II, l'expansion arabe avait atteint en 743, des limites qu'elle ne dépasserait plus. Grâce à la force des Francs et à la ténacité des Grecs, l'Europe devait rester en dehors de son emprise. Mais la domination musulmane ne s'en étendait pas moins de Narbonne à Kaschgar ; et le Calife, « cette image de la divinité sur terre » se trouvait à la tête d'un empire plus vaste que ceux de Darius ou d'Alexandre le Grand.

Jamais entreprise aussi considérable n'avait été réalisée en un aussi petit laps de temps, et les chroniqueurs de l'époque n'eurent pas tort de la comparer à une tempête. Plus de douze mille kilomètres séparaient les positions extrêmes occupées par les Arabes en Orient et en Occident. Pourtant il ne s'était écoulé que cent vingt-deux ans depuis le serment d'Akaba, c'est-à-dire depuis le jour où, rassemblant autour de lui une quarantaine de guerriers, Mahomet avait constitué le noyau initial des armées islamiques.

1. L. A. Sédillot, *op. cit.*, p. 158.

IX

« Le Paradis est devant vous, et l'Enfer, derrière ! »
C'est avec ce cri de guerre que les généraux arabes avaient
lancé leurs légions à l'assaut du monde et avaient obtenu
d'elles des prodiges de valeur. L'Enfer ? Les cavaliers musulmans se le représentaient aisément. C'était la fournaise
ardente du désert, qu'ils avaient laissée loin derrière eux.
Le Paradis ? Pour s'en faire une idée, ils n'avaient qu'à
ouvrir le Coran.

« Après s'être désaltéré au bassin du Prophète, y lisaient-
ils, le Croyant pénètre dans le Paradis où il dispose de
richesses et de possessions immenses. Un printemps éternel
entretient la verdure de ses jardins, où bruissent et coulent
des ruisseaux de toutes sortes : ruisseaux d'eau délicieuse,
ruisseaux de lait, ruisseaux de vin, ruisseaux de miel, glis-
sant sous l'ombre épaisse des arbres. Ceux-ci donnent, au
gré de leur maître, la fraîcheur de leurs ombrages et toutes
sortes de fruits. Des bosquets odoriférants invitent le Bien-
heureux à rêver au murmure d'une fontaine, à moins qu'il
ne préfère se reposer dans un pavillon de nacre, de rubis
et d'hyacinthe. Couvert de soie et les jambes croisées sur un
tapis moelleux, au milieu des fleurs, le serviteur de Dieu
commande. A l'instant, on lui apporte un repas splendide,
dans des plats d'or massif. Viandes exquises et fruits rares,
— trois cents plats à chaque service — le nourrissent sans
le rassasier. Trois cents jeunes gens qui semblent, en défi-
lant, un collier de perles fines, portent des coupes et des
vases de cristal de roche et lui versent des breuvages para-
disiaques, liqueurs délicieuses qui réjouissent l'âme sans
égarer la raison. « Mangez et buvez à votre aise, a dit le
Seigneur, en récompense de vos actions terrestres. »
Soixante-douze nymphes immortelles, houris aux yeux noirs,

semblables à des perles dans leur conque, obéiront à la voix du Croyant et, par leurs chants mélodieux, augmenteront encore ses délices. Ceux des fidèles qui souhaiteront avoir des enfants, auront aussi cette joie. Leur éducation sera aussi rapide et aussi facile que leur naissance... »

Lorsque la chevauchée conquérante se fut immobilisée, les Arabes en vinrent à donner à leur cri de guerre une signification littérale, concrète et immédiate. Le désert, c'est-à-dire l'Enfer, avait disparu à leurs regards. Et le Paradis, dont leurs chefs leur avaient dit sans cesse qu'il était « devant eux », n'étaient-ce pas ces terres qui les entouraient, dont la végétation luxuriante contrastait avec l'aridité des étendues qu'ils avaient laissées derrière eux ? Pourquoi ne pas les transformer tout de suite en lieux de délices, sans attendre les jardins éternels promis par Allah ?

Tout en eux, et autour d'eux, ne pouvait qu'encourager cette actualisation de leurs désirs. D'abord leur sensualisme, refoulé depuis des générations qui ne demandait, lui aussi, qu'à faire explosion au dehors et à prendre sa revanche sur tant de siècles d'ascétisme ; ensuite, le fait que le Coran leur présentait l'au-delà comme une transposition exacte de ce monde-ci. Mahomet, en effet, avait promis à ses disciples, qu'au jour du Jugement « l'homme serait reconstitué intégralement dans les deux principes qui le composent — l'âme et le corps — car Dieu qui a tout créé peut aussi tout faire revivre ». Aucune ombre, aucune malédiction ne pesaient donc sur la chair et rien n'interdisait à l'homme de satisfaire ses ardeurs. Enfin, leur orgueil leur inspirait un goût croissant pour le luxe, car si le Calife était « l'image de la divinité sur terre », ne se devait-il pas de vivre « dans une anticipation du Paradis » ?

Les premiers successeurs de Mahomet s'étaient fait remarquer par l'extrême simplicité de leurs mœurs. Abou-Bekr n'avait laissé, pour tous biens, en mourant, qu'une tunique, un esclave et un chameau ; Omar couchait parmi les indigents sur les degrés du Temple ; Ali se nourrissait d'une poignée de dattes et distribuait aux malheureux, chaque vendredi, tout l'argent qu'il avait gagné durant la semaine. Mais lorsque cent ans plus tard, l'empire se scinda en plusieurs tronçons (752) et que des dynasties indépendantes les unes des autres se furent installées à Bagdad, au Caire, à Cordoue et à Tolède, celles-ci, renouvelant les antiques « luttes de gloire » mirent leur point d'honneur à se surpasser les unes les autres en faste et en magnificence. Ce fut à qui reproduirait le plus fidèlement le Paradis, en s'inspirant de la description qu'en avait donné le Prophète. Architecture, poésie, danse, musique furent portées à un degré de perfection inégalé. Partout, en Espagne, au Maroc, en Egypte, en Orient, s'élevèrent des villes et des mosquées, des citadelles (Al Kasbah) et des palais (Al Ksar) d'une splendeur inouïe, auxquels l'Occident chrétien n'offrait encore rien de comparable.

Les écrivains arabes nous ont vanté les beautés d'Alcazars qui étaient alors célèbres. Le Maure Rasis décrit un « palais sur la mer » à Murviedro. D'autres, celui d'Al Mostanzir, à Valence ; le palais Al Hizem, à Tolède ; celui de Zahaïr à Almeria. A Cordoue les palais de Rissafah, de Mogueït, de Merivan, de Dimisch ; celui du gouverneur Abu-Yahgha « qui reposait sur des arcades, au-dessus du Guadalquivir » [1].

Aucun de ces palais n'existe plus. Quant aux édifices qui subsistent encore, ils ont été si cruellement mutilés au cours des âges, qu'ils n'offrent plus aux regards que des vestiges insignifiants de leur splendeur passée. Et pourtant quelle impression saisissante ils laissent encore au visiteur ! Pour imaginer ce qu'ils furent, il faut se reporter aux récits des anciens chroniqueurs.

« La mosquée de Cordoue, nous dit l'un d'eux, construite pour célébrer la gloire des Ommeyades avait six cents pieds de long, sur deux cent cinquante de large. Ses trente-huit nefs étaient soutenues par mille quatre-vingt-treize colonnes de marbre. On y entrait, du côté du midi, par dix-neuf

---

1. Georges Pillement : *Palais et châteaux arabes en Andalousie*, p. 14. Il semble que ce soient les ruines de ce dernier que l'on voit encore dans le lit du fleuve.

portes couvertes de lames de bronze, d'un travail exquis. Parmi ces portes, celle du milieu était incrustée de lames d'or. A son sommet s'élevaient trois coupoles dorées, surmontées d'une grenade d'or. Ce vaste édifice était éclairé la nuit par quatre mille sept cents lampes. Celle du sanctuaire était en or massif. »

Autour de la mosquée s'étendait une ville superbe qui s'affirma rapidement comme la cité la plus cultivée d'Europe et, avec Byzance et Alexandrie, l'un des trois grands centres culturels du monde méditerranéen. Avec ses cent treize mille maisons particulières, ses vingt et un faubourgs, ses soixante-dix bibliothèques, ses nombreuses librairies, mosquées et palais, Cordoue s'acquit une renommée internationale par ses arsenaux et son industrie du cuir. On y voyait notamment « des kilomètres et des kilomètres de rues pavées, éclairées la nuit par des lampadaires, alors que sept cents ans plus tard, il n'y avait guère qu'une seule lampe publique dans les rues de Londres, et qu'à Paris même, quiconque passait le seuil de sa porte par un jour de pluie risquait fort de s'enfoncer dans la boue jusqu'au-dessus de la cheville [1]. »

Non loin de là se déployait, sur les bords du Guadalquivir, le palais d'Az-Zahra, qui servait de résidence à Abderrahman III. Voici ce que nous en dit un autre chroniqueur : « Ce palais était habité par le Calife, par ses femmes et par les gens de sa maison. Le plafond, soutenu par quatre mille trois cent douze colonnes de marbre de couleurs variées, apportées de l'Afrique, de la France, de la Grèce et de l'Italie, était fait en marqueterie ainsi que le parquet, et peint en couleur bleu de ciel, rehaussé d'or moulu. Le salon principal, celui des Califes, était entièrement de marbre. Ses murs et le plafond, richement incrusté de perles fines, de diamants et d'autres pierres précieuses, étaient ornés de bas-reliefs et d'arabesques d'un travail exquis. A son centre s'élevait une fontaine avec son bassin de jaspe, de laquelle

1. Philip K. Hitti : *op. cit.*, p. 139.

jaillissait une eau limpide, abondante et parfumée qui embaumait l'air et rafraîchissait l'âme et les sens. D'innombrables pierres précieuses semées au fond du bassin imitaient, à s'y méprendre, les grottes d'où jaillissaient des sources naturelles, souvent si riches en cristallisations bizarres, en capricieuses beautés. Autour de cette fontaine semblaient veiller douze animaux d'or massif, de grandeur naturelle. De leur gueule jaillissait une eau éternellement fraîche, grâce aux vents de la Sierra Morena, miroitante pendant le jour sous les rayons du soleil splendide de l'Andalousie, et la nuit changée en pluie de diamants et d'émeraudes par les fantastiques clartés de la lune, filtrant à travers le feuillage des jardins. Un cygne d'or nageait sur les eaux du bassin. Immédiatement au-dessus de la fontaine était suspendue une perle, précieuse par son remarquable volume et la pureté de son éclat. C'était un présent que Léon, empereur grec, avait fait au sublime Abd-er-Rahman III. Aussi richement ornées étaient les autres salles et appartements du palais. Partout de précieuses tentures de Damas, partout de somptueux tapis persans, et de l'or, de l'or à profusion, partout des oiseaux, des paysages et des fleurs, imités avec une si rare perfection, que l'on croyait entendre gazouiller les oiseaux, murmurer la brise à travers le feuillage et que l'on pensait s'enivrer du parfum des fleurs. »

Outre les villes, les Alcazars et les mosquées, les princes Ommeyades se livrèrent à des travaux d'irrigation importants. Ils firent construire des aqueducs qui avaient pour objet de rendre la nature plus luxuriante et plus fertile. Grâce à eux, des jardins immenses purent être construits autour du palais de Rissafah, où l'on accumula des plantes et des arbustes de toutes sortes, que des envoyés allaient quérir jusque dans les pays les plus lointains : orangers, citronniers, grenadiers et térébinthes, lilas de Perse, camélias de Chiraz et cèdres d'Afghanistan. Des ponts de bateaux furent jetés sur le Tage et le Guadalquivir, dont les rives se parèrent de quais et de balustrades de marbre. Quant aux fêtes de Cordoue « rien ne peut nous donner une idée du luxe qui y régnait, et de l'enivrement général. Toute la nuit, la ville était illuminée ; les rues étaient jonchées de fleurs ; partout dans les promenades, sur les places publiques, le son des instruments retentissait dans les airs et la population se livrait à des danses joyeuses [1]. »

Lorsque à la fin du XIIe siècle, les Almohades et les Almoravides transportèrent la capitale du royaume à Grenade, ils voulurent éclipser l'œuvre de leurs prédécesseurs. L'art « mauresque » atteignait alors à son apogée et l'Alhambra en fut l'expression la plus altière. L'extérieur du palais, imposant et presque rude, était fait, suivant la tradition « pour détourner les regards de l'étranger ». L'entrée n'était qu'un arc immense, décoré simplement de quelques emblèmes. Mais à l'intérieur, les architectes avaient donné libre cours à toutes les ressources de leur imagination. « De vastes galeries peintes et dorées, ornées d'arcades de toutes formes étaient découpées en festons, en stalactites et chargées d'une dentelle de stuc. Les appartements, percés de fenêtres à claire-voie, la salle des Ambassadeurs, celle des Deux-Sœurs, les cabinets des Infantes, la tour de Comarès, la cour et la fontaine des Lions, la cour de l'Alberca, au-dessous de laquelle se trouvaient des bains imités de l'antique, offraient à la vue d'admirables effets. Ici, l'eau jaillissait à travers des millions de colonnettes élégantes ; là, elle se répandait dans des rigoles de marbre. Elle formait tantôt des cascades, tantôt des jets élancés et alimentait des bassins dans des *patios* ombragés de grenadiers et de lauriers-roses. Partout des inscriptions habilement combinées avec les sculptures décoratives vantaient la gloire des Abencérages. Pour rehausser encore cette féerie de bronze, de marbre et d'or, des faïences répandues à profusion, faisaient éclater une symphonie de bleu et de vermillon, de jaune et de vert [2]. »

En Egypte, Fathimides et Thoulounides s'efforcèrent de rivaliser avec les dynasties ibériques et s'illustrèrent par l'édification de bâtiments somptueux, notamment les

---

1. L. A. Sédillot : *opt cit.*, p. 273.
2. *Id. : op. cit.*, p. 432.

grandes mosquées du Caïre et d'Alexandrie. Khomarouyah, fils de Thouloun, fit bâtir à Messah une immense ménagerie où l'on entretenait toutes sortes d'animaux sauvages : des lions, des panthères, des éléphants et des léopards. « Chacun d'eux avait sa loge et un bassin de marbre où l'eau était apportée par des canaux de bronze. Ce prince étalait le même faste dans ses fêtes que dans l'ornement de ses châteaux. Un petit lac de vif-argent soutenait et berçait mollement le lit sur lequel il reposait [1]. »

Mais la palme de la magnificence revient sans conteste à la dynastie des Abbassides, dont les représentants les plus marquants — Abboul-Abbas, le Sanguinaire (752-754). Abbou-Giaffar, le Victorieux (754-775), Haroun-al-Raschid, le Juste (786-809), et Al-Mamoun, l'Auguste de l'Islam (813-833) — dépassèrent de loin tout ce que nous venons de décrire. Ayant fondé Bagdad en 762, ils s'élevèrent eux-mêmes à la dignité de Califes et acquirent le caractère de demi-dieux aux yeux de leurs sujets irakiens et persans.

Gouverneurs de toutes les provinces situées à l'est de l'Euphrate, seuls dépositaires des richesses de l'Orient et n'ayant pas d'armées permanentes à entretenir, les Abbassides jouissaient de revenus fabuleux qu'ils s'employèrent à dissiper en prodigalités inouïes. « Ce furent, écrit Sédillot, des profusions sans règle, des dons prodigieux, l'or et les perles répandus à pleines mains dans les palais, dans les jardins et dans les mosquées. Zobéïde, la femme d'Haroun, fit bâtir à la Mecque un aqueduc afin de conduire dans la ville l'eau des montagnes voisines, qui coûta un million sept cent mille dinars. Al-Mamoun distribua un jour quatre cent mille dinars à ses courtisans et organisa une loterie où le nombre des lots, égal à celui des invités, se montait à plus de deux cents. Chaque lot rapportait un domaine avec tout un contingent d'esclaves. Il possédait, dans son palais, trente-huit mille pièces de tapisseries, dont douze mille cinq cents brochées en or et vingt-deux mille tapis de pied. A la réception d'un

1. L. A. Sédillot : *op. cit.*, p. 196.

ambassadeur grec, il fit élever dans la salle d'audience un arbre d'or massif, couvert de perles en guise de fruits. Les écuries que son fils Motassem (833-842) fit bâtir dans la ville de Samarra, non loin de Bagdad, auraient pu contenir jusqu'à cent mille chevaux. Et lorsque le Calife fonda cette ville, il avait fait exhausser le terrain destiné aux constructions, sans tenir compte des dépenses qu'entraînerait cette œuvre gigantesque [1]. »

Sans doute n'eut-il pas tort, car la fondation de Bagdad demeure un des plus beaux titres de gloire de cette dynastie. Construite au bord du Tigre, près de l'ancienne Séleucie, cette ville, à l'édification de laquelle cent mille ouvriers, artisans et architectes travaillèrent pendant quatre ans, connut une prospérité instantanée et devint en peu de temps « une métropole dont la renommée s'étendait si loin qu'on en parlait en Chine et jusqu'à la cour de Charlemagne ».

Au contact des Indes et de la Syrie, de Byzance et de la Perse, les artistes de l'ère abasside surent infuser au style arabe une exubérance audacieuse et raffinée, une légèreté aérienne et une fantaisie débridée qu'on ne trouve pas dans les constructions plus sévères et plus lourdes du Maroc ou de l'Espagne. Mosaïques en or, céramiques de couleurs vives, festons et astragales, voûtes impondérables et nefs élancées traduisaient la joie de vivre et l'allégresse des conquérants. Ceux qui virent « cette gloire que fut Bagdad » au ixᵉ siècle de notre ère, affirment « que tout y était étincelant de vie ».

La ville était de forme circulaire, avec un double rempart de briques, séparé par un profond fossé. Une troisième muraille, haute de vingt-cinq mètres servait d'enceinte supplémentaire aux quartiers du centre. Les murs avaient quatre

---

1. L. A. Sédillot : *op. cit.*, pp. 185-186. Plus tard, l'architecture militaire arabe aura une influence considérable sur l'Occident, où « les forteresses du xiᵉ siècle restent bâties sur une technique rudimentaire, sans les perfectionnements qu'y introduiront, cent ans plus tard, les Croisés ». (*Saint Bernard de Clairvaux*, Livre du VIIIᵉ Centenaire, 1953, p. 6. Voir aussi sur ce sujet intéressant G. Deschamps ; *Les Châteaux des Croisés en Terre sainte*, Paris, 1939, 2 vol.)

portes, d'où sortaient comme les rayons d'une roue quatre grandes routes conduisant aux quatre coins de l'Empire. L'ensemble formait une série de cercles concentriques autour du palais des Califes, dit le Dôme Vert, qui en était comme le moyeu. A côté du palais se dressait la grande mosquée. Le dôme de la salle d'audience qui avait donné son nom au palais, avait quarante mètres de haut. Il était surmonté de la statue équestre d'un homme tenant une lance, qui, en temps de péril, disait-on, « pointait d'elle-même dans la direction où l'ennemi pouvait être attendu. »

Tout le long des quais, docks et entrepôts de la ville, longs d'une trentaine de kilomètres, étaient amarrés des centaines de bateaux, allant des navires de guerre aux embarcations de plaisance, des jonques venues de la Chine jusqu'aux simples radeaux faits de peaux de mouton gonflées d'air qu'on y voit encore de nos jours. Dans les souks de la ville arrivaient la porcelaine, la soie et le musc de la Chine ; les épices, les matières minérales et autres teintures de l'Inde et de la Malaisie ; les rubis, les lapis-lazulis, les tissus et les esclaves des pays turcs de l'Asie centrale ; le miel, la cire, les fourrures, les esclaves blancs de Russie et de Scandinavie ; l'ivoire, la poudre d'or et les esclaves noirs de l'Afrique orientale. Un quartier spécial du bazar était réservé au commerce des marchandises chinoises. Les diverses provinces de l'Empire y envoyaient également leurs produits par mer ou par caravanes : le riz, le blé et les tissus de lin de l'Egypte ; la verrerie, la quincaillerie et les fruits de Syrie ; les brocarts, les perles et les armes d'Arabie ; les soies, les parfums, les fruits et les légumes de la Perse.

Au début du xe siècle, Bagdad se vantait de posséder 27.000 établissements de bains publics et plus tard, jusqu'à 60.000, chiffres qui paraissent d'ailleurs fortement exagérés. Mais un voyageur maure qui visita Bagdad en 1327 trouva dans chacun des treize quartiers de la ville, deux ou trois bains publics du type le plus perfectionné, tous avec eau courante chaude et froide.

Les jours de grande cérémonie, comme l'installation d'un Calife, les mariages, les pèlerinages, ou les réceptions d'ambassadeurs étrangers, la Cour étalait toute sa magnificence. En 825, le mariage d'Al-Mamoun avec la jeune Bourane, fille de son Vizir, fut célébré avec une dépense d'argent si fabuleuse qu'il est resté dans la littérature arabe « comme l'une des extravagances les plus inoubliables de toute cette époque ». A la cérémonie nuptiale, un millier de perles d'une grosseur unique fut versé d'un plateau d'or sur la tête des époux, eux-mêmes debout sur une natte d'or garnie de perles et de saphirs.

Cependant les Califes abbassides ne limitaient pas aux fêtes et aux réceptions de Cour, l'étalage de leur faste et de leur prodigalité : soucieux de leur popularité, ils ne négligeaient rien, d'un bout de l'année à l'autre, pour entretenir la joie et l'animation de leurs sujets. Des orchestres de luths, de hautbois, de guitares et de lyres jouaient en permanence dans les jardins publics. Tantôt, un cortège de danseurs traversait la ville, accompagné de trompettes, de sistres et de tambourins. Tantôt un poète, monté sur une estrade dressée au coin d'une place, rappelait les fastes de la conquête et faisait résonner « l'orgueilleux honneur de la *muruwa* bédouine, en une fanfare éclatante de mots, de rythmes et de rimes [1] ».

C'est dans ce décor féerique que vécurent Haroun-al-Raschid et El Mamoun, se mêlant aux réjouissances d'une foule bariolée et insouciante du lendemain. Dans cette capitale du Gai Savoir, nous dit le poète Montanebbi, « chaque jour inventait des plaisirs plus exquis, chaque nuit engendrait des voluptés plus rares ». Lorsque le crépuscule tombait et qu'une fraîcheur bienfaisante s'élevait du fleuve, on voyait s'illuminer le palais du souverain. C'était l'heure où Haroun recevait ses visiteurs. Assemblage un peu étrange, que la cour du Calife ! On y rencontrait pêle-mêle, suivant la fantaisie du maître, des théologiens et des chanteurs, des juges et des poètes, des ambassadeurs et

---

1. M. Gaudefroy-Demombynes : *Les institutions musulmanes*, p. 204.

des chevaliers errants, des astronomes et des jongleurs. « Après avoir fait pieusement la prière du soir, on psalmodiait des vers et l'on buvait entre deux chansons. La voix des chanteurs et celle des luths pénétraient de mélodies doucement puissantes l'air déjà vibrant du murmure des eaux courantes et des vapeurs parfumées montant des cassolettes. Quelque incident imprévu venait varier la fête quotidienne, l'interrogatoire d'un prisonnier fécond en reparties et en verve, la visite d'un moine mendiant orgueilleux et brutal, parfois une tête que l'on faisait trancher, tandis que circulaient les coupes. La nuit approchait de sa fin, l'ivresse alourdissait les cœurs, et l'on pleurait, et l'on récitait des vers sur la brièveté de la vie. Enfin l'aube approchait et ceux des convives qui pouvaient encore se tenir debout, faisaient pieusement la prière de l'aurore : vie pleine de sensations violentes et délicates, de grossièreté et de raffinement, dont on retrouverait l'analogue dans notre Renaissance et qu'ont excellemment peinte les Mille et Une Nuits, le Livre des Chansons, les Prairies d'Or, les historiens et les poètes... [1] »

X

Mais les Arabes ne s'efforcèrent pas seulement d'atteindre les limites de la splendeur sensible. Ils voulurent aussi devenir maîtres dans le domaine de la spéculation intellectuelle. Sans doute le Prophète leur avait-il dépeint le Paradis comme un lieu de délices. Mais il avait dit également : « Le plus favorisé de tous sera celui qui verra la face de Dieu soir et matin, félicité qui surpassera les plaisirs des sens, comme l'océan l'emporte sur une perle de rosée. » La grande masse des Croyants n'avait pas attaché beaucoup d'importance à cette phrase. Mais un petit nombre d'esprits, capa-

1. M. Gaudefroy-Demombynes : *op. cit.*, pp. 26 27.

bles de la comprendre, en avait déduit qu'au-dessus de la volupté, il y avait la contemplation et que l'ivresse suprême était la connaissance. Puisqu'on pouvait avoir un avant-goût du Paradis en créant son reflet sur terre, ne pouvait-on acquérir aussi un pressentiment de la vision de Dieu, en s'efforçant d'approfondir les lois de Sa Création ?

La conquête d'Edesse et de Djondischabur, qui se trouvaient être, au vi[e] siècle, des foyers de culture intense, avait déjà mis les Arabes en contact avec la pensée hellénistique et hindoue. Mais ce qui devait colorer le plus profondément leur civilisation ce fut, sans conteste, la conquête d'Alexandrie. En s'emparant de cette ville, ils mirent la main, du même coup, sur un trésor intellectuel d'une valeur inestimable : la bibliothèque des Ptolémées. Bien qu'ayant été brûlée en 390, sous le règne de Théodose, celle-ci contenait encore un nombre considérable de manuscrits [1]. Grâce à eux les Arabes devinrent, du jour au lendemain, les détenteurs d'une grande partie de l'héritage antique. Ainsi leur furent connus, dès le viie siècle, c'est-à-dire bien avant que leurs œuvres ne parvinssent en Occident, Pythagore, Héraclite, Démocrite, Zénon et les Eléates, Antisthène, Platon [2], Aristote [3], Diogène le Cynique, Aristippe, Epicure et les stoïciens, Plotin, Proclus, Apollonius de Tyane, Ammonius et Porphyre ; Hippocrate et Galien ; Dioscoride, Euclide, Archimède, Diophante, Hiéron, Ptolémée, Théodose, Hypsiclès et Ménelaüs.

La découverte de ces auteurs mit littéralement le feu aux imaginations et leur donna un ébranlement qui se communiqua jusqu'aux extrémités de l'Empire. Scribes et lettrés se mirent à déchiffrer les textes helléniques avec une curiosité passionnée, qui se transforma rapidement en une ardeur enthousiaste. Les Califes abassides les y encouragèrent de leur

1. On crut, pendant un temps, que les Arabes les avaient détruits. Bien au contraire. Ils les préservèrent avec soin et en augmentèrent le nombre. Au xe siècle, la bibliothèque d'Alexandrie contenait 6.000 manuscrits, consacrés principalement à l'astronomie et aux mathématiques.

2. Le Phédon, le Cratyle et les Lois.

3. Presque en entier.

mieux, en les comblant de faveurs. Honain recevait d'Al Mamoun un poids égal en or à celui de chacun des volumes grecs dont il achevait la transcription. La première traduction d'Aristote fut payée son poids en diamants. Arzachel reçut dix mille dinars, deux faucons et un cheval de course pour le récompenser de ses travaux sur la précession des équinoxes.

Une véritable fièvre de savoir s'empara de l'Islam. A côté des palais et des mosquées s'élevèrent, dans toutes les grandes villes, notamment à Bagdad, à Damas, au Caire, à Ceuta, à Tanger, à Fès, à Marrakech, à Séville, à Cordoue, à Grenade, à Murcie, à Tolède et enfin à Salerne — des académies et des universités, des observatoires et des écoles, où des équipes de maîtres interprétaient les textes anciens et enseignaient les mathématiques, la médecine et la chimie. Après l'explosion physique qui avait caractérisé la période d'offensives militaires, et l'explosion artistique qui accompagna la construction des monuments et la fondation des villes, on assista à une véritable explosion intellectuelle. Chercheurs et savants partirent à la conquête de la science, comme les Légions musulmanes s'étaient ruées à la conquête de l'univers.

Ce qui permit aux philosophes et aux mathématiciens arabes de ne pas être simplement des commentateurs des grecs, ce fut le fait qu'ils s'élevèrent rapidement à la notion de *méthode* et comprirent que la science n'avait de valeur que si elle était expérimentale. « Marcher du connu à l'inconnu, se rendre un compte exact des phénomènes pour remonter ensuite des effets aux causes, n'accepter que ce qui a été démontré par l'expérience, tels furent les principes enseignés par l'école de Bagdad [1]. » Aussi n'est-il pas suffisant de dire, comme Lawrence, que « les Arabes conservèrent pour un futur moyenâgeux, quelque chose d'un passé classique [2] ». Ils furent mieux que des agents de trans-

[1]. L. A. Sédillot : *op. cit.*, p. 341.
[2]. T. E. Lawrence : *Les Sept piliers de la Sagesse.* p. 57.

mission : des continuateurs et même des créateurs dans beaucoup de domaines. Passant du commentaire à l'observation, de l'observation à l'expérimentation, et de l'expérimentation à la déduction des lois générales, ils se haussèrent, nous dit Humboldt, « à un degré de connaissance inconnu des anciens et doivent être regardés comme les véritables fondateurs des sciences physiques, en prenant cette dénomination dans le sens où nous l'entendons aujourd'hui ».

Ce fut l'école de Bagdad, fondée par Abou-Giaffar, qui donna le branle à ce mouvement et la science qui se développa la première fut l'astronomie. Pendant des siècles, les nomades du désert avaient vécu dans la contemplation des étoiles. C'étaient elles qui leur avaient donné l'idée de la majesté divine. Leurs successeurs, cherchant à progresser dans la « vision de Dieu » furent naturellement portés à interroger le firmament. Mais maintenant, ils ne se bornaient plus à contempler les astres ; ils s'efforçaient de mesurer leur trajectoire, de prévoir leur retour et de déchiffrer les lois qui prédisent à leurs révolutions.

Haroun-al-Rashid construisit un observatoire sur le grand pont de Bagdad où travailla, sous son égide, toute une pléiade de savants. C'est là que Iahia-ben-Khaled procéda à la révision de l'Almageste de Ptolémée et que Hegia-ben-Yousef acheva la première traduction d'Euclide.

L'astronomie y connut un essor brillant et rapide. Mesure du degré du méridien, par Send-ben-Ali (853) ; étude des différences de la plus grande latitude de la lune, par Ahmed et Hassan ; correction de la table de précession des équinoxes et observation du mouvement de l'apogée du soleil, par Albatègne (929) ; descriptions du solstice d'été et de l'équinoxe d'automne de l'an mille, par Alkuhi-ben-Vastem ; découverte de la « troisième inégalité lunaire », par Aboul-Wefa (937-998) portèrent les connaissances des Arabes bien au delà des limites atteintes par Hipparque et Ptolémée. Grâce à cette moisson d'observations, Omar Kayam — qui n'était pas seulement un grand poète, mais un astronome de renom — put procéder, en 1079, à la réforme du calendrier persan, « parvenant à une précision que n'ont pas dépassée nos tables modernes [1] ».

L'essor de l'astronomie entraîna un développement parallèle des mathématiques. C'était à qui l'emporterait en audace et en ingéniosité, à qui découvrirait le premier un nouveau théorème ou une nouvelle méthode de calcul. Invention de l'algèbre (dont Diophante n'avait exposé que quelques éléments) par Mohammed-ben-Musa Alkowarezmi [2] ; application de l'algèbre à la géométrie, par son disciple Thébit-ben-Corrah (mort en 900) ; résolution des équations du troisième degré ; fondation de la trigonométrie sphérique par Albatègne ; mise au point de la cinquième des six formules qui servent à la résolution des angles rectangles par Djeber (1050) [3], remplirent les contemporains d'admiration et valurent à leurs auteurs des dotations princières.

Lorsque, à partir du x⁰ siècle, la fortune de Bagdad déclina, l'école du Caire reprit le flambeau et poursuivit, sous l'égide des Califes Fathimides Aziz et Hakem, les travaux entrepris sous les Abassides. Elle s'illustra surtout grâce aux observations d'Alotki et d'Ebn-Jounis (978-1008). Continuateur d'Aboul-Wéfa, celui-ci rédigea, à l'observatoire du mont Mocattam, la « Grande Table Hachémite », qui succéda dans tout l'Orient à l'Almageste de Ptolémée et aux traités similaires de l'école de Bagdad. Créateur des premières tables sexagésimales, Ibn Jounis révolutionna les mathématiques de son époque en calculant des arcs subsidiaires, qui simplifièrent considérablement les méthodes employées jusque-là [4]. Son successeur, Hassan-ben-Haithem (mort en 1038), composa plus de quatre-vingts ouvrages, dont les commentaires sur l'Almageste, un autre, qui offre une certaine analogie avec les Porismes d'Euclide, un

1. Voir l'Annuaire du Bureau des Longitudes, pour 1850.
2. Dans son ouvrage célèbre sur les *Algorithmes*.
3. Il fallut attendre Viète (1540-1603) pour connaître la sixième.
4. On ne devait les connaître en Europe que 700 ans plus tard, grâce aux travaux de l'Anglais R. Simpson.

traité d'optique où il étudia la vision directe, réfléchie et rompue, ainsi que les miroirs ardents et un opuscule intitulé « Des connues géométriques », dans lequel il s'enorgueillit d'avoir dit « des choses tout à fait neuves et dont le genre même n'a pas été connu des Anciens ».

Fès et Marrakech eurent aussi leurs « écoles ». C'est dans cette dernière ville qu'Alpétrage (1150) « révolté, à la lecture de Ptolémée, par cette complication d'excentriques et d'épicycles tournant autour de centres vides et mobiles eux-mêmes », observa l'obliquité de l'écliptique et proposa un « nouveau système du monde », qui se rapproche de l'héliocentrisme professé par Aristarque de Samos [1]. Aboul Hassan, qui vécut en Afrique du Nord au début du XIIIᵉ siècle, parcourut l'Espagne du Sud et le Maghreb. Il releva la hauteur du pôle dans quarante et une villes, depuis Ilfrane, sur l'Atlantique, jusqu'au Caire. Géomètre audacieux, il se servit des propriétés des sections coniques pour décrire les arcs des signes et calcula les paramètres et les axes de ces courbes en fonction de la latitude du lieu, de la déclinaison du soleil et de la hauteur du gnomon. Il rédigea un « Traité des sections coniques » et un « Traité des commencements et des fins » qui fait déjà pressentir les découvertes de Copernic et de Tycho-Brahé.

Mais les écoles qui eurent le plus d'éclat et portèrent le plus loin le renom de la science arabe furent les universités d'Espagne. Les magnifiques jardins botaniques plantés par les Almohades et les Almoravides à Rissafah et à Grenade ne permirent pas seulement d'enrichir de deux mille plantes nouvelles l'herbier de Dioscoride, conservé à Alexandrie ; ils inclinèrent les esprits vers l'étude des substances médicinales, de la pharmacopée, de la chimie et, d'une façon générale, de toutes les sciences naturelles. Moins exclusivement axées sur l'astronomie et les mathématiques que les

---

1. On rêve à ce qu'eût été l'astronomie des Arabes si le hasard, au lieu de faire tomber entre leurs mains les œuvres géocentriques de Ptolémée, leur avait fait connaître Aristarque et l'école de Samos.

écoles de Bagdad et du Caire, les universités de Cordoue, de Tolède et de Grenade se rendirent célèbres dans le monde entier par les progrès qu'elles firent accomplir à la médecine, à l'anatomie, à la chirurgie, à la chimie, à l'optique et acquirent de ce fait, un style personnel qui les distingue de leurs rivales d'Egypte et d'Orient.

Djaber, le « père de la Chimie », que l'on suppose avoir vécu au VIIIe siècle, laissa des écrits où l'on trouve déjà la composition de l'acide sulfurique, de l'acide nitrique et de l'eau régale, la préparation du mercure et d'autres oxydes de métaux ainsi que des observations très poussées sur la fermentation alcoolique. Rhazès (850-923) établit le diagnostic de la petite vérole et de la rougeole. Excellent anatomiste et chirurgien réputé, il distingua le premier, le nerf laryngé du récurrent et pratiqua plusieurs fois l'opération de la cataracte. Abdulcasis (913-1003) établit le diagnostic du goitre et du mal de Pott et décrivit l'opération de la lithotomie, en conseillant de pratiquer la section à l'endroit même où la font les chirurgiens modernes. Alhazen (965-1039) étudia le phénomène de la réfraction, le lieu apparent de l'image dans les miroirs courbes et sphériques — ce qui suppose la connaissance des équations du quatrième degré — et découvrit le principe de la chambre noire. Appliquant ses découvertes à l'anatomie, il publia la première description exacte de l'œil, avec l'humeur acqueuse, la cornée, le cristallin et la rétine [1]. Arzachel (1080) fit 402 observations pour la détermination de l'apogée du soleil et fabriqua des horloges qui suscitèrent l'admiration de tous ses contemporains. Certes, les Emirs arabes d'Andalousie pouvaient être fiers de leurs universités où les érudits étudiaient déjà la pensée d'Aristote alors que Charlemagne et ses pairs savaient à peine signer leurs noms [2].

Tel était le haut degré de développement auquel était

---

1. Philarète Chasles, dans son *Mémoire sur les méthodes en Géométrie* n'hésite pas à déclarer « qu'Alhazen doit être considéré comme ayant été à l'origine de nos connaissances en optique ».

2. Philip K. Hitti : *op. cit.*, p. 10.

déjà parvenue la science arabe, lorsque surgit une lignée de savants nouveaux, véritables géants de la pensée, qui dépassèrent tout ce que l'on avait fait avant eux. Doués d'un savoir tel que les chrétiens les soupçonnèrent d'avoir conclu un pacte avec le diable, grands voyageurs qui circulèrent à travers toutes les régions de l'Empire pour accroître leur bagage d'observations et de connaissances, ces sortes de Fausts musulmans furent tout à la fois astronomes, mathématiciens, géomètres, médecins, physiciens, architectes, poètes — et le furent avec génie. On les imagine volontiers, se promenant dans les jardins de Chiraz ou de Grenade avec leurs visages basanés, leurs yeux de braise, leurs profils d'oiseau de proie et revêtus de ces grands manteaux blancs que devaient leur emprunter par la suite les chevaliers du Temple et Frédéric II de Hohenstaufen.

Le premier d'entre eux, Avicenne (980-1037), surnommé « le Prince de la Science », fut sans contredit un des hommes les plus extraordinaires de son siècle. Il écrivit sur toutes les sciences et exerça pendant six cents ans un empire absolu sur la pensée islamique. Ses Canons ou Règles, furent étudiés dans toutes les grandes universités de l'Occident, à Padoue, à Ferrare, à Salerne, à Chartres, à Oxford, à Paris. Il se signala par des études très poussées en chimie où il fit des expériences sur le phosphore et trouva la formule de plusieurs explosifs. Reprenant les travaux d'Erasistrate, il se consacra, en médecine, à l'étude du cœur, des artères et des veines. Son plus beau titre de gloire est d'avoir formulé, cinq cents ans avant Servet et Harvey, la première théorie de la circulation du sang.

Avicenne ne semble pas être venu en Occident. Ce fut son disciple, Aven-Zoar (mort en 1161) qui fit connaître en Espagne les découvertes de son maître. Voulant que la médecine se fondât exclusivement sur les données de l'observation, il fut le premier à unir à l'étude de cet art, celle de la chirurgie et de la pharmacie. On lui doit, outre la première bronchotomie et des indications excellentes sur les luxations et les fractures, la description nouvelle de plusieurs maladies, telles que l'inflammation du médiastre du péricarde, l'œdème des poumons, etc...

Il eut pour élève Mohammed-ibn-Roschd, ou Averrhoès (1120-1198), véritable génie universel dont l'étendue des connaissances nous étonne encore aujourd'hui. Philosophe imbu de sagesse antique, il traduisit Aristote et le transmit à l'Occident. Géomètre, il rédigea un remarquable traité des sections coniques et un autre relatif à la trigonométrie sphérique. Astronome, il observa deux éclipses de Mercure et du Soleil. Médecin, on lui doit des traités sur la thériaque, sur les poisons et sur les fièvres, ainsi qu'un commentaire de Galien. Chimiste, il découvrit la propriété dissolvante de l'acide sulfurique et créa de nombreux amalgames et alliages. Physicien, il pressentit la notion d'énergie et effectua les premières expériences sur le magnétisme. Tous ces travaux ne l'empêchèrent pas de consacrer une partie de son temps à l'irrigation de l'Andalousie, à la construction de trois aqueducs et à la composition de plusieurs recueils de poèmes.

Enfin Aben-Bithar (mort en 1248) corrigea les ouvrages de Dioscoride, de Galien et d'Oribaze, et laissa, sous le nom de « Médicaments simples » une sorte d'encyclopédie des connaissances médicales de son temps.

Ce fut la dernière flambée, mais ce fut aussi la plus belle. Si grande était, au XIIᵉ siècle, la réputation des écoles de Tolède et de Cordoue, qu'elles attiraient l'élite de tous les pays d'Occident. Gerbert, qui devait devenir pape sous le nom de Sylvestre II, Adelhard d'Oxford, Rodolphe de Bruges, Léonard de Pise, Gérard de Crémone, Vitellion de Cracovie, d'autres encore vinrent y puiser une science que ne pouvaient leur dispenser les maîtres de leurs pays, et rapporter chez eux, dans leur sombre moyen âge, quelque chose de cette civilisation surprenante à laquelle nous devons de connaître la pensée d'Aristote, la mesure de l'apogée du soleil, les lois de la circulation du sang, la rime poétique et la cinquième corde du luth...

XI

Ce fut la dernière flambée. Sans doute y eut-il encore des historiens et des géographes, des médecins et des rhéteurs ; mais la période proprement créatrice était révolue.

Pendant trois cents ans, les Arabes avaient vécu dans une féerie perpétuelle des sens et de l'esprit. Ils n'y avaient pas seulement dilapidé des trésors matériels. Ils y avaient aussi dissipé leur vitalité. Leur ardeur avait été tuée par l'excès de leur ivresse. De tous les feux qu'avait concentrés en eux l'incandescence du désert, il ne restait plus qu'un peu de cendres. Ils en éprouvaient une sorte d'amertume désenchantée et la sensation d'avoir vidé jusqu'au fond la coupe de la vie.

Lorsque mourut Abderrahman III, qui détint le pouvoir en Espagne pendant un demi-siècle et construisit l'admirable palais d'Az-Zahra, on trouva parmi ses papiers une note portant ces mots : « Cinquante ans se sont écoulés depuis que je suis Calife. Trésors, honneurs, plaisirs, j'ai joui de tout, j'ai tout épuisé. Les rois mes rivaux m'estiment, me redoutent et m'envient. Tout ce que les hommes désirent m'a été accordé par le ciel. Dans ce long espace d'apparente félicité, j'ai calculé le nombre de jours où je me suis trouvé heureux : ce nombre se monte à quatorze. Mortels, appréciez par là, la grandeur, le monde et la vie... »

Cette nostalgie devant un bonheur impossible engendra, chez les Arabes, un sentiment de frustration. D'ardents et exaltés, ils devinrent cyniques et cupides. La frénésie de jouissances à laquelle ils s'étaient livrés, n'avait pas seulement tari la puissance physique de la race. Elle avait désagrégé ses qualités morales. Ici encore, il n'y eut point « l'indécise continuité des nuances intermédiaires », mais une sorte de renversement général des valeurs. L'avarice, ia luxure, la fourberie et l'artifice remplacèrent peu à peu la fierté altière, la générosité et l'honneur.

La dégradation des caractères se refléta dans les mœurs. Déjà l'on n'éprouvait plus le même respect pour les préceptes de Mahomet, et l'on hésitait de moins en moins à violer ses commandements. Comment aurait-il pu en être autrement, quand les Califes eux-mêmes donnaient l'exemple de la corruption et de l'impiété ? Yezid ne buvait-il pas du vin, malgré l'interdiction formelle du Prophète, et Abdelmalek, — bien qu'il fût défendu par le Coran de reproduire la figure humaine — n'avait-il pas frappé des monnaies où il était représenté, tel un empereur païen, ceint d'une épée et couronné d'une tiare ?

Dès que l'enthousiasme des débuts se fut éteint, le manque de persévérance et d'esprit organisateur des Arabes éclata au grand jour. Leur civilisation avait toujours été de nature intellectuelle et sensible, plutôt que pratique. Habitués à vivre dans un décor de razzias, de cavalcades et de mirages, ils n'avaient jamais su ce qu'étaient un Etat, un gouvernement, une nation constituée. Ils étaient si dénués de sens politique, qu'ils n'y aspiraient même pas. Les patries qu'ils s'étaient forgées — la poésie, l'art, la religion — étaient des entités abstraites, des créations de rêve. Parce qu'ils continuaient à réciter aux mêmes heures, les mêmes prières, les mêmes poèmes, ils se croyaient toujours les sujets d'un empire uni et fort.

Mais leur religion n'était plus qu'un formalisme rigide ; leur poésie, un exercice de rhétorique sans valeur et sans vie. Quant à l'empire, il n'était ni uni, ni fort. Il s'était scindé en plusieurs tronçons, après la dynastie des Ommeyades, et chaque fragment était resté d'une extrême fragilité. Sans armature militaire, sans cadres administratifs, sans bases économiques sérieuses, les pays qui le constituaient risquaient de s'effondrer au premier choc.

Tous ces symptômes de décadence auraient pu être surmontés. Ils ne prenaient un caractère irrémédiable que parce que la vitalité des Arabes ne se renouvelait pas. Les tribus émigrées s'étaient coupées de leurs sources. Aucun effectif nouveau, parti du Nedjd ou du Hasa, ne venait revigorer les garnisons espagnoles ou persanes. Par la force même des choses, la race des conquérants primitifs avait été remplacée par des générations nouvelles, nées sur les bords de l'Euphrate ou de l'Oxus, de l'Ebre ou du Guadalquivir, qui n'avaient jamais connu leur pays d'origine ni subi les disciplines inexorables du désert. Avicenne était né près de Chiraz ; Aven-Zoar à Peñaflor ; Aben-Bithar aux environs de Malaga et il en allait de même des Emirs, des généraux et des gouverneurs de province. Tous les postes importants étaient confiés aux fils des « nouvelles familles ».

Ces jeunes gens élégants, souvent même efféminés, grandis sous les ombrages de Bagdad ou de Cordoue n'éprouvaient plus aucune attirance pour l'Arabie, dont ils n'auraient pu soutenir l'implacable clarté. Pis encore : ils en étaient venus à ignorer jusqu'au nom de leurs ancêtres. C'étaient des décadents. Etonnés de voir l'ampleur du monde islamique et ne sachant plus à quoi attribuer sa formation, ils se prétendirent les descendants de conquérants plus ou moins mythiques — tel ce Tobba Djoul-Carneïn, qui n'était autre qu'Alexandre le Grand, ou cet « Afrikous », qui aurait vaincu les Berbères en 50 avant J.-C.

On voit par là jusqu'à quel point l'Empire arabe était devenu étranger à l'Arabie...

XII

Et l'Arabie, de son côté, était devenue totalement étrangère à l'Empire. Jamais une conquête n'avait aussi peu profité au pays qui lui avait donné naissance. Au fur et à mesure que s'étaient développées les opérations militaires, le centre de gravité de l'Islam s'était déplacé. La capitale avait été transférée à Damas, puis à Bagdad et au Caire, et les

71

Califes s'étaient désintéressés de tout ce qui n'était pas inclus dans les limites de leurs royaumes. Ils ne parlaient plus de l'Yémen ou du Nedjd qu'en termes méprisants.

Dès le x⁰ siècle, l'Arabie s'était refermée de nouveau sur elle-même et s'était isolée du reste du monde. La conquête, à tout prendre, n'avait été qu'une aberration. Elle n'avait atteint aucun des objectifs que lui avait assignés le Prophète, puisqu'elle n'avait pas porté la parole de Dieu jusqu'aux confins de la terre, ni assuré l'unité de l'Arabie proprement dite. Cette fuite hors du désert n'avait abouti qu'à une terrible dissipation de forces. Seul un retour au désert permettrait de les reconstituer.

Epuisée par cette terrible parturition qui l'avait amenée à verser le meilleur de son sang jusque sur les pentes de l'Himalaya et dans les clairières poitevines, l'Arabie revint à l'état léthargique qu'elle avait connu avant l'apparition de Mahomet, et qui n'était ni le moyen âge, ni l'antiquité, mais une sorte de vie latente, située en marge de l'Histoire. Le désert dépeuplé était redevenu silencieux. Les tribus exsangues ne se battaient même plus entre elles, car la péninsule offrait à présent des ressources suffisantes pour sa population clairsemée.

Non seulement le désert était redevenu silencieux mais — ce qui ne s'était encore jamais vu — il était devenu immobile. On eût dit qu'un souffle de mort était passé sur les sables, semant partout le vide et la désolation. Le cœur de l'Arabie ne battait plus qu'à peine. La moindre syncope pouvait lui être fatale...

Et puis, lentement, par degrés imperceptibles, le niveau humain s'éleva de nouveau. L'effectif des populations s'accrut. Le déséquilibre recommença à s'accentuer entre le nombre des tribus et l'insuffisance des ressources. La vie nomade reprit son rythme séculaire.

De nouveau, l'Yémen se repeupla et expulsa l'excédent de ses populations vers le nord. De nouveau, le « Gulf Stream humain » s'empara des peuplades errantes et les poussa à travers la fournaise du Nedjd et du Quasim. De nouveau, le désert reprit sa fonction essentielle, broyant les ·tribus les unes contre‑ les autres et les obligeant à accumuler en elles une nouvelle vitalité. L'on vit renaître, comme autrefois, les compétitions sanglantes autour des points d'eau. L'on vit s'intensifier le choc des clans, se disputant la possession des oasis et des palmeraies. L'on vit enfin réapparaître les 'inégalités créatrices, grâce à l'élimination des individus les moins forts...

L'Arabie était revenue à sa vocation naturelle, qui est la mise au monde et le façonnage de prophètes et de guerriers.

XIII

Entre temps, le déclin de la force arabe avait permis à l'Occident de prendre sa revanche. En 1097, l'on vit apparaître dans les défilés du Taurus, l'avant-garde des Croisés, conduite par Godefroy de Bouillon, Baudouin de Boulogne et un grand nombre de seigneurs champenois et wallons. Descendant le long de la côte, les barons francs s'emparèrent d'Alep, de la Syrie, de la Palestine et de la Transjordanie. Ils érigèrent des principautés et des royaumes chrétiens à Antioche, Edesse, Tripoli et Jérusalem (1099) tandis que les flottes génoises et vénitiennes se rendaient maîtresses de Rhodes et de Chypre.

Comme jadis l'empereur Auguste, les nouveaux arrivants ne tardèrent pas à entendre vanter les richesses fabuleuses enfouies au cœur de l'Arabie. Un des guerriers chrétiens les plus entreprenants, Renaud de Châtillon, seigneur de Kérat et de Montréal en Transjordanie, résolut de s'en emparer. Des marchands venus du Sud ne lui avaient-ils pas assuré que Médine contenait un trésor inestimable et que le tombeau du Prophète regorgeait d'or et de pierreries ?

Quittant son château de Kérat, durant l'été de 1182, à la tête d'une armée de plus de quinze cents chevaliers, Renaud s'empara par surprise d'Ailat, au fond du golfe d'Akaba, qu'il organisa en base de départ pour l'expédition qu'il projetait.

Quelques coups de main préliminaires, exécutés par des petits détachements de guerriers francs contre les caravanes se rendant à Tebuk et à Muwailih, effrayèrent le Calife d'Egypte et lui firent mesurer l'ampleur du péril. Alarmé par l'audace de ses adversaires, il rassembla fiévreusement une flotte sur la côte égyptienne de la mer Rouge, afin d'attaquer au plus tôt la base ennemie.

Il n'était que temps. Car en janvier 1183, les forces franques ayant franchi le bras de mer qui s'enfonce entre le Hedjaz et la presqu'île de Sinaï, avaient pris pied sur la côte opposée, dans le port d'où était partie, dix siècles plus tôt, l'expédition d'Aélius Gallus. Déjà les Croisés se dirigeaient par marches forcées sur Médine. Déjà ils avaient dépassé Khaïbar et ne se trouvaient plus qu'à une journée de la ville sainte. La victoire leur paraissait à portée de la main et ils s'apprêtaient à entrer en triomphateurs dans la cité du Prophète...

Soudain, ils furent assaillis de tous côtés par des nuées de cavaliers musulmans, qui surgissaient à l'improviste, chargeaient les colonnes chrétiennes, et s'éloignaient au milieu d'un tourbillon de poussière.

Paralysés par leurs heaumes, leurs cottes de mailles et leurs lourds écus triangulaires, semblables à ceux que portaient les combattants de Bouvines, les chevaliers ne purent résister aux assauts de la cavalerie islamique. Trois cents d'entre eux furent tués ou faits prisonniers, et le reste de l'armée totalement anéanti. Renaud de Châtillon, qui ne se trouvait pas sur les lieux, dut à cette circonstance d'échapper au massacre. Mais sa mort n'était que différée. Capturé quatre ans plus tard à la bataille de Hattîn, il fut décapité sur l'ordre de Saladin, pour le punir de sa témérité.

Quant aux chevaliers chrétiens, vaincus dans le désert, on retrouva plus tard leurs armures fracassées, à moitié recouvertes par le sable. Certaines d'entre elles contenaient encore le cadavre desséché de ceux qui avaient constitué, de leur vivant, la fleur de la féodalité occidentale. Leurs heaumes défoncés jalonnaient la route qui va de Khaïbar à Médine. Mais malgré leur apparence altière, ils ne faisaient plus peur à personne et servaient de perchoirs aux busards et aux éperviers.

Après cette tentative malheureuse, les Francs n'essayèrent plus jamais de pénétrer en Arabie. Ils renoncèrent à s'aventurer dans ces régions incandescentes, sur lesquelles semblait planer la malédiction de Dieu.

Cette expédition coïncida avec le déclin des royaumes chrétiens et sonna le glas de la puissance franque au Levant. Quelques années plus tard (1250), la Syrie était retombée tout entière aux mains des Musulmans.

XIV

Tandis que se déroulaient ces luttes entre Arabes et Européens, d'autres conquérants venus du fond de l'Asie, avaient déferlé aux frontières septentrionales de la péninsule. Vers 1055, les Seldjoucides, originaires de la steppe touranienne avaient conquis le royaume de Bagdad et l'Asie Mineure, fracassant les derniers vestiges de la puissance abbasside et menaçant Byzance, en attendant d'être fracassés à leur tour (1154). Puis, Gengis-Khan et ses cavaliers mongols avaient ravagé le Khorassan pour disparaître ensuite, masqués par un rideau de feu (1220). A leur suite, Tamerlan fit irruption en Anatolie avec ses hordes tartares, descendit vers le sud, dévasta Smyrne, Alep et Damas et reflua brusquement vers l'Orient au moment de parachever sa cavalcade triomphale (1402).

Enfin, ce fut le tour des Turcs Ottomans. Ceux-ci, mieux organisés que leurs prédécesseurs, s'installèrent à demeure dans tout le pourtour de la Méditerranée orientale. Ayant conquis Byzance (1453) et annexé les Balkans, leurs Sultans reprirent à leur compte la dignité de Calife et obligèrent la plupart des pays islamiques à reconnaître leur suzeraineté.

Mais l'Arabie resta à l'écart de tous ces événements. Sans doute les Turcs occupaient-ils toutes les provinces situées en bordure de la péninsule. Sans doute avaient-ils installé des gouverneurs et des garnisons à Jérusalem, à Damas, à Bagdad et à Bassorah. Mais bien qu'ils se proclamassent souverains de toute l'Arabie, jamais ils n'avaient osé franchir la lisière du désert.

Vers 1550, Soliman le Magnifique voulut en finir avec les Bédouins, dont ses généraux lui dénonçaient sans cesse l'esprit querelleur. Il convoqua à Stamboul le Pacha de Damas et le chargea d'envahir le Nedjd et le Haïl, pour imposer le serment d'allégeance aux tribus de l'intérieur.

Le gouverneur de Damas redoutait cette entreprise, car il savait qu'une défaite lui coûterait la vie. Il demanda donc au Sultan de mettre à sa disposition quelques-unes des meilleures troupes de l'empire, espérant qu'on les lui refuserait. Soliman les lui accorda. Prenant alors le commandement de plusieurs régiments de Janissaires, il les rassembla à Damas, leur ordonna de revêtir leur tenue de combat, et s'enfonça avec eux au cœur de l'Arabie. Massés en colonnes serrées, les Janissaires se mirent en marche, et disparurent à l'horizon.

Jamais l'indépendance arabe n'avait été plus gravement menacée. Les Janissaires de Soliman représentaient, pour les tribus bédouines, un danger autrement redoutable que les chevaliers de Renaud de Châtillon, ou les légionnaires d'Aélius Gallus. Les soldats turcs étaient non seulement disciplinés et aguerris ; ils avaient l'habitude de combattre sous les climats les plus rudes, et leur équipement était bien adapté à la guerre du désert.

Mais tous ces avantages étaient annulés par un désavantage capital : ils ignoraient totalement le pays dans lequel ils s'engageaient. Ils ne connaissaient ni les pistes, ni le régime des vents. Ils durent s'en remettre à des guides arabes qui les fourvoyèrent à dessein et les menèrent dans une région complètement aride où n'existaient aucun puits, ni aucune trace d'eau. Affolés par la soif, frappés d'insolation, les Janissaires commencèrent à s'égailler dans les dunes à la recherche d'un peu d'ombre ou d'humidité. La fièvre en terrassa un certain nombre. Les autres se mirent à errer en rond, sous un ciel incandescent, qui avait la pâleur d'un métal en fusion. Quelques-uns des soldats, pris d'un accès de démence, tournèrent leurs armes contre leurs chefs et se suicidèrent ensuite. Le reste se dispersa et mourut dans des souffrances atroces, sans même avoir aperçu l'ombre d'un ennemi. Pas un seul n'en réchappa. C'était toujours la même histoire, depuis l'origine des âges : les formations étrangères s'enfonçaient dans le désert où elles disparaissaient sans laisser de traces, comme un fleuve bu par les sables. A quelque temps de là, des Bédouins nomades découvrirent leurs cadavres à moitié dévorés par les bêtes. Le Pacha de Damas, qui commandait l'expédition préféra disparaître, plutôt que de rapporter à son maître la nouvelle du désastre. On le trouva recroquevillé au pied d'une falaise, tenant dans son poing une tablette d'argile sur laquelle était écrit : « Il ne fallait pas me demander de vaincre le soleil ! »

Rendus prudents par l'issue dramatique de cette expédition, les Turcs renoncèrent à conquérir effectivement la péninsule et se contentèrent d'exercer sur elle une souveraineté nominale. L'Arabie centrale resta donc indépendante, et les tribus continuèrent à y mener la même vie qu'auparavant.

XV

Les chefs de clans du Haïl et du Hasa, du Nedjd et du Hedjaz se considéraient à présent comme l'aristocratie de l'Arabie, car ils étaient les seuls à ne pas subir de tutelle étrangère, et à n'en avoir jamais subi, tout au long de leur histoire. Ils tiraient un orgueil exalté de leur indépendance — un orgueil à la mesure de tout ce qu'ils lui avaient sacrifié. De quel mépris hautain n'accablaient-ils pas les Arabes d'Egypte et de Syrie, qui acceptaient de courber l'échine sous le joug ottoman ! Ils n'éprouvaient que du dégoût pour ces Damascènes et ces Cairotes, bavards et menteurs, qui n'avaient pas seulement laissé dégénérer leur race, mais qui avaient vendu leur âme pour des avantages temporels. C'étaient des « mounaficoums » et des « muskrehins », — des hypocrites et des hérétiques, indignes de porter le beau nom de « Croyants ».

Les vrais, les purs Croyants, c'était au fond du désert qu'il fallait les chercher, dans le Nedjd éblouissant et silencieux qui était le cœur de l'Arabie. C'est à travers lui que passait le flot ininterrompu des nomades et ses battements y entretenaient le mouvement et la vie. L'Yémen fournissait la matière première. Mais le Nedjd lui donnait sa trempe et transformait un fer douteux en acier sans défaut. N'était-ce pas dans le Nedjd que se trouvaient les hommes les plus grands, les guerriers les plus braves, les chameaux les plus rapides et la langue la plus pure ? Les autres pouvaient se vanter de leur « civilisation », de leurs cafés luxueux et de leurs kiosques à musique ! Les seigneurs du Nedjd, eux, ne connaissaient rien de tout cela. Mieux encore, ils ne voulaient rien en connaître. Ils préféraient rester les gardiens d'une grandeur où les appétits terrestres n'avaient pas cours, les détenteurs d'une nudité morale et spirituelle où rien ne venait les distraire de la contemplation de Dieu.

A force de s'entre-déchirer et de se massacrer les unes les autres, les tribus sentaient renaître en elles, avec la vigueur physique, les signes avant-coureurs d'une nouvelle vague d'exaltation. Comme toujours, leur force comprimée se traduisait par une double aspiration à l'unité et à la transcendance. A travers les tortures qu'elles s'infligeaient mutuellement, elles s'efforçaient d'atteindre à un dépouillement absolu et de « retrouver le paradis, au fond de leur propre enfer ».

Une fois de plus, les siècles avaient accompli leur lent travail de façonnage et l'Arabie était redevenue un réservoir d'énergies dont le trop-plein n'attendait qu'une occasion pour s'épancher au dehors. Les temps étaient mûrs pour une nouvelle épopée islamique. Les tribus vivaient dans l'attente de l'homme qui restaurerait leur foi et referait leur unité. Elles s'interrogeaient anxieusement, attendant un signe, un présage et se demandaient si celui qui reprendrait en main leurs destinées serait, comme mille ans auparavant, un prophète ou un guerrier.

Ce fut un prophète : il s'appelait Mohammed-Ibn-Abdul Wahab.

XVI

Né à Azaïna, dans le Nedjd, en 1696, Abdul-Wahab était issu de la glorieuse tribu des Temim, dont les prouesses avaient été chantées dans les « poèmes dorés » d'Ocazh, et qui s'était ralliée une des premières à Mahomet. Initié très jeune aux lettres et aux sciences — il savait le Coran par cœur à l'âge de dix ans — il avait effectué plusieurs voyages à Damas, à Bagdad, à Bassorah et en Perse, apprenant ainsi à connaître les diverses sectes religieuses qui se disputaient la prééminence au sein du monde musulman. Après quoi, fidèle au destin habituel des prophètes, il s'était retiré dans le désert pour prier et méditer.

Dans l'immensité solitaire et silencieuse de sa retraite, il avait réfléchi à l'avenir de l'Islam et s'était affligé de voir la corruption profonde dans laquelle il était tombé. Par la faute des Califes ottomans et des Docteurs de la Loi, les idolâtries et les hérésies les plus graves avaient proliféré, étouffant la vraie croyance sous un amas de complications et d'interprétations oiseuses. Un luxe ostentatoire avait remplacé partout l'austérité primitive. Le culte de Mahomet et des saints avait supplanté celui d'Allah. Les prescriptions du Coran étaient quotidiennement transgressées. Personne n'observait plus la loi du Prophète et la parole de Dieu n'était plus entendue nulle part.

Sur le plan politique, le spectacle était peut-être plus désolant encore. Presque tous les Arabes vivant en dehors de la péninsule étaient asservis aux Turcs et ceux du désert central, qui avaient échappé à leur tutelle, se servaient de leur indépendance pour s'entre-tuer, au lieu de travailler à la libération de leurs frères.

A l'instar de Mahomet, Abdul-Wahab considéra que la tâche la plus urgente consistait à unifier toutes les tribus nomades et à les regrouper au nom d'un idéal religieux. Mais que pouvait être cet idéal ? Une révélation nouvelle ? Assurément non. Le Prophète avait apporté, *une fois pour toutes,* la vérité au monde et l'on ne devait rien y changer. Il ne pouvait donc s'agir que d'un retour aux sources. Il fallait restaurer la Loi dans son antique pureté.

Les choses en étaient arrivées à un tel point de relâchement que les Arabes ne connaissaient même plus le sens profond de leur doctrine.

Que signifiait le mot « Islam » ? L'abandon absolu à la volonté divine. Pourquoi le Prophète avait-il choisi ce nom ? Parce que Dieu, dans sa toute-puissance, a créé le monde hors du temps et que c'est hors du temps que Dieu décide ou a décidé la destinée humaine. La langue arabe le sait bien, elle pour qui passé, présent et avenir n'existent pas et qui donne au verbe un aspect d'action achevée, indépendante de la notion de temps. Dieu règle la destinée de l'homme en lui montrant la « hudâ », c'est-à-dire « la bonne direction ». Il en est qui la suivent, en profitant d'une grâce que Dieu leur a accordée ; à d'autres, « Dieu a bouché les oreilles », si bien qu'ils ne peuvent plus comprendre le sens de ses commandements. Dans ce monde, dominé par une prédestination absolue, les Arabes étaient devenus sourds aux appels de la vérité. Ils avaient perdu la « hudâ », — la bonne direction.

Or rien, — ni les spéculations des hommes de science, ni les exhortations des poètes, ni les arguties des légistes, ni les querelles des théologiens — ne pouvait la leur rendre, s'ils ne revenaient pas aux sources de la révélation, c'est-à-dire à l'observance rigoureuse des règles du Coran. Celles-ci étaient très simples. « En quoi consiste l'Islamisme ? » avait demandé jadis un Bédouin à Mahomet. — « A professer qu'il n'y a qu'un seul Dieu dont je suis le prophète, avait-il répondu, à observer strictement les heures de la prière, à donner l'aumône, à jeûner le mois de ramadan et à accomplir, si l'on peut, le pèlerinage à la Mecque. » Telles étaient les règles de vie qu'il fallait observer, sans restriction ni défaillance. Seuls, la prière, le jeûne et les aumônes menaient les Croyants à Dieu. Tout le reste n'était qu'hypocrisie, idolâtrie et blasphème.

En formulant sa doctrine, Abdul-Wahab n'avait nullement l'intention de fonder une secte nouvelle, c'est-à-dire d'apporter à ses disciples une interprétation personnelle de la parole sacrée. Il était convaincu de représenter l'Islam intégral, c'est-à-dire purifié, régénéré et rendu à lui-même. Abolissant d'un geste mille ans d'histoire arabe, il revenait au point précis d'où était parti Mahomet.

Comme on pouvait le prévoir, sa prédication se heurta à l'hostilité des grands-prêtres de la Mecque. Ceux-ci ne pouvaient tolérer cet enseignement révolutionnaire, dont le rigorisme était à la fois une menace pour leurs privilèges et une insulte à leur genre de vie. Ils persécutèrent cruellement le réformateur et le chassèrent à coups de pierres. Se rendant alors compte — comme l'avait fait Mahomet — que sa doctrine ne prévaudrait que si elle était imposée par la force, il s'enfuit à Daraya, la capitale du Nedjd et demanda protection à un chef de Bédouins nedjis, Mohammed-ibn-Séoud (1749).

Abdul-Wahab ne tarda pas à s'apercevoir que Mohammed

avait des qualités exceptionnelles d'homme de guerre. Mohammed, de son côté, fut frappé par l'éloquence enflammée d'Abdul-Wahab. Le guerrier cherchait une doctrine ; le prédicateur cherchait une épée. Ils convinrent de mettre leurs forces en commun pour « accomplir la volonté divine et rendre au peuple arabe son unité perdue ». Afin de sceller cet accord, Abdul-Wahab donna à Mohammed sa fille en mariage et lui confia la direction politique et militaire de l'entreprise. Celle-ci devait s'effectuer en deux temps. Il s'agissait d'abord de rallier au Wahabisme les tribus de l'Arabie centrale et de conquérir le Nedjd. Une fois maîtres du Nedjd, Mohammed et Abdul-Wahab se proposaient d'étendre la réforme au reste de l'Arabie.

Très vite, les hommes les plus énergiques du Nedjd, fanatisés par les sermons du Réformateur, vinrent se ranger sous l'étendard de Mohammed-ibn-Séoud, et les gouverneurs turcs de Damas et de Bassorah apprirent un beau jour avec surprise « que les tribus du Nedjd, jusqu'alors divisées étaient réunies sous un même commandement; qu'elles avaient adopté une religion plus austère que celle des musulmans orthodoxes ; qu'un législateur dirigeait lui-même l'application des réformes, tandis qu'un vaillant guerrier les imposait par la force des armes à quiconque faisait mine d'y rester réfractaire [1] ».

Déjà toute une partie du Nedjd avait embrassé la nouvelle doctrine. Les cheiks du Hasa, hostiles à la réforme, s'étaient fait écraser et les cavaliers wahabites — comme on les appelait à présent — venaient faire des incursions sur les confins du Hedjaz et de la Syrie pour annoncer aux Bédouins le « réveil de l'Arabie ».

Alarmé par les progrès rapides du wahabisme, le Sultan de Constantinople, Mahmoud Ier, ordonna aux gouverneurs de Bassorah, de Bagdad et de Djeddah, ainsi qu'aux Pachas d'Egypte et de Syrie de mettre tout en œuvre pour exterminer les « hérétiques » et les empêcher de s'emparer des

1. L.-A. Sédillot : *op. cit.*, p. 458.

villes saintes — Médine et la Mecque — dont la possession leur conférerait un prestige dangereux.

Mais rien n'y fit. La deuxième vague arabe était lancée et elle allait déferler sur la péninsule, avec une impétuosité presque comparable à celle de la première. Malgré les contremesures de la Porte, Mohammed-ibn-Séoud continua de gagner du terrain. Les villes d'Anaïzah et de Buraïda se rallièrent à sa cause et leurs guerriers vinrent grossir les effectifs de ses armées. Lorsqu'il mourut, en 1765, il laissait un pouvoir affermi à son fils Abdul-Aziz, qui en profita pour achever la conquête du Nedjd, dont il se fit proclamer roi (1765-1803). La première partie du plan était réalisée.

Abdul-Wahab était mort en 1792. Lorsque Séoud succéda à Abdul-Aziz en 1803, les doctrines nouvelles étaient déjà solidement implantées dans les provinces centrales. Petitfils de Mohammed par son père, et d'Abdul-Wahab par sa mère, Séoud — que l'on devait appeler bientôt Séoud le Grand — cumula les titres d'Emir du Nedjd et d'Iman des Wahabites. A la fois chef politique et chef religieux du mouvement, auquel il sut imprimer une cohésion et un dynamisme extraordinaires, il rassembla toutes ses troupes sur le plateau de Daraya, les harangua en présence du clergé wahabite et passa à la réalisation de la deuxième partie du plan : la conquête de l'Arabie.

Descendant « en tempête » sur le Hedjaz, il se rendit rapidement maître de toute la province et entra à Médine, à Taïf, à la Mecque et à Djeddah à la suite d'une série de combats victorieux. Comme l'avait prévu le Sultan, la possession des villes saintes accrut considérablement son prestige aux yeux de ses compatriotes. Pénétrant dans le sanctuaire, il fracassa lui-même les tombeaux des saints et tous les ornements interdits qu'y avaient laissé ériger les chérifs « idolâtres », et restaura la Kaaba dans sa simplicité primitive (1804).

Puis il fit irruption dans l'Asir, qui se soumit sans résister, et de là dans l'Yémen, dont la capitale, Sana, fut enlevée de haute lutte. Cette dernière victoire mit le comble à l'exaltation de ses guerriers. Rien ne semblait plus capable d'arrêter leur élan. En 1808, Séoud le Grand avait pratiquement achevé la conquête de la péninsule. Son royaume comprenait, outre le Nedjd, le Hedjaz, l'Asir et l'Yémen, l'Hadramaout, le Hasa, Bahreïn et Bassorah. Au nord son pouvoir s'étendait jusque dans le Hauran. Ses forces, qui campaient dans le Wadi Sirhan menaçaient à la fois Damas et Bagdad. De nouveau, l'Arabie était prête à prendre feu. Réunie tout entière entre les mains d'un seul maître, elle avait retrouvé la « hudâ » — la bonne direction...

XVII

Tandis que ces événements se déroulaient en Arabie, les armées de Napoléon faisaient trembler l'Europe. Le conflit qui mettait aux prises la France et l'Angleterre se répercutait en Méditerranée et jusque dans le Proche-Orient.

Durant la campagne d'Égypte (1798-1799), Bonaparte s'était heurté à la double résistance des Turcs et des Anglais. Son retour précipité en France, l'assassinat de Kléber, qu'il avait laissé derrière lui, et la signature du traité de Paris (25 juin 1802) par lequel il restituait à la Porte l'Egypte évacuée, avait mis un terme provisoire à l'expansion française au Levant.

Mais Napoléon n'avait pas oublié le rêve qu'il avait échafaudé à l'ombre des Pyramides, — la conquête des Indes — par lequel il espérait porter un coup mortel à la puissance britannique. Caressant toujours ce projet, il avait envoyé le colonel Sébastiani en Syrie « pour y évaluer les forces anglaises et ottomanes » (1802), le général Decaen aux Indes « pour essayer de s'entendre avec le fils de Tippo-Sahib et les princes du pays » (1803), et s'était exclamé, l'année suivante, devant les princes allemands : « Il n'y a plus rien à faire en Europe. Ce n'est que dans l'Orient qu'on peut travailler grand; ce n'est que là que se font les grandes réputations, les grandes fortunes. » Fait plus significatif encore : après avoir essayé en vain d'entraîner le Sultan Sélim III dans une coalition contre l'Angleterre, il avait proposé au Tsar Alexandre, sur le radeau du Niémen, de procéder ensemble au partage de la Turquie, « pour s'ouvrir largement les portes de l'Orient » (1807).

Ces combinaisons — que l'Empereur évoquait encore à Sainte-Hélène — devaient naturellement l'amener à s'occuper de l'Arabie. Le royaume de Séoud avait pris trop d'importance pour pouvoir être négligé. Aussi Napoléon y envoya-t-il un agent diplomatique, M. de Lascaris. Celui-ci se rendit à Daraya, à la fin de 1811, et eut plusieurs entretiens secrets avec l'Iman des Wahabites.

Les Arabes avaient conservé un souvenir prestigieux du vainqueur d'Aboukir, qu'ils appelaient le « Père du Feu ». Ils étaient trop sensibles à la valeur militaire pour ne pas être impressionnés par celui que beaucoup considéraient comme « le Dieu de la guerre ». Quelques anecdotes, habilement propagées, avaient achevé de l'entourer d'une auréole de légende. N'avait-on pas vu Bonaparte, vêtu d'un burnous blanc, parcourir le désert à dos de chameau en vantant les mérites du Coran et les vertus du Prophète ? N'avait-il pas parlé un jour à Desaix de son envie d'embrasser la religion musulmane ?

Lascaris arrivait donc à Daraya précédé d'un « préjugé favorable ». Lorsque l'émissaire de Napoléon demanda à Séoud d'aider son maître à abattre la puissance ottomane et de faciliter l'accès des Indes aux régiments français, l'Iman des Wahabites l'écouta avec d'autant plus d'intérêt que ces projets correspondaient à ses visées personnelles. Sa famille combattait les Turcs depuis plusieurs générations. Envahir la Syrie, c'était obéir à l'impulsion millénaire qui poussait les Arabes du désert vers les terres fertiles du nord-est. Bref, cette campagne lui apparaissait comme le couronnement de ses désirs. Il y voyait le début d'une deuxième épopée islamique semblable à celle où Abou-Bekr et Omar s'étaient couverts de gloire.

Mais les Anglais veillaient. Ils avaient déjà des agents à Suez, à Djedda, à Mascate, à Aden. Ceux-ci ne tardèrent pas à être informés des tractations qui se poursuivaient dans la capitale du Nedjd. Le cabinet de Londres, ne voulant à aucun prix que l'Arabie se rangeât dans le camp de Napoléon, dépêcha à son tour des émissaires à Séoud pour le conjurer de ne pas faire cause commune avec les Français. Lord Castlereagh alla même jusqu'à lui promettre de faire reconnaître sa souveraineté par le Sultan, s'il s'engageait formellement à ne pas attaquer la Turquie.

Séoud balança un long moment entre ces propositions contraires. Finalement, il se rallia aux projets de Lascaris, comme étant « les plus conformes aux aspirations du peuple arabe » (1811).

Sitôt l'accord conclu, Séoud donna l'ordre à ses troupes de se préparer au combat. L'offensive se déclencha à la fin de 1812 au milieu d'un enthousiasme général. Les cavaliers wahabites pénétrèrent en Mésopotamie, où ils rasèrent la ville de Kerbela. Puis ils attaquèrent Alep, s'emparèrent de cette place forte et obligèrent ses habitants à leur payer un tribut, tandis qu'une autre colonne, remontant le Wadi Sirhan allait ravager les alentours de Damas. L'ardeur des assaillants ne cessait de croître. Les Wahabites se voyaient déjà marchant sur Constantinople et déferlant sur les rives de la Méditerranée.

Cette offensive audacieuse aurait pu réussir, si elle avait été entreprise quelques années plus tôt. En 1812, il était trop tard. L'issue désastreuse de la campagne de Russie venait de porter un coup fatal à la puissance de Napoléon. L'incendie de Moscou et les tourbillons de neige de la Bérésina, réduisant à néant tous les espoirs de l'Empereur, avaient marqué un tournant dans l'histoire du monde dont les conséquences allaient se faire sentir jusqu'au fond de l'Arabie.

XVIII

L'essor de Séoud avait été grandement facilité par la présence des troupes françaises au Caire, de 1798 à 1801. Durant ce temps, les Turcs, paralysés, n'avaient pas osé réagir et même après l'évacuation de l'Egypte, ils étaient restés sur le qui-vive, redoutant un nouveau débarquement des généraux napoléoniens.

Mais lorsque tout danger eut été écarté de ce côté — et la retraite de Russie interdisait à la France toute nouvelle intervention en Orient — les Turcs purent consacrer le gros de leurs forces à la répression de la « révolte arabe ». Dès 1813, le Sultan donna l'ordre à son vice-roi d'Egypte, Méhémet-Ali, d'en finir une fois pour toutes avec Séoud et ses partisans.

Méhémet Ali chargea Toussoun Pacha d'une première expédition. Séoud réagit avec vigueur et obligea son adversaire à s'enfermer dans Yenbo. Méhémet-Ali monta alors une seconde expédition et prit lui-même la direction des opérations. Cette campagne n'eut guère plus de succès que la précédente. Vaincu à Tarabey, chassé de Gonfodah, il commit la maladresse de laisser les Wahabites bloquer l'important point stratégique de Taïf. Découragé par cette série d'échecs, il était sur le point d'abandonner la partie, lorsque Séoud fut tué accidentellement sous es murs de Taïf (décembre 1814).

Cette mort, survenant à ce moment crucial, fut une véritable catastrophe pour l'Arabie. Le roi du Nedjd laissait douze fils, mais aucun d'eux n'était de taille à le remplacer. Le pouvoir passa aux mains de son oncle Abdallah, personnage falot et pusillanime, bien incapable de gouverner l'Arabie dans des circonstances aussi critiques.

Méhémet-Ali reprit l'offensive et ne tarda pas à marquer

des points sur son adversaire. Après une série de combats meurtriers, il délivra Taïf et vainquit les Wahabites à Kou-lakh, près de Gonfodah (10 janvier 1815). Méhémet fit trancher la tête à tous les chefs prisonniers. Effrayé par cet exemple, Abdallah déposa les armes et conclut un traité humiliant avec Toussoun Pacha.

Sous prétexte qu'Abdallah n'exécutait pas fidèlement les stipulations du traité, Méhémet-Ali monta, l'année suivante, une troisième expédition, dont il confia le commandement à son fils Ibrahim Pacha. Celui-ci soumit le Nedjd en moins de dix-huit mois. Ayant conquis successivement Anaïzah, Buraïda, Shagra et Dorama, il campa le 22 mars 1818 sous les murs de Daraya.

Abdallah, assiégé, résista pendant sept mois. Finalement, à bout de forces, il finit par capituler. Le Sultan Mahmoud-II donna l'ordre de l'envoyer à Constantinople. Là, il fut couvert de chaînes, promené pendant trois jours à travers la ville et décapité devant la mosquée de Sainte-Sophie. Son corps fut exposé en public pendant une semaine, et aban-donné ensuite aux chiens errants. A la fin de septembre, Daraya fut rasée.

Mais ce n'était pas tout.

Quelques années plus tard, Fayçal, le petit-fils du sup-plicié, voulant venger l'injure faite à sa famille, commença à rassembler quelques tribus autour de lui. Méhémet Ali ne lui laissa pas le temps de relever la tête. Tandis que les Egyptiens prenaient sous leur tutelle les pèlerinages de la Mecque et que les Anglais s'installaient définitivement à Aden, il envoya quatre armées dans la péninsule pour noyer dans le sang cette velléité de révolte.

La première armée, commandée par Kourchïd Pacha, fonça sur le Nedjd, atteignit Fayçal dans la plaine de Dilam, le battit à plate couture et parvint jusqu'aux bords du golfe Persique, après avoir traversé l'Arabie de part en part. La seconde, commandée par Kultschuk Ibrahim Pacha, s'élança sur l'Yémen, enleva Sana d'assaut et obligea l'Imam des Yéménites à abdiquer en faveur du Sultan. La troisième et la quatrième, commandée respectivement par Ahmed Pacha et Sélim Pacha, réduisirent à l'obéissance, en les passant au fil de l'épée, les populations mécontentes de l'Asir et du Hedjaz (1836-1837).

Après quoi, ne voulant pas demeurer dans ce pays inhospitalier, qu'ils avaient transformé en un chaos sanglant, les Turcs se retirèrent, laissant l'Arabie éventrée, les villes en ruines, les villages incendiés et les palmeraies dévastées pour plusieurs générations.

XIX

« Ainsi fut domptée cette puissance, qui semblait destinée à renouveler les grands jours de l'Islamisme. Elle fut resserrée dans les déserts, d'où elle était sortie si glorieuse[1]. » La première vague musulmane, avec Mahomet, Omar et Abou-Bekr avait abouti à un triomphe. La seconde, avec Abdul-Wahab et Séoud le Grand se terminait par un désastre. L'empire wahabite était fracassé. Daraya était démantelée et ses remparts écroulés témoignaient de la fureur avec laquelle les Turcs s'étaient acharnés sur elle.

L'Arabie retourna à son immobilité première. Poètes errants, prophètes, royaumes morts, crimes, chevalerie, magnificence défunte, tout cela fut aboli ou réduit à l'état de songe.

Il n'y eut plus, dans le grand silence jaune, que le morne carrousel des tribus, luttant pour ne pas périr, autour des points d'eau, et qu'aucune main ferme ne gouvernait plus. Seuls, de temps à autre, un coup de feu, un cri rauque et le bruit d'une galopade nocturne témoignaient que l'Arabie n'était pas entièrement morte, car ses habitants hésitaient à se montrer en plein jour.

1. L.-A. Sédillot : *op. cit.*, p. 463.

Il n'y eut plus, de nouveau, que le vide et l'éternité du désert. Il n'y eut plus que la montée et la descente du soleil. Il n'y eut plus que le vent, le terrible vent de sable, qui brouille les pistes, recouvre de son linceul tous les vestiges du passé et efface jusqu'au souvenir des actes inutiles, par lesquels les hommes tentent de calmer leur fièvre de grandeur.

DEUXIÈME PARTIE

LA CONQUÊTE DU NEDJD
(1880-1905)

XX

Telle était la situation de l'Arabie lorsque naquit à Ryhad, en l'an 1298 de l'Hégire, pendant le mois de Rabia-al-Aoual, c'est-à-dire un matin de février 1881, à l'heure où les muezzins appelaient les Croyants à la prière, un garçon auquel ses parents donnèrent le nom d'Abdul-Aziz.

Sa mère, Sara Sudaïri, était la fille d'Ahmed, chef des Dawasirs, une tribu du sud réputée pour la stature herculéenne de ses guerriers. Elle-même avait le cœur fier et les flancs puissants. Dès sa naissance, Abdul-Aziz se signala par une robustesse peu commune et il en fut de même des trois autres garçons qu'elle enfanta après lui : Mohammed, Abdallah et Sad.

Son mari, Abdur-Rahman, le père d'Abdul-Aziz, était le fils de ce Fayçal qui s'était fait écraser par Kourshid Pacha dans la plaine de Dilam. Neveu de Séoud le Grand, descendant direct de Mohammed-ibn-Séoud et de la fille d'Abdul-Wahab, il était, de ce fait, l'Imam' des Wahabites, c'est-à-dire le chef de tous les croyants de cette secte.

Sous l'effet des persécutions qu'ils avaient subies de la part des Turcs, les « ulémas » wahabites — ou Docteurs de la Loi — s'étaient retranchés dans un orgueil ombrageux et avaient encore accru la rigidité de leur doctrine. « C'étaient, nous dit Armstrong, des hommes durs et sectaires qui portaient sur le monde un regard fanatique, et menaient leurs ouailles avec une férule d'airain. Ils ne se permettaient aucun luxe, ni aucun confort. Leurs maisons étaient nues, leurs mosquées dépouillées de tout ornement. Ils se refusaient tous les agréments de la vie : le vin, es plats relevés, le tabac, les vêtements soyeux. Ils interdisaient la musique et le chant, s'offusquaient d'un éclat de rire et ôtaient délibérément toute joie à la vie, de peur de se laisser distraire de leur occupation essentielle : la concentration de toutes leurs pensées sur Dieu. Car ce Dieu, qui était bon et miséricordieux envers ceux qui lui obéissaient aveuglément, se montrait impitoyable à l'égard de ceux qui transgressaient sa Loi. Les Wahabites se considéraient comme ses Élus, haussés par lui au-dessus du commun des mortels. Leur mission consistait à ramener tous les hommes sous son obédience, dussent-ils les y contraindre à coups de rapière [1]. »

Le petit Abdul-Aziz qui naissait en cette année 1298 de l'Hégire appartenait donc à une très vieille lignée et le sang qui coulait dans ses veines pouvait soutenir la comparaison avec celui des plus nobles familles d'Arabie. Ayant parmi ses ancêtres un prophète et plusieurs rois il pouvait remonter, — par son aïeule, la fille d'Abdul-Wahab, — à travers quatre-vingts générations de guerriers, jusqu'à cette antique tribu des Temim, dont la gloire se confondait avec l'aurore de l'Islam et s'inscrivait sur un fond indistinct de poésie et de légende. Par ses aïeux paternels il pouvait se glorifier de remonter plus haut encore, puisque les érudits avaient établi sa filiation directe, par Adnan, avec Ismaël, fils d'Abraham ! [2]

Dans le foisonnement de clans, de tribus et de dynasties royales, toutes férues de généalogie et plus fières les unes que les autres de l'ancienneté de leurs lignées, dont l'entrecroisement formait la trame de l'histoire arabe, il n'y avait guère que les Hachémites avec lesquels il ne pût rivaliser. Ceux-ci occupaient un rang à part, du fait qu'ils descendaient en ligne directe d'Ibn-Qitada, gardien du temple de

1. H. C. Armstrong : *Lord of Arabia*, p. 16.
2. Voir p. 430 la généalogie de la dynastie séoudite.

la Mecque, qui descendait lui-même de Hachim, le grand-père du Prophète, de sorte qu'ils appartenaient à la même famille que Mahomet.

Le jeune prince qui venait au monde n'avait guère d'autre apanage que cette généalogie fabuleuse. Pour le reste, le sort ne l'avait guère favorisé. Sa famille avait été décimée et appauvrie par la défaite. Son autorité était contestée. De plus, il voyait le jour au fond d'un vieux château croulant, au milieu d'une ville encore à moitié démantelée.

Ryhad — ce mot signifie en arabe « les Jardins » — avait remplacé Daraya, l'ancienne capitale du Nedjd, rasée sur l'ordre des Turcs, une soixantaine d'années auparavant. Mais pouvait-on appeler « capitale » cette misérable bourgade dont les murs lézardés témoignaient encore de la fureur d'Ibrahim ? Sans doute, les remparts de la ville avaient-ils été relevés depuis lors, mais aucun ordre n'avait présidé à cette restauration. On s'était contenté de combler les brèches, de rebâtir ici une tour, là une poterne et d'y adjoindre un certain nombre de défenses nouvelles. Et pouvait-on décemment appeler « palais » cette bâtisse disgracieuse faite d'un amas de constructions mal raccordées les unes aux autres par un dédale de corridors et de chemins de ronde ? Là aussi, on s'était borné à parer au plus pressé, en ajoutant au petit bonheur des logements nouveaux aux anciens, de sorte que l'édifice avait fini par occuper tout le centre de la ville.

Abdul-Aziz fut tout d'abord nourri par sa mère, au fond du quartier du palais réservé aux femmes. Mais dès qu'il fut sevré, il fut transféré au quartier des hommes et confié à la garde d'un esclave soudanais. Là, il vécut au milieu d'une bande d'enfants turbulents qui étaient les fils de ses cousins ou du personnel du palais.

Lorsqu'il fut en âge d'apprendre à lire, son père le prit en main et se chargea de son éducation. En tant qu'Imam des Wahabites, Abdur-Rahman ne pouvait se montrer plus tolérant pour son fils que pour le reste de ses administrés. Il l'envoya au séminaire de Ryhad. Là, sur une planchette de bois enduite d'argile blanche — suivant une technique qui n'avait guère varié depuis les Chaldéens — le petit Abdul-Aziz s'efforça de reproduire avec un stylet des passages du Coran qu'il apprenait ensuite par cœur, sans que personne entreprît de lui en faire saisir le sens.

L'enfant ne montra que peu de dispositions pour l'étude. Les travaux intellectuels ne semblaient pas être son fort. Il passait la majeure partie de son temps à rêvasser ou à se battre avec ses camarades de classe. Les « ulémas » — assez incultes pour la plupart — ne firent pas grand'chose pour stimuler son zèle. Le seul point sur lequel ils se montraient intraitables, était l'enseignement religieux. Ils ne toléraient dans ce domaine aucune distraction, aucune négligence. Aussi, dès l'âge de sept ans, Abdul-Aziz assista-t-il ponctuellement aux offices religieux. Il accompagnait son père cinq fois par jour à la mosquée pour y réciter les prières publiques, observait scrupuleusement les jeûnes prescrits par le Prophète, et fut bientôt à même d'entonner tout seul les principaux versets du Coran.

Abdur-Rahman était un homme pieux, plutôt qu'un guerrier. Mais il n'en nourrissait pas moins une secrète ambition : rétablir la puissance de sa famille, et étendre la doctrine wahabite à toutes les tribus d'Arabie.

Dès qu'il le put, il fit part de ces projets au petit Abdul-Aziz, et s'efforça de lui faire comprendre que telle était la tâche pour laquelle Dieu l'avait créé. « C'est un très grand honneur que t'a fait le Tout-Puissant, lui dit-il, mais il faut que tu saches les devoirs qui en découlent. Bien des obstacles se dressent entre toi et l'unification de l'Arabie. Il faut t'apprêter à une vie de privations et de luttes, et concentrer toutes tes pensées sur ce but exclusif. Ne te laisse jamais décourager par l'adversité. Et lorsque ton chemin semblera se perdre dans les ténèbres, alors apprends à patienter, jusqu'à ce que Dieu t'inspire ! »

Pressentant que ses enfants auraient à subir des épreuves sans nombre, Abdur-Rahman apporta un soin particulier à leur instruction militaire. A huit ans, Abdul-Aziz savait manier le sabre, tirer au fusil, et sauter sur un cheval au galop, sans selle ni étriers. Pour l'endurcir à la fatigue, son père le confia à des chefs de caravanes et lui fit faire de longues randonnées à travers le désert. Il l'obligea à se lever régulièrement deux heures avant l'aube, même en décembre, quand une bise glaciale siffle autour des hauts plateaux. Il le força à marcher pieds nus, en plein été, sur les rochers calcinés par le soleil de midi. Il le poussa à développer ses forces physiques, en lançant des défis aux autres jeunes gens de la ville. Il lui apprit enfin à accroître son endurance, en l'habituant à se rationner sévèrement lui-même. « Un vrai Bédouin, lui disait-il, doit savoir se contenter d'une poignée de dattes, d'une gorgée d'eau et de trois heures de sommeil. C'est avec ces principes que nos ancêtres ont conquis un empire. »

Abdul-Aziz grandit rapidement et devint un garçon svelte et élancé. On le voyait rarement au repos. Ses exercices préférés étaient la lutte et la course à pied. Il y déployait l'agilité et la souplesse d'un félin. Qu'il eût un caractère violent, nul ne pouvait en douter, car lorsqu'on lui tenait tête, ses yeux s'injectaient de sang et il devenait la proie de crises de fureur terribles. Mais celles-ci duraient peu. Sitôt sa colère tombée, il reprenait le contrôle de lui-même et redevenait aussi calme et aussi enjoué qu'auparavant.

Pourtant, il ne connaissait encore rien de la vie. Son regard n'allait pas au delà des remparts de la ville. Ce qui se passait dans les ruelles sombres et tortueuses de Ryhad était d'ailleurs suffisant pour absorber toute son attention.

XXI

Car la mort rôdait partout. Embusqué au détour de chaque rue, tapi dans l'ombre des jalousies, dissimulé jusque dans les corridors silencieux du palais, le péril était

partout, invisible mais menaçant. Chacun était à la merci
d'une dénonciation ou d'une vengeance. La sécurité était un
mot inconnu. Comme si les dévastations auxquelles s'étaient
livrés les Turcs n'eussent pas été suffisantes, la guerre civile
s'était installée au cœur de la ville.

Abdur-Rahman n'était pas l'aîné de la famille. Il avait
deux frères plus âgés que lui, Mohammed et Abdallah [1], qui
se disputaient le pouvoir et passaient leur temps à l'arracher l'un à l'autre. Comme toujours dans ces cas, la population s'était scindée en deux clans rivaux, groupés respectivement autour de chacun des deux frères. Ces factions
se haïssaient et se livraient une lutte sans merci. Aussi la
capitale du Nedjd était-elle le théâtre de coups de force et
de soulèvements sanglants au cours desquels partisans
d'Abdallah et partisans de Mohammed s'entr'égorgeaient
avec fureur, jusque sur les marches de la grande mosquée.

Abdur-Rahman se tenait soigneusement à l'écart de ces
querelles et vivait relégué avec les siens, dans une aile
du palais où il se consacrait exclusivement à ses fonctions
religieuses. Mais sa vie n'en était pas moins un véritable
cauchemar. Il était environné d'une nuée d'espions, chargés de rapporter à ses frères ses moindres faits et gestes.
Mohammed et Abdallah l'accusaient alternativement de
vouloir les assassiner. Plus d'une fois Abdur-Rahman fut
attaqué jusque dans ses appartements et dut se défendre
les armes à la main.

L'atmosphère dramatique créée par ces rivalités, obligeait
chacun à rester sur le qui-vive. Jamais les nerfs, ni les
esprits n'avaient le temps de se détendre. La moindre
défaillance pouvait être fatale. C'était une belle école
d'énergie et on imagine la saveur que devait y trouver un
garçon robuste et batailleur de l'âge d'Abdul-Aziz.

D'autant plus qu'à ces périls intérieurs venaient s'en
joindre d'autres, d'ordre extérieur, qui n'étaient ni moins
excitants, ni moins redoutables.

---

1. Le troisième, Sad, avait été emporté par le typhus.

Au nord-ouest de Ryhad se trouvait une ville du nom de Haïl, qui servait de centre de ralliement aux Bédouins Shammars. Un certain Mohammed-ibn-Rashid, homme ambitieux et vindicatif, avait réussi à les grouper sous son autorité. Or, une inimitié séculaire dressait les tribus Shammars contre celles du Nedjd. Ibn-Rashid voulut exploiter cette hostilité et profiter des discordes qui régnaient à Ryhad pour se rendre maître de la ville, en chasser les Séoudites, annexer le Nedjd au Haïl et « briser l'orgueil infernal des Wahabites ». Ce qui rendait Rashid particulièrement dangereux, c'est qu'il disposait, pour cette opération, du plein appui des Turcs. Ceux-ci comptaient sur lui pour écraser les Séoudites et lui fournissaient, à cette fin, des subsides et des armes.

Rashid se mit en campagne au printemps de 1890. Les tribus du Nedjd, affaiblies par leurs querelles intestines, ne purent lui opposer aucune résistance sérieuse. Aidé par son cousin Obaïd, qui commandait l'aile gauche de son armée, Rashid prit Ryhad d'assaut, après un combat meurtrier. Les deux frères d'Abdur-Rahman furent tués au cours de la bataille : Abdallah par Rashid lui-même, et Mohammed par Obaïd. Le vainqueur plaça un de ses amis, Salim, à la tête de la ville, avec l'ordre de passer la population au fil de l'épée, au moindre signe de révolte.

Cependant, par un geste de mansuétude — dont il ne devait pas tarder à se repentir — il permit à Abdur-Rahman et aux siens de demeurer dans l'aile du palais qu'ils occupaient déjà. Sans doute les croyait-il soumis et inoffensifs.

XXII

La victoire de Rashid allait avoir une conséquence imprévue : en supprimant les deux frères d'Abdur-Rahman, elle faisait de ce dernier le chef de la dynastie des Séoudites. L'héritage qu'il recueillait était cependant dérisoire. Il n'avait plus aucun pouvoir dans sa propre capitale. Il vivait comme un étranger dans le palais de ses pères. Il ne se maintenait à Ryhad qu'avec la tolérance du vainqueur. Jadis il avait été espionné par ses frères ; maintenant il était placé sous la surveillance de son ennemi.

Abdur-Rahman ne put supporter longtemps cette situation humiliante. Il résolut de secouer le joug de Rashid et fomenta une révolte parmi la population. Salim la maîtrisa sans peine et pendit une quarantaine de rebelles aux minarets — à titre d'avertissement.

Abdur-Rahman ne se découragea pas. Il renoua ses intrigues. Rashid en eut vent. Il donna l'ordre à Salim de mettre un terme définitif aux agissements des Séoudites et d'infliger à la ville un châtiment exemplaire.

Salim n'attendait que cette occasion. La guerre dans le désert est toujours sans rémission ; le vaincu ne doit jamais compter sur la clémence du vainqueur. Rashid avait voulu épargner Abdur-Rahman : une fois de plus, l'expérience démontrait qu'il avait eu tort.

Comme le Ramadan était en cours, Salim décida d'attendre la fin de la période de jeûne. A ce moment, les Arabes ont coutume d'échanger des visites de courtoisie. « Il projeta de se rendre alors au palais, nous dit Armstrong, pour présenter ses salutations à Abdur-Rahman. Au cours de l'entretien, il demanderait à son hôte de bien vouloir lui présenter tous les membres mâles de sa famille. Lorsque ceux-ci seraient rassemblés dans la salle d'audience, ses gardes les cerneraient et les massacreraient jusqu'au dernier. C'était la seule façon d'en finir avec ce nœud de vipères. »

Mais Abdur-Rahman fut informé à temps des intentions de son ennemi. Au matin de la visite projetée, il fit venir au palais quelques partisans dévoués, leur expliqua la situation, les arma et leur dit de se tenir prêts à intervenir au premier signal.

Salim, flanqué de ses gardes, arriva vers midi. Abdur-

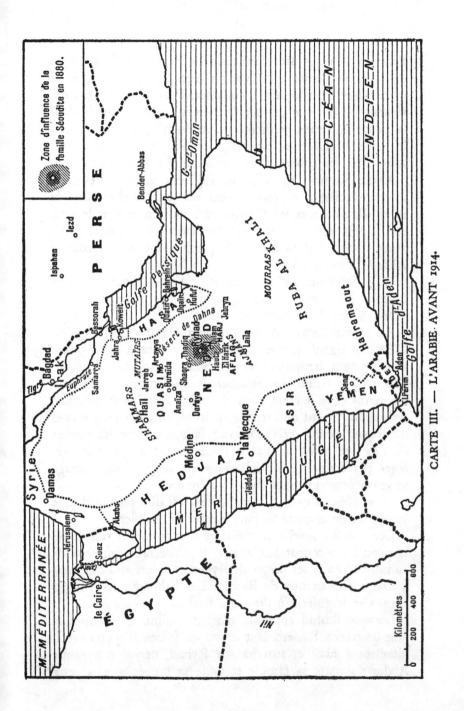

Rahman le reçut avec beaucoup de déférence, le remercia de la bienveillance qu'il voulait bien lui témoigner, et le fit pénétrer dans la salle d'audience. Pour faire croire à son visiteur qu'il ne se doutait de rien, il avait rassemblé dans la pièce plusieurs membres de sa famille, parmi lesquels le jeune Abdul-Aziz, alors âgé de onze ans. Celui-ci était assis entre les cuisses d'un gigantesque esclave noir.

Abdur-Rahman et Salim échangèrent mille politesses et se congratulèrent réciproquement sur leur excellent état de santé. Ils s'observaient furtivement, tout en buvant le café, et s'apprêtaient à se sauter mutuellement à la gorge. Après avoir conversé d'un air enjoué, Salim dit tout à coup à Abdur-Rahman :

— « Seigneur, je ne vois ici qu'une partie de votre famille. Ne pourriez-vous faire venir les autres ? J'aurais grand plaisir à les saluer aussi ! »

Au même instant, Abdur-Rahman dégaina son poignard. C'était le signal qu'attendaient ses partisans. Ceux-ci firent brusquement irruption dans la salle. Sabre au poing, ils maîtrisèrent Salim, lui attachèrent solidement les pieds et les mains et le jetèrent dans un puits, après avoir massacré ses gardes. Ce fut un carnage épouvantable. Les yeux dilatés d'horreur, Abdul-Aziz observait la scène entre les jambes de l'esclave noir, qui s'était placé devant lui pour le protéger des coups. Il fut éclaboussé de sang, et cette image se grava profondément dans sa mémoire.

— « C'est là que j'ai appris, devait-il dire plus tard, que lorsqu'on est menacé, il faut frapper le premier. »

Dès que la nouvelle du massacre fut connue en ville, toute la population courut aux armes. Elle chassa la garnison de Salim, barricada les portes de Ryhad et se prépara à résister à une contre-attaque de Rashid. Les habitants des villages voisins se joignirent à l'insurrection.

Lorsque Rashid apprit la mort de Salim, il eut un sursaut de colère. Rassemblant toutes ses forces, il quitta précipitamment Haïl et marcha sur Ryhad, décidé à anéantir Abdur-Rahman, sa famille et toute sa progéniture, « cette engeance maudite qui ne laisserait jamais l'Arabie en paix, aussi longtemps qu'un seul de ses membres serait encore en vie ».

De son côté Abdur-Rahman convoqua ses partisans, leur distribua le matériel abandonné par la garnison rashidite et se porta au-devant de l'assaillant. Pendant plusieurs semaines, Nedjis et Shammars s'affrontèrent en corps à corps sanglants dans la plaine qui s'étend au sud-est d'Anaïzah. Finalement Rashid, mieux armé, eut le dessus et Abdur-Rahman dut se replier derrière les remparts de Ryhad.

Rashid vint y mettre le siège. Les guerriers Shammars coupaient les palmiers, détruisaient les canaux d'irrigation, empoisonnaient les puits et dévastaient les jardins qui entouraient la ville. Les vivres et l'eau commencèrent à manquer. Condamnés à mourir de faim et de soif, car la citerne municipale était à sec, les habitants supplièrent l'Iman des Wahabites de capituler. Abdur-Rahman s'y refusa. Se rendre, c'était vouer toute sa famille à la mort.

Pour le forcer à céder, les habitants de Ryhad menacèrent de se mutiner. Ses partisans, qui redoutaient les représailles de Rashid, l'abandonnèrent les uns après les autres. Il n'eut bientôt plus avec lui que des forces infimes. Ne voulant pas tomber vivant aux mains de son ennemi, le chef des Séoudites décida de prendre la fuite. Il réunit quelques chameaux et une vingtaine de partisans, fit rapidement ses bagages et prit congé de ses amis. La petite caravane quitta Ryhad à la faveur de la nuit et réussit à franchir subrepticement les lignes ennemies. Sur le chameau de tête se trouvaient le jeune Abdul-Aziz et son frère Mohammed.

Lorsque Rashid entra dans la capitale du Nedjd à la tête de ses cavaliers, il galopa jusqu'au palais, monta les escaliers quatre à quatre, et n'y trouva plus personne. Les Séoudites s'étaient enfuis, le frustrant de sa vengeance.

XXIII

Abdur-Rahman prit la direction du sud et demanda l'hospitalité au chef des tribus Ajman. Celui-ci accepta — car la loi du désert lui en faisait une obligation — mais ces tribus étaient réputées pour leur félonie, et Abdur-Rahman ne l'ignorait pas.

Voulant abréger son séjour dans une contrée dont les habitants lui étaient hostiles, il partagea sa caravane en deux, envoya sa femme à Bahreïn, dans le golfe Persique, et reprit avec Abdul-Aziz sa route vers le sud. Bien lui en prit, car le chef des Ajmans s'apprêtait à lui trancher la tête pour l'envoyer à Rashid, espérant s'attirer ainsi les bonnes grâces du vainqueur. Le départ précipité d'Abdur-Rahman déjoua ce projet et suscita chez les Ajmans un vif mécontentement. Ils se jurèrent de l'abattre à la première occasion.

Au bout de quelques jours de marche, le chef des Séoudites fit halte à l'oasis d'El-Harik où l'attendait une nouvelle surprise. Il y était à peine arrivé depuis quelques jours, lorsqu'il reçut la visite d'un inconnu, qui demanda à lui parler en particulier. C'était un émissaire des Turcs, que lui avait dépêché le gouverneur du Hasa. L'attitude insolente de Rashid commençait à inquiéter les dirigeants de Constantinople. Le chef des Shammars, grisé par le succès, faisait preuve d'un fâcheux esprit d'indépendance et parlait déjà de rejeter leur tutelle. Fidèles à la politique de bascule qu'ils pratiquaient en Arabie, les Turcs offrirent à Abdur-Rahman de l'aider à reprendre Ryhad, à condition qu'il acceptât d'y laisser s'installer une garnison ottomane et se reconnût officiellement le vassal du Sultan.

Abdur-Rahman n'avait plus rien, pas même un toit pour abriter les siens. Mais supposer qu'il accepterait de plier le genou devant ceux qui avaient ravagé son pays, ruiné son père et décapité son aïeul devant la mosquée de Sainte-Sophie, lui paraissait un outrage. Ne parvenant pas à maîtriser sa colère, il cravacha l'émissaire turc en pleine figure, menaça de le tuer s'il renouvelait ses propositions et le chargea de dire à ses maîtres que son honneur n'était pas à vendre.

L'émissaire turc rendit compte à Constantinople de l'échec de sa mission et de la façon ignominieuse dont il avait été traité. Le Sultan déclara Abdur-Rahman hors la loi et fit inscrire son nom sur la liste noire de ceux qui pouvaient être mis à mort, sans autre forme de procès, pour atteinte à la sécurité intérieure de l'Empire.

En lui-même, cet arrêt était purement formel, car le gouvernement turc n'était pas en mesure d'en assurer l'exécution. Mais il accroissait les périls qui environnaient les Séoudites et rendaient leur existence plus précaire encore. Quiconque désormais attenterait à la vie d'Abdur-Rahman, fût-ce pour satisfaire une vengeance personnelle, pourrait le faire impunément, comme étant l'exécuteur du décret impérial. A l'un des tournants les plus critiques de sa vie, le père d'Abdul-Aziz avait imprudemment coalisé contre lui la colère de Rashid, la haine des Ajmans et l'hostilité du gouvernement de Constantinople.

C'était beaucoup pour un homme seul, sans armes et sans partisans.

XXIV

Traqués de tous côtés, environnés d'espions et d'ennemis, n'ayant plus personne à qui demander asile, Abdur-Rahman, Abdul-Aziz et leur petite escorte reprirent leur marche vers le sud et cherchèrent refuge dans le grand désert de pierre du Ruba-al-Khali. Après avoir fait une dernière halte dans la palmeraie de Jabryn, ils laissèrent derrière eux tout vestige de civilisation et pénétrèrent dans cette contrée brûlante que les Bédouins appellent « le quartier vide de l'Arabie ».

Cette région, où ne s'aventure aucune caravane, n'est plus un désert : c'est un chaos informe de dalles et de pierres soulevées par quelque cataclysme préhistorique, le royaume du minéral pur où aucun buisson, aucune herbe ne masquent le visage raviné de la terre. L'eau, déjà rare, y est si chargée de magnésie qu'elle en est imbuvable. Sur ce plateau incandescent, d'une aridité totale, le voyageur est guetté sans cesse par la soif et l'insolation, la démence et la mort.

Mais bien que cette contrée soit une des plus inhospitalières du globe, elle est habitée par une des peuplades les plus primitives de l'Arabie : les Mourras. Ceux-ci ont dû être chassés de l'Yémen dans des temps immémoriaux, comme toutes les autres tribus de la péninsule. Mais n'ayant pas réussi à se maintenir dans le grand courant ascendant du « Gulf-Stream humain », ils en ont été expulsés et refoulés vers le sud. Trop faibles pour s'imposer dans la lutte pour les points d'eau, évincés par des rivaux plus vigoureux qu'eux et « déshonorés » par on ne sait quelles défaites irrémédiables, ils ont dû se contenter de ces espaces vides que personne ne leur conteste et où tout conspire à précipiter leur dégénérescence.

Grands et décharnés, les cheveux hirsutes et le visage hâve, tenant davantage de la bête que de l'homme, les Mourras étaient de tristes spécimens d'humanité. Leur nourriture était tout juste suffisante pour les empêcher de mourir de faim : quelques dattes, des lézards grillés sur la pierre, des rats, des œufs d'autruche trouvés dans le sable et, de loin en loin une gazelle égarée. Aussi, lorsque la faim les tenaillait, exécutaient-ils des incursions lointaines, parcourant jusqu'à quatre cents kilomètres d'une seule traite pour aller piller les troupeaux des tribus plus favorisées, qui vivaient à la lisière de cette région maudite.

C'est chez eux qu'Abdur-Rahman et son fils cherchèrent un refuge, certains que leurs ennemis ne les y poursuivraient pas. « Abdul-Aziz participa pour vivre à certains de leurs raids et devint, à leur contact, un parfait Bédouin. Ryhad lui avait donné la force et l'agilité. Ses randonnées dans le désert lui donnèrent la maîtrise de lui-même et l'endurance. Il apprit à se nourrir d'une poignée de dattes et d'un peu de lait caillé, enfermé dans une outre en peau de chèvre. L'enfant robuste et musclé devint un adolescent frugal, tanné par les intempéries. Il acquit, durant cette période, une résistance à toute épreuve qui le fit comparer par son père à une bonne lanière de cuir [1]. »

Mais cette existence était pour le jeune Abdul-Aziz, un véritable supplice. Son père lui avait répété, depuis son enfance, qu'il serait appelé à régner un jour sur l'Arabie entière. Or il n'avait qu'à jeter un regard autour de lui pour voir qu'il n'était plus rien — plus rien qu'un proscrit sans toit, sans foyer, sans amis, sans armes, et obligé de se cacher pour échapper à ses ennemis...

Bien qu'il prît part à leurs expéditions, Abdul-Aziz ressentait une aversion profonde pour les Mourras. Physiquement, ils étaient d'une saleté repoussante et moralement ils ne valaient guère mieux. Le jeune Wahabite, élevé selon les préceptes rigoristes des « ulémas », s'indignait de les voir si dissolus, si foncièrement irréligieux, pires en somme que des Infidèles. Les Mourras ne respectaient aucune loi, violaient constamment leur parole et n'avaient à aucun degré le sens de l'honneur. Ils n'avaient jamais subi les disciplines de la « muruwa ». Ils étaient, en un mot, le rebut de l'Arabie.

Aussi lui arrivait-il souvent de leur fausser compagnie et de se retirer dans le désert, pour prier et méditer. N'était-ce pas dans la solitude que les meilleurs fils de l'Islam avaient puisé de siècle en siècle leurs inspirations les plus hautes ? Au milieu de ce paysage dévoré par le feu, où tout se consume dans une ardeur aveugle, il plongeait au fond de lui-même pour échapper à sa souffrance. On lui avait affirmé sans cesse qu'il était né pour de grandes choses. Grande

---

1. H. C. Armstrong : *Lord of Arabia*, p. 27.

chose, en vérité, que cette existence de paria, au milieu de compagnons qui avaient à peine figure humaine !

Avait-il perdu la « hudâ » — la bonne direction, pour être condamné à cette vie de réprouvé ? Etait-il de ceux auxquels Dieu avait bouché les oreilles, afin qu'ils n'entendissent pas ses commandements ? A l'heure où le soleil se couche et empourpre d'une illumination géante la houle immobile des sables, Abdul-Aziz, agenouillé sur une pierre, faisait le vide dans son esprit et suppliait Dieu de lui laisser entendre sa voix, de lui fournir un signe, de lui prouver enfin, qu'il n'était pas un damné. Le visage tourné vers la Mecque, il répétait inlassablement la prière du « Talbiya » :

Me voici répondant à ton appel, Seigneur !
A toi appartiennent la louange, la grâce et la puissance.
Tu es seul et unique. Tu n'as pas d'associé...

A force de psalmodier les formules incantatoires, il sentait grandir en lui une étrange exaltation. Au tréfonds de sa détresse, quelque chose lui disait de ne pas perdre courage. N'était-il pas jeune, et fort, et bouillonnant de vie ?

Un soir où il priait ainsi, il eut soudain l'impression d'être arraché à lui-même. Dans le flamboiement du couchant, il vit monter à l'horizon des figures immenses. Il vit, dans un éblouissement, Séoud le Grand et Abdul-Wahab... Il vit, derrière eux, l'image plus grande encore de Mahomet et d'Omar, suivis de Légions invincibles, coiffées de turbans blancs et brandissant des sabres étincelants de lumière...

Ah ! être comme eux, des serviteurs de la Foi, des conducteurs de peuples et des fondateurs de royaumes ! Saisir, d'une étreinte puissante, cette multitude de tribus qui se décimaient mutuellement et reforger avec elles l'unité de l'Arabie... Oui, oui, le jeune Abdul-Aziz se sentait la vocation et la force de le faire, si Allah lui faisait confiance et le laissait devenir un homme ! Avec la grâce de Dieu, il vaincrait à la fois par les armes et par la parole ; il brandirait à la fois le Glaive et la Loi. Pour faire l'unité arabe,

il cumulerait entre ses mains les deux pouvoirs suprêmes :
le pouvoir politique et le pouvoir religieux, et mettrait
chacun de ses pas dans les pas du Prophète...

Mais ces moments d'exaltation ne peuvent durer toujours. C'étaient les rêves d'un adolescent de treize ans,
enfiévré et amaigri par les privations et par les jeûnes. Bien
vite, le présent reprenait ses droits et ramenait son esprit
aux dures nécessités quotidiennes.

L'automne arriva. Le vent de sable, le terrible vent de
sable commença à balayer le désert et à enfouir toutes choses
sous un linceul craquant de poussière. Les dernières brous-
sailles se flétrirent autour des points d'eau. Les racines d'alfa
broyées cessèrent d'être comestibles. Le gibier disparut. Les
provisions s'épuisèrent. Encore quelques semaines et leur
voyage toucherait à son terme. La faim, la soif, la fièvre
n'auraient plus qu'à faire leur œuvre...

Abdur-Rahman était sur le point de succomber au désespoir. Les hommes n'avaient pas pu briser sa volonté. Mais
le désert était plus fort que les hommes : il finirait par
vaincre. Le destin des Séoudites allait-il s'arrêter là, comme
une rivière desséchée qui se perd dans le sable ? Trouve-
rait-on, au printemps, leurs ossements dispersés, blanchis par
le soleil ? Personne ne saurait jamais quel rêve avait été
le leur...

Un soir, à bout de forces, Abdur-Rahman rassembla sous
sa tente son fils et les trois hommes d'escorte qui étaient
restés avec eux.

— « J'ai le devoir de vous parler en toute franchise, leur
dit-il d'une voix grave. Dieu, dans sa sagesse, a voulu,
semble-t-il, que nous mourions ici. Il ne nous appartient
pas de scruter ses desseins et encore moins de nous insurger
contre eux. Tout ce qu'Il fait est bien fait, et il faut lui
en rendre grâces. Nous allons réciter ensemble la prière des
mourants. »

— « Non ! répondit Abdul-Aziz, nous n'allons pas mourir ici ! »

— « Qu'est-ce qui te donne une pareille assurance ? »

— « Lorsque je serai grand, je régnerai sur l'Arabie ! »
Stupéfait, Abdur-Rahman regarda longuement son fils. Il
fut surpris de découvrir dans son regard, un éclat qu'il
n'y avait encore jamais aperçu...

XXV

Le lendemain — après une nuit passée en prières —
Abdur-Rahman vit apparaître à l'horizon une petite troupe
de cavaliers, envoyée à sa recherche par l'Emir de Koweït.
Celui-ci invitait le père d'Abdul-Aziz et sa famille à venir
s'installer dans sa ville. Il offrait de les loger, de leur assurer
un train de vie conforme à leur rang et de subvenir à tous
leurs besoins. A la dernière seconde, les Séoudites étaient
sauvés ! Mais quelles pouvaient être les raisons de cette
proposition insolite ?

Tandis qu'Abdur-Rahman errait dans le Ruba-al-Khali,
Rashid, se croyant désormais le maître de l'Arabie centrale,
avait rompu son serment d'allégeance envers Constantinople. Après en avoir délibéré, les ministres d'Abdul Hamid
s'étaient rendu compte qu'ils avaient commis une erreur
en laissant écraser si complètement les Séoudites, car rien
ne faisait plus échec aux ambitions de Rashid. Ils avaient
décidé, en conséquence, de renverser leur politique et d'aider Abdur-Rahman à récupérer ses biens, pour le mettre
de nouveau aux prises avec son rival. L'arrêt de mort prononcé contre lui avait été rapporté. Mais comme ils connaissaient sa fierté ombrageuse, et ne voulaient pas s'exposer à
un nouveau refus de sa part, ils avaient décidé d'agir auprès
de lui par personnes interposées.

L'Emir de Koweït, Mohammed, était l'homme-lige des
Turcs. Pourtant c'était un Arabe. Abdur-Rahman n'avait
aucune raison de repousser son secours. Les autorités

d'Istanbul avaient donc prié Mohammed d'offrir l'hospitalité à Abdur-Rahman et à sa famille, à charge pour la Porte de le défrayer des dépenses que cela pourrait lui occasionner. Il va sans dire que Mohammed comptait lui aussi, tirer avantage de cette affaire.

Bien entendu, Abdur-Rahman ignorait tout de ces tractations. Aussi accepta-t-il avec empressement la proposition de l'Emir et vint s'installer à Koweït, avec sa famille (1895).

Koweït, — ce n'étaient plus les ruelles étroites et tortueuses de Ryhad, ni l'immensité désolée du Rubạ-al-Khali. C'était un port important, situé non loin de l'embouchure de l'Euphrate, le « Marseille de l'Orient » comme le disaient, non sans quelque forfanterie, les caboteurs du golfe Persique.

La population de Koweït était accueillante et bigarrée. Ses rues et ses quais bourdonnaient d'une activité pittoresque. On y coudoyait des marchands venus de Téhéran et de Bombay, des Persans et des Hindous, des Syriens originaires d'Alep et de Damas, des Arméniens, des Turcs, des Juifs et des Européens. De Koweït, des caravanes partaient dans toutes les directions : vers la Perse, vers l'Arabie centrale, vers l'Egypte, vers la Syrie. Le commerce y florissait, mais aussi l'espionnage. La plupart des grandes puissances y entretenaient des représentants — consuls et agents secrets — camouflés en négociants, en missionnaires ou en archéologues.

Au milieu de cette animation, si nouvelle pour lui, Abdul-Aziz mena la vie des jeunes Arabes de son âge. Il flânait sur les quais, se mêlant aux conversations des matelots et des trafiquants qui venaient de Périm ou d'Aden, de Goa ou de Ceylan. Il écoutait avec avidité les récits des voyageurs et y cueillait au passage des bribes d'informations émanant de Bagdad, de Damas ou de Constantinople. Il avait l'impression de se trouver au centre de l'univers. Mais tout cela ne lui faisait pas perdre de vue son objectif essentiel : la conquête de l'Arabie. N'était-ce pas pour cette

111

œuvre que Dieu l'avait épargné ? Comment expliquer autrement l'intervention providentielle de Mohammed ?

Dans les cafés du port, Abdul-Aziz fit la connaissance d'un groupe d'adolescents qui appartenaient à la « jeunesse dorée » de la ville. Ceux-ci cherchèrent à l'éblouir en lui décrivant la richesse des magasins et des entrepôts que leur légueraient leurs pères. Tant de fatuité finit par l'agacer. Voulant les impressionner à son tour, il leur déclara avec emphase que lui non plus n'était pas le premier venu, qu'il était le petit-neveu de Séoud le Grand, mais que son nom éclipserait un jour celui de son aïeul. Les jeunes gens sourirent avec commisération. Vexé, il leur débita un long sermon, émaillé de citations du Coran, pour leur affirmer qu'il referait un jour l'unité de l'Arabie et imposerait partout l'obédience wahabite. Du coup, ses camarades éclatèrent de rire. Tremblant de colère, Abdul-Aziz les traita de mécréants et leur prédit qu'ils iraient en enfer, s'ils ne renonçaient pas à leur oisiveté, à leur cynisme et à leurs mœurs dissolues. Les jeunes gens haussèrent les épaules et le mirent en quarantaine. Ces Wahabites, décidément, étaient infréquentables. Les uns étaient des fanatiques ; les autres, des mythomanes. Abdul-Aziz, lui, était les deux à la fois.

Le fils d'Abdur-Rahman décida alors de leur infliger une leçon dont ils se souviendraient et de montrer à ces garnements ce dont il était capable. Quelques jours auparavant, il avait rencontré sur le marché, des bergers venus du Nedjd avec une caravane. Il leur avait demandé des nouvelles du pays. Ceux-ci lui avaient confié, sous le sceau du secret, que les habitants de Ryhad gémissaient sous la férule de Rashid et n'attendaient que le retour des Séoudites, pour se soulever en leur faveur.

Avec une hâte fébrile, Abdul-Aziz emprunta un chameau au père d'un de ses amis, et partit tout seul, pour conquérir un royaume. Hélas ! Les choses ne se passèrent nullement comme il l'avait espéré. Soit que ses informateurs se fussent montrés trop optimistes, soit qu'ils eussent abusé de sa crédulité, aucune tribu ne se souleva à son approche. Son chameau était vieux et rongé par la gale. Au bout de trois jours, il se mit à boiter, se foula une patte, se coucha dans le sable et refusa d'aller plus loin. Pleurant de rage et de dépit, Abdul-Aziz dut entamer à pied le chemin du retour. Après avoir erré une journée dans le désert, il rencontra une caravane qui le prit avec elle, et rentra à Koweït à califourchon sur un âne qui portait des bagages. Bel équipage, en vérité, pour un garçon destiné à conquérir l'Arabie ! Tout Koweït le sut et en fit des gorges chaudes. L'histoire fut rapportée à Constantinople, où on la trouva ridicule. Elle porta un coup sensible au crédit des Séoudites. Si c'était là tout ce dont ils étaient capables, se dit-on au Sérail, ils ne méritaient pas les sommes qu'on dépensait pour eux...

Abdul-Aziz reprit ses flâneries dans les ruelles et les cafés du port. Mais il n'y trouva plus autant d'attrait qu'auparavant. Il ne ressentait plus la même griserie à voir évoluer les navires dans la rade, ni à écouter les marins raconter leurs aventures. Il y avait dans l'air quelque chose de lourd et de putride qui lui donnait la nostalgie du désert et de son âpre sécheresse. Lorsque les orages couvaient sur le golfe Persique, la ville était plongée dans une moiteur accablante et une odeur fétide montait des égouts et des bassins de radoub. Son désœuvrement aussi, commençait à lui peser. Il se sentait plein de vigueur, plein d'ardeur combative et souffrait de voir ses forces demeurer sans emploi. Il avait l'impression d'être arrivé au fond d'une impasse.

Vers la même époque, la situation d'Abdur-Rahman se compliqua elle aussi. Le gouvernement turc se trouva aux prises avec des difficultés si graves, qu'elles enlevaient tout intérêt aux rivalités de clans qui se déroulaient au centre de l'Arabie. La Grèce avait fait rebondir l'affaire de Crète. Les grandes Puissances montraient les dents. Le Trésor ottoman était vide. Qui songeait encore, à Constantinople, au conflit des Rashidites et des Séoudites ? La redevance promise à Mohammed pour le dédommager de ses frais, cessa d'être payée. Du coup, l'Emir ne subvint plus aux besoins d'Abdur-Rahman et se désintéressa de lui. La gêne s'installa au foyer. Les dernières économies furent bientôt dépensées. Abdul-Aziz avait épousé en 1895 — à l'âge de quinze ans — la princesse Jauhara, une arrière-petite-nièce d'Abdul-Wahab. Elle lui avait donné en 1899 un premier fils, Turki, et l'année suivante, un second fils, Khalid. Tout cela accroissait les charges qui pesaient sur Abdur-Rahman, car Jauhara — malgré sa naissance illustre — était aussi pauvre que son jeune époux. Que faire ? L'avenir paraissait sombre. Après avoir échappé à la destruction dans les sables, le destin des Séoudites allait-il s'embourber dans la vase d'un petit port du golfe Persique ?

Abdul-Aziz se demandait déjà s'il n'allait pas s'engager comme docker, pour alléger le budget familial, lorsque survint un deuxième coup de théâtre, plus surprenant encore que l'apparition des cavaliers de Mohammed, dans le désert de Ruba-al-Khali.

XXVI

L'Emir de Koweït, Mohammed, avait un frère, du nom de Mubarrak, avec lequel il vivait en mésintelligence. Joueur et débauché, Mubarrak avait dilapidé sa part de l'héritage paternel. Après quoi, s'étant querellé avec Mohammed, il était parti pour Bombay, où il avait vécu plusieurs années en faisant « des affaires ». Celles-ci avaient dû être fructueuses, car elles lui avaient permis de perdre successivement plusieurs fortunes au jeu. Où trouvait-il tout cet argent ? Nul ne le savait au juste ; mais une chose était certaine : c'est qu'il en trouvait toujours. Lorsqu'on lui demandait d'où provenaient ses ressources, il se contentait de baisser les yeux et répondait modestement : « Allah est grand, et sa générosité est infinie ! »

Mubarrak était revenu à Koweït en 1897. Mais Mohammed, qui n'avait pas cessé de le haïr, refusait de le recevoir au palais de la Résidence et lui infligeait toutes sortes de brimades et de vexations. Le pauvre Mubarrak subissait ces mauvais traitements avec une patience inlassable qui faisait l'admiration de tous.

Esprit subtil aux facettes multiples, Mubarrak, qui ne savait que faire de ses loisirs, venait souvent rendre visite à Abdur-Rahman et l'interrogeait longuement sur les problèmes de l'Arabie centrale. Pourtant Abdur-Rahman ne sympathisait guère avec lui. Ce qu'on lui avait dit de son passé, son immoralité foncière et son penchant immodéré pour la boisson choquaient son rigorisme wahabite. De plus, il craignait que ces visites réitérées ne lui attirassent la défaveur de Mohammed.

Tout autre était la réaction du jeune Abdul-Aziz. Celui-ci trouvait Mubarrak spirituel, amusant et riche de toutes les expériences accumulées au cours de ses voyages. Mubarrak racontait admirablement les histoires. Abdul-Aziz, avide de s'instruire, l'écoutait parler pendant des heures, avec un enthousiasme juvénile.

Mubarrak flatté d'avoir trouvé un auditeur aussi « compréhensif », ne fut pas long à discerner les qualités exceptionnelles du fils d'Abdur-Rahman. Il fut séduit à la fois par son tempérament réfléchi et par l'espèce d'ardeur rayonnante qui se dégageait de sa personne. « Ce garçon a de l'étoffe, se dit-il, on pourrait peut-être en faire quelque chose. »

Abdul-Aziz avait alors dix-huit ans. Il n'avait plus été à l'école depuis son exode de Ryhad. Il était donc très en retard sur les jeunes gens de son âge. Mais la vie si difficile qu'il avait menée depuis son enfance avait trempé son caractère et mûri son jugement. Mubarrak proposa à Abdur-Rahman de lui faire rattraper le temps perdu. Abdur-Rahman ayant accepté, il fit venir le jeune homme chez lui pour parfaire son instruction. Il lui apprit l'histoire, la géographie, les mathématiques et un peu d'anglais. Après quoi il lui offrit de le prendre comme secrétaire.

Sous une oisiveté apparente, Mubarrak menait une existence des plus actives. Il commença par mettre Abdul-Aziz au courant de certaines de ses tractations ; puis il le fit assister à ses audiences privées.

Dans la maison de Mubarrak, le fils d'Abdur-Rahman apprit à connaître une foule de choses nouvelles, des manières d'agir et de penser qui étaient inconnues ou interdites à Ryhad. Il coudoya des hommes de toutes les professions et de toutes les provenances : des négociants, des spéculateurs, des explorateurs, des banquiers, des fonctionnaires, des hommes politiques et des aventuriers, mais aussi des agents des Puissances étrangères, des Français, des Anglais, des Allemands et des Russes. Il fut stupéfait de découvrir l'importance et l'étendue des relations de Mubarrak. Celui-ci semblait avoir des amis dans toutes les capitales du monde.

Ce n'était pas pour rien que Mubarrak avait subi si longtemps sans réagir, les traitements humiliants que lui infligeait son frère : il attendait son heure. A la fin de 1899, il estima le moment venu de prendre sa revanche. Un jour, Mohammed insulta son frère en public, plus grossièrement encore que de coutume. Sous prétexte de venger cette offense, Mubarrak s'introduisit nuitamment dans le palais avec deux esclaves, assassina son frère dans son lit et se proclama lui-même Emir de Koweït. La population laissa se perpétrer ce coup de force avec une parfaite indifférence. Mohammed l'avait écrasée d'impôts. Elle espérait que Mubarrak se montrerait plus libéral que son prédécesseur.

Cette révolution de palais changea du jour au lendemain la situation des Séoudites. Mohammed les avait hébergés sur l'ordre de Constantinople. Mubarrak les protégeait par sympathie personnelle. Et celui auquel cette protection allait, au premier chef, ce n'était plus Abdur-Rahman, mais son fils Abdul-Aziz. Mubarrak avait été conquis par lui : il croyait à son avenir.

Dès que le nouvel Emir fut installé à la Résidence, il rétablit la pension des Séoudites et fit venir Abdul-Aziz au palais

116

pour achever son éducation. Tandis que Mubarrak tenait ses conférences ou donnait audience à ses visiteurs, l'adolescent restait assis dans un coin, drapé dans son abaya, jouant silencieusement avec les grains d'ambre de son chapelet, indifférent en apparence aux conversations qui se poursuivaient devant lui, mais en réalité suprêmement attentif à tout ce qu'il voyait et entendait, notant dans sa mémoire chaque geste, chaque intonation, et apprenant chaque jour à mieux connaître les ressorts complexes de la politique locale et ceux, plus complexes encore, des problèmes internationaux.

Mais la réaction des Turcs ne se fit pas attendre. Mohammed avait été leur représentant à Koweït. Mubarrak l'avait assassiné. Il s'était intronisé lui-même, sans demander leur consentement. Un pareil forfait ne pouvait rester impuni.

Pour cela, les Turcs avaient besoin d'un auxiliaire, car ils n'avaient pas de troupes disponibles pour les envoyer à Koweït. Tatillons, instables et pressés par la nécessité, ils se tournèrent de nouveau vers Rashid, et lui expliquèrent que celui qui possédait Ryhad et le Nedjd devait aussi posséder Koweït et un débouché sur la mer. Ils promirent de lui abandonner ce port, s'il en expulsait Mubarrak et reconnaissait de nouveau leur suzeraineté.

Rashid était toujours d'accord du moment qu'il s'agissait d'agrandir ses domaines. Ayant retrouvé l'appui des Turcs, il rassembla toutes ses forces et marcha sur Koweït, pour en chasser « l'usurpateur ».

XXVII

Lorsque Mubarrak apprit que Rashid s'était mis en campagne, il recruta dix mille volontaires, et marcha à sa rencontre. Son armée était composée d'hommes appartenant aux tribus les plus diverses. Elle comprenait des Mountafiks, des Ajmans, et beaucoup de guerriers venus individuellement du Nedjd, dans l'espoir de briser la tutelle des Rashidites.

Mubarrak confia le gros de ses forces à Abdur-Rahman et plaça Abdul-Aziz à la tête d'un petit contingent autonome, chargé d'exécuter une manœuvre de diversion. Celui-ci marcherait sur Ryhad en passant par le sud et provoquerait un soulèvement parmi les tribus du Nedjd, afin de semer le trouble sur les arrières de l'ennemi. Les deux colonnes feraient leur jonction à proximité de la capitale. Une fois le Nedjd libéré de ses garnisons rashidites, les Séoudites y seraient rétablis dans toutes leurs prérogatives. L'Emir de Koweït était plein d'optimisme et se déclarait absolument certain de la victoire.

Abdul-Aziz exultait à l'idée d'exercer son premier commandement et de montrer enfin de quoi il était capable. Il n'était pas fâché non plus d'effacer le souvenir cuisant de sa précédente équipée, et s'acquitta brillamment de sa tâche. Séduites par son élan et sa fougue juvénile, toutes les tribus se soulevèrent et lui fournirent des volontaires. Lorsqu'il parvint aux lisières méridionales de Ryhad, il se trouvait à la tête d'un nombre respectable de guerriers.

Soudain, des nouvelles alarmantes lui parvinrent du nord, où se déroulait l'action principale. Mubarrak avait rencontré les forces de Rashid près du village de Sarif et était passé immédiatement à l'attaque. Au milieu du combat, ses alliés avaient fait défection. Les Mountafiks s'étaient enfuis et les Ajmans, félons comme toujours, avaient brusquement changé de camp. Mubarrak avait été battu. Seul, un orage avait empêché son armée d'être complètement détruite. Ses troupes étaient en pleine déroute et se repliaient précipitamment sur Koweït.

Dès qu'elles apprirent les nouvelles de ce désastre, les forces d'Abdul-Aziz se débandèrent à leur tour. Redoutant les représailles de Rashid, les tribus qui s'étaient soulevées à son approche s'empressèrent de regagner leurs villages. Lâché de tous côtés, Abdul-Aziz n'eut bientôt plus autour de lui qu'une petite poignée de fidèles. Il se hâta de rentrer lui aussi à Koweït, où il trouva Mubarrak et son père en train d'organiser fébrilement la résistance.

Rashid avançait par petites étapes, incendiant partout les villages et les oasis. Dans la ville de Buraïda, qui s'était ralliée à la cause des Séoudites, il pendit aux minarets les cent quatre-vingts notables de la ville et frappa la commune d'une lourde contribution. Puis, il se dirigea sur Koweït, écrasa les dernières forces de Mubarrak à Jahra, à quelques kilomètres de la côte, et se prépara à donner l'assaut au port (août 1901).

Mubarrak n'avait plus ni troupes, ni armes. Sa ville n'était pas fortifiée. Ses alliés s'étaient débandés. Koweït allait tomber sans coup férir aux mains de l'ennemi. Le désastre était total.

Une fois de plus, le destin des Séoudites était gravement compromis. Ils avaient cru faire leur entrée victorieuse à Ryhad. Mais ils avaient joué là mauvaise carte et tous leurs espoirs s'étaient écroulés. Pour Abdur-Rahman et sa famille il n'y avait plus qu'une issue : fuir, fuir une fois de plus, pour éviter d'être capturés pas le vainqueur et mis à mort.

Abdul-Aziz et son père étaient déjà en train de seller leurs chameaux et de leur donner une dernière ration d'eau en vue d'une longue pérégrination à travers les sables. Tout semblait irrémédiablement perdu, lorsqu'un cuirassé britannique apparut dans la rade de Koweït. Il jeta l'ancre à quelques encablures du port et braqua ses canons dans la direction de la ville. Le commandant du navire de guerre anglais envoya une chaloupe à terre, et fit savoir officiellement que Mubarrak était « l'ami » de Sa Majesté britannique ; que l'Angleterre le prenait sous sa protection et ne tolérerait pas qu'il soit chassé de sa ville. L'officier de marine anglais envoya ensuite des plénipotentiaires à Rashid, le sommant de retirer ses troupes de la province. Simultanément, le cabinet de Londres informait le Sultan que la décision anglaise était irrévocable.

Le gouvernement turc ne put que s'incliner devant cet

ultimatum. Il conseilla à Rashid de ne pas insister. La rage au cœur, Rashid évacua la région. La population de Koweït poussa un soupir de soulagement. Mubarrak était sauvé. Les Séoudites aussi.

XXVIII

Abdul-Aziz n'aurait sans doute compris que beaucoup plus tard ce qui s'était passé, si Mubarrak ne lui en avait fourni l'explication.

Au cours de ces derniers mois, et sans qu'aucun des habitants de la région ait pu s'en rendre compte, la petite ville de Koweït était devenue un des points névralgiques du Moyen-Orient. Au-dessus de ces quelques arpents de sable, que s'étaient disputés à travers les siècles Assyriens et Babyloniens, Romains et Perses, Turcs et Arabes, les grandes Puissances modernes se heurtaient à leur tour, prêtes à en venir aux mains. Les grandes Puissances, c'est-à-dire l'Allemagne, l'Angleterre et la Russie.

Peu auparavant, c'est-à-dire en avril 1899, le gouvernement allemand avait conclu, avec le gouvernement ottoman, un accord portant sur la construction d'une grande voie ferrée, le Berlin-Stamboul-Bagdad, dont le point d'aboutissement devait être à Koweït [1].

Or l'exécution du Berlin-Bagdad inquiétait vivement l'Angleterre, car cette ligne de chemin de fer aurait coupé la route *terrestre* des Indes, que Londres avait un intérêt primordial à ne laisser tomber entre les mains d'aucune nation rivale. La Grande-Bretagne contrôlait toutes les voies *maritimes* donnant accès à l'Orient : celle qui contournait l'Afrique, par le cap de Bonne-Espérance ; celle qui passait par Suez et Aden, à travers la Méditerranée, la mer

1. Georges Ancel : *La Question d'Orient*, pp. 227-229.

120

Rouge et l'océan Indien. Seule lui échappait encore la route terrestre qui empruntait des territoires appartenant à l'empire ottoman, et l'Angleterre était fermement décidée à la contrôler tôt ou tard.

La Russie, de son côté, envisageait la création d'une ligne de chemin de fer Bakou-Ispahan-Iezd, le « Transpersan », qui aboutirait à Bender-Abbas, sur le golfe Persique. Le gouvernement du Tsar qui avait des visées sur les régions, n'avait donc aucun intérêt à voir les Allemands s'installer sur le golfe Persique. Mais il n'avait aucun intérêt non plus à y voir s'installer les Anglais.

L'axe de pénétration allemand était orienté du nord-ouest au sud-est. L'axe russe, allait du nord au sud. L'axe anglais ne partait pas d'Angleterre, mais des Indes. Il allait du sud-est au nord-ouest, à travers l'océan Indien et le golfe d'Oman. Tous ces axes se rejoignaient et se recoupaient au même point : à Koweït. De là l'importance qu'avait prise subitement cette région du globe.

Prévoyant de longue date la crise qui éclatait en cet été de 1901, l'Angleterre surveillait attentivement tout ce qui se passait sur le littoral arabe du golfe Persique, cherchant à se concilier, par des moyens divers, les petits roitelets qui y détenaient le pouvoir.

L'ancien Emir de Koweït, Mohammed, gouvernait la ville pour le compte des Turcs, alliés aux Allemands. Le laisser en place équivalait à laisser la porte ouverte aux visées germaniques. C'est pourquoi les Anglais avaient décidé de lui substituer son frère Mubarrak, gagné en secret à la cause britannique. Lors de son séjour à Bombay, les agents de l' « India Office » s'étaient abouchés avec lui et lui avaient versé de larges subsides, en prévision des « services » qu'il pourrait leur rendre plus tard. C'était là l'origine des fonds qu'il perdait si allégrement au jeu, et dont il attribuait la provenance à la générosité d'Allah. Ces mêmes agents anglais avaient préparé le coup de force, grâce auquel Mubarrak avait supplanté son frère. C'étaient eux enfin, qui l'avaient incité à repousser par les armes l'invasion de

Rashid et lui avaient promis l'appui inconditionnel de l'Angleterre. Voilà pourquoi Mubarrak s'était lancé dans cette aventure avec tant d'optimisme, malgré son impréparation flagrante. Il était convaincu que les Anglais le soutiendraient envers et contre tout, car le laisser écraser par Rashid, c'eût été réinstaller à Koweït un gouverneur à la solde des Turcs et annuler le bénéfice de « l'éviction » de Mohammed.

Mais les choses ne s'étaient pas exactement passées comme l'avait prévu Mubarrak. Les Anglais croyaient qu'il viendrait facilement à bout de son adversaire ; sa défaite les avait surpris — et même beaucoup gênés. Habitués à agir par l'entremise de tierces personnes, ils ne tenaient nullement à intervenir ouvertement dans le golfe Persique. C'eût été dévoiler l'intérêt qu'ils portaient à cette région, et provoquer une levée de boucliers dans toutes les chancelleries d'Europe. Cependant, ils ne pouvaient pas laisser écraser leur protégé et permettre à ses ennemis de s'emparer de la ville. Aussi avaient-ils hésité longtemps à abattre leurs cartes. Finalement, ils s'étaient résignés à faire une démonstration navale.

Mais une fois ce geste fait — et il était d'importance, puisqu'il claquait brutalement la porte de Koweït à la figure de Rashid, des Turcs et des Allemands, et contraignait ces derniers à arrêter leur chemin de fer à Bagdad, les privant ainsi de tout débouché sur la mer — les Anglais s'en tinrent là, de crainte de provoquer une conflagration générale. Une fois leur objectif atteint, ils se retirèrent du golfe Persique et feignirent de se désintéresser de Mubarrak, dont l'incapacité militaire les avait refroidis.

Ce brusque retournement de la situation avait stupéfait Abdul-Aziz et lui avait donné beaucoup à penser. On peut donc, se dit-il, perdre son armée, se faire étriller sur le champ de bataille et s'en tirer néanmoins sans trop de dommages ? Telle était donc la puissance de la politique, qu'elle pouvait obliger le vainqueur à s'incliner devant le vaincu ? Il entrevit pour la première fois le rôle immense et invisible que jouait la diplomatie dans les affaires de ce monde. Elle lui apparut comme une force magique, susceptible de provoquer les revirements les plus inattendus et de dénouer, sans coup férir, les situations les plus paradoxales.

Mais il mesura aussi, pour la première fois, quels appétits inavoués planaient sur l'Arabie. « Les Puissances font cercle autour de l'Empire ottoman, et attendent son effondrement pour se partager ses dépouilles. » Il avait entendu répéter maintes fois cette formule, au cours des conférences tenues par Mubarrak, mais sans y attacher une signification particulière. Maintenant il comprenait ce que cela voulait dire, et quels redoutables problèmes cela posait pour l'avenir. Car « les dépouilles » de la Turquie, n'étaient-ce pas, entre autres, les pays arabes ? Il avait vécu jusque-là dans l'illusion qu'il suffirait aux Arabes de chasser les Turcs pour devenir indépendants. Il s'apercevait tout à coup que les choses n'étaient pas aussi simples et que si les Etats européens montaient la garde autour de « l'Homme malade », c'était pour remplacer un jour sa tutelle par la leur.

Abdul-Aziz se dit que pour réussir dans la tâche qu'il s'était assignée — l'unification et l'émancipation de l'Arabie — il lui faudrait jouer un jeu très serré. Heurter de front ces puissances colossales, c'était courir au-devant d'un écrasement certain. Il fallait s'insinuer entre elles et tirer profit de leurs rivalités, sans jamais céder à leurs promesses, ni accepter leur « protection ». La façon dont les Anglais se « désintéressaient » de Mubarrak, après s'en être servis pour barrer la route aux Turcs, montrait clairement qu'ils ne poursuivaient que des intérêts égoïstes. L'Arabie ? Ils n'en avaient cure. Qu'avait à gagner l'Angleterre à une Arabie unifiée ?

Les événements récents apprenaient à Abdul-Aziz qu'il lui faudrait non seulement combattre, mais ruser, louvoyer et se tenir à l'affût des circonstances favorables. Mais ils lui démontraient aussi que l'Arabie ne tiendrait jamais son unité que d'elle-même, — c'est-à-dire d'un homme assez fort pour la lui imposer.

XXIX

Abdul-Aziz avait maintenant vingt et un ans. « C'était, nous dit Armstrong, un athlète superbe, un jeune géant qui mesurait deux mètres quatre, et qui dépassait d'une tête les plus grands Bédouins du désert. Sa carrure puissante, ses gestes amples et sa démarche aisée dégageaient une impression de noblesse et de virilité. Ses yeux trahissaient la fougue de son tempérament. Il n'y avait rien en lui de mesquin, ni d'étriqué [1]. »

Mubarrak était sauvé. Mais Rashid n'était pas vaincu. Il continuait à occuper le Nedjd et Ryhad, sa capitale. Cette pensée ne laissait aucun répit au fils d'Abdur-Rahman. Il ne songeait qu'à une chose : reprendre la lutte. Son père s'efforça de l'en dissuader.

— « Les temps ne sont pas mûrs, lui répéta-t-il. Il faut patienter. Plus tard, nous organiserons ensemble une nouvelle expédition. »

Mais Abdul-Aziz ne pouvait tenir en place. Voilà bientôt sept ans qu'il traînait misérablement dans les souks de Koweït, perdant son temps à écouter les récriminations des exilés. Même les « conférences » de Mubarrak commençaient à l'ennuyer et à lui paraître insipides. Ce n'était pas là une existence digne d'un Séoudite. Abdul-Aziz n'était ni un trafiquant, ni un bureaucrate, mais un homme de guerre. L'inertie à laquelle le condamnaient les événements mettait ses nerfs à dure épreuve. Il lui fallait de l'action, — de l'action à tout prix. Sa vitalité ne pouvait plus se satisfaire de l'étroitesse de Koweït. Elle avait besoin de plus d'espace pour s'exercer. Ah ! galoper dans le désert sur un étalon à moitié sauvage ! Le désert était plein de chances pour un

1. H. C. Armstrong : *op. cit.*, p. 38.

124

homme de sa trempe. Avec l'aide de Dieu, il était sûr de vaincre. Il avait confiance en son étoile et dans les habitants du Nedjd S'il se mettait à leur tête et se proclamait leur chef, ils se lèveraient pour le suivre et chasseraient Rashid du palais de Ryhad ! Mais pour cela, il lui fallait des hommes, des armes, des chameaux et de l'or Et il était obligé de reconnaître qu'il n'en possédait pas...

Abdul-Aziz assaillit Mubarrak de requêtes. Il le conjura de reprendre la lutte contre Rashid. Mais Mubarrak faisait la sourde oreille. Sa mésaventure récente l'avait rendu circonspect. Il ne voulait pas s'engager dans une nouvelle affaire, dont l'échec lui ferait perdre définitivement la confiance de ses protecteurs.

Abdul-Aziz se tourna alors vers les Anglais. Il prit contact avec des agents du consulat britannique et leur demanda de lui venir en aide. Mubarrak était leur homme de confiance à Koweït. Pourquoi ne pas lui confier, à lui, Abdul-Aziz, un rôle similaire dans le Nedjd ? N'était-il pas, plus encore que Mubarrak, l'ennemi invétéré des Turcs ? Mais il ne reçut aucune réponse. Le jeune Abdul-Aziz était un personnage trop insignifiant pour intéresser les représentants de Sa Majesté britannique.

Sans se laisser décourager, le fils d'Abdur-Rahman revint à la charge auprès de Mubarrak. Avec une obstination inlassable il le supplia de lui laisser tenter sa chance. Mubarrak finit par en être excédé. Pour se débarrasser du quémandeur, il lui donna trente chameaux, passablement galeux, trente vieux fusils avec des munitions, deux cents riyals en or et le pria de ne plus venir l'importuner.

Abdul-Aziz n'en demandait pas davantage. Pour la première fois de sa vie, il disposait d'une force, si petite fût-elle, qui ne dépendait que de lui. Il décida de montrer à Mubarrak l'usage qu'il saurait en faire.

Il commença par dresser un plan d'opérations. En premier lieu, il s'emparerait du palais de Ryhad. Une fois maître du palais, il contrôlerait la ville. Une fois installé solidement dans la ville, il imposerait sa suzeraineté à toutes les tribus du Nedjd. Alors il aurait un coin de terre où poser ses pieds et pourrait envisager des opérations plus vastes. Alors, peut-être, les autorités britanniques le trouveraient-elles assez « intéressant » pour répondre à ses messages. Alors il aurait planté, au cœur de l'Arabie, les premiers jalons de sa future puissance...

Refusant de prendre en considération les objections de son père, Abdul-Aziz résolut de passer immédiatement aux actes. Cette existence incertaine lui était devenue intolérable. Il en avait assez d'être le jouet des événements, et d'errer au gré du vent comme une feuille morte. Désormais, pour le meilleur ou pour le pire, il saisirait sa vie à pleines mains et la dirigerait lui-même. Se plaçant à la tête de sa poignée de volontaires, le fils d'Abdur-Rahman quitta Koweït à l'automne de 1901, et s'enfonça dans le désert, laissant à la garde de ses parents ses deux fils Turki et Khalid, ainsi que sa jeune femme, qui attendait un troisième enfant.

C'était le commencement d'une grande aventure...

XXX

Afin de donner à sa petite troupe la plus grande mobilité possible, Abdul-Aziz réduisit au minimum l'équipement de ses hommes : une couverture pliée sous la selle, un fusil, des munitions, quelques dattes et du lait caillé pour trois jours.

Puis il effectua une série de razzias. Après s'être frayé un chemin à travers les dunes, il fondait à l'improviste sur une caravane ou un campement, suivi par ses hommes au galop qui poussaient des cris sauvages, s'emparait du butin et repartait à toute allure. Le soir suivant, il exécutait un nouveau raid, à soixante kilomètres de là.

Habitué, dès son jeune âge, à ne dormir que quelques heures, Abdul-Aziz était toute la journée en selle et montait la garde, la nuit, tandis que ses compagnons dormaient.

Cette vie exténuante semblait accroître ses forces. Le fils d'Abdur-Rahman était dans son élément.

Un jour, il effectua un raid sur les tribus Ajmans, celles-là mêmes qui avaient voulu décapiter son père, lors de leur fuite de Ryhad. Il pilla leur campement et rafla une pleine caisse d'or. Le bruit s'en répandit dans toute la contrée. On raconta qu'Abdul-Aziz était riche et généreux, qu'il payait libéralement tous ceux qui combattaient pour lui. Des Bédouins accoururent de divers côtés et vinrent grossir les effectifs de sa petite troupe.

Cependant, Abdul-Aziz n'était ni un flibustier, ni un pillard, et son but n'était pas d'accumuler des richesses. Son désir était de frapper l'imagination des Nedjis, et de leur faire connaître sa présence pour les inciter à la rébellion.

Mais cette fois-ci, les tribus ne se soulevèrent pas. Elles avaient répondu à son appel, lors de l'offensive de Mubarrak. Mubarrak avait été battu et de terribles représailles s'étaient abattues sur elles. Les nouveaux notables ne tenaient nullement à être pendus aux minarets de leurs villes, comme leurs prédécesseurs.

— « Tu dis que tu es notre chef ? lui répondirent-ils. Nous te croyons volontiers. Mais fais d'abord tes preuves. Nous te suivrons ensuite. »

Alors vinrent des semaines d'insuccès et de misère. Signalés à l'avance, les raids d'Abdul-Aziz furent déjoués, ou devinrent infructueux. Les tribus étaient sur leurs gardes et ne se laissaient plus approcher. L'argent fondit rapidement. Les chameaux surmenés, tombèrent malades. Les munitions s'épuisèrent. Ne pouvant plus amasser de butin, les Bédouins mercenaires commencèrent à déserter. Rashid lança contre lui une petite force bien armée, qui n'eut aucune peine à le chasser du Nedjd. Abdul-Aziz se tourna alors vers les tribus du Hasa. Les Turcs y dépêchèrent un bataillon qui l'expulsa de cette province. En désespoir de cause, il demanda refuge aux Ajmans. Mais ceux-ci n'avaient pas oublié la razzia dont ils venaient d'être victimes. Ils lui interdirent l'accès de leur territoire, sous peine de mort. Maudissant Rashid, les tribus du Hasa, les Turcs et les Ajmans, Abdul-Aziz descendit vers le sud. Toutes les autres routes lui étaient fermées. Il n'y avait plus qu'une solution, mais elle était terrible : retourner dans le grand désert de Ruba-al-Khali.

La seule idée de revoir ce chaos de pierres où il avait failli périr lui causait un frisson d'horreur. Pourtant, il n'y avait rien d'autre à faire, à moins de s'avouer vaincu. La mort dans l'âme, Abdul-Aziz se résigna à y conduire sa troupe.

Il était parvenu à la palmeraie de Jabryn, à la lisière du grand désert, lorsqu'il fut rejoint par un message que lui envoyait son père.

— « Mon fils, lui disait Abdur-Rahman, ton sort nous remplit d'angoisse. Reviens à Koweït, c'est le conseil que nous te donnons. Le temps n'est pas encore mûr pour l'action. »

Dès qu'il eut pris connaissance de ce message, Abdul-Aziz réunit autour de lui tous les hommes qui lui restaient et leur exposa la situation. Il ne leur cacha pas qu'elle était désespérée.

— « Je ne puis vous garantir aucun butin, aucune victoire, leur dit-il. Je ne puis vous promettre qu'une longue série d'épreuves, de jeûnes et de privations. Pour ma part, je suis décidé à poursuivre la lutte. Aucune force au monde ne m'en empêchera, même si j'en suis réduit à lutter seul contre tous, même si ma seule victoire est de périr en combattant. Avec l'aide de Dieu, je saisirai les chances que m'offrira le désert. Mais comme je ne veux forcer personne à me suivre, que ceux qui préfèrent retourner chez eux s'en aillent ! »

La plupart des hommes demandèrent à le quitter. Ils avaient perdu confiance en lui et étaient effrayés par les sombres perspectives qu'il venait de leur décrire. Seuls demeurèrent à ses côtés un guerrier courageux et taciturne du nom de Jilouy, son frère Mohammed, les trente Arabes recrutés à Koweït qui formaient le noyau initial de sa troupe et dix nouveaux compagnons, venus de Ryhad : au total, une cinquantaine d'hommes, en comptant les esclaves.

Alors, renouvelant le geste du Prophète lors du serment d'Akaba, Abdul-Aziz tira son sabre et tint la lame devant lui.

— « Jurez sur cette lame que vous me demeurerez fidèles, quoi qu'il advienne », leur dit-il.

Un à un, les hommes défilèrent devant lui et lui prêtèrent serment.

— « A présent, déclara-t-il en remettant son sabre au fourreau, nous sommes tous frères dans le Seigneur ! Ma vie est votre vie et votre mort sera la mienne. Nous voici liés les uns aux autres par un pacte indissoluble. »

Puis il se tourna vers le messager d'Abdur-Rahman.

— « Retourne d'où tu viens, lui dit-il, et raconte à mon père ce que tu viens de voir. Dis-lui que je ne peux pas supporter plus longtemps de savoir mon pays écrasé par le talon de Rashid, notre famille bafouée et traînée dans la boue. Je me prépare à jouer mon va-tout contre la mort. Je ne reviendrai pas, à moins d'avoir réussi. Périr est moins amer qu'être toujours vaincu. Toutes choses, ici-bas, sont entre les mains de Dieu. »

Puis il rassembla sa troupe et fit seller les chameaux. La colonne s'ébranla lentement dans la direction du sud et disparut aux regards, comme absorbée par la lumière.

XXXI

Rashid avait installé une grosse garnison à Ryhad. Elle occupait tous les points fortifiés de la ville. Abdul-Aziz ne pouvait songer à l'attaquer de front, étant donnée la faiblesse numérique de ses effectifs. Sa seule chance de succès était d'agir par surprise. Pour cela, il devait commencer par disparaître, se faire oublier, et attendre le moment où Rashid le croirait mort.

Rien n'était moins facile. Pendant cinquante jours, Abdul-Aziz et ses compagnons se cachèrent au fond du Ruba-al-Khali, et ceux qui ont vécu dans le désert savent qu'il est plus malaisé d'y passer inaperçu, qu'au milieu d'une grande ville. Un tison encore chaud, une ombre, une trace de pas, tout y trahit le passage de l'homme. Aussi fut-ce pour cette petite troupe, une épreuve extrêmement dure.

Jusque-là, les compagnons d'Abdul-Aziz avaient vécu dans l'euphorie du combat, se grisant de l'odeur de la poudre et se nourrissant grâce au bétail enlevé à l'ennemi. A présent ils furent réduits à des rations de famine. Ils ne pouvaient pas chasser, car le moindre coup de feu aurait révélé leur présence. Ils devaient s'approcher des rares points d'eau en rampant. Encore fallait-il attendre la tombée de la nuit. Ils étaient obligés de conserver l'eau pendant plusieurs jours dans des outres en peau de chèvre, où elle devenait saumâtre. Le ravitaillement des bêtes posait aussi des problèmes presque insolubles, dans ce pays déshérité où il n'y avait ni une herbe, ni une broussaille. Les hommes durent accomplir chaque jour de véritables tours de force pour empêcher leurs chameaux de périr d'inanition.

Au fur et à mesure que le séjour se prolongeait, les hommes se laissaient gagner par le découragement.

— « Ce fut, devait déclarer plus tard le fils d'Abdur-Rahman, une des périodes les plus difficiles de ma vie. Ces hommes étaient venus vers moi pour combattre. La guerre était à la fois leur passe-temps et leur métier. Ils ne comprenaient pas pourquoi je les condamnais à l'oisiveté. Cette retraite dans le désert leur paraissait absurde. Ils voulaient se battre ou retourner auprès de leurs épouses. Une vie sans femmes et sans combats, disaient-ils, ne vaut pas la peine d'être vécue. Pourtant, je dus leur interdire de retourner chez eux, fût-ce pour vingt-quatre heures. Je savais qu'ils parleraient. Or, la moindre indiscrétion pouvait nous être fatale car elle révélerait notre existence à l'ennemi. Les difficultés auxquelles je me heurtai, durant cette époque, m'apprirent que ce qu'il y a de plus dur à obtenir des hommes, ce ne sont pas des actes de courage, mais des actes d'abnégation. »

Jour après jour, Abdul-Aziz dut les sermonner, leur remonter le moral et leur rappeler le serment qu'ils avaient fait à Jabryn.

— « N'avez-vous pas juré de demeurer à mes côtés, quoi qu'il advienne ? leur répétait-il. Ne vous êtes-vous pas engagés à me suivre jusqu'à la mort ? »

— « Oui, répondaient-ils, et nous sommes toujours prêts à accomplir notre promesse. Mais ceci, ô Abdul-Aziz, est bien pire que la mort ! »

Le fils d'Abdur-Rahman fit appel à la raison des uns, à l'amour-propre des autres, et ranima leur courage par ses paroles et son exemple. Ce travail était d'autant plus épuisant qu'il fallait le recommencer chaque matin et qu'il venait s'ajouter pour lui à un effort physique intense, car il menait en tout la même vie que ses soldats, effectuant les mêmes corvées, s'imposant le même rationnement et montant la garde plus souvent qu'à son tour.

L'épreuve devint bientôt plus terrible encore. Le mois du Ramadan arriva. Quelles que fussent les circonstances, des Wahabites ne pouvaient se permettre d'enfreindre les prescriptions du jeûne. Malgré les privations auxquelles ils étaient déjà soumis, Abdul-Aziz et ses compagnons s'imposèrent le sacrifice supplémentaire de ne rien manger ni boire, entre le lever et le coucher du soleil. C'était un véritable défi à la résistance humaine.

Mais les hommes supportèrent ce surcroît de souffrance avec plus de force d'âme qu'auparavant. Les récriminations cessèrent. Le caractère exorbitant de l'épreuve éveilla chez eux un sentiment d'émulation. Oui, c'était un défi ! De même que la vacuité abstraite du paysage donnait une plénitude inattendue au ciel, de même l'affaiblissement de leur corps mettait en évidence la force de leur volonté, et ils tiraient de ce contraste une fierté accrue. Le bonheur exalté qui n'appartient qu'à celui qui transgresse ses limites et qui franchit le seuil mystérieux au delà duquel on ne peut plus distinguer le possible de l'impossible, allumait une flamme étrange au fond de leurs prunelles. Les yeux agrandis par la fièvre et par la faim, ils aspiraient au tourment suprême qui consommerait leur triomphe.

— « Si je m'étais précipité dans l'enfer, dit plus tard Abdul-Aziz, et si j'avais ordonné à mes hommes de me suivre, je crois qu'ils l'auraient fait, avec un cri de joie... »

XXXII

Le vingt-huitième jour du Ramadan, après avoir récité la prière du soir, Abdul-Aziz annonça à ses compagnons que leur épreuve était terminée, et leur donna l'ordre de lever le camp. La petite troupe, qui avait pris l'habitude de ne se déplacer que la nuit, fit aussitôt ses bagages et remonta vers le nord. Arrivée au puits d'Abu Jifan, elle fit une courte halte, célébra la fête de l'Aïd-el-Seghir, qui marque la fin du jeûne et atteignit, la nuit suivante, une chaîne de collines qui passe à dix kilomètres environ au sud de Ryhad [1].

Arrivé là, Abdul-Aziz laissa toutes les bêtes près d'un point d'eau, avec vingt hommes pour les garder.

— « Ne venez me rejoindre que lorsque je vous ferai appeler, leur dit-il. Si vous n'avez reçu aucun signe de moi, d'ici vingt-quatre heures, retournez à Koweït et dites à Abdur-Rahman que son fils Abdul-Aziz est mort. »

1. Il existe plusieurs versions de la prise de Ryhad par le jeune Abdul-Aziz. Celle d'Armstrong est la meilleure et la plus complète. Elle est fondée sur le récit de témoins oculaires et notamment de Jilouy, qui prit une part active à cette opération. Elle a, de ce fait, la valeur d'un témoignage de première main. Nous l'avons suivie, écartant volontairement les variantes des autres récits, qui n'offrent pas la même garantie d'authenticité. (Cf. *Lord of Arabia,* pp. 46 et s.)

Accompagné des trente hommes qui lui restaient, Abdul-Aziz s'avança à pied à travers les palmeraies qui s'étendaient au sud de la capitale du Nedjd, sur une profondeur de plusieurs kilomètres. Il n'avait dressé aucun plan. Il ne possédait aucun allié dans la place. Il avait décidé de saisir la chance, comme elle se présenterait, et d'agir ensuite sous l'inspiration du moment. Il laissait à Dieu le soin de lui indiquer « la bonne direction ».

A Shamshieh, où la palmeraie prend fin et où commencent les jardins qui donnent leur nom à la ville, Abdul-Aziz et son escorte firent halte de nouveau. Ils abattirent un palmier, dont ils ébranchèrent le tronc. Son écorce rugueuse en faisait une échelle passable. Puis Abdul-Aziz désigna Jilouy et six hommes pour l'assister dans son coup de main et laissa le reste de sa petite troupe à proximité d'une citerne, sous les ordres de son frère Mohammed.

— « Restez en contact avec l'arrière-garde et attendez mes instructions, leur dit-il. Si aucun message de moi ne vous est parvenu demain, à midi, hâtez-vous de prendre le large, car cela voudra dire que nous sommes tous morts. Il n'y a de pouvoir qu'en Dieu ! »

Portant le tronc du palmier sur leurs épaules, Abdul-Aziz, Jilouy et les six hommes se faufilèrent à travers les jardins, à la faveur des ténèbres. Ils s'arrêtaient tous les cent mètres pour s'abriter derrière un buisson ou un talus, car ils redoutaient toujours d'être aperçus par un guetteur. Ils parvinrent ainsi au pied des remparts, non loin du grand cimetière qui borde la route de la Mecque. Couchés dans un fossé, ils tendirent l'oreille. Un chien aboya au loin. Au-dessus de leurs têtes résonnait le pas des sentinelles qui effectuaient une ronde au sommet des remparts. C'était l'heure de la relève. Deux gardes échangèrent le mot de passe et disparurent dans la nuit. Puis tout rentra dans le silence. Abdul-Aziz et ses hommes n'avaient pas été aperçus.

Posant le tronc de palmier obliquement contre la muraille, ils y grimpèrent à tour de rôle, enjambèrent le parapet et sautèrent dans la petite ruelle qui bordait le rempart. C'était la mi-janvier. L'air nocturne était piquant. Tous les habitants de Ryhad étaient enfermés chez eux. Dissimulant leurs armes sous leurs manteaux pour éviter tout bruit, ils se faufilèrent en rasant les murs, le long de la ruelle déserte et s'approchèrent de la maison d'un berger nommé Jowaïsir, située à proximité de celle du gouverneur.

Abdul-Aziz frappa doucement à la porte. Une voix de femme demanda de l'intérieur :

— « Qui est là ? »

— « Je viens de la part du gouverneur, répondit Abdul-Aziz à voix basse. Je viens voir Jowaïsir pour lui acheter deux vaches. »

— « Passez votre chemin ! cria la femme. Prenez-vous cette maison pour une auberge ? Allez-vous-en ! Ce n'est pas une heure, pour frapper aux portes des honnêtes gens. »

— « Si vous ne m'ouvrez pas sur-le-champ, répliqua Abdul-Aziz, je me plaindrai demain au gouverneur et Jowaïsir sera puni. »

Puis, il s'effaça le long du mur, entouré de ses six hommes, et attendit.

Au bout d'un instant, un concierge portant une lanterne sourde entre-bâilla timidement le vantail. Deux hommes le saisirent à la gorge pour l'empêcher de crier. Abdul-Aziz, Jilouy et ses six compagnons se faufilèrent dans la maison par la porte entr'ouverte, qu'ils refermèrent silencieusement derrière eux.

L'homme à la lanterne était un vieux domestique du palais qui avait servi longtemps Abdur-Rahman et sa famille. Désignant le plus grand d'entre ses compagnons, Jilouy se pencha à son oreille et lui dit à voix basse :

— « Ne reconnais-tu pas Abdul-Aziz ? »

— « Mais c'est notre maître ! s'écria l'homme stupéfait, en se jetant à genoux. Comme il a grandi ! »

— « Il grandira encore, si tu l'y aides », dit Jilouy.

— « Que vous faut-il ? »

— « Des renseignements. »

L'homme ne demandait pas mieux que de leur en fournir.

Le fort Masmak, dit-il, était occupé par les soldats de Rashid. Ceux-ci ne semblaient pas redouter une attaque, car ils ne prenaient aucune précaution particulière. Le gouverneur, qui représentait Rashid dans la capitale du Nedjd, s'appelait Ajlan. Il passait habituellement la nuit au fort. Un peu après le lever du soleil, ses chevaux lui étaient amenés sur la grande place, pour qu'il les inspectât. Après quoi, il faisait une promenade à cheval ou rentrait à pied chez lui. Il ne se déplaçait jamais sans être escorté de ses gardes. Son domicile était situé deux maisons plus loin. On n'y postait jamais de sentinelle.

Abdul-Aziz partit reconnaître les lieux. Suivi de ses compagnons d'armes, il traversa en rampant le toit plat de la bâtisse contiguë. Dans la suivante, ils tombèrent à l'improviste sur un homme et une femme endormis. Ils les bâillonnèrent rapidement et les ligotèrent dans leur lit.

La maison du gouverneur était attenante, mais elle avait un étage de plus. Pour grimper sur son toit, ils durent se faire la courte échelle. Une fois arrivés au sommet, ils se couchèrent à plat ventre et restèrent un grand moment immobiles, le cœur battant. Ils craignaient toujours d'avoir été entendus. Mais rien ne bougea. Personne n'avait donné l'alarme.

S'étant déchaussés, ils pénétrèrent pieds nus dans la maison et descendirent au sous-sol. Là, ils trouvèrent un groupe de serviteurs, qu'ils enfermèrent à clef dans une cave. Abdul-Aziz posta un de ses hommes devant la porte. Suivi des cinq autres, il monta au deuxième étage, où il découvrit enfin la chambre à coucher du gouverneur.

Abdul-Aziz glissa silencieusement une cartouche dans la culasse de son fusil. Laissant ses hommes sur le palier, il pénétra dans la pièce, accompagné de Jilouy. Deux formes humaines étaient étendues dans le lit. C'étaient l'épouse du gouverneur Ajlan et sa sœur.

La femme du gouverneur se dressa, terrifiée. Abdul-Aziz lui mit la main sur la bouche, tandis que Jilouy bâillonnait sa sœur. L'épouse d'Ajlan était une femme de Ryhad, nommée Mutliba, dont le père avait été jadis au service d'Abdur-Rahman. Abdul-Aziz la connaissait bien.

— « Ne bouge pas, Mutliba, lui dit-il, sans quoi je te tuerai. Je vois que tu t'es prostituée, et que tu as épousé un de ces porcs de Rashidites ! »

— « Je ne suis pas ce que tu dis ! protesta Mutliba. Je ne me suis mariée qu'après votre départ. Que viens-tu faire ici ? »

— « Je suis venu pour pendre Ajlan », répondit tranquillement Abdul-Aziz.

— « Ajlan est au fort, dit-elle. Il a au moins vingt-quatre hommes avec lui. Va-t'en ! Car si jamais il te trouve, c'est lui qui te pendra ! »

— « Quand rentrera-t-il ? » demanda Abdul-Aziz, sans se troubler.

— « Une heure après l'aurore. »

— « Alors, tiens-toi tranquille. Si tu pousses un seul cri, nous te trancherons la gorge », et Abdul-Aziz la fit enfermer avec sa sœur dans le sous-sol où se trouvaient déjà rassemblés les domestiques.

Une grande partie de la nuit s'était déjà écoulée. Il n'y avait plus que quatre heures avant le lever du soleil. Abdul-Aziz fit un tour dans la maison, pour se rendre compte de la disposition des lieux. Tout le devant du bâtiment était occupé par une vaste pièce, avec une loggia percée d'une baie à persiennes ajourées. Cette baie donnait sur la grande place. De l'autre côté de la place, le fort Masmak dressait sa silhouette massive et sombre, avec sa lourde porte à deux vantaux, encastrés dans le mur. Une sentinelle faisait les cent pas au sommet du rempart. En un clin d'œil, Abdul-Aziz établit son plan d'attaque. Il décida de foncer sur le gouverneur au moment où il sortirait de la citadelle, et de profiter de la confusion qui s'ensuivrait pour faire irruption dans le fort.

Il envoya deux hommes pour chercher Mohammed et son groupe, qui attendaient son signal à la lisière de la palmeraie. Lorsque ce petit renfort fut arrivé, il posta des guetteurs derrière les contrevents du mirador et leur dit de le prévenir, dès qu'ils apercevraient quelque chose.

Etendus par terre ou accroupis sur leurs talons, les compagnons d'Abdul-Aziz passèrent les dernières heures de la nuit à écouter l'un d'eux leur lire à voix basse des versets du Coran. Puis ils prièrent, et se demandèrent mutuellement pardon de leurs offenses. Après quoi, ils firent un somme.

Aux approches du matin, l'homme à la lanterne leur apporta du café, du pain et des dattes. Ils mangèrent de bon appétit. Puis, le front tourné vers la Mecque, ils récitèrent la prière de l'aube, vérifièrent une dernière fois leurs armes et attendirent ce que leur apporterait le jour.

XXXIII

Le soleil venait à peine de se lever, lorsque l'un des guetteurs, postés au mirador, fit un signe de la main. Abdul-Aziz s'approcha de la fenêtre. Sur la place, des esclaves amenaient les chevaux du gouverneur. La garnison du fort commençait à s'éveiller.

Abdul-Aziz donna ses dernières consignes à ses compagnons. Quatre d'entre eux devaient rester à l'affût, derrière les contrevents du mirador. Dès qu'ils le verraient traverser la place en courant, ils ouvriraient le feu sur les sentinelles qui montaient la garde à l'entrée du fort. Tous les autres devaient le suivre au pas de course.

La grande porte de la citadelle s'ouvrit à deux battants. Entouré de ses gardes, le gouverneur Ajlan apparut au sommet des marches. Il les descendit lentement et s'apprêta à traverser la place pour inspecter ses chevaux. L'instant décisif était arrivé.

Appelant ses hommes, Abdul-Aziz dévala l'escalier quatre à quatre, sortit de la maison, traversa la place à toute allure et bondit sur Ajlan avec un hurlement sauvage. Vif comme l'éclair, Ajlan se retourna, dégaina son sabre et voulut frapper son agresseur. Abdul-Aziz para le coup avec la crosse de son fusil, ceintura le gouverneur et le souleva de terre. Ajlan lui donna un croc-en-jambe qui lui fit perdre l'équilibre et les deux hommes, agrippés l'un à l'autre, roulèrent dans la poussière.

Ne comprenant pas ce qui arrivait, les gardes se débandèrent et coururent se mettre à l'abri du fort. L'un d'eux fut abattu par Jilouy, au moment où il s'apprêtait à porter un coup de sabre à Abdul-Aziz. Ajlan se débattait comme un forcené sous l'étreinte de son adversaire. Ayant réussi à se dégager, il s'élança vers la porte en criant : « Aux armes ! » Abdul-Aziz saisit son fusil et tira sur lui. La balle lui fracassa le bras, le forçant à lâcher son sabre. Abdul-Aziz fit un nouveau bond en avant, et le saisit par les jambes au moment où il allait atteindre la porte.

Au même instant, ses compagnons, serrés en peloton, se ruèrent vers le fort. Ce fut, sur les marches de l'entrée, une mêlée confuse, un grouillement d'hommes enchevêtrés qui hurlaient et se tailladaient furieusement à coups de sabre et de poignard.

Du haut du rempart, certains soldats de la garnison se mirent à lancer des blocs de pierre sur les assaillants. D'autres ouvrirent un feu nourri à travers les meurtrières. Ajlan réussit à dégager une de ses jambes et donna à Abdul-Aziz un coup de pied dans l'aine. Le fils d'Abdur-Rahman chancela de douleur et lâcha prise. Le gouverneur, soutenu par des soldats, fut entraîné dans le fort et disparut. Des gardes tentèrent de fermer la porte derrière lui. Jilouy et trois hommes se précipitèrent sur eux et réussirent à maintenir les vantaux ouverts. Abdul-Aziz, remis de son étourdissement, pénétra à son tour dans la citadelle. Il aperçut Ajlan qui s'enfuyait à travers la cour intérieure du bâtiment laissant derrière lui une traînée de sang. Jilouy et lui s'élancèrent à ses trousses. Ils le rattrapèrent sur les marches de la Mosquée, où il voulait chercher refuge. Jilouy le transperça de part en part avec son sabre. Ajlan poussa un cri rauque et s'écroula.

Sans perdre un instant, Abdul-Aziz et Jilouy retournèrent à la citadelle pour prêter main-forte à leurs hommes. Ceux-ci en avaient grand besoin. Deux d'entre eux avaient été tués ; quatre autres étaient grièvement blessés. Ils luttaient à un contre dix, mais avec une telle frénésie que la garnison de la citadelle commençait à perdre pied. Galvanisés par Abdul-Aziz et Jilouy, ils se ruèrent à l'assaut des remparts, tuèrent ou blessèrent la moitié des soldats rashidites, dont ils jetèrent les corps par-dessus les parapets. Le reste des défenseurs fut refoulé au fond d'un couloir sans issue, et contraint de se rendre.

Aussitôt cette opération terminée, Abdul-Aziz envoya des crieurs à la Mosquée et sur les remparts, pour annoncer à tous qu'il s'était emparé de la citadelle et qu'Ajlan était mort.

En apprenant cette nouvelle, toute la population de Ryhad courut aux armes, s'empara des autres points fortifiés de la ville, massacra ce qui subsistait de la garnison de Rashid et fit au vainqueur un accueil enthousiaste.

A midi, Abdul-Aziz était maître de Ryhad.

A la même heure, naissait à Koweït son troisième fils, Saud [1].

XXXIV

Tandis qu'Abdur-Rahman envoyait un cavalier vers le Nedjd, pour annoncer à son fils la nouvelle de cette naissance, Abdul-Aziz dépêchait un messager à Koweït, pour apprendre à son père le succès de son entreprise.

— « Père, lui disait-il, j'ai conquis notre capitale à la

1. Saud Ibn Abdul-Aziz, né l'an 1319 de l'Hégire durant le mois de Chaoual (janvier 1902) devait succéder à son père sur le trône en 1953. C'est l'actuel roi d'Arabie.

tête de vingt hommes. Viens vite me rejoindre ; la population t'attend ! »

Abdur-Rahman quitta subrepticement Koweït pour ne pas éveiller l'attention de ses ennemis. A mi-chemin de Ryhad, il rencontra un détachement de cent cinquante cavaliers, qu'Abdul-Aziz avait envoyé à sa rencontre, pour le protéger contre une attaque éventuelle de Rashid. Quelques jours plus tard, Abdur-Rahman et son escorte arrivaient dans la capitale du Nedjd. Toute la population se massa sur le passage du cortège et acclama longuement l'Imam des Wahabites.

Celui-ci n'avait pas remis les pieds à Ryhad depuis 1890. Onze ans s'étaient écoulés depuis son départ et le père d'Abdul-Aziz se sentait las et usé. L'existence difficile qu'il avait menée durant son exil, l'avait prématurément vieilli. Il réunit au palais les Anciens, les Docteurs de la Loi et les notables de la ville pour leur faire part de ses intentions.

— « Il faut pour vous gouverner, leur dit-il, un homme plus jeune et plus vigoureux que moi. Vous connaissez mon fils Abdul-Aziz, vous l'avez vu à l'œuvre et vous avez pu apprécier ses qualités exceptionnelles. J'ai décidé de me démettre, en sa faveur, de toutes mes fonctions militaires et politiques. Je ne conserverai, pour ma part, que mes fonctions religieuses. Le temps qui me reste à vivre, je veux le consacrer à l'étude, à la prière et à la contemplation de Dieu. »

Les « ulémas » et les notables s'inclinèrent devant ce désir.

La cérémonie d'investiture eut lieu le lendemain. Sur la grande place de la ville, en présence du peuple rassemblé, Abdur-Rahman remit à son fils l'épée de son grand-oncle Séoud le Grand, que les Séoudites se transmettaient de génération en génération. Séoud le Grand l'avait reçue de son père Abdul-Aziz, qui l'avait reçue de Mohammed-ibn-Séoud, qui l'avait reçue d'Abdul-Wahab, qui la tenait lui-même de ses ancêtres Temim. Dans ce pays où les armes ont un nom et une généalogie, comme les chefs de tribu et les bêtes de race, cette épée nommée Al-Rahaiyan — l'Aiguisée — était une des plus nobles d'Arabie. La lame était en acier fin de Damas; la poignée, d'or massif, était incrustée de perles. On disait qu'une « baraka » y était attachée depuis qu'elle avait appartenu au Wahab, — un effluve sacré capable d'apporter à son détenteur la prospérité, le bonheur et la victoire[1].

Abdul-Aziz s'agenouilla devant son père et embrassa la lame. Après s'être recueilli un moment, il se releva, saisit Rahaïyan par la poignée et la tendit vers le ciel pour rendre hommage à Dieu. Puis il l'abaissa lentement vers les quatre points cardinaux et jura qu'aucun ennemi ne franchirait l'enceinte de la ville, aussi longtemps que ce sabre demeurerait entre ses mains.

Abdul-Aziz était Emir de Ryhad.

XXXV

Lorsque Rashid apprit le coup d'audace par lequel Abdul-Aziz s'était emparé de Ryhad, il eut un ricanement.

— « L'étourneau ! s'écria-t-il, le voilà pris au piège ! »

---

1. On a coutume de voir dans la « baraka » arabe, un simple synonyme de chance, de veine. Ce terme a en réalité une signification beaucoup plus profonde. « Quelle que soit son origine, le saint a pour attribut essentiel la *baraka*, l'effluve sacré. Par elle, il apporte à ses adorateurs la prospérité, le bonheur, tous les biens de ce monde. Il peut étendre ces dons au delà des individus, sur une contrée tout entière et même au delà de ce monde, par son intercession auprès d'Allah. Il n'est même point nécessaire que la volonté du saint agisse, pour que la *baraka* soit efficace : il suffit de sa présence et de son contact. Ainsi l'effluve bienfaisant se répand et même se transmet par l'intermédiaire des serviteurs du saint. Elle émane du corps du saint pendant sa vie ; elle persiste après sa mort, car son cadavre, miraculeusement conservé, la transmet au tombeau qui l'enferme, aux voiles qui l'entourent et jusqu'au sol qui l'environne. » (*Les Institutions musulmanes*, p. 59.) Il en va de même en ce qui concerne certains objets — les armes, en particulier — qui ont été la possession de personnages légendaires.

Mais Abdul-Aziz n'était pas un étourneau. Il savait que la partie était loin d'être gagnée. Avec un sens stratégique surprenant pour un garçon de son âge, il comprit qu'il serait battu s'il se laissait bloquer dans la ville, et qu'il devait en sortir au plus vite pour conserver sa liberté de mouvement.

Prenant avec lui l'élite des cavaliers de Ryhad, Abdul-Aziz se rendit à Hauta, dans le sud du Nedjd, et s'installa dans le district de l'Aflag, parmi les tribus Dawasir dont sa mère était originaire. De là, il rayonna en tous sens, harcelant les garnisons rashidites par des incursions réitérées. Pendant ce temps, Abdur-Rahman qui était resté à Ryhad, prenait toutes les dispositions nécessaires pour mettre la ville en état de subir un siège prolongé.

Rashid se mit à la poursuite d'Abdul-Aziz et établit ses quartiers à Dilam — là même où Ibrahim Pacha avait vaincu autrefois Fayçal. Abdul-Aziz fondit sur lui à l'improviste, le battit dans la palmeraie qui s'étend à l'ouest de cette ville, et le refoula vers le nord.

L'Aflag prit aussitôt fait et cause pour Abdul-Aziz et reconnut sa suzeraineté. Rashid marcha alors sur Koweït, afin d'attirer son ennemi hors d'une région dont les populations lui étaient favorables et faisaient de leur mieux pour seconder ses opérations. Mubarrak, affolé, lança un appel de détresse à Abdul-Aziz — cet Abdul-Aziz auquel, peu de temps auparavant, il avait donné trente chameaux galeux, avec l'ordre de déguerpir au plus vite. Généreusement, le fils d'Abdur-Rahman se lança au secours de son ancien protecteur.

Mais la manœuvre de Rashid n'était qu'un stratagème. Dès qu'il fut certain qu'Abdul-Aziz se dirigeait à marches forcées vers Koweït, il fit brusquement demi-tour et vint mettre le siège devant Ryhad. Heureusement, Abdur-Rahman avait pris ses précautions. La capitale du Nedjd barricada ses portes et résista.

Abdul-Aziz comprit qu'il avait été joué. Jusqu'ici, il avait toujours adapté ses mouvements à ceux de son adversaire. Cette tactique empreinte de timidité lui enlevait une grande partie de ses moyens. S'enhardissant avec l'expérience, il résolut d'agir dorénavant suivant un plan personnel. Au lieu de revenir sur Ryhad, pour dégager la ville, il marcha vers l'ouest, passa au nord de la capitale, coupant ainsi la ligne de retraite de l'ennemi et se mit à ravager le pays shammar, où Rashid recrutait le gros de ses troupes.

Dès que celles-ci apprirent qu'Abdul-Aziz était en train de brûler leurs villages et leurs récoltes, elles levèrent le camp et rentrèrent précipitamment chez elles. Rashid fit l'impossible pour les retenir, mais en vain. En l'espace de quelques jours, son armée se volatilisa. Il n'eut que le temps de battre en retraite et de se réfugier à Haïl.

Exploitant à fond ce succès, Abdul-Aziz s'empara successivement de Shaqra, de Thamida et de Thadiq, et en expulsa les garnisons rashidites. Quelques semaines plus tard, il contrôlait tout le territoire situé au nord de Ryhad sur une profondeur de quatre-vingts kilomètres.

XXXVI

Durant les années 1903 et 1904, le duel entre Abdul-Aziz et Rashid se poursuivit sans relâche, avec des alternatives de succès et de revers. Pendant vingt-six mois les deux adversaires luttèrent comme des fauves, sans jamais parvenir à un résultat décisif.

En 1904, Abdul-Aziz eut enfin l'occasion de frapper un grand coup. Entre Ryhad et le pays des Shammars se trouvait le territoire le plus riche du Nedjd, le Quasim, dont les villes principales étaient Anaïza et Buraïda. Rashid y tenait encore garnison. Mais les populations lui étaient hostiles et souhaitaient secrètement sa défaite.

Au début de la saison des pluies, qui marquait d'habitude

l'arrêt des hostilités, Rashid s'absenta momentanément de la région. Abdul-Aziz en profita pour faire une incursion rapide au cœur du Quasim. Il prit Anaiza d'assaut, tua le gouverneur rashidite et mit le siège devant Buraïda, qui était solidement fortifiée.

Rashid dépêcha une troupe de guerriers shammars pour l'en déloger. Elles étaient commandées par son cousin Obaïd, celui-là même qui avait tué Mohammed, le frère d'Abdur-Rahman, lors de la prise de Ryhad en 1890. Abdul-Aziz le battit à Al Bukariya, mit ses troupes en déroute et le fit prisonnier.

Le fils d'Abdur-Rahman était monté sur son grand chameau de bataille, lorsque Obaïd lui fut amené.

— « Alors, lui dit-il du haut de sa monture, tu es cet Obaïd qui a assassiné autrefois mon oncle Mohammed ? »

Sautant à terre, il tira son sabre de son fourreau et soupesa gravement la lame dans ses mains.

— « Ne me tue pas ! » implora Obaïd.

— « Ce n'est pas l'heure de la miséricorde, répliqua Abdul-Aziz. Je vais rendre Justice. Ce sera le juste châtiment d'un crime impuni. »

D'un poignet délié, Abdul-Aziz fit étinceler l'acier au soleil. Puis, avec la rapidité de l'éclair, il frappa Obaïd par trois fois.

La première fois, il lui entailla la hanche, l'obligeant à se courber en avant. La deuxième, il enfonça la lame dans son cou, si profondément qu'un flot de sang jaillit de la carotide. La troisième, il lui fendit la poitrine de bas en haut avec la pointe de son sabre, et en détacha le cœur qui tomba, encore palpitant, dans le sable.

Le fils d'Abdur-Rahman le contempla en silence jusqu'à ce qu'il eût cessé de battre. Puis, il leva son sabre vers le ciel, baisa la lame ruisselante de sang, l'essuya avec son écharpe et la remit au fourreau. Comme les guerriers qui avaient assisté à la scène restaient cloués sur place, pétrifiés de stupeur, Abdul-Aziz les poussa par l'épaule et leur enjoignit, d'une voix rude, de regagner leurs postes.

La garnison de Buraïda se rendit le jour même. Tout le Quasim jusqu'à la limite du pays des Shammars, reconnut la suzeraineté des Séoudites. Le Harj en fit de même. Abdul-Aziz joignit ces provinces à l'Aflag, qu'il possédait déjà. Presque tout le royaume du Nedjd était reconstitué entre ses mains.

XXXVII

La mort tragique d'Obaïd, renouvelant à quatorze ans de distance le meurtre de Salim, provoqua chez Rashid une explosion de rage. Décidément ces Séoudites étaient tous pareils ; ils étaient toujours animés des mêmes instincts sanguinaires et l'Arabie ne connaîtrait la paix que lorsqu'ils seraient exterminés ! Voulant prendre sa revanche sur la défaite qu'il venait de subir, Rashid se tourna vers les Turcs et leur demanda leur appui. N'était-il pas après tout leur allié et leur homme-lige ?

Le gouvernement ottoman examina sa requête. Il estima qu'il fallait mettre un terme à la carrière de ce jeune Séoudite dont l'esprit entreprenant et la soif de conquêtes n'étaient pas sans lui causer de vives appréhensions. D'accord avec le Sultan, le chef du Séraskierat [1] donna l'ordre au gouverneur de Bagdad d'en finir avec le rebelle, de le capturer mort ou vif et d'envoyer sa tête à Constantinople.

Au début de juin 1904, huit bataillons d'infanterie turcs, accompagnés de deux batteries d'artillerie montée, se concentrèrent à Samarra, sur les rives du Tigre, où Rashid avait déjà convoqué le ban et l'arrière-ban des guerriers Shammars. A la fin du mois, ces forces se mirent en marche vers le sud et se dirigèrent, par petites étapes, vers les frontières du Quasim.

1. Le ministère de la Guerre ottoman.

Quelques années auparavant, il aurait suffi d'une compagnie pour venir à bout d'Abdul-Aziz. L'ampleur des moyens mis en œuvre par les Turcs marquait, d'une façon évidente, l'accroissement de sa puissance. Pour la première fois, son activité dépassait le cadre local et attirait l'attention des ministres ottomans. Tout cela était flatteur.

Mais tout cela était dangereux aussi, et Abdul-Aziz se garda de sous-estimer la gravité de la situation. Refuser le combat, c'était perdre la face et retomber plus bas qu'avant la prise de Ryhad. Affronter l'ennemi, c'était courir des risques énormes, en raison de la disproportion des forces en présence. Le fils d'Abdur-Rahman pesa longuement le pour et le contre. Finalement il décida d'accepter la bataille.

Sitôt sa résolution prise, Abdul-Aziz se mit à l'œuvre avec l'énergie du désespoir. Il appela aux armes tous les hommes disponibles et les rassembla aux alentours du village de Bukarya. C'est là que devait avoir lieu le choc décisif.

La bataille se déclencha à l'aube du 15 juillet 1904. Bien que le soleil fût à peine levé, la chaleur était déjà intense. Conscient de son infériorité numérique, Abdul-Aziz décida d'attaquer le premier. Il fit porter tout son effort sur les ailes de l'armée ennemie, là où étaient massés les cavaliers Shammars. Quatre fois de suite, il perça leurs lignes de part en part et les obligea à se débander.

Mais lorsqu'il voulut enfoncer l'infanterie turque, ce fut une autre affaire. Chaque'fois, ses charges vinrent se briser contre le carré compact de chair et d'acier, inébranlable comme une forteresse, qui servait de point de ralliement aux Bédouins shammars. La tactique adoptée par Abdul-Aziz était mauvaise : mais lorsqu'il s'en aperçut, il était trop tard.

Vers la fin de l'après-midi, quand les cavaliers séoudites commencèrent à manifester des signes de fatigue, les Turcs ouvrirent le feu sur eux avec leur artillerie. Les Bédouins n'étaient pas accoutumés à ces armes. Le tonnerre des canons les épouvanta. Voulant leur prouver que ces engins faisaient plus de bruit que de mal, le fils d'Abdur-Rahman mit pied à terre, et s'élança sous la mitraille à l'assaut des batteries ennemies, en criant à chacun de suivre son exemple. Soudain, un obus explosa à quelques mètres devant lui, lui arrachant un doigt de la main gauche et le blessant grièvement au genou. Perdant abondamment son sang, Abdul-Aziz fut porté évanoui sous sa tente.

Ne voyant plus leur chef, ses hommes crurent qu'il était mort et commencèrent à lâcher pied. Lorsqu'il reprit connaissance, le fils d'Abdur-Rahman comprit que la bataille serait perdue s'il ne se montrait pas immédiatement à ses troupes. Après s'être fait panser rapidement, il remonta à cheval malgré la douleur atroce que lui causait son genou et reparut au cœur de la mêlée. Son apparition inattendue frappa ses soldats de stupeur et empêcha la retraite de dégénérer en débandade. Surmontant sa souffrance, il réussit à enrayer la panique, à rallier les fuyards et à maintenir un semblant d'ordre dans ses formations démoralisées. Mais il ne put empêcher son armée de refluer vers le sud. Le fils d'Abdur-Rahman était battu.

Heureusement pour lui, les Ottomans ne surent pas exploiter leur victoire. Rashid, qui avait perdu un millier de cavaliers, n'osa pas se lancer à la poursuite de son ennemi, dont la capture eût cependant été facile. Les fantassins turcs étaient très éprouvés par la chaleur. Ils laissèrent échapper leur proie et se rabattirent sur les villages du Quasim pour y rétablir l'ordre — c'est-à-dire pour les piller.

XXXVIII

Abdul-Aziz connut alors une période d'adversité. Tout paraissait se liguer contre lui. Sa blessure mal soignée suppurait et lui donnait la fièvre. Son armée s'était volatilisée.

Les chefs de tribus dont il sollicitait l'appui se dérobaient. Et pendant ce temps, les Turcs se regroupaient pour lui porter le coup de grâce.

La fortune semblait abandonner Abdul-Aziz et tout autre que le fils d'Abdur-Rahman se serait laissé gagner par le découragement. Mais pas lui ! Ce n'est pas sans raison que ses amis l'appelaient le Léopard du désert. L'adversité, loin de l'abattre, stimulait sa volonté. Grandi dans les périls, il avait déjà connu bien des situations désespérées. Mais jamais il n'avait perdu confiance dans son étoile. Et toujours, à la dernière minute, la chance l'avait favorisé...

Cette fois-ci encore, il réagit avec promptitude. Bien que ses blessures le fissent toujours souffrir, il refusa de se laisser immobiliser par elles et se mit à la recherche de nouveaux alliés. Il envoya des émissaires aux Mutaïrs, aux Ataïbas, aux Dawasirs, et même loin dans le nord, aux Mountafiks et aux Anaïzas.

Comme ses envoyés ne surent pas se montrer suffisamment persuasifs, il fit personnellement la tournée des villages, et supplia les chefs de clan de se coaliser avec lui pour repousser l'envahisseur.

— « La guerre que je mène est aussi la vôtre ! leur répétait-il sans se lasser. Il faut que vous m'aidiez à vaincre Rashid ! Vous ne pouvez pas rester à l'écart, en attendant l'issue de la lutte ! Rashid a commis le crime impardonnable d'introduire les Turcs en Arabie centrale. Si ceux-ci y prennent pied, c'en sera fini à tout jamais de votre liberté. Debout ! Prenez vos armes, et joignez-vous à moi ! »

Mais les chefs de tribus n'étaient pas faciles à convaincre. Ils étaient susceptibles, méfiants et ombrageux. Ils se disaient que prendre parti pour les Séoudites, c'était risquer de tomber ensuite sous leur domination. L'unité arabe était sans doute une belle chose. Mais l'anarchie du désert avait aussi ses attraits. Pourquoi ne pas laisser Rashidites et Séoudites s'entre-dévorer mutuellement, et profiter de leur rivalité pour s'emparer de leurs dépouilles ?

Le fils d'Abdur-Rahman leur parla avec tant d'ardeur,

il se présenta à eux avec une certitude si inébranlable d'être le champion de l'indépendance arabe, qu'il finit par leur faire partager sa conviction. Après avoir longtemps pesé le pour et le contre, les chefs de tribus finirent par lui promettre leur concours.

Boitant toujours et se soutenant avec des béquilles, car son genou n'était pas encore cicatrisé, le jeune Emir de Ryhad alla de ville en ville, pour expliquer à leurs habitants que le conflit qui le mettait aux prises avec Rashid n'était pas une querelle dynastique, mais une question de vie ou de mort pour toutes les tribus du désert.

L'exemple de son énergie fit plus pour sa cause, que les discours les plus enflammés. Emues par tant de courage, les populations acceptèrent de reprendre la lutte. Excitant les tribus, mobilisant les hommes, réquisitionnant les montures, Abdul-Aziz arma quiconque était en âge de tenir un fusil et avant même que Rashid et les Turcs fussent revenus de leur surprise, il fondit sur eux à l'improviste, à la tête d'une nouvelle armée. Cette seconde rencontre eut lieu au nord de Ryhad, près du village de Shinanah.

Abdul-Aziz se garda d'employer la même tactique que l'année précédente. Instruit par l'expérience, il décida de négliger les Shammars, de foncer directement sur l'infanterie turque et de profiter du moment où ses hommes offraient le plus de mordant, pour tenter de disloquer le centre du dispositif ennemi. Cette méthode était la bonne.

Forts de leur énergie intacte, les cavaliers séoudites se ruèrent en hurlant sur les bataillons ottomans. La ligne de défense turque fléchit sous le choc, et se rompit. L'ayant traversée de part en part, Abdul-Aziz et ses guerriers firent volte-face, revinrent sur elle par derrière, et coupèrent les formations ennemies en plusieurs tronçons. Voyant les bataillons turcs vaciller et perdre pied, les Shammars se débandèrent.

Les Turcs étaient de bons soldats. Ils reformèrent le carré. Abdul-Aziz les encercla. Les Turcs brisèrent l'encerclement et amorcèrent un moûvement de repli. Celui-ci se poursuivit le lendemain et le surlendemain. Le troisième jour, à la nuit tombante, les fantassins ottomans perdirent leur route et se mirent à errer à l'aventure. S'étant écartés de la ligne des puits, leurs provisions d'eau s'épuisèrent. Le soleil avait gercé leurs mains et leurs lèvres. Leurs yeux étaient brûlés par la chaleur et la poussière. La plupart d'entre eux n'avaient plus de chaussures. Leurs pieds n'étaient plus qu'une plaie, qui laissait des traces sanglantes dans le sable. Bientôt les bataillons ottomans ne furent plus qu'une longue colonne de fuyards, qui se frayaient en chancelant un chemin à travers les dunes.

Ce lamentable exode dura six jours entiers — six jours durant lesquels les cavaliers séoudites ne cessèrent de harceler les traînards et d'achever les moribonds. Les Bédouins fondaient sur eux avec la rapidité de l'éclair, déchargeaient leurs fusils presque à bout portant et repartaient au galop dans un tourbillon de poussière. Lorsqu'un Turc tombait, exténué, sur le bord de la piste, les femmes des guerriers Dawasirs se précipitaient sur lui, pour lui trancher la gorge. Ceux qui échappèrent au massacre moururent d'épuisement. Seule, une vingtaine de survivants réussit à rejoindre Bassorah.

XXXIX

Les Turcs ne pouvaient pas rester sur une pareille humiliation. Le désastre de Shinanah sapait leur autorité dans toute la péninsule arabique. Le Sultan Abdul Hamid blâma sévèrement le gouverneur de Bagdad d'avoir sous-estimé les forces de l'adversaire. Il lui ordonna de repartir en campagne en engageant, cette fois-ci, plusieurs divisions. L'entourage d'Abdul-Aziz et les chefs du clergé wahabite étaient ivres de joie. La victoire leur avait tourné la tête. Ils ne parlaient de rien de moins que d'écraser les Turcs, de marcher sur Constantinople et d'en chasser à grands coups de sabres le Sultan et ses ministres.

Mais Abdul-Aziz, qui avait une vue beaucoup plus juste de la situation, refusa de se laisser griser par l'enthousiasme général. Il savait le mal qu'il avait eu à battre Rashid et un corps expéditionnaire turc, dont les effectifs n'atteignaient pas une dizaine de bataillons. Si l'Empire ottoman prenait la chose au sérieux et décidait d'y mettre le prix, il pouvait masser contre lui des forces considérables. Dans ce cas, l'issue était connue d'avance : il serait écrasé. C'était là une éventualité à laquelle aucun esprit réfléchi ne pouvait s'exposer à la légère. Combattre était impossible. Il fallait donc négocier. Mais les Turcs accepteraient-ils d'entamer des négociations ?

Abdul-Aziz fit part de ses appréhensions à Mubarrak, et lui demanda de servir de médiateur entre les Turcs et lui. Mubarrak entretenait des relations amicales avec Muklis Pacha, le gouverneur turc de Bassorah. Il ménagea une entrevue entre Muklis et Abdur-Rahman, qui agissait en tant que mandataire de son fils. Après une discussion très serrée, les deux parties se mirent d'accord sur les conditions suivantes : Le Sultan de Constantinople reconnaîtrait la suzeraineté d'Abdul-Aziz sur l'ensemble du Nedjd. En échange, Abdul-Aziz accepterait le maintien d'une force militaire ottomane dans le Quasim et l'installation de garnisons turques à Anaïza et à Buraïda.

Le fils d'Abdur-Rahman ratifia cet accord à contre-cœur, mais avec un sentiment de soulagement. Pourtant les dignitaires wahabites, partisans de la guerre à outrance et certains chefs militaires, qui se croyaient frustrés d'une victoire facile, blâmèrent cette transaction. Ils allèrent jusqu'à accuser leur Emir de trahison.

— « Cette attitude de soumission envers Constantinople est indigne d'un Séoudite ! déclarèrent-ils. Cette politique pusillanime ne nous vaudra que des déboires. Nos aïeux auraient honte de nous, s'ils nous voyaient agir ainsi ! »

— « Patience ! leur répondait Abdul-Aziz. La partie

n'est pas terminée. Cette politique apportera aux Turcs plus de déboires qu'à nous. L'essentiel, en ce moment, est de gagner du temps ! »

— « Patience ! Toujours patience ! rétorquaient les « ulémas ». Est-ce là le langage qui convient à un guerrier ? Encore un peu de patience, et tout cela finira mal... »

XL

Les troupes turques arrivèrent et établirent leurs quartiers dans le Quasim. Au début, tout se passa à peu près normalement. Mais très vite, les occupants se trouvèrent aux prises avec des difficultés inattendues. Mystérieusement, les routes furent infestées de bandes insaisissables, qui pillaient les convois venant de Bassorah. Malgré tous leurs efforts, les soldats du Sultan n'arrivaient pas à mettre la main sur les agresseurs. Constamment sur le qui-vive, ils s'épuisaient en patrouilles et en reconnaissances inutiles. Rien ne parvenait à empêcher la destruction des convois.

Durant les mois qui suivirent, la situation alla en empirant, provoquant un malaise croissant dans toute la région. Manifestement, les Turcs étaient incapables d'assurer la sécurité des districts dont ils avaient la garde. Attaques et coups de main se renouvelaient chaque nuit. Ravitaillement, armes, munitions, rien n'arrivait plus à destination. Les garnisons ottomanes étaient coupées de leurs bases.

Au bout d'un an, les soldats turcs étaient en guenilles et mouraient littéralement de faim. Dans certaines localités, ils en étaient réduits à manger la moelle des palmiers. Dans d'autres, ils vendaient leurs fusils pour se procurer des vivres. Une épidémie de dysenterie acheva de les démoraliser. Durement éprouvés par le climat de ces régions, car c'étaient pour la plupart des paysans anatoliens, les fantassins ottomans commencèrent à déserter.

Ne sachant plus que faire, le gouvernement de Constantinople se tourna vers Abdul-Aziz, et lui demanda de prêter
main forte à ses garnisons, pour les aider à réprimer ces
actes de brigandage. Le fils d'Abdur-Rahman accueillit cette
requête avec un sourire. Il déplora l'insécurité des communications, adressa des témoignages de sympathie aux
commandants turcs et les engagea à persévérer dans leurs
efforts. Mais il ne leur apporta aucune aide effective. Comme
par hasard, les raids et les pillages se multiplièrent durant
les mois suivants.

Le gouvernement turc était en fâcheuse posture. Le
régime d'Abdul Hamid était submergé par les difficultés de
toutes sortes. L'Yémen et le Hedjaz étaient au bord de la
rébellion. La Syrie était travaillée en sous-main par des
sociétés secrètes. Au Caire, à Damas, à Salonique, à Monas-
tir, la révolution couvait sous la cendre, et n'attendait
qu'une occasion pour éclater au grand jour.

Les Turcs étaient obligés de disperser leurs forces aux
quatre coins de l'Empire, de sorte qu'ils ne disposaient pas
d'assez de troupes pour intervenir sérieusement en Arabie.
Ils ne pouvaient pas songer davantage à renforcer leurs
garnisons du Quasim, quand l'Arménie et les Balkans
étaient en pleine effervescence. Abdul-Aziz ne l'ignorait
pas. Il aurait pu profiter de cette situation pour attaquer
les Turcs, les battre et les chasser du pays. Cela lui aurait
valu un regain de prestige et c'était ce que son entourage
le pressait de faire. Mais le fils d'Abdur-Rahman refusa de
se laisser détourner du plan qu'il s'était tracé. Il s'était juré
de venir à bout des Turcs par de simples guérillas ; il ne
lui déplaisait pas de laisser l'expérience se poursuivre jusqu'au bout. « Pourquoi se fatiguer à conquérir de haute
lutte, se disait-il, ce que le temps fera tomber sans combat
entre mes mains ? »

En désespoir de cause, les Turcs recoururent au moyen
qui leur avait si souvent réussi dans le passé : la corruption.
Ils offrirent de l'or à Abdul-Aziz, en échange de son aide.
L'Emir de Ryhad n'était pas riche. L'or était le nerf de la

guerre. Il permettait d'acheter des armes, de recruter des hommes, de soudoyer des alliés. Mais Abdul-Aziz fit répondre au Sultan qu'il n'était pas à vendre.

Son refus n'était motivé ni par le désintéressement, ni par l'orgueil, mais par un calcul politique. Il savait que la puissance ottomane était sur le déclin. Il n'avait aucune envie de contracter des obligations envers elle.

Les Turcs, conscients de s'être fourvoyés dans un guêpier, réduisirent progressivement leurs garnisons du Quasim. Puis, s'apercevant de leur complète inutilité, ils finirent par les retirer. Vers la fin de 1905, les derniers contingents ottomans évacuèrent la région. Les bandes de pillards disparurent comme par enchantement. Abdul-Aziz avait gagné la partie, sans sortir de sa neutralité apparente.

Le clergé wahabite aurait pu lui savoir gré de l'habileté avec laquelle il s'était tiré d'affaire. Mais les « ulémas » étaient des gens tristes et renfrognés, qui voyaient tout en noir. Ils en avaient voulu au fils d'Abdur-Rahman de son accord avec les Turcs, et avaient prédit que cette politique n'amènerait que des catastrophes. Maintenant que les Turcs étaient partis, on eût dit qu'ils lui en voulaient de ce que la catastrophe n'avait pas eu lieu. Il y avait dans le tempérament d'Abdul-Aziz quelque chose d'indéfinissable qui leur déplaisait souverainement. Cette confiance en soi, cette impétuosité, cette façon désinvolte de dédaigner leurs conseils ne leur disait rien qui vaille. Quel serait l'avenir du Nedjd, sous la conduite d'un homme pareil ? Leurs conciliabules secrets trahissaient leurs appréhensions, et ils hochaient gravement la tête en le regardant faire.

XLI

Les Turcs étant partis, le fils d'Abdur-Rahman se trouvait, une fois de plus, face à face avec Rashid ; mais à présent, le rapport des forces était renversé. Rashid était seul. Son étoile pâlissait tandis que celle d'Abdul-Aziz brillait d'un éclat toujours plus vif. En outre, il se trouvait à la tête d'une coalition, car la victoire de Shinanah et la déconfiture des Turcs lui avaient valu un surcroît de prestige. Chaque jour, de nouvelles tribus venaient se rallier à lui. Enfin, il était bien armé, grâce au matériel que lui avait procuré le pillage des convois ottomans.

Cependant, la moindre imprudence pouvait lui être fatale. Rashid, malgré ses revers, était encore un guerrier redoutable, capable de porter à son adversaire des coups de boutoir imprévus. La vie du désert est mouvante comme le sable. Un seul échec, un seul faux pas, et le frêle réseau d'alliances que le fils d'Abdur-Rahman avait réussi à tisser autour de lui, pouvait se déchirer du jour au lendemain.

Dès que les Turcs eurent achevé l'évacuation du Quasim, Abdul-Aziz engagea contre Rashid une guerre de harcèlement, qui l'obligeait à se déplacer sans cesse. Or Rashid vieillissait. Depuis le temps qu'il faisait la guerre, le vieux sanglier commençait à se fatiguer. Il n'avait plus l'élasticité, ni l'endurance de la jeunesse.

Un soir, il dressa son camp près du village de Muhannah. Les hommes étaient fourbus par l'effort qu'ils avaient fourni au cours des journées précédentes. Sachant qu'Abdul-Aziz n'était pas dans la région, il estima qu'il ne courait aucun risque et jugea inutile de poster des sentinelles.

Abdul-Aziz était, en effet, à plusieurs dizaines de lieues de là. Mais lorsque des espions lui apprirent que Rashid avait établi ses quartiers en rase campagne et n'était protégé par aucun dispositif de sécurité, il donna l'ordre à ses hommes de monter immédiatement en selle et fonça sur Muhannah à bride abattue. Toute la nuit, Abdul-Aziz et ses cavaliers galopèrent, sans reprendre haleine. A trois heures du matin, ils arrivèrent à proximité du camp rashidite.

Un peu avant l'aube, le vent du nord se leva et souleva une violente tempête de sable. Abdul-Aziz et ses hommes mirent pied à terre. Se camouflant derrière d'épais nuages de poussière, ils avancèrent à travers la palmeraie sans être aperçus et fondirent à l'improviste sur le camp ennemi. Surpris dans leur sommeil, les soldats de Rashid n'eurent pas le temps de réagir : la plupart d'entre eux furent poignardés sous leur tente.

Le jour n'était pas encore levé. Le vent soufflait par rafales, faisant s'entrechoquer la cime des palmiers. Rashid aurait pu s'enfuir, à la faveur de la confusion générale. Mais ce n'était pas un lâche. Saisissant rapidement ses armes, il sortit de sa tente et poussa son cri de guerre pour rameuter ses hommes. Etaient-ils déjà tous morts, ou bien le vent empêchait-il les survivants d'entendre son appel ? Toujours est-il qu'il se trouva seul, errant au hasard à travers le camp saccagé, dans la clarté indécise du petit jour, au milieu des tourbillons épais de poussière. Quelques cavaliers séoudites l'aperçurent au moment où il cherchait à s'abriter derrière le tronc d'un palmier. Ils l'abattirent d'une décharge de mousqueterie, tirée presque à bout portant.

Abdul-Aziz fit trancher la tête de son ennemi et la ramena à Ryhad. Puis, il lui fit faire le tour du Nedjd, plantée au bout d'une pique et précédée par quarante guerriers, roulant d'énormes tambours voilés de crêpe. Ce grondement funèbre, qui se répercutait au loin dans le désert, avait pour objet de montrer aux populations que les Séoudites avaient vaincu, que Rashid était mort, et qu'il n'y avait plus lieu, désormais, de craindre ses représailles.

Le successeur de Rashid était un adolescent inexpérimenté. Il fut assassiné par un de ses frères. Celui-ci fut assassiné à son tour par son cousin. Après quoi tous les mâles de la famille se disputèrent son héritage. Les tribus du Haïl, entraînées dans ces querelles, se mirent à s'entredéchirer. L'anarchie s'installa chez elles à l'état endémique. Elles ne représentaient plus un danger pour le Nedjd.

XLII

Lorsque le fils d'Abdur-Rahman fit son entrée triomphale à Ryhad, même les Wahabites qui l'avaient le plus sévèrement critiqué, s'avancèrent au-devant de lui pour lui rendre hommage. Une cérémonie d'action de grâces se déroula dans la mosquée, à l'issue de laquelle, en présence des Anciens, des dignitaires religieux, des chefs de district et des caïds militaires, Abdul-Aziz, Emir de Ryhad, fut proclamé par son père roi du Nedjd et Imam des Wahabites. Il cumulait ainsi le pouvoir politique et le pouvoir religieux. Le rêve de son adolescence commençait à prendre corps.

A dater de ce jour Abdul-Aziz prit officiellement le nom d'Ibn-Séoud. Mais ses compagnons d'armes continuèrent à l'appeler familièrement « le Léopard du désert » en souvenir du bond prodigieux qu'il avait fait lorsqu'il avait sauté à la gorge du gouverneur Ajlan et reconquis sa capitale à la force du poignet.

L'on fit une hécatombe de moutons et toute la population de Ryhad et des environs festoya pendant une semaine. Elle l'avait bien mérité, après tant d'années d'angoisses et de luttes.

Mais Abdul-Aziz ne voulait pas laisser se détendre le ressort qu'il avait si puissamment bandé. A ses yeux, la conquête du Nedjd n'était qu'une première étape. Le plus glorieux, mais le plus difficile, restait encore à accomplir.

Huit jours après son accession à la dignité royale, il réunit l'élite de ses guerriers sur la grande place de la ville, pour lui faire part de ses projets. Un peu en avant de la foule se tenait, commandé par Jilouy, un petit peloton de combattants couverts de cicatrices. C'étaient les quinze survivants du premier groupe de volontaires, qui lui avaient prêté serment dans la palmeraie de Jabryn.

Abdul-Aziz les harangua, du haut des marches du palais, et les remercia. de l'avoir servi avec tant d'abnégation. Il leur rappela tout ce qu'ils avaient accompli ensemble, la prise de Ryhad, la conquête de l'Aflag et du Harj, la conquête du Quasim, les batailles de Bukarya et de Shinanah, le refoulement des Turcs et la victoire finale sur Rashid.

— « Je vous ai infligé des épreuves pénibles, leur dit-il. Je le sais. Mais je sais aussi avec quel courage vous les avez surmontées. Ce que nous avons fait est beaucoup. C'est peu, cependant, au regard de ce qui nous reste à faire ! Je ne veux forcer personne à m'obéir contre son gré. Mais si vous me suivez, je vous promets, avec l'aide d'Allah, de vous couvrir de gloire. Je ferai de vous un grand peuple, et vous jouirez d'une prospérité bien plus grande que celle qu'ont connue vos ancêtres. Vous rétablirez partout la pureté de notre croyance, selon le vœu formulé par notre maître Abdul-Wahab. Je sais que vous brûlez du désir de chasser les étrangers et d'exterminer les hérétiques. C'est pourquoi je vous dis : ne laissez pas rouiller vos armes, mais ceignez vos reins pour de nouveaux combats ! En avant ! Avec Dieu ! Pour la restauration de la Foi et la conquête de l'Arabie ! »

Aussitôt les sabres jaillirent des fourreaux. Des milliers de lames d'acier étincelèrent au soleil et une acclamation formidable monta de toutes les poitrines.

Toute la nuit, les rues et les places de Ryhad furent remplies de chants et de danses. Puis la foule se dispersa pour regagner ses villages. Et durant les jours qui suivirent, l'on entendit retentir jusqu'aux frontières du Nedjd, le mot d'ordre passionné que le jeune roi venait de donner à ses soldats et à ses fidèles :

— « En avant ! Avec Dieu ! Pour la restauration de la Foi et la conquête de l'Arabie ! »

TROISIÈME PARTIE

LA CONQUÊTE DE L'ARABIE
(1905-1928)

XLIII

Iʙɴ-Séoud avait à présent vingt-sept ans. Il était mince, fort et haut comme une tour. Il était auréolé par le prestige de la victoire et nul ne contestait plus sa valeur militaire. On savait comment il avait vaincu les Turcs, écrasé Rashid, et conquis le Nedjd à la pointe de son épée. Pourtant son pouvoir était encore précaire.

Habituées à une liberté absolue par des siècles de vie nomade, les tribus d'Arabie centrale n'étaient nullement disposées à subir le joug d'un maître — quel qu'il fût. Toute discipline leur paraissait une contrainte intolérable, voire comme une offense à ce qu'elles avaient de plus sacré.

« L'esprit de clan, nous dit Hitti, exigeait avant tout une loyauté totale et inconditionnelle envers les autres membres du même clan, une espèce de chauvinisme passionné. Correspondant en quelque sorte à l'individualisme de ses membres, projeté sur un plan supérieur, l'allégeance envers la tribu présupposait que celle-ci fût, par elle-même, une unité complète, suffisante, absolue. Toute autre tribu était considérée en conséquence comme une proie légitime, un but tout désigné pour le pillage et le meurtre... [1] »

1. Philip K. Hitti : *op. cit..*, pp. 21-22. L'auteur ajoute : « Même développé et amplifié après les premiers triomphes de l'Islam, jamais le caractère arabe n'a pu se débarrasser de l'esprit de clan, ni du côté insociable de son individualisme ; il faut même voir là un des facteurs principaux qui ont conduit les différents Etats islamiques à leur désintégration et finalement à leur perte. »

En d'autres termes les tribus arabes ressemblaient au sable du désert. Chacune d'elles formait une entité farouchement indépendante. Comme le sable, on pouvait les tenir ensemble en serrant le poing, mais il était très difficile de les cimenter en un bloc unique. Dès que l'étreinte se relâchait, les grains de sable s'écoulaient entre les doigts et s'éparpillaient en petites unités isolées aussi indépendantes qu'auparavant.

La plupart des Arabes n'avaient pas soutenu Abdul-Aziz par loyalisme ou par idéal. Ils ne s'étaient ralliés à lui que par intérêt. Ils s'étaient dit qu'une fois débarrassés de Rashid, rien ne les empêcherait plus de se livrer sans contrôle à leurs rapines habituelles. Dans leur esprit, leur groupement autour de l'Emir de Ryhad ne devait être que temporaire. Maintenant que leur ennemi était mort, leur coalition n'avait plus d'objet.

Abdul-Aziz lui-même avait contribué à créer ce malentendu. Ne s'était-il pas présenté à eux comme « le champion de l'indépendance arabe ? » Que signifiaient ces mots, sinon qu'il conviait les Emirs et les Cheiks à une lutte au terme de laquelle ils jouiraient, dans toute sa plénitude, du droit d'agir à leur guise ?

Or, Ibn-Séoud n'avait aucunement l'intention de laisser les tribus retourner à leur ancienne anarchie, et sa poigne s'abattit sur elles d'une façon qui leur parut d'autant plus dure, qu'elles ne s'y attendaient pas. Quand elles virent le nouveau roi leur interdire d'effectuer la moindre razzia sans son consentement, et punir durement celles qui s'obstinaient à ignorer sa volonté, elles commencèrent à murmurer, puis à s'agiter et s'engagèrent dans la voie de la rébellion.

Entre le Nedjd et Koweït se trouvait un territoire aux limites imprécises où vivaient les tribus Mutaïr. Celles-ci étaient particulièrement indisciplinées. Toute tentative pour contrôler leurs actes leur paraissait intolérable. Elles avaient à leur tête un guerrier de grande classe, le cheik Dawish, qui ne trouva nullement de son goût la tutelle que voulait lui imposer le fils d'Abdur-Rahman. Farouchement attaché à ses prérogatives, il estima qu'il fallait briser le pouvoir d'Ibn Séoud avant qu'il n'ait eu le temps de prendre racine. Il s'aboucha avec la partie des tribus Shammars qui vivait dans le Quasim, leur expliqua que les prétentions du nouvel Emir étaient inadmissibles et amena le gouverneur de Buraïda à répudier tout lien de subordination à l'égard des Séoudites.

Abdul-Aziz vit immédiatement la gravité de cet acte. Dès qu'il sut que le gouverneur de Buraïda refusait d'exécuter ses ordres et avait interdit l'accès de sa ville aux émissaires qu'il lui avait envoyés, il se mit à la tête d'un millier de guerriers nedjis et marcha sur Buraïda.

A mi-chemin entre Ryhad et Buraïda, Ibn-Séoud se heurta à un détachement de Shammars rebelles qui prétendaient lui barrer la route. Il les attaqua aussitôt, et les dispersa après leur avoir infligé des pertes sévères.

Puis il se tourna vers les Mutaïrs, qui étaient accourus au secours des Shammars, les battit à leur tour et les refoula vers leur propre territoire. Mais l'affaire, à ses yeux, ne pouvait en rester là. Il fallait punir les dissidents d'une façon exemplaire, pour leur ôter toute envie de recommencer. Trop souvent, dans le passé, les Mutaïrs avaient changé de camp. Ils devaient apprendre, à leurs dépens, que ces temps-là étaient révolus.

Ibn-Séoud pénétra dans leur territoire, incendia leurs villages jusqu'aux frontières du Koweït et pendit leurs chefs. Le cheik Dawish ne dut son salut qu'à la fuite.

— « Je brandirai mon sabre dans la figure des Bédouins, disait Ibn-Séoud, c'est un argument qu'ils comprennent. »

Il les pourchassa et les décima jusqu'à ce que les survivants vinssent implorer sa grâce.

Après quoi, il marcha sur Buraïda. Conformément aux renseignements qu'on lui avait fournis, il trouva les portes closes et la ville en état de siège. Mais il avait quelques amis dans la place. A l'heure de la prière du soir, quand toute la garnison était rassemblée dans la mosquée, ceux-ci lui ouvrirent les portes, et les guerriers nedjis firent irruption dans la cité. Le gouverneur, qu'il avait nommé lui-même peu de temps auparavant, fut traîné de force devant lui. Il tomba à genoux en pleurant, le front dans la poussière, car il s'attendait à être décapité. Mais Ibn-Séoud lui jeta un regard de mépris, lui dit de se relever et lui enjoignit de quitter immédiatement la ville, avec toute sa famille.

La forteresse de Buraïda était la clef du Nedjd septentrional et un relais important sur la route des caravanes. Pour y empêcher le retour de pareils incidents, Ibn-Séoud nomma Jilouy gouverneur de la ville.

Jilouy était un homme énergique et loyal, qui avait prêté serment à Abdul-Aziz dans la palmeraie de Jabryn et l'avait suivi, depuis lors, dans toutes les étapes de sa carrière. Le fils d'Abdur-Rahman pouvait avoir confiance en lui. Il inspirait une telle crainte à ceux qui l'approchaient, que sa parole avait force de loi, même pour le Bédouin le plus rebelle.

A dater de ce jour, il n'y eut plus aucun trouble dans le Quasim. La révolte des provinces du Nord était jugulée.

XLIV

A peine le Quasim était-il pacifié qu'une révolte similaire éclata dans le Sud. Cette fois-ci, c'étaient les Ajmans qui cherchaient à rejeter la tutelle d'Ibn Séoud. Le foyer de l'insurrection était à Laïla. Elle avait pour instigateurs quelques militants fanatiques de la secte des Assassins.

Cette révolte était plus grave que la précédente. D'abord, elle était plus proche de Ryhad et risquait par conséquent de s'étendre à la capitale. Ensuite l'action des Assassins l'avait envenimée, en y greffant une agitation religieuse qui troublait les esprits. Aussi, le fils d'Abdur-Rahman dut-il intervenir avec une vigueur particulière. C'était la lutte classique d'une monarchie naissante contre une féodalité turbulente qui refusait de s'incliner devant elle.

Abdul-Aziz pénétra en force chez les Ajmans, avec lesquels il avait quelques comptes personnels à régler, ravagea systématiquement leur territoire, et envoya deux formations punitives aux villages de Qoutaïn et de Hauta, avec l'ordre de les raser, après en avoir exterminé toute la population.

— « Qu'il ne reste pas deux pierres l'une sur l'autre ! ordonna-t-il aux chefs des détachements. Rien ne doit plus indiquer l'emplacement de ces villes. »

Ces consignes furent ponctuellement exécutées. Puis il marcha sur la ville de Laïla, la prit d'assaut, obligea la garnison à capituler et condamna les dix-neuf membres de la secte des Assassins à avoir la tête tranchée.

Différant l'exécution de vingt-quatre-heures, il envoya des émissaires dans toute la province pour convoquer les populations à Laïla, car il voulait qu'elles assistassent au châtiment des coupables.

Durant la nuit, il fit dresser une estrade à l'extérieur des remparts, sur le terre-plein où se groupaient d'habitude les caravanes. A l'aube, les habitants de la ville, les villageois des alentours et un grand nombre de Bédouins se massèrent sur l'esplanade, face à l'estrade. Ils occupaient les trois côtés d'un quadrilatère, dont le centre était maintenu vide par un service d'ordre nedji.

Ibn-Séoud traversa la place au milieu d'un silence dramatique et monta sur l'estrade, entouré de ses cheiks et de sa garde du corps. Sa stature herculéenne et la colère qui crispait ses traits lui donnaient un air terrifiant.

Les portes de la ville s'ouvrirent et l'on vit s'avancer lentement, chargés de chaînes et marchant en file indienne, les dix-neuf Assassins. Ils furent conduits, l'un après l'autre, au pied de l'estrade et contraints de s'agenouiller.

— « Il n'y a de pouvoir et de puissance qu'en Dieu ! » dit Ibn-Séoud en faisant un signe de la main.

Au même instant, un gigantesque esclave noir, le torse nu et portant un sabre, traversa la place, suivi de ses deux acolytes, et vint se poster au bout de la rangée des condamnés. Un greffier wahabite lut l'acte d'accusation, énumérant les motifs pour lesquels les insurgés avaient mérité la mort. Toutes les formalités d'une exécution capitale furent scrupuleusement observées. Ibn-Séoud tenait à montrer qu'il n'agissait ni par cruauté, ni par vengeance, mais pour obliger ses sujets à respecter la loi.

Le bourreau noir piqua à tour de rôle chaque homme dans les reins avec la pointe de son sabre et, au moment où la victime se crispait en frissonnant au contact de l'acier, il lui trancha la tête. Dix-huit fois on le vit accomplir le même geste. Dix-huit têtes sanglantes roulèrent dans la poussière. Lorsque le dix-neuvième condamné s'avança à son tour et s'agenouilla devant Ibn-Séoud, celui-ci fit signe au bourreau de s'écarter.

— « Je te fais grâce, lui dit-il. Tu es libre. Va-t'en et raconte partout ce que tu viens de voir. Dis au désert entier comment Ibn-Séoud rend la justice ! »

L'exécution terminée, le roi du Nedjd s'avança sur le devant de l'estrade et harangua la foule. Il lui expliqua ce qu'était le péché de rébellion et les châtiments terribles auxquels s'exposaient tous ceux qui s'en rendaient coupables. Puis il demanda aux assistants de se rapprocher de lui et, baissant la voix, il leur parla d'un ton plus amical.

— « Vous êtes mes sujets bien-aimés, leur dit-il. Sachez que rien ne m'est plus pénible que de vous châtier de la sorte. Ne m'obligez pas à recommencer. Choisissez parmi vous un gouverneur loyal auquel je puisse faire confiance. Je vous laisserai le droit de vous administrer vous-mêmes, à condition que vous juriez de me rester fidèles. »

Un murmure de surprise s'éleva de la foule. Elle s'attendait à être décimée ou réduite en esclavage, et voilà qu'Ibn-Séoud lui permettait de choisir elle-même son gouverneur ! Cette marque de générosité impressionna vivement les esprits. Mais pendant trois jours, les cadavres des dix-huit suppliciés restèrent exposés en public, en proie aux chiens et aux vautours, pour que ce spectacle horrible servît d'avertissement à ceux qui seraient tentés de fomenter une nouvelle rébellion.

L'histoire de Laïla fut colportée de village en village. On la raconta, le soir, autour des feux de camp. Le châtiment inexorable infligé aux instigateurs de la révolte et l'acte de magnanimité inattendu qui l'avait suivi, frappèrent au plus haut point l'imagination des Bédouins. « Voici un homme capable de nous gouverner, se dirent-ils, c'est un guerrier valeureux, un juge sévère mais juste, un chef qui prend ses responsabilités et qui sait ce qu'il veut. »

Les tribus les plus éloignées entendirent parler de l'exécution des Assassins et prirent peur. « Deux choses, surtout, impressionnent les Arabes : la force et l'équité. On savait qu'Ibn Séoud était fort. On venait d'apprendre qu'il était aussi équitable et semblait décidé à faire respecter sa volonté. Mieux valait lui obéir, que de s'exposer à sa colère [1]. »

La révolte du Sud était définitivement maîtrisée.

XLV

Tandis qu'Ibn-Séoud était aux prises avec ces difficultés intérieures, la situation extérieure avait beaucoup évolué. La révolution, dont les signes avant-coureurs avaient obligé les Turcs à retirer leurs garnisons du Quasim, avait fini par éclater. En 1908, les « Jeunes Turcs » s'étaient emparés du pouvoir. L'année suivante, le Sultan Abdul Hamid avait été déposé et remplacé par Méhémet V. Le triumvirat des « Pachas sans Dieu », Enver, Talat et Djemal, qui gouvernait la Turquie, avait promis de rompre avec les erreurs du passé. Il avait élaboré un vaste programme de réformes. Sur un point cependant, les nouveaux dirigeants avaient conservé la politique de l'ancien régime : ils n'entendaient nullement renoncer à leur emprise sur les pays arabes.

---

1. H. C. Armstrong : *op. cit.*, p. 79.

Toutes leurs décisions prouvaient au contraire qu'ils s'apprêtaient à la renforcer.

Ils avaient nommé de nouveaux gouverneurs, plus jeunes et plus énergiques, en Mésopotamie, en Syrie, et dans les provinces côtières du golfe Persique et de la mer Rouge. Ils avaient augmenté leurs garnisons dans le Hasa. Enfin, ils avaient nommé un certain Hussein, Chérif de la Mecque.

Le Chérif de la Mecque était un des personnages les plus importants du monde islamique, car il jouissait de prérogatives religieuses étendues. Gardien des sanctuaires, il était en quelque sorte le complément du Calife, qui ne pouvait proclamer la « Jihad » — la guerre sainte — sans son accord. Aussi la désignation de Hussein devait-elle apparaître aux dirigeants du Comité « Union et Progrès » comme un choix particulièrement heureux. Ce prince arabe, de noble lignage, était un Hachémite, c'est-à-dire un descendant de Hachim, le grand-père du Prophète. Mais il avait épousé la fille d'un haut fonctionnaire turc et s'était mis, par cupidité, à la solde de Constantinople. Les autorités ottomanes étaient donc fondées à croire qu'il servirait fidèlement leurs desseins.

Durant ces mêmes années, les Puissances européennes n'étaient pas restées inactives. Débrouillant d'une main lente, mais sûre, l'écheveau complexe d'intérêts et de rivalités qui enserrait l'Arabie, l'Angleterre avait beaucoup consolidé ses positions dans cette région du globe. Après la crise qui avait éclaté à Koweït, en août 1901, elle avait fait semblant de se désintéresser de Mubarrak. Mais son effacement n'avait été que de courte durée. En 1903, lord Curzon avait fait brusquement occuper le port et avait obligé Mubarrak à acquitter ses dettes envers le gouvernement britannique sous forme d'une « Convention spéciale », aux termes de laquelle l'Angleterre recevait un protectorat sur Koweït et le droit d'exercer « la police du golfe ». Après quoi, les forces anglaises avaient été retirées [1]

1. Cf. Georges Ancel : *La Question d'Orient*, p. 230.

Le cabinet de Londres avait ensuite signé avec le Tsar, un accord par lequel la Russie recevait un droit sur « les Turkestans » et la Perse du Nord, tandis que l'Angleterre se réservait la maîtrise de la Perse du Sud et du golfe Persique (31 août 1907).

Tandis que ce travail méthodique s'effectuait au nord de la péninsule, le Foreign Office avait commencé à poser ses jalons dans le sud. Par l'accord du 11 avril 1904, il avait écarté les visées françaises sur le canal de Suez en accordant à la France le contrôle du Maroc, moyennant l'abandon de l'Egypte à l'Angleterre. Puis en 1906, rééditant trait pour trait l'incident de Koweït, le gouvernement de Londres avait donné un coup d'arrêt aux Turcs à Akaba, un port de la mer Rouge situé à proximité de Suez, d'où le Sultan avait été obligé de retirer ses troupes, à la suite d'une démonstration de la flotte britannique.

Ainsi se précisait, autour de l'Arabie, une double menace : la première, créée par le renforcement des garnisons turques ; la seconde constituée par le resserrement de l'influence britannique.

Tout cela n'était pas sans inquiéter Ibn-Séoud. Maître du Nedjd depuis 1905, il commençait déjà à s'y sentir à l'étroit. Sous peine de rester bloqué dans les sables de l'Arabie centrale, il lui fallait absolument s'ouvrir un débouché sur la mer, et la mer la plus proche était le golfe Persique. Mais à quoi bon entrer en conflit avec les Turcs si, les ayant battus — ce qui n'était pas certain — il se trouvait le lendemain en conflit avec l'Angleterre ?

Ne sachant quel parti prendre, le fils d'Abdur-Rahman s'adressa à Mubarrak et lui demanda de sonder discrètement l'opinion de ses « protecteurs » (1911). L'Emir de Koweït se mit en contact avec les autorités britanniques. Il leur fit valoir que les intérêts d'Ibn-Séoud n'étaient pas opposés aux leurs. Tous deux voulaient expulser les Turcs du golfe Persique. Mais le gouvernement anglais pouvait-il le faire, sans créer un *casus belli* avec l'empire ottoman et mettre en mouvement toutes les chancelleries d'Europe ? Tandis que si le roi du Nedjd s'en chargeait à leur place, ce ne serait qu'une petite querelle intérieure, facilement localisée, dont le résultat final serait profitable à tout le monde. Les Anglais se laissèrent convaincre par ce raisonnement astucieux. Ils répondirent à Mubarrak qu'ils ne s'opposeraient pas à l'action de son protégé, à condition qu'il ne touchât pas à la province de Koweït. Cette réponse comblait pleinement les vœux de Mubarrak.

Mais même assuré de la neutralité anglaise, une campagne contre les Turcs était aléatoire. Bien informé de ce qui se passait à Constantinople, Mubarrak conseilla à Ibn-Séoud d'attendre. Le raidissement ottoman n'était qu'un feu de paille. Bien vite, les Jeunes Turcs s'apercevraient que leur politique arabe était trop ambitieuse et qu'ils n'avaient pas les moyens nécessaires pour la soutenir.

La prédiction de Mubarrak se réalisa plus tôt encore qu'il ne le pensait. Avant la fin de l'année (octobre 1911) les Italiens attaquaient la Tripolitaine. Les hostilités italo-turques n'étaient pas terminées, que se déclenchait la première guerre balkanique (octobre 1912). Les Serbes marchaient sur Salonique, les Bulgares sur Constantinople. Les Turcs allaient avoir besoin de chacun de leurs soldats.

Ibn-Séoud comprit que le moment d'agir était venu.

XLVI

Entre Koweït et l'Oman, le long du golfe Persique, s'étend une province sablonneuse, pauvre et désolée, le Hasa. C'est une région peu peuplée. Mais quand vient la saison de la pêche des perles, alors tout change d'aspect et la contrée devient le centre d'une activité commerciale intense. Les tribus qui séjournent ordinairement dans l'intérieur, affluent vers la mer, pour entrer en relation avec les habitants du littoral et de l'île de Bahrein qui lui fait face. Qatif, Oqaïr,

Al Khobar et les autres ports, d'habitude presque déserts, reçoivent alors une foule affairée et tumultueuse. Ce moment passé, les tribus se retirent, les villes se vident, les commerçants vont porter leurs marchandises dans les marchés de l'Inde et de la Perse, et le Hasa redevient une étendue désertique.

A cette époque, le Hasa était administré par un gouverneur turc, installé à Hufuf, la capitale de la province. Ibn-Séoud y envoya des espions, pour connaître l'état d'esprit des habitants et les effectifs de la garnison.

Lorsque ces émissaires secrets revinrent à Ryhad, ils lui firent un rapport tout à fait encourageant. La population de Hufuf était excédée par les Turcs, dont l'administration, tracassière et inefficace, leur rendait la vie impossible. Le plus grand désordre régnait dans les affaires de la ville. La contrée était infestée de brigands qui pillaient constamment les convois et les caravanes. Nul ne se sentait en sécurité. Quant aux garnisons de Hufuf et des principales villes côtières, elles avaient été considérablement réduites. La plus grosse partie des troupes avait été rappelée à Bassorah, pour être dirigée en toute hâte sur le front balkanique. Tout récemment encore, un fort contingent de fantassins était parti pour le nord, avec armes et bagages.

Les espions ajoutèrent qu'ils avaient rencontré, dans la province, un grand nombre de Wahabites. Ceux-ci leur avaient dit qu'ils prendraient volontiers fait et cause pour Ibn-Séoud, si celui-ci se présentait avec des forces suffisantes. Ces renseignements convainquirent le roi du Nedjd qu'une opération sur le Hasa pouvait être tentée.

Ayant mobilisé ses meilleures troupes, Abdul-Aziz se dirigea à marches forcées vers l'est, sans faire halte nulle part, afin de devancer des messagers éventuels, susceptibles de donner l'alarme. Il traversa d'une traite le désert de Dahna, pénétra dans le Hasa et fonça directement sur Hufuf. Au crépuscule du troisième jour, la troupe arriva aux lisières de la ville, sans avoir été signalée.

La nuit était sans lune. Accompagné de sept cents

hommes, Ibn-Séoud traversa l'oasis touffue qui entoure les remparts et s'arrêta sous couvert des palmiers, devant la porte d'Ibrahim Pacha. Là, ils mirent pied à terre et s'avancèrent en rampant vers les murailles crénelées. Un fossé venait d'y être nouvellement creusé. L'enceinte fortifiée était surplombée, de loin en loin, par de hautes tours carrées où veillaient des sentinelles.

Sans prendre le temps de souffler, douze soldats escaladèrent les murailles en s'aidant d'échelles en fibre de palmier. Ils poignardèrent les sentinelles et ouvrirent une porte pour permettre au reste de la troupe de pénétrer dans la ville. Ce coup de main s'effectua si rapidement, et avec si peu de bruit, que l'alerte ne fut pas donnée. La ville dormait toujours, enveloppée dans le silence.

La colonne des Wahabites descendit la rue du marché, le Souk-el-Khamis, et se rendit directement à la citadelle. Celle-ci — le « Kut » — était une grande bâtisse carrée qui dominait la ville, entourée d'une couronne de fortins auxiliaires. Par chance, la grille de la porte d'entrée était ouverte et le pont-levis abaissé. Les factionnaires de garde dormaient eux aussi. Les Wahabites les massacrèrent et firent irruption dans le fort.

Les Turcs, pris au dépourvu n'eurent pas le temps de décrocher leurs fusils de leurs râteliers. La plupart d'entre eux furent massacrés à l'arme blanche ; les autres se rendirent sans offrir de résistance. Une heure plus tard, les Nedjis étaient maîtres de la forteresse. Le contingent qui l'occupait avait été désarmé et enfermé dans les sous-sols.

Dès que le soleil parut à l'horizon, Ibn-Séoud descendit de la citadelle et traversa la ville, toutes forces déployées et précédé de son porte-bannière. Les Wahabites chantaient et faisaient retentir les sabots de leurs chevaux sur les pavés des rues. En entendant ce vacarme, les habitants accoururent sur le pas de leurs portes. Ils furent tellement surpris de voir ce défilé, qu'il leur fallut un long moment pour revenir de leur stupeur.

Le gouverneur turc et le gros de la garnison s'étaient

barricadés dans la mosquée d'Ibrahim, convaincus que le roi du Nedjd n'oserait jamais attaquer le sanctuaire. Ibn-Séoud leur envoya un parlementaire, porteur de l'ultimatum suivant :

— « Si vous persistez dans votre résistance, je placerai une mine sous la mosquée et vous ferai tous sauter au ciel. Cela fera un beau feu d'artifice ! Vous n'avez aucune chance d'en réchapper. Par contre, si vous acceptez de capituler, je m'engage à garantir votre sécurité et vous laisserai sortir sains et saufs de la ville [1]. »

Le gouverneur turc crut qu'Ibn-Séoud bluffait.

— « Sa piété est bien connue, se dit-il. Jamais l'Iman des Wahabites n'osera porter la main sur une maison de Dieu ! »

Mais lorsqu'il vit que les Nedjis commençaient à creuser une sape, il comprit que le fils d'Abdur-Rahman ne plaisantait nullement. Se ravisant, il crut plus sage d'accepter les propositions du vainqueur.

Vingt-quatre heures plus tard, les Turcs quittaient Hufuf avec les honneurs de la guerre. Ils se rendirent au port le plus proche et s'embarquèrent pour Bassorah. Jamais plus ils ne devaient revenir dans le Hasa.

Les jours suivants, Ibn-Séoud parcourut la province en tous sens pour recevoir l'acte de soumission des tribus. Il s'empara sans coup férir des ports de Qatif et d'Oqaïr, ainsi que de toute la côte jusqu'aux frontières du Koweït. Retirant Jilouy de Buraïda, il le nomma gouverneur du Hasa et le chargea de rétablir l'ordre dans la province, en la purgeant des bandes de pillards qui l'infestaient. Jilouy s'acquitta de cette tâche avec sa rigueur coutumière. Bientôt, les habitants du Hasa purent vaquer en toute sécurité à leurs occupations.

— « Le sceptre de Séoud est long, disaient les Arabes, son ombre s'étend à travers le désert et les Bédouins en ont peur. »

---

1. Cf. Gerald de Gaury : *Arabia and the Future*.

Les Turcs, faisant de nécessité vertu, s'inclinèrent devant le fait accompli. Ils entamèrent des pourparlers avec Ibn-Séoud et conclurent avec lui, pour la première fois, un traité en bonne et due forme [1]. Ils admirent que le Hasa fît partie intégrante du Nedjd et qu'Ibn-Séoud fût roi des deux territoires. Ils le décorèrent de l'ordre du Croissant, lui donnèrent tout l'armement qu'ils avaient laissé à Hufuf, et promirent de ne plus s'immiscer dans ses affaires. En retour, Ibn-Séoud accepta de reconnaître la suzeraineté nominale des Turcs. Ce n'était qu'une clause de style, puisque le gouvernement ottoman était incapable de l'exercer.

Fidèles à leur promesse, les Anglais n'intervinrent pas.

Le Hasa, pauvre et désolé en apparence, était en réalité une des régions les plus riches du monde. Ces maigres arpents de sable valaient un empire.

Mais Ibn-Séoud ne le savait pas encore. Les Anglais non plus. Sans quoi les choses se seraient sans doute passées très différemment.

XLVII

Ibn-Séoud était à présent roi du Nedjd et du Hasa. Cette dernière annexion lui donnait un large·accès à la mer et accroissait considérablement son importance en Arabie. Il n'était plus un roitelet insignifiant, prisonnier du désert central. Il avait vaincu les Turcs à Shinanah ; il les avait obligés à évacuer le Quasim ; il venait à présent de les chasser du Hasa. Derrière toutes ces actions, les esprits réfléchis sentaient la présence d'une volonté méthodique. D'un bout à l'autre de la péninsule, les chefs de·tribus

---

1. La convention de Bassorah, négociée quelques années auparavant par Muklis Pacha et Abdur Rahman n'avait été qu'un « gentleman's agreement » verbal.

considéraient avec étonnement l'ascension de sa puissance. La figure du « Roi Géant » commençait à les fasciner.

Des révolutionnaires syriens vinrent le trouver à Ryhad. C'étaient des membres de la « Fétah », une association secrète fondée à Damas, pour la libération de la Syrie. « Cette société, nous dit Lawrence, groupait des propriétaires terriens, des écrivains, des docteurs, de hauts fonctionnaires unis par la foi du serment, avec des mots de passe, des signes de reconnaissance, une presse et un trésor commun : leur but était de ruiner l'empire ottoman. Avec la facilité bruyante des Syriens, ils avaient rapidement édifié une organisation imposante. Ils cherchaient des secours au dehors, espérant recouvrer la liberté par des négociations plutôt que par des sacrifices. Leurs contacts étaient nombreux avec l'Egypte, l'Ahad (une société similaire fondée en Mésopotamie), le Chérif de la Mecque, la Grande-Bretagne : bref, avec tous ceux qu'ils croyaient susceptibles de les aider dans la réalisation de leurs projets [1]. »

— « Nous sommes en train de mettre sur pied une vaste conspiration contre les Turcs, dirent-ils à Ibn-Séoud. Nous avons déjà négocié avec Mubarrak à Koweït, et avec Hussein à la Mecque. Ces deux Emirs nous ont promis leur concours. Pourquoi le roi du Nedjd, si unanimement admiré pour ses vertus combatives, ne prendrait-il pas la tête de cette Croisade ? Ne serait-ce pas un beau titre de gloire, pour le petit-neveu de Séoud le Grand ? »

Le fils d'Abdur-Rahman les écouta avec attention. Il était fier, lui aussi, d'appartenir à la race arabe et n'admettait pas plus qu'eux d'être gouverné par les Turcs. Mais il estima que ses interlocuteurs étaient des esprits chimériques, de beaux parleurs qui prenaient leurs désirs pour des réalités. Qu'ils fussent en contact avec Mubarrak ne le surprenait pas. Avec qui Mubarrak n'était-il pas en contact ? Mais avec Hussein ? Ce Hachémite marié à une Turque était étroitement lié aux dirigeants de l'empire. N'était-il pas le

1. T. E. Lawrence : *Les Sept piliers de la sagesse*, p. 60.

175

vassal du Sultan, l'auxiliaire dévoué du Calife ? L'un de ses fils, Abdallah, n'était-il pas vice-président du parlement turc, et un autre, Fayçal, député de Djeddah à ce même parlement ? Qu'il conspirât contre ses maîtres par l'entremise de la Fétah, était une hypothèse absurde. Ces avocats damascènes étaient tous des hâbleurs...

Quant à la libération de la Syrie et du Liban, certes, c'était un sujet passionnant. Ibn-Séoud n'ignorait pas l'attirance que ces terres fertiles exerçaient depuis des siècles sur les tribus du désert. Toute campagne entreprise dans cette direction serait immédiatement assurée de la faveur populaire. Mais il jugeait ce projet irréalisable pour l'instant.

Plus encore, dans l'état où se trouvaient les choses, ce que venaient lui proposer les révolutionnaires syriens était justement le genre de tentation auquel il ne fallait pas succomber. Deux fois, au cours de l'Histoire, les Bédouins d'Arabie centrale avaient fait irruption dans le bassin méditerranéen. La première fois, sous Abou-Bekr et Omar, l'opération avait réussi et les légions islamiques avaient conquis un empire. La deuxième fois, sous Séoud le Grand et Abdallah, l'opération avait échoué, et elle avait attiré l'ennemi jusqu'au cœur de la péninsule.

Mais chaque fois — que l'entreprise ait abouti à un triomphe ou à un désastre — elle avait représenté une trahison envers l'Arabie, parce que toute l'énergie dissipée au cours de ces expéditions avait été détournée du but essentiel : la constitution d'une nation arabe. Que ce fût au IX° ou au XIX° siècle, le peuple arabe était sorti de ces aventures exsangue, épuisé et plus pauvre qu'auparavant. Après ces formidables explosions de vitalité, il était retombé dans son anarchie ancestrale.

Ibn-Séoud se refusait à commettre la même erreur que ses devanciers. Il ne lancerait pas son pays dans une de ces équipées hasardeuses, où il répandait sans profit le meilleur de son sang. Son but était tout autre : il consistait à arracher l'Arabie à son particularisme féodal, à remembrer son territoire, à mettre un terme à son anarchie, bref à lui rendre

son unité. Si le destin voulait — comme il l'espérait sincèrement — qu'il fût à l'origine d'une nouvelle vague islamique, il ne s'en servirait dans des buts d'expansion
qu'après avoir unifié et organisé son royaume. Pour cela,
il fallait le doter d'un gouvernement et de cadres. Il fallait
aussi l'équiper et exploiter ses richesses. C'est seulement
après en avoir fait une plate-forme solide, qu'il pourrait
tourner ses regards vers l'extérieur. La Syrie ? Oui, sans
doute. Mais plus tard... beaucoup plus tard...

Le fils d'Abdur-Rahman éconduisit donc poliment ses
interlocuteurs. Il avait autre chose à faire qu'à courir après
des chimères...

XLVIII

La tâche qui absorbait sa pensée était bien différente.

Abdul-Aziz avait à présent trente-deux ans. La vie mou-
vementée qu'il avait menée depuis sa jeunesse lui avait
fourni maintes occasions de réfléchir aux problèmes fondamentaux de l'Arabie. Non point qu'il fût un esprit déductif
et logique. C'était avant tout un empirique et un intuitif.
Mais son instinct lui donnait une emprise sur le réel beaucoup plus directe et plus forte que s'il s'en fût approché par
l'analyse ou le raisonnement.

L'ensemble de ses sujets pouvait se répartir en deux catégories. D'un côté, une minorité de villageois et de citadins.
De l'autre, une majorité de Bédouins nomades. Le roi du
Nedjd pouvait se fier au loyalisme des premiers. Quant aux
seconds, il aurait fallu ne pas les connaître pour croire qu'ils
se plieraient jamais à une discipline commune, aussi longtemps qu'ils resteraient dans l'état où ils se trouvaient.
Toujours en mouvement, rien ne parvenait à les fixer nulle
part. Pour eux, la condition de nomade était la plus noble de

toutes, et ils se regardaient comme la perfection même de la création humaine. L'homme civilisé ne leur paraissait pas seulement moins heureux qu'eux, mais aussi et surtout, de beaucoup leur inférieur. Friands de ces généalogies prodigieuses qui remontent dans le passé jusqu'à Adam lui-même, ils éprouvaient une fierté infinie de la pureté de leur sang, de leur éloquence, de leur poésie, de leurs sabres, de leurs montures et, par-dessus tout, de la noblesse de leurs ancêtres [1]. Ils avaient pour tous biens leur tente, leur cheval, leurs femmes — et la liberté. Aucune obligation ne les liait à rien. Ils étaient mobiles comme la mer et disponibles comme le vent.

De là leur caractère instable et émotif. Il suffisait d'un mot pour les faire passer du rire aux larmes et de l'enjouement à la colère. Ils étaient incapables d'un effort prolongé et changeaient d'opinion avec une versatilité décourageante. Ils étaient aussi énervants que des mouches par temps d'orage.

Ibn-Séoud les connaissait bien. Il savait qu'ils étaient peu sûrs, comme soldats, et décevants, comme sujets. Ils produisaient peu et détruisaient beaucoup. Lorsque la fortune des armes leur était défavorable, ils n'hésitaient pas à changer de camp en pleine bataille, et à s'allier au vainqueur pour piller le vaincu. Il fallait un effort surhumain pour les coaliser, et leurs coalitions ne duraient qu'un instant. C'étaient leurs volte-face continuelles qui avaient rendu la guerre contre Rashid si longue et si meurtrière. C'était leur propension à se disperser après chaque combat qui avait failli compromettre les opérations contre les Turcs. A plusieurs reprises, Ibn-Séoud les avait punis. Mais quelle que fût sa sévérité, ce châtiment ne les calmait que pour un temps. Il ne parvenait à modifier ni leur caractère, ni leurs mœurs.

Ibn-Séoud comprit que, pour réussir à les stabiliser, il fallait changer radicalement leurs conditions d'existence, car

---

1. Cf. Philip K. Hitti : *op. cit.*, p. 22.

c'étaient elles, en définitive, qui déterminaient leur comportement. Il conçut, à cet effet, un plan audacieux, qu'aucun souverain arabe n'avait osé tenter avant lui. Il décida d'endiguer peu à peu le nomadisme en fixant les Bédouins autour des points d'eau et en les incitant à cultiver la terre, c'est-à-dire en les ramenant à la condition agricole qui avait été la leur, avant que le « gulf-stream humain », qui déportait les tribus à travers la péninsule, ne les eût contraints à devenir des peuplades errantes. C'était une œuvre immense et ardue à réaliser, dans laquelle le jeune roi pouvait compromettre son prestige. Mais si elle réussissait, toute la physionomie de l'Arabie en serait transformée.

Ce qui avait dominé, jusqu'ici, la vie du désert, ç'avait été la rareté des points d'eau et le peu d'étendue des terres cultivées, comparés au volume des populations à nourrir. Par moment, un certain équilibre s'établissait entre les deux, et le désert connaissait une période de calme. Mais il suffisait d'un très petit afflux de populations nouvelles, pour rompre ce rapport et provoquer une crise de surpeuplement.

Le désert entrait alors en effervescence et l'on assistait à un accroissement de violence dans les combats que se livraient les tribus autour des ressources naturelles. Les rivalités se faisaient plus âpres, les haines plus aiguës, les luttes plus meurtrières. L'équilibre ne se rétablissait que lorsqu'une partie de la population, égale à la fraction excédentaire, avait été repoussée vers le nord — ou exterminée.

Sans doute en résultait-il une sélection impitoyable. Mais aussi longtemps que les choses resteraient dans cet état, la population de l'Arabie n'augmenterait jamais ; son niveau de vie resterait extrêmement bas ; et elle ne renoncerait jamais à son particularisme, qui n'était que le corollaire de ses conditions d'existence.

Le plan d'Ibn-Séoud consistait à attirer d'abord un petit nombre de Bédouins autour de quelques points d'eau judicieusement choisis, c'est-à-dire situés à l'écart du passage des caravanes ; à les y maintenir au moyen de dotations et de privilèges ; à accroître, par des travaux d'irrigation et de labourage, la superficie des champs cultivés, afin que d'autres Bédouins pussent venir s'y installer à leur tour ; à multiplier ces îlots de verdure, au fur et à mesure que croîtrait le nombre de leurs habitants ; enfin, à enraciner les Bédouins dans ces terres productives, arrachées peu à peu à l'aridité du désert.

Dès que ces entreprises commenceraient à se développer, elles ne manqueraient pas d'exercer une grande attirance sur les tribus du voisinage. Nul doute, par ailleurs, que les Bédouins devenus cultivateurs n'eussent de nombreux enfants. Tout permettait donc de penser que l'effectif des colonies augmenterait rapidement. Ibn-Séoud comptait alors y puiser les éléments d'une armée permanente, qui n'aurait plus rien de commun avec les harkas indisciplinées qu'il avait commandées dans sa jeunesse. Attachés à un sol, fixés à un foyer, ces Arabes d'un type nouveau seraient liés au roi par un sentiment de fidélité dynastique tout différent de la soif d'aventures et de butin qui les avait animés jusque-là. Ces colonies n'étaient pas seulement destinées à produire des céréales et des fruits : ce seraient aussi des pépinières de soldats.

Mais Ibn-Séoud connaissait le caractère de ses compatriotes. Il savait que son plan se heurterait, pour commencer, à des traditions, à des habitudes et à des préjugés millénaires. Il ne pouvait les surmonter qu'en faisant appel à une passion plus forte : au sentiment mystique des Bédouins. Il fallait donc que ces colonies agricoles et militaires fussent, en même temps, des colonies religieuses. Elles seraient constituées en « fraternités », dont les membres seraient liés entre eux par la foi d'un serment, semblable à celui qu'Abdul-Aziz avait fait prêter à ses compagnons, dans la palmeraie de Jabryn. Les centres deviendraient ainsi des foyers de pure obédience wahabite. Ce seraient des « séminaires » de Croyants : mais de Croyants appelés à lutter, les armes à la main, pour le triomphe de la vraie doctrine.

La puissance et la continuité étaient indispensables au roi.

Sans elles, jamais il ne parviendrait à unifier l'Arabie. Or, la « colonisation intérieure » dont il avait dressé le plan, était la seule façon possible de briser l'individualisme des clans et de venir à bout de leur particularisme archaïque. Seul, il permettrait d'apprendre aux soldats que les devoirs envers la tribu passaient après l'obéissance à Dieu et la fidélité au roi, que c'était un crime, pour un musulman, de tuer un autre musulman, autrement qu'en temps de guerre, mais que l'ouverture et la conclusion des hostilités étaient des prérogatives exclusivement royales. Seul, il permettrait d'obliger les Bédouins à déposer leurs querelles privées, pour se consacrer à la défense d'une cause commune.

— « Je veux, disait Ibn-Séoud, donner une orientation unique à l'instinct belliqueux des Arabes et les amener à se considérer comme les membres d'une même collectivité. Cela leur apportera des possibilités d'épanouissement qu'ils ne soupçonnent même pas. Cette œuvre sera longue, je n'en disconviens pas. Mais elle sera déjà plus qu'à moitié réalisée, lorsque les unités de mon armée considéreront leurs colonies d'origine comme autant de petites patries vertes, au sein de la grande patrie dorée... »

XLIX

Dans l'esprit du roi, tout l'avenir de l'Arabie était suspendu à cette grande réforme sociale, militaire et religieuse. C'est pour cela qu'il attachait tant d'importance à sa réussite. Or, il ne pouvait rien faire, dans ce domaine, sans le concours du clergé.

Les prêtres du Nedjd constituaient un corps puissant, rigoureusement hiérarchisé. Au sommet se trouvaient les descendants d'Abdul-Wahab, ou « Anciens », qui formaient une caste privilégiée. En tant qu'Imam, Ibn-Séoud était leur chef suprême. Il avait encore renforcé sa position à leur égard, en épousant à Koweït une arrière-petite-nièce de Wahab, la princesse Jauhara, dont il avait à présent quatre fils : Turki, Saud, Fayçal et Mohammed [1]. C'est au sein de cette caste qu'étaient choisis les « ulémas » ou Docteurs de la Loi, responsables de l'observance des rites, de l'interprétation des Écritures et de l'instruction du peuple. Au-dessous d'eux, se trouvaient les « muezzins » ou gardiens des mosquées qui appelaient les Croyants aux cinq prières quotidiennes et veillaient au respect des « huit attitudes ». A la base de cet édifice, se trouvaient les « mutawas » ou prêcheurs, véritables militants locaux de la doctrine wahabite, répartis dans les villages et les tribus, à raison d'un prêcheur pour cinquante habitants environ. Autour de chaque prêcheur, se trouvait un cercle « d'étudiants ».

Cet organisme était un merveilleux appareil de propagande, parce qu'il plongeait ses racines jusqu'au tréfonds des populations. Par son entremise, les Anciens et les Docteurs de la Loi pouvaient faire propager leurs mots d'ordre d'un bout à l'autre de la péninsule. Aucun groupement humain n'échappait à leur emprise ; aucune heure du jour, à leur réglementation.

Ibn-Séoud décida d'intéresser le clergé à la réalisation de sa réforme. Il demanda à son père de réunir les Docteurs de la Loi, et se présenta devant eux pour leur expliquer ses projets.

Les « ulémas » l'écoutèrent d'un air grave et désapprobateur. Abdul-Aziz voulait mettre un terme au nomadisme, briser les cadres des anciennes tribus, enraciner les Bédouins autour des points d'eau et recruter une armée parmi les membres des nouvelles colonies agricoles ? Les Docteurs de la Loi hochèrent la tête. Que signifiait tout cela ? Où voulait-il les mener, cet Abdul-Aziz aux idées extravagantes, qui, de surcroît, ne faisait guère cas de leurs conseils ? Ils exami-

1. Son second fils, Khalid, était mort en bas âge.

nèrent la proposition du roi, la retournèrent en tous sens, délibérèrent pendant des heures et rendirent enfin leur verdict : le plan qu'on leur soumettait ne pouvait être approuvé, car il n'était pas conforme aux prescriptions du Coran. Le Prophète n'avait-il pas dit : « C'est par la charrue que le déshonneur entre dans les familles » ?

Ibn-Séoud était exaspéré. L'étroitesse d'esprit des Docteurs de la Loi, leur manque d'imagination, leur interprétation rigide des versets du Coran, le faisaient bouillir de colère. On leur soumettait une réforme qui pouvait transformer la physionomie de l'Arabie et lui assurer un avenir supérieur à tout ce qu'elle avait connu jusque-là ; on leur proposait de tirer les tribus de l'anarchie et de la misère pour en faire peu à peu une nation moderne, et c'était tout ce que trouvaient à répondre ces esprits rétrogrades et bornés ? Que faire avec ces théologiens obtus, pour qui tout devait demeurer exactement comme au VIIIᵉ siècle, sous peine d'encourir la malédiction d'Allah ? Il aurait voulu les traiter comme la garnison turque, enfermée à Hufuf dans la mosquée d'Ibrahim...

Heureusement pour Ibn-Séoud, le vieil Abdur-Rahman intervint et réussit à éviter un éclat. Il calma son fils et lui démontra que, sans l'appui des « ulémas » son plan, si excellent fût-il, était irréalisable. Il risquait déjà de provoquer le mécontentement des nomades. Y ajouter l'hostilité des Docteurs de la Loi serait une grande maladresse. Abdul-Aziz n'avait pas le choix : s'il tenait à sa réforme, il fallait absolument y rallier le clergé.

Par ailleurs, le grand âge d'Abdur-Rahman, sa dévotion sincère, son absence totale d'ambitions personnelles lui donnaient beaucoup d'autorité dans les milieux religieux. C'est lui qui sauva l'affaire. Il supplia les Docteurs de la Loi de prêter une oreille favorable aux déclarations de son fils et de ne pas considérer leur verdict comme définitif. Ibn-Séoud, de son côté, fit un effort de conciliation. Maîtrisant sa colère, il ménagea la susceptibilité ombrageuse des « ulémas », flatta leur amour-propre et s'ingénia à réfuter leurs objections point par point. La discussion dura pendant une semaine entière. Non sans habileté, il leur fit valoir tous les avantages qu'ils retireraient de l'existence d'une Légion wahabite, consacrée à la diffusion de leur doctrine, c'est-à-dire à l'accroissement de leur influence dans le pays. Il leur démontra que sans elle, jamais la vraie foi ne rayonnerait sur l'Arabie, que le Wahabisme resterait confiné au désert central et qu'ils se rendraient complices, par leur refus, des hérétiques et des idolâtres. Bref, il plaida sa cause avec tant d'habileté, qu'il finit par les ébranler.

Fortement impressionnés par l'adhésion d'Abdur-Rahman aux projets de son fils, les Docteurs de la Loi acceptèrent de s'y rallier. Le plan du roi devint « le plan des ulémas ». Ensemble, ils créeraient une milice armée, au service de Dieu. A l'exemple des première légions islamiques, fondées par le Prophète, les Bédouins, cimentés par une discipline nouvelle, constitueraient une « Ikwan » militaire, c'est-à-dire une « Fraternité de guerriers unie dans le Seigneur ».

Ayant fait promettre à Ibn-Séoud que sa nouvelle armée serait mise au service de la religion, les Docteurs de la Loi prescrivirent aux « Mutawas » et à leurs « étudiants » de parcourir tout le pays, de village en village, et de tribu en tribu, afin d'y prononcer une série de prêches, destinés à encourager la création de l'Ikwan. Les prédicateurs devaient dire aux Bédouins que les préceptes de l'ancienne « muruwa » étaient périmés, que la loi divine passait avant la loi de la tribu, et l'obéissance au souverain avant l'obéissance au clan. Ils devaient leur rappeler en outre la parole du Prophète : « Tout Musulman qui cultive la terre accomplit une bonne action. » A l'issue de cette tournée de propagande, destinée à susciter dans les tribus un grand élan d'enthousiasme, les « mutawas » devaient adresser un appel à leurs auditeurs, les invitant à participer, comme volontaires, à la fondation des colonies.

L

Les prêcheurs se mirent en campagne — et se heurtèrent partout à un mur d'indifférence ou d'hostilité. Farouchement attachés à leurs traditions séculaires, les Bédouins pouvaient difficilement y renoncer du jour au lendemain. D'autant plus que le nouveau mode de vie qu'on leur proposait, ne les séduisait nullement. « Tout le bonheur du monde est sur le dos d'un cheval », disait le proverbe. Leurs pères et leurs aïeux avaient vécu en hommes libres, galopant comme bon leur semblait à travers le désert, n'obéissant qu'à l'appel de l'espace et du ciel, et voici qu'on les exhortait à répudier ces mœurs seigneuriales pour devenir des cultivateurs sédentaires et des petits paysans ? C'était leur demander de souscrire à leur propre déchéance. Quel prince accepterait jamais de plein gré la condition d'esclave ? Les uns se cabrèrent devant une proposition aussi injurieuse. Les autres répondirent par un ricanement de mépris. La « muruwa nouvelle » n'eut aucun succès. On ne trouva, en tout et pour tout, qu'une trentaine de candidats.

Mais on en trouva quand même trente, et c'était tout ce que demandait Ibn-Séoud. Les premières Légions islamiques, qui avaient porté l'étendard du Prophète de l'Indus au Guadalquivir, n'étaient-elles pas sorties d'une poignée infime de guerriers ? Lui-même n'avait-il pas conquis un royaume, à la tête de forces qui ne comptaient, à l'origine, qu'une vingtaine de compagnons ? En s'appuyant sur ces exemples, Ibn-Séoud se situait instinctivement dans le fil d'une loi universelle : à savoir que tout ce qui s'est fait de grand dans le monde a été l'œuvre, au départ, de très petits groupes humains.

Ibn-Séoud installa sa petite escouade de volontaires dans l'oasis d'Artawiya, située à mi-chemin entre le Nedjd et le Hasa. C'était un endroit sauvage et désolé où il n'y avait que quatre ou cinq bons puits, à proximité de la surface. Ceux-ci n'étaient utilisés que par les tribus errantes ou les voyageurs égarés. En temps normal, ils étaient recouverts de branchages, pour empêcher le vent de les ensabler. Autour de ces trous d'eau, quelques hectares de terres en friche et une cinquantaine de palmiers. C'était tout. Pas une cabane ; pas une masure. Un lieu peu engageant, en vérité, pour y commencer une vie nouvelle...

Mais Ibn-Séoud n'avait pas oublié son second séjour dans le désert de Ruba-al-Khali. Il savait que ses compatriotes ne donnaient le meilleur d'eux-mêmes que lorsque l'œuvre qu'on leur proposait d'accomplir prenait un caractère de défi.

Le chef de la petite cohorte s'appelait Mutib. Il se mit courageusement à la tâche avec son équipe de pionniers. Comme ses amis et lui étaient constamment en butte aux tracasseries des tribus voisines, le roi vint les visiter pour leur marquer son approbation et déclara que quiconque leur causerait le moindre préjudice, aurait affaire à lui. Il leur remit un peu d'argent — très peu, car il ne voulait pas que d'autres Bédouins se joignissent à eux par esprit de lucre — et leur amena quelques villageois pour leur enseigner le labourage et l'irrigation. Il répartit entre eux les parcelles de terre et les droits à l'eau, puis les aida à construire une mosquée et quelques habitations en briques.

Construire ! C'était une sensation toute nouvelle pour ces hommes qui n'avaient vécu, jusque-là, que de pillages et de rapines. Elle les remplissait d'étonnement et modifiait imperceptiblement leur vision des choses. C'étaient des êtres primitifs, mais pleins de bonne volonté, que travaillait sourdement l'espoir d'un avenir meilleur. On leur avait dit que le roi avait besoin d'eux pour transformer l'Arabie. Ils avaient répondu : « Présent ! », avec une confiance aveugle.

Ibn-Séoud s'était pris pour eux d'une véritable affection, et venait les voir souvent pour les encourager dans leurs efforts et leur expliquer la signification profonde de leur œuvre.

— « Vous êtes les initiateurs d'une grande réforme, leur disait-il. Le sort de l'Arabie repose entre vos mains. C'est pourquoi aucun échec, aucun obstacle ne doivent vous abattre. Vous vous étonnez qu'une si grande tâche puisse dépendre de si peu d'hommes ? Le nombre n'est pas ce qui importe. Il viendra à son heure. Ce qui compte c'est l'intensité et la pureté de la foi. Ceux qui se moquent de vous, ceux qui n'ont pas voulu répondre à mon appel, s'en repentiront un jour. Ils ont cru que je voulais les ravaler au rang d'esclaves alors que mon seul désir était de les libérer de la faim, de l'ignorance et du chaos ! Laissez-les ricaner, car vous êtes plus libres qu'eux, et ils ne ricaneront plus le jour de votre victoire, quand ils compareront leur dénuement à votre richesse ! Veillez jalousement à ce qu'aucune dissension ne compromette votre unité. C'est le seul danger qui vous guette. Pour le reste, ne craignez rien, car vous êtes sous ma protection et sous celle du Seigneur ! »

Le roi passait des nuits entières à s'entretenir avec eux, à examiner l'une après l'autre, les difficultés de leur tâche. Assis en demi-cercle autour d'un feu d'épines, les colons lui posaient des questions et lui demandaient conseil. Avec des mots très simples, qui parlaient à leur cœur, Abdul-Aziz leur communiquait peu à peu son enthousiasme et l'on voyait leurs yeux briller d'un éclat qui n'était pas simplement un reflet de la flamme. Ah ! c'était une aventure merveilleuse d'être un homme et d'inspirer à d'autres hommes une confiance aussi totale ! Il n'y avait plus de roi, il n'y avait plus de sujets. Il n'y avait qu'un petit groupes d'Arabes, perdus dans l'immensité du désert, mais fascinés par la même tâche et croyant au même avenir...

Lorsque la nuit touchait à sa fin, ils récitaient ensemble la prière de l'aube et chacun repartait, là où l'appelait son travail. De quels regards éblouis ils saluaient alors les premiers rayons du soleil, qui doraient la cime des palmiers et faisaient étinceler les chenaux d'irrigation, comme autant de promesses...

Six mois après l'arrivée des premiers Bédouins à Artawiya, Ibn-Séoud fut convié à une cérémonie très simple,
mais à laquelle les participants avaient tenu à donner toute
la solennité possible. Après avoir fait serment d'allégeance
au roi, les colons abandonnèrent sans retour leurs tentes en
poil de chèvre, symboles du nomadisme, pour venir habiter
les maisons de briques qu'ils avaient construites eux-mêmes.
En franchissant le seuil de leurs nouvelles demeures, ils
accomplissaient un acte d'une portée incalculable : ils sortaient du moyen âge, pour entrer dans les temps modernes.

L'expérience débuta bien. Sans laisser à l'ardeur des pionniers le temps de se refroidir, Ibn-Séoud leur envoya un
Ancien, avec plusieurs prêcheurs, pour fonder une école
et stimuler leur zèle. Puis il leur fit parvenir un peu plus
d'argent, de la semence d'orge et de froment, et promit
un fusil et des munitions à tout homme dont le nom serait
inscrit sur les registres de la mosquée.

La colonie grandit. Il y eut, naturellement, des décep-
tions et des déconvenues. Les Bédouins avaient du mal à
s'adapter au travail manuel. Au printemps, beaucoup d'entre
eux étaient saisis par la nostalgie du désert. Ils avaient peine
à résister à l'instinct migrateur qui s'empare, à cette saison,
de tous les êtres vivants. D'autres, s'étant mis « sous la
protection d'Allah », estimaient inutile de cultiver leurs
champs, convaincus que la Providence y pourvoirait d'elle-
même. Il y eut des défections, des dissensions, voire des
querelles...

Mais Artawiya prospéra envers et contre tout. Malgré
les apparences, l'emplacement de la colonie avait été judicieusement choisi. Une fois irriguée, la terre s'y révéla d'une
fertilité exceptionnelle. L'alfa, l'orge, le blé y poussaient à
profusion. Sous la direction intelligente et ferme de Mutib,
la petite agglomération du début devint un gros village,
puis un bourg, puis une ville. Ses habitants s'enorgueillirent
bientôt d'être les musulmans les plus religieux de tout le
Nedjd. Ils se montraient si intransigeants, dans tout ce qui
touchait au culte, que les Arabes non-wahabites n'osaient

pas leur rendre visite. Ils abandonnèrent les coiffures de leurs tribus et ne voulurent plus porter que le turban blanc d'Abdul-Wahab, symbole de pureté. Ils se glorifièrent du nom d' « Ikwan », que leur avait donné Ibn-Séoud, en souvenir des Légions victorieuses du Prophète, et se mirent à considérer les autres Bédouins comme des êtres inférieurs, encore plongés dans les ténèbres de l'ignorance et du péché. Ces puritains austères étaient des guerriers redoutables, toujours prêts à partir en guerre. Ils avaient adopté ce cri de ralliement : « Nous sommes les Chevaliers de l'Unité, Frères dans l'abandon à la volonté de Dieu ! »

Le nombre des volontaires augmenta. La tribu des Mutaïrs, qui s'était révoltée quelques années auparavant et qu'Ibn-Séoud avait dû châtier sévèrement, vint visiter Artawiya. Soulevée d'enthousiasme à la vue des résultats obtenus, elle demanda à faire partie de la colonie en totalité. Son chef, le cheik Dawish, s'engagea dans l'Ikwan.

Cette adhésion était la preuve irréfutable que l'expérience avait réussi. Car Dawish, le chef des rebelles qui avait échappé de justesse à la colère d'Ibn-Séoud, n'était pas seulement un guerrier valeureux : c'était un des Arabes les plus farouchement attachés à leur indépendance et à leurs traditions, un Bédouin pour qui l'honneur de sa tribu passait avant tout. Son ralliement était, pour Ibn-Séoud, une victoire morale inestimable.

Le roi du Nedjd tira un grand parti de cet événement. Un des buts de sa réforme n'était-il pas d'amener les tribus à déposer leurs querelles personnelles ? Il se devait, en conséquence, de ne pas perpétuer les siennes. Avec une hauteur de vues remarquable, il se réconcilia publiquement avec Dawish. Puis il le nomma commandant en chef de l'Ikwan et gouverneur d'Artawiya. En confiant ce poste à son ancien ennemi, Ibn-Séoud voulait montrer à l'ensemble des tribus que toutes les dissensions antérieures devaient s'effacer devant l'œuvre d'unification qu'il avait entreprise.

Par suite du ralliement massif des Mutaïrs, la colonie était devenue trop petite pour contenir tous ses habitants.

Une partie de la population essaima, pour former d'autres centres, conçus sur le même modèle. Ainsi se constituèrent les garnisons de Dilam, de Thadiq et de Shaqra. Le fils d'Abdur-Rahman plaça des volontaires de la première heure à la tête de ces nouvelles agglomérations. Il prit soin de. mélanger les tribus entre elles, pour les empêcher de se regrouper et de se scinder en clans rivaux. Enfin, il rattacha les colonies les unes aux autres par un ensemble de privilèges qui les amenèrent à se considérer comme formant une communauté unique, distincte des autres tribus du désert et supérieure à elles. Une nouvelle aristocratie arabe était en train de naître...

Lorsque les colonies eurent atteint un degré de développement suffisant, Ibn-Séoud commença à y recruter des soldats. Les contingents qu'il en tira étaient, tant au physique qu'au moral, bien supérieurs à ceux des autres provinces du royaume.

Cinq ans après la fondation de la première colonie, l'Ikwan comptait près de 50.000 membres. Ce n'était plus un ramassis hétéroclite de nomades, mais. une armée permanente, dont les unités solidement charpentées faisaient honneur à celui qui les avait créées.

Jusqu'ici, Ibn-Séoud n'avait eu entre les mains qu'un instrument militaire à la dimension du Nedjd. Celui qu'il possédait à présent était à la dimension de l'Arabie.

LI

C'est alors que commencèrent les difficultés religieuses.

Les Docteurs de la Loi avaient toujours ressenti une secrète méfiance à l'égard d'Abdul-Aziz. Chez certains, ce sentiment allait jusqu'à l'animosité. Non; certes, qu'il manquât à ses devoirs religieux ! Sur ce point, nul ne pouvait lui faire la moindre critique. Il priait, jeûnait et distribuait des aumônes. Il ne buvait pas de vin ; il ne fumait jamais ;

il ne prononçait pas de jurons blasphématoires et il observait les prescriptions coraniques d'une façon irréprochable.

Mais la vitalité débordante du « Roi géant » troublait leur quiétude. Il était trop jovial, trop exubérant, pour ces hommes moroses, au visage couleur d'ennui, qui ne souriaient jamais et qu'un éclat de rire choquait comme une inconvenance. Ils le trouvaient trop préoccupé de succès terrestres, pour remplir pleinement ses obligations envers le ciel. « Trop Emir, comme ils disaient, et pas assez Imam. » Il avait une façon si cavalière de dédaigner leurs conseils ! N'avait-il pas autorisé ses soldats à chanter des chansons de route ? N'avait-il pas permis aux Anaïzas de fumer en public ? Que signifiait au juste son amitié pour Mubarrak, dont la vie privée était scandaleuse, l'impiété notoire, et qui, pour comble d'horreur, hébergeait des étrangers chez lui ? La façon dont il avait menacé de faire sauter la mosquée d'Ibrahim frisait le sacrilège. Sans doute n'avait-il pas mis sa menace à exécution. Mais le seul fait d'y avoir songé était déjà inquiétant. Il y avait dans tous ces faits, l'indice d'un état d'esprit qui exigeait de la vigilance, beaucoup de vigilance...

En réalité tous ces arguments n'étaient qu'un masque derrière lequel les « ulémas » dissimulaient leurs arrière-pensées. Leur mécontentement avait une autre source : c'était le succès de l'Ikwan. Tout d'abord, ils s'étaient opposés au projet, et l'avaient déclaré irréalisable, pour ne pas s'associer à une réforme qu'ils estimaient devoir soulever la colère des populations. Puis ils s'y étaient ralliés, sur les instances d'Abdur-Rahman, mais seulement du bout des lèvres et avec l'espoir que l'hostilité des tribus suffirait à y faire échec. Maintenant ils le désapprouvaient, parce qu'il avait trop bien réussi. Un pareil instrument militaire, entièrement à la dévotion du roi, ne pouvait qu'inquiéter les membres du haut clergé. Ne risquait-il pas de devenir, entre ses mains, un moyen de gouvernement redoutable ? Et si Abdul-Aziz s'en servait un jour pour les dépouiller de leurs privilèges ? Ils aimaient mieux un monarque faible, docile à leurs désirs, qu'un souverain puissant, capable de leur imposer sa volonté.

Aussi entreprirent-ils, dans tout le pays, une campagne de dénigrement systématique contre Ibn-Séoud. Habilement propagées par les « muezzins » des mosquées et les « muta-was » des écoles, ces médisances chuchotées de bouche à oreille créèrent un véritable malaise parmi les populations. Les « ulémas » jouaient en Arabie le rôle de la presse en Occident. Grâce à l'appareil de propagande dont ils disposaient, ils étaient à même d'influencer l'opinion et de l'orienter à leur guise.

Le fils d'Abdur-Rahman ne savait comment se défendre contre ce péril insidieux, si différent de ceux auxquels il avait eu affaire jusqu'ici. Il ne pouvait attaquer de front le haut clergé, dont le pouvoir insaisissable était partout et nulle part. Il considéra que le meilleur moyen de réduire les « ulémas » au silence et d'affermir son autorité religieuse sur les populations d'Arabie était de se rendre maître des villes saintes, Médine et la Mecque. « Je mettrai mes pas dans les pas du Prophète », s'était-il juré lors de sa retraite dans le grand désert de pierre. N'était-ce pas par là que Mahomet avait commencé ?

Plus il y réfléchissait, et plus cette opération lui paraissait séduisante. D'abord, elle lui ouvrirait un débouché sur la mer Rouge, semblable à celui qu'il possédait déjà sur le golfe Persique. A cheval sur la péninsule, il serait alors en mesure de réglementer le passage des caravanes et d'exercer son contrôle sur toute la vie commerciale du pays. Ensuite, elle lui permettrait de chasser Hussein de l'Hedjaz et d'expulser du sanctuaire ce traître abject, qui s'était fait le mercenaire et le valet des Turcs. Enfin, elle donnerait à son pouvoir religieux une base si solide que même les « ulémas » les plus hostiles n'oseraient plus l'attaquer. Une fois Chérif de la Mecque et maître des pèlerinages, son rayonnement s'étendrait jusqu'aux limites du monde islamique.

La facilité avec laquelle il avait chassé les Turcs du Hasa lui donnait à penser qu'il triompherait aisément de la résistance de Hussein. N'avait-il pas forgé, entre temps, un appareil militaire qui lui assurait la prépondérance sur toutes les autres armées de la péninsule ? Le tout était de s'assurer — une fois de plus — de la neutralité des Anglais.

Déjà le roi du Nedjd commençait à mobiliser ses troupes, et s'apprêtait à bondir sur la capitale du Hedjaz, lorsqu'un événement imprévu vint bouleverser tous ses projets : la première guerre mondiale venait de se déclencher.

LII

2 août 1914 ! Cette date fatidique dans l'histoire de l'Europe, retentissait comme un coup de tonnerre jusqu'au fond de l'Orient. C'était pour les uns, un signal de mort ; pour les autres, une promesse de vie. Du Caire à Bassorah et d'Aden à Bagdad, les Arabes tendirent l'oreille, espérant que la guerre qui commençait sonnerait le glas de l'empire ottoman.

Ibn-Séoud aurait dû être averti de ce qui se préparait. Depuis quelques mois, l'Arabie fourmillait d'agents secrets. Il y avait des Anglais, des Allemands, des Français, des Turcs, des Italiens, des Russes et même des Japonais. Ils venaient de partout : de Suez, de Bassorah, de Bombay, de Téhéran, cherchant à recruter des alliés pour le conflit approchant. Mais Ibn-Séoud, absorbé par les problèmes de l'Arabie intérieure, n'avait pas senti venir la tempête. La conflagration mondiale le prit complètement au dépourvu.

Il crut tout d'abord que l'entrée en guerre de la Turquie favoriserait ses desseins. Cette fois-ci Londres était en conflit ouvert avec Constantinople. N'était-ce pas le moment de rééditer sur la Mecque, le coup de force qui lui avait si bien réussi dans le Hasa ? Mais s'il chassait Hussein et les garnisons turques du Hedjaz, l'Angleterre le laisserait-elle faire ? Ou bien refuserait-elle de reconnaître sa suzeraineté sur cette province ?

Comme précédemment, Ibn-Séoud décida de consulter Mubarrak. Il avait pris l'habitude de suivre ses conseils dans ce domaine, et s'en était toujours félicité.

Ce n'était jamais sans émotion que le roi du Nedjd franchissait le seuil du palais de Koweït, où il avait reçu, tout jeune encore, ses premières leçons de politique. Mais lorsqu'il pénétra dans le bureau de son ancien protecteur, il eut peine à le reconnaître, tant il avait vieilli depuis leur dernière rencontre. Il vit s'avancer vers lui un vieillard adipeux, au regard éteint et aux traits flétris. Ses bajoues lui donnaient l'aspect d'une vieille chouette ; il avait de grosses poches sous les yeux ; ses cheveux et sa barbe étaient teints au henné, et ses doigts boudinés étaient couverts de bagues énormes. Son visage avait pris une expression étrange, à la fois cupide et lubrique. Usé par une longue vie de débauche, Mubarrak avait remis l'administration de Koweït à son fils, Sélim. Mais si son corps était une ruine, son cerveau avait conservé toute sa lucidité. Il continuait à se tenir au courant de tout ce qui se tramait dans le monde. Si Ibn-Séoud était consterné de voir combien le temps avait diminué son ancien protecteur, Mubarrak, lui, était alarmé de voir combien le temps avait grandi son ancien élève. Sa souveraineté s'étendait à présent le long du golfe Persique et il se repentait fort de l'y avoir aidé, car cet accroissement de puissance lui causait des appréhensions. Qu'arriverait-il si Abdul-Aziz, après avoir digéré le Hasa, prenait la fantaisie d'absorber aussi Koweït ? Les Anglais l'en empêcheraient-ils ? Oui, s'ils étaient ennemis. Mais s'ils étaient alliés ? Les ministres de Londres n'auraient-ils pas intérêt à remplacer Sélim, qui n'était qu'un jeune homme falot et sans caractère, par un gouverneur plus capable et plus énergique ? Il fallait empêcher à tout prix qu'un accord intervînt entre Ibn-Séoud et les représentants de Sa Majesté...

Le roi du Nedjd, qui ignorait tout de ces arrière-pensées, fit part à Mubarrak de ses visées sur le Hedjaz et lui demanda innocemment de plaider sa cause auprès du gouvernement britannique. Mubarrak leva les bras au ciel, et poussa un gloussement de réprobation :

— « Vous êtes fou, mon jeune ami ! lui répondit-il. Vous attaquer au Hedjaz serait la pire imprudence ! Abstenez-vous surtout de toucher à Hussein ! N'êtes-vous pas bien où vous êtes ? Tenez-vous tranquille. Etes-vous donc si pressé de vous jeter dans la gueule du loup ? A votre place, je limiterais mes ambitions à l'Arabie centrale, et je pratiquerais une politique de neutralité, en attendant que l'orage soit passé. »

Ibn-Séoud retourna à Ryhad, irrité et déçu par cette entrevue. Les paroles mielleuses de Mubarrak, ses mines apeurées, ses gloussements de vieille femme, ses allusions voilées à on ne sait quel danger lorsqu'il avait parlé du Hedjaz et de Hussein, lui laissaient un arrière-goût déplaisant. Quel jeu jouait-il donc ? Jadis le jeune Abdul-Aziz avait vu l'Emir de Koweït adopter la même tactique à l'égard de ceux qu'il voulait duper. Le roi du Nedjd rentra dans sa capitale plus perplexe encore qu'auparavant. Son voyage ne lui avait appris qu'une chose : c'est qu'il devait se méfier, dorénavant, de son ancien patron. L'heure de l'amitié était passée. En politique étrangère comme en politique intérieure, il ne pouvait plus prendre conseil que de lui-même.

Telles étaient ses réflexions, lorsqu'il reçut, coup sur coup, la visite d'agents allemands, qui venaient de Bassorah, et celle d'agents anglais, qui venaient de Koweït. Les premiers lui demandaient de prendre parti pour les Turcs ; les seconds, de leur faire la guerre.

LIII

Le roi du Nedjd était placé devant un dilemme embarrassant. « Une politique de neutralité », avait conseillé

Mubarrak. Mais rester neutre, c'était rester seul, et rester seul, c'était s'exposer sans défense à toutes les convoitises de ses voisins. Les Emirs et les Gouverneurs des provinces qui entouraient le Nedjd, le comprenaient fort bien. Aussi s'empressaient-ils de prendre parti et de s'inféoder, selon leurs préférences, à tel camp ou à tel autre.

Qui gagnerait la guerre — les Turcs ou les Anglais ? C'était là toute la question, et dans cette première phase des hostilités, il était encore bien difficile d'y répondre. Les Turcs représentaient la Puissance la plus proche, donc la plus dangereuse. Ils étaient les alliés des Allemands, qui étaient riches et forts. Mais Ibn-Séoud répugnait à s'allier à eux. N'étaient-ils pas, les uns et les autres, ses ennemis déclarés ? Quelles que fussent les promesses qu'ils lui feraient, leur victoire signifierait l'écroulement de son rêve : c'en serait fait, à tout jamais, de l'émancipation de l'Arabie. Quant aux Anglais, leur politique non plus n'était pas des plus limpides. Qu'entendaient-ils faire de la péninsule, s'ils remportaient la victoire ? Quelles étaient leurs dispositions réelles à l'égard des Séoudites ?

Les Britanniques avaient beaucoup modifié leur opinion sur Abdul-Aziz, depuis l'époque où ils le considéraient comme un personnage trop insignifiant pour répondre à ses messages. Il dominait à présent une grande partie du littoral du golfe Persique. C'était une force avec laquelle il fallait compter. Aussi lui envoyèrent-ils leur consul à Koweït, un certain M. Shakespeare, pour obtenir son alliance, ou à défaut de son alliance, sa bienveillante neutralité.

M. Shakespeare vint voir Ibn-Séoud à Ryhad et le pressa de déclarer immédiatement la guerre aux Turcs [1]. C'était à peu près le langage que M. de Lascaris avait tenu, cent ans auparavant, à Séoud le Grand. Mais Abdul-Aziz savait quel désastre effroyable avait entraîné, pour son aïeul, le fait de s'être lancé prématurément dans une entreprise de cette nature. Il n'avait aucune envie de commettre une

---

1. Cf. *Captain Shakespeare's last Gourney*, Geographicas Journal, vol. LIX, 1922.

deuxième fois la même erreur. Aussi refusa-t-il de s'engager dans cette voie. Il proposa de soutenir la cause anglaise d'une façon indirecte, — en marchant sur le Hedjaz pour en expulser Hussein.

Shakespeare se récria que c'était impossible et lui intima, d'un ton sec, de renoncer à ce projet. Les pourparlers traînèrent pendant plusieurs semaines sans aboutir à rien, Ibn-Séoud faisant la sourde oreille aux sollicitations anglaises et Shakespeare feignant de ne pas comprendre les visées d'Ibn-Séoud. Soudain les Turcs, alertés par Mubarrak, que ces entretiens inquiétaient fort, mirent brutalement un terme à la conversation. Ayant fait partir en dissidence quelques tribus Shammars du Haïl, ils marchèrent avec elles sur Ryhad, afin d'empêcher la conclusion d'un accord dont ils risquaient d'être victimes. Cette fois-ci, Mubarrak avait abattu ses cartes : sa trahison était flagrante.

Coupant court aux entretiens, Ibn-Séoud réunit en toute hâte un gros contingent de l'Ikwan et se porta au-devant des Turcs. La rencontre eut lieu à Jarrab, au nord d'Artawiya. Les forces ennemies comprenaient, outre les cavaliers Shammars, plusieurs bataillons de l'armée régulière turque, avec une nombreuse artillerie. La bataille, commencée à l'aube, fit rage toute la journée. Les formations de l'Ikwan, qui recevaient le baptême du feu, se comportèrent magnifiquement. Elles chargèrent dix-huit fois de suite les troupes ottomanes. M. Shakespeare, qui avait voulu se rendre compte par lui-même de la valeur combative des nouvelles unités séoudites, s'était rendu sur le champ de bataille malgré les conseils du roi. Il assistait aux opérations, assis sur un pliant en buvant tranquillement son thé, lorsqu'il fut encerclé par une nuée de cavaliers Shammars, qui l'abattirent à coups de sabre, ainsi que son secrétaire.

Au crépuscule, les Turcs harassés finirent par lâcher pied et se replièrent vers le nord. Ibn-Séoud était tiré d'affaire. Mais il était loin d'avoir remporté une victoire, car ses troupes avaient subi des pertes considérables. Le bruit se répandit dans le désert que la réputation de l'Ikwan était surfaite et qu'il avait suffi d'un seul bataillon turc, encadré d'Allemands, pour la mettre en déroute.

Plus que jamais Ibn-Séoud comprit qu'il ne devait pas rester seul. Qu'avait-il à attendre des Turcs et des Allemands ? Ne venaient-ils pas de dévoiler leurs véritables sentiments à son égard ? Il renoua avec les Anglais les conversations ininterrompues, et se rendit à Oqaïr, un port du Hasa, pour y rencontrer M. Cox, le successeur de Shakespeare au consulat britannique de Koweït (nov. 1916).

Cette fois-ci, les deux négociateurs se mirent rapidement d'accord. Ibn-Séoud ne souffla mot de ses visées sur le Hedjaz. Il signa avec le plénipotentiaire anglais une convention par laquelle il déclarait se ranger officiellement du côté de l'Angleterre et prenait l'engagement formel « de ne pas attaquer ses alliés, ni aider ses ennemis ». Toutefois, il n'était pas tenu de « participer activement aux opérations militaires ». Les Anglais, de leur côté, reconnurent la royauté d'Ibn-Séoud sur le Nedjd et le Hasa, indépendamment des Turcs. Ils promirent que la dévolution de ces territoires ne serait pas remise en cause, lors du partage de l'empire ottoman. Ils lui décernèrent une décoration, s'engagèrent à lui verser une subvention mensuelle de 5.000 livres sterling-or, lui fournirent des armes et s'engagèrent à lui prêter assistance, s'il était l'objet d'une nouvelle agression.

Ibn-Séoud quitta Oqaïr enchanté de cet arrangement. Tout en n'étant pas obligé de faire la guerre aux Turcs, il était protégé contre un retour offensif de leur part. De plus, la formule par laquelle il s'engageait « à ne pas attaquer les alliés de l'Angleterre, ni à aider ses ennemis » laissait la porte ouverte à une opération contre Hussein. Il avait obtenu, en somme, tout ce qu'il désirait. Il se dit que les Anglais ne devaient pas être aussi sûrs d'eux-mêmes qu'ils le prétendaient, sans quoi ils ne lui auraient pas accordé des conditions aussi favorables...

LIV

La guerre mondiale, commencée en Mazurie et dans les plaines de Flandre, s'était étendue rapidement au bassin oriental de la Méditerranée. Dès décembre 1914, les Turcs avaient fait du Levant une plaque tournante d'où leur action militaire pouvait s'exercer simultanément en direction de l'est, du sud-est et du sud. Djemal Pacha, l'un des triumvirs du comité « Union et Progrès » avait été nommé gouverneur de la Syrie, avec des pouvoirs étendus qui équivalaient à une véritable vice-royauté. Le 11 janvier 1915, Djemal avait marché sur le canal de Suez à la tête d'une armée de 40.000 hommes, commandés par des officiers allemands, les colonels Kress von Kressenstein et von Seeckt. Ils avaient attaqué la voie d'eau à Toussoun, près d'Ismaïlia, mais avaient été rejetés de la zone du canal par l'artillerie et des navires de guerre anglais (3 février).

Pendant ce temps, une armée britannique, venant des Indes, commandée par le général Townshend, avait débarqué au fond du golfe Persique et s'était emparée de Bassorah. De là, elle avait remonté le cours du Tigre, en direction de Bagdad. Mais les forces britanniques s'étaient fait battre dans les ruines de Ctesiphon, le 22 novembre 1915 et avaient dû se replier. Encerclées à Kut-el-Amara, elles avaient fini par capituler (29 avril 1916).

Survenant après l'échec des Dardanelles, la capitulation de Kut porta un coup très dur au prestige britannique dans tout le Proche-Orient. Voulant réparer l'effet de cette défaite, les Anglais avaient alors mis sur pied une nouvelle offensive. Partant d'Egypte sous les ordres du général Sir Archibald Murray, une armée devait s'emparer de la presqu'île de Sinaï et marcher à travers la Palestine, sur Jérusalem et Damas. Cette opération était délicate, parce que les troupes qui remonteraient le long de la côte s'exposaient à être attaquées de flanc par les garnisons turques stationnées à Médine et dans le Hedjaz. C'était le moment qu'attendait Ibn-Séoud pour foncer sur la Mecque et en chasser Hussein. Il se disait que les Anglais ne trouveraient rien à redire à une opération qui, se conjuguant avec la leur, aurait pour effet de protéger leurs arrières. Quant aux Turcs, ils ne pourraient guère opposer de résistance, du fait que le gros de leurs forces serait occupé à combattre les Anglais.

Soudain, le 6 novembre 1916, au moment où Ibn-Séoud mettait la dernière main à ses préparatifs, Hussein proclama l'indépendance du Hedjaz, brisa le serment d'allégeance qui le liait au Sultan et se déclara officiellement l'allié des Anglais. Simultanément, il publia un manifeste retentissant, dans lequel il annonçait qu'il prenait la tête d'une croisade générale en faveur de l'indépendance arabe, et invitait tous les chefs de la péninsule à se joindre à lui.

Ce revirement avait été préparé de longue date par Sir Henry Mac Mahon, Haut-Commissaire britannique en Egypte, et les membres du Bureau arabe de l'Intelligence Service, au Caire [1]. L'évolution des opérations militaires avait fait de Hussein une des pièces maîtresses sur l'échiquier du Proche-Orient. Aussi les Anglais avaient-ils tout mis en œuvre pour l'amener à lâcher les Turcs. Ils s'étaient engagés à reconnaître sa souveraineté sur le Hedjaz et à lui verser une subvention mensuelle de 20.000 livres sterling-or. Ils avaient flatté sa vanité en lui promettant de constituer, après la guerre, une grande Confédération arabe dont il serait le chef. C'était plus que suffisant pour amener ce vieillard cupide à se détacher de Constantinople.

Le revirement de Hussein modifiait du tout au tout la situation stratégique en Arabie. Les Anglais avaient trouvé

1. Dès l'été de 1915, Sir Henry Mac-Mahon, Haut-Commissaire britannique en Egypte avait reçu des offres secrètes de Hussein. Le 24 octobre 1915, Sir Henry annonçait, en réponse à ces ouvertures, que les Anglais « étaient prêts à soutenir l'indépendance des Arabes, dans le vaste domaine compris entre le Taurus, la Perse, le golfe Persique, l'océan Indien, la mer Rouge et la Méditerranée ».

en lui un auxiliaire précieux. Ils comptaient sur lui pour chasser les garnisons turques du Hedjaz et protéger le flanc droit de l'armée du Sinaï. Désormais, la côte orientale de la mer Rouge se trouvait entre les mains d'un allié. Ni les Turcs, ni les Allemands ne pourraient plus établir des bases de sous-marins le long de cette voie d'eau, par laquelle passaient tous les convois venant des Indes.

Ibn-Séoud avait assisté, dans sa vie, à bien des coups de théâtre, mais aucun ne l'avait surpris autant que celui-là. Qu'Hussein eût trahi les Arabes, en se vendant aux Turcs, il le savait déjà. Mais qu'il eût trahi les Turcs, à leur tour, en se vendant aux Anglais, lui parut stupéfiant. Ce qui l'étonnait plus encore, c'est que rien n'eût transpiré d'une affaire manifestement tramée depuis si longtemps. Elle lui faisait comprendre d'un coup bien des choses, restées jusque-là obscures...

C'était pour cela que les révolutionnaires syriens, qui étaient venus le voir après la conquête du Hasa, lui avaient assuré qu'Hussein était secrètement avec eux : il intriguait déjà contre Constantinople ! C'était pour cela que Mubarrak lui avait si vivement déconseillé de toucher au Hedjaz ! C'était pour cela que Shakespeare avait sèchement écarté toute discussion à ce propos ! Il saisissait à présent la raison pour laquelle Cox lui avait fait, à Oqaïr, des conditions aussi avantageuses : le traité avait pour but principal de protéger son ennemi ! Ibn-Séoud s'était formellement engagé « à ne pas attaquer les alliés de l'Angleterre ». Cette formule qui lui avait paru vague à souhait, prenait à présent un sens parfaitement précis : Hussein était devenu l'allié de l'Angleterre. Le roi du Nedjd ne pouvait plus l'attaquer. Il s'était fermé lui-même la porte du Hedjaz !

Il croyait avoir eu l'avantage, dans cette négociation, et s'apercevait qu'il s'était laissé berner comme un enfant. Encore ne savait-il pas tout. Il ignorait qu'il avait joué à son insu un rôle dans cette affaire, car les Anglais s'étaient servis du traité d'Oqaïr pour vaincre les dernières hésitations de Hussein. Ils lui avaient fait valoir que le roi du

Nedjd était « leur ami », qu'il ne dépendait que d'eux de le laisser envahir le Hedjaz. Dans ce cas, le Chérif de la Mecque serait écrasé entre l'Ikwan d'Abdul-Aziz et les divisions de Sir Archibald Murray. La seule solution, pour lui, était de changer de camp au plus vite. Une fois l'allié des Britanniques, il serait leur protégé et deviendrait invulnérable... Et tout avait marché comme le désiraient les Anglais.

Tandis que le Léopard du désert poussait des rugissements de rage dans son palais de Ryhad, Hussein avait commencé à expulser les garnisons turques du Hedjaz, avec l'aide de ses trois fils Ali, Abdallah et Fayçal. Les Turcs avaient riposté par une vigoureuse contre-offensive. Au moment où la fortune des armes commençait à être défavorable aux Hachémites, les Anglais avaient envoyé quelques bateaux de guerre dans les ports de Jedda, Yenbo et Rabigh. Ils y avaient débarqué des fusils et des canons, des munitions en quantité, des caisses pleines d'or, et une poignée d'officiers énergiques, Storrs, Wilson, Young, Cochrane et un certain capitaine Thomas Edward Lawrence, qui allait faire parler de lui.

Stimulés par l'ardeur des officiers britanniques, les Arabes du Hedjaz avaient repris confiance. Grâce à l'or anglais, Hussein put recruter des guerriers parmi les tribus de l'intérieur — y compris celles du Nedjd — et augmenter considérablement l'effectif et l'armement de ses troupes.

Remontant vers le nord, en suivant la ligne de chemin de fer qui va de Médine à Damas, les forces de Hussein s'étaient emparées d'Akaba. Puis, conduites par Fayçal et Lawrence, récemment promu au grade de colonel, elles avaient établi leur jonction avec l'armée britannique, venue les rejoindre à travers la presqu'île de Sinaï. Ensemble, elles avaient refoulé les Turcs sur Bir-es-Seba et Gaza (9 janvier 1917).

Simultanément, une troisième armée anglaise, mieux équipée que la première, avait débarqué à Bassorah au fond du golfe Persique. Empruntant le même itinéraire que celle du général Townshend, elle avait remonté le cours du Tigre. Les Turcs, assiégés à leur tour dans Kut-el-Amara, avaient fini par se rendre (février 1917). Cette victoire, qui effaçait le désastre de l'année précédente, ouvrait aux Alliés la route de Bagdad et de Mossoul.

Sur tous les fronts d'Orient, les Anglais avaient repoussé les forces ottomanes et concentraient leurs divisions en vue d'une dernière offensive. Le général Allenby avait remplacé Sir Archibald Murray au Caire. Ce colosse jovial et rubicond était rempli d'optimisme. L'armée du Sinaï, venant du sud, et l'armée de Bassorah, venant de l'est, devaient faire leur jonction aux environs d'Alep et marcher ensemble sur Constantinople. En face, les soldats turcs, à court d'armes, d'équipements, de munitions et de vivres, mouraient par milliers de faim et de dysenterie. La décision finale paraissait à portée de la main.

LV

Pour cet ultime assaut, les Anglais désiraient s'assurer le concours de tous les chefs arabes. L'avance des troupes d'Allenby serait d'autant plus facile que les attaques de harcèlement, effectuées sur le flanc droit des Turcs par les cavaliers bédouins seraient plus fougueuses et plus meurtrières. Dans ce dessein, le gouvernement britannique envoya une mission diplomatique à Ryhad, pour inciter le roi du Nedjd à passer enfin à la belligérance. Les deux chefs de cette mission étaient St-John Philby et Lord Belhaven.

Ibn-Séoud reçut les émissaires anglais avec les plus grands égards. Il les logea dans son palais, bien que les « ulémas » et le menu peuple fussent scandalisés de le voir offrir l'hospitalité « à des chiens d'Infidèles ». Il écouta avec intérêt tout ce que lui dirent Philby et Belhaven, mais refusa de sortir de sa neutralité. Tous leurs arguments ne parvinrent pas à l'ébranler. Il était convaincu que la neutralité était, pour l'instant, la politique la plus profitable. Se lancer prématurément dans la guerre ne lui disait rien qui vaille.

D'autant plus que ce que lui demandaient les Anglais, c'est-à-dire une participation active à la « Croisade islamique », revenait à s'enrôler sous la bannière de Hussein, et il aurait préféré se trancher le poing droit plutôt que de contribuer, aussi peu que ce fût, à la victoire de son rival. Il ne croyait guère aux projets de Confédération arabe ; mais même si ce projet devait se concrétiser un jour, jamais il ne tolérerait qu'Hussein en soit le chef.

Les Hachémites incarnaient tout ce qu'il détestait le plus. C'étaient des hommes cultivés, raffinés et artistes, mais dégénérés et abâtardis par un contact prolongé avec les civilisations étrangères. De quel droit ce Hussein, époux d'une Turque et fils d'une Circassienne, s'érigeait-il en porte-parole des Arabes ? Que savait-il de l'indépendance, lui qui avait toujours plié l'échine sous la férule de Constantinople, et n'avait qu'un seul désir : se vendre au plus offrant ? Dans la mesure où la création de l'Empire islamique — cette fuite hors du désert et cet enlisement dans le péché — avait été une trahison envers Dieu et une catastrophe pour l'Arabie, Hussein et sa lignée, qui appartenaient au type d'hommes que l'Empire avait connu à son déclin, ne faisaient que perpétuer cette trahison et cette catastrophe. Sceptiques et prévaricateurs, ils avaient laissé se corrompre la vraie croyance, transformé les pèlerinages en entreprises lucratives, et introduit dans les villes saintes toutes sortes de pratiques infâmes. Dès qu'on prononçait devant lui le nom de ce vieillard honni, qui prostituait le titre sacré de Chérif de la Mecque, l'Imam des Wahabites s'étranglait de rage et fulminait contre lui les pires imprécations. Il s'identifiait à la révolte de l'Arabie intérieure, austère et forte, contre les Arabes de l'extérieur veules et corrompus. Il brandissait à la face de l'Islam aux mains moites, le glaive étincelant de l'Islam au sang pur.

Quand il songeait aux sommes énormes que le gouvernement de Londres versait au « Roi » du Hedjaz — ce qui lui permettait de venir recruter des soldats jusque dans le Nedjd, c'est-à-dire à l'intérieur de ses propres territoires — son sang ne faisait qu'un tour.

— « Vous vous trompez, déclara-t-il fièrement aux émissaires anglais, en soutenant Hussein comme vous le faites. Dès que vos subsides cesseront d'affluer à la Mecque, je n'en ferai qu'une bouchée et vous verrez alors toutes les tribus du Hedjaz se tourner vers moi comme vers leur libérateur ! »

Belhaven et Philby quittèrent Ryhad, sans avoir pu amener Ibn-Séoud à modifier sa politique. Mais ils remportaient la conviction que le roi du Nedjd était, de loin, la personnalité la plus marquante de l'Arabie et que l'Angleterre avait peut-être tort de fonder toute sa politique arabe sur Hussein.

LVI

Cependant, les opérations militaires piétinaient. Allenby avait dû retarder plusieurs fois la date de sa grande offensive. Malgré leur état pitoyable et leur armement défectueux, les soldats turcs avaient mieux résisté qu'il ne l'avait prévu. Une poussée offensive des Anglais les avait mis en possession de Jaffa (17 novembre 1917), puis de Jérusalem (9 décembre) mais arrivés là, les forces britanniques avaient dû s'arrêter de nouveau, pour se retrancher derrière une ligne allant du nord de Jaffa à Amman [1].

1918 arriva. Les relations entre Ibn-Séoud et Hussein s'étaient encore envenimées. Ils ne parlaient plus, l'un de l'autre, qu'en termes outrageants. Voulant éviter un éclat

1. Pour de plus amples détails sur la campagne de Palestine, voir Benoist-Méchin : *Mustapha Kémal ou la mort d'un empire*, pp. 172 et s.

entre les deux adversaires, les Anglais donnèrent l'ordre au major Philby de retourner à Ryhad et de s'y installer d'une façon permanente, à la tête d'une petite délégation.

Subitement, au printemps de 1918, un incident imprévu faillit mettre le feu aux poudres. La ville de Kurma se convertit au Wahabisme et se plaça spontanément sous la protection d'Ibn-Séoud. Les frontières, dans le désert, sont toujours imprécises. Kurma, situé aux confins de l'Ataïba et du Hedjaz, était placé dans une sorte de « no man's land », dont l'appartenance était mal définie. Mais cette localité était un marché important, où les Bédouins de l'intérieur venaient vendre leurs troupeaux aux négociants de la côte. Hussein ne pouvait tolérer que ce carrefour passât sous la domination de son rival. Il envoya des troupes à Kurma pour y rétablir ses droits. Les habitants assiégés résistèrent héroïquement mais finirent par succomber sous le nombre. Une partie d'entre eux fut massacrée par les fantassins hedjazis.

Cet acte de brutalité provoqua, dans tout le Nedjd, un sursaut d'indignation. Les Wahabites et l'Ikwan demandèrent à marcher immédiatement sur Kurma, pour venger leurs frères.

— « Le Chérif Hussein est notre ennemi mortel ! s'écrièrent-ils, c'est un traître et un idolâtre ! Quel scandale qu'un homme aussi impur soit le gardien des villes saintes ! Allons-nous le laisser molester impunément ceux qui se réclament de notre doctrine ? Debout, ô Ibn-Séoud ! Ceins ton épée et conduis-nous au combat, pour arracher nos frères aux griffes des hérétiques ! »

— « Tout ce que vous dites est vrai, leur répondit Ibn-Séoud, Hussein et les populations de la Mecque sont des « Muskrehins » — des hérétiques. Ils sont une abomination vivante et empuantissent mes narines. Mais pour des raisons supérieures, il faut encore patienter. »

Ibn-Séoud était perplexe. Ses instincts, ses intérêts, son orgueil, son peuple même, tout le poussait à attaquer Hussein. Mais Philby, qui surveillait attentivement ses moindres

206

faits et gestes et qui avait de fréquents entretiens avec lui, lui rappelait sans cesse la convention d'Oqaïr.

— « N'oubliez pas que Hussein est l'allié de l'Angleterre, lui répétait-il. L'attaquer serait violer les termes de notre accord. Ce manquement à vos engagements entraînerait, pour le Nedjd et pour vous-même, les conséquences les plus néfastes. »

Voulant détourner Ibn-Séoud d'une opération sur le Hedjaz, Philby lui suggéra de marcher plutôt sur Damas — ce qui faciliterait l'offensive du général Allenby — ou encore, en direction du nord-ouest, sur la province de Haïl où les Turcs venaient d'installer un certain Mohammed-ibn-Rashid, un neveu de l'ancien Rashid, dont le nom évoquait pour Abdul-Aziz toutes les luttes de sa jeunesse.

Mais Ibn-Séoud hésitait à suivre ce conseil. Espérant obliger Hussein à retirer ses troupes de Kurma, il lui écrivit une lettre, protestant en termes violents contre le traitement inique infligé à ses coreligionnaires et invitant le Chérif de la Mecque à évacuer la ville. Ce geste était une maladresse, puisqu'il ne pouvait être appuyé par aucune opération militaire.

Hussein, sûr de l'appui anglais, lui renvoya sa lettre sans même la lire.

— « Retourne à Ryhad, répondit-il au messager qui la lui avait apportée, et dis à Abdul-Aziz que je ne tarderai pas, moi, Hussein, à marcher sur le Nedjd pour en chasser sa famille et exterminer tous les Wahabites, cette progéniture de porcs trichineux. »

Cette déclaration avait été faite en public, pour que chacun pût l'entendre. L'insulte était flagrante. On eût dit que le roi du Hedjaz faisait tout son possible pour porter à son comble l'exaspération d'Ibn-Séoud.

Le roi du Nedjd ne parvenait pas à comprendre l'attitude des Anglais. Que ceux-ci l'empêchassent d'attaquer Hussein, était dans l'ordre des choses, puisqu'il était leur allié. Mais du moment qu'ils avaient des moyens de pression sur lui, pourquoi ne l'empêchaient-ils pas d'injurier grossièrement Ibn-Séoud, qu'ils affirmaient par ailleurs être aussi leur ami ? Que signifiait cet imbroglio où tous se déclaraient « amis », mais vivaient à couteaux tirés ?

A vrai dire, ce qu'Ibn-Séoud ne comprenait pas, beaucoup d'Anglais ne le comprenaient pas davantage, car ils ignoraient ce que nous savons aujourd'hui.

Le major St-John Philby, qui soutenait Ibn-Séoud, appartenait à l'*Indian Office,* de Bombay, qui dépendait du gouvernement des Indes. Le colonel Lawrence, qui soutenait Hussein, était attaché à l'*Arabia Office,* du Caire, qui relevait du Foreign Office de Londres. Les deux bureaux suivaient une politique indépendante l'une de l'autre. Leur action n'était pas seulement différente : elle était souvent contradictoire.

Les préoccupations de l'*India Office* gravitaient autour de la Mésopotamie et de la route *terrestre* des Indes. C'est pourquoi ses dirigeants cherchaient à se concilier les potentats riverains du golfe Persique. Ils avaient pris contact avec Mubarrak, lors de son séjour à Bombay, et avaient établi, grâce à lui, un protectorat sur Koweït. C'est par son entremise qu'ils étaient entrés en rapport avec Ibn-Séoud, auquel ils avaient permis de réaliser la conquête du Hasa. Leur intérêt leur commandait de le fortifier et de le grandir.

Les chefs de l'*Arabia Office,* eux, se préoccupaient avant tout de Suez, d'Aden et de la route *maritime* des Indes. C'est pourquoi ils cherchaient à étendre leur influence sur les princes riverains de la mer Rouge. C'étaient eux qui avaient négocié le revirement de Hussein. Ils se devaient, à présent, de satisfaire ses ambitions. Avec le temps, les politiques suivies par les deux services anglais étaient devenues antagonistes, dans la mesure où leurs intérêts étaient liés aux prétentions inconciliables de deux dynasties rivales.

En 1916, Lawrence, d'accord avec Sir Henry Mac Mahon, avait promis à Hussein la présidence de la Confédération arabe qui serait créée après la guerre, et s'était engagé à faire donner l'Irak et la Syrie à son fils Fayçal, la Transjordanie et la Palestine à son fils Abdallah. Mais depuis lors, le *Foreïgn Office,* d'accord avec Allenby, avait signé, au sujet de l'attribution de la Syrie, un protocole avec le gouvernement français qui contredisait les engagements pris envers Fayçal [1] ; et lord Balfour avait publié une déclaration, annonçant la création d'un « Foyer Juif » en Palestine, qui violait les promesses faites à Abdallah [2].

Pris entre ces feux croisés, l'auteur des Sept Piliers de la Sagesse, ne savait plus que faire. « J'étais l'un des officiers d'Allenby, écrit-il, et dans sa confidence : en retour, il attendait que je fisse de mon mieux pour lui. J'étais aussi le conseiller de Fayçal : et Fayçal se fiait à mon honnêteté et à ma compétence au point de suivre souvent mes avis sans les discuter. Pourtant, je ne pouvais ni expliquer à Allenby toute la situation arabe, ni dévoiler à Fayçal tout le plan des Anglais [3]. »

Mais ce n'était pas tout. « Fort opportunément dans ces circonstances délicates, poursuit Lawrence, le gouvernement britannique jugea bon de donner aussi joyeusement de la main gauche. Il promit aux Arabes (ou plutôt à un Comité sans autorité de sept sages gothamiques, au Caire) la possession du territoire qu'ils auraient conquis sur les Turcs pendant la guerre... Puis, pour montrer qu'il était capable de faire autant de promesses qu'il y avait de parties, notre cabinet opposa aux documents A pour le Chérif, B pour ses alliés et C pour le Comité arabe, un document D adressé à Lord Rothschild, nouvelle puissance à la race duquel on promettait d'équivoques avantages en Palestine [4]. » Enfin, pour couronner cet édifice, d'une architecture contestable, les Britanniques avaient amorcé des pourparlers de paix séparée avec les Turcs « qui impliquaient », ajoute incidemment Lawrence, « le meurtre d'innombrables Arabes combattant à nos côtés [5] ».

---

1. Accord Sykes-Picot du 16 mai 1916.
2. Déclaration Balfour à Lord Rothschild du 2 novembre 1917.
3. T. E. Lawrence : *Les Sept Piliers de la Sagesse,* p. 482.
4. *Id.,* pp. 691, 692.
5. *Id., op. cit.,* p. 693.

Toutes ces promesses enchevêtrées étaient l'amorce d'autant de conflits, dont les experts de Downing Street semblaient ne pas se soucier, considérant que la victoire arrangerait tout. Mais les querelles qui en découlaient n en risquaient pas moins de transformer le Proche-Orient en une véritable pétaudière. Et comme il arrive souvent dans les circonstances de ce genre, les services rivaux avaient fini par épouser les querelles de leurs protégés respectifs. Lawrence ne voulait connaître que le Chérif de la Mecque ; Philby ne jurait que par le roi du Nedjd. Tandis que les rapports s'envenimaient entre Hussein et Ibn-Séoud, une hostilité grandissante dressait Lawrence contre Philby.

— « En vérité, disait Ibn-Séoud avec un soupir de regret, si une attaque contre Hussein ne signifiait pas la rupture de mon accord avec l'Angleterre, il y a longtemps que ce serait chose faite ! Car j'exècre Hussein plus que quiconque sur terre. Quant à Ali, Abdallah et Fayçal, ses fils, je voudrais les écraser à coups de talon, comme une nichée de scorpions. »

LVII

L'incident de Kurma avait rebondi. Dans un sursaut de désespoir, les habitants avaient expulsé la garnison de Hussein et s'apprêtaient à recommencer leur résistance. Une deuxième fois, ils adjurèrent Ibn-Séoud de venir à leur secours. Comme précédemment, Ibn-Séoud ne bougea pas.

Les « ulémas » et l'Ikwan commencèrent à gronder. Que signifiait cette passivité inexplicable ? On tuait des Wahabites et Ibn-Séoud assistait au massacre sans voler à leur secours, sans même leur adresser une parole de commisération ? Que lui avaient donc fait les Anglais, ces chiens de mécréants, qu'on voyait rôder sans cesse dans les couloirs du palais et qui tenaient, avec le roi, des conciliabules interminables ?

Une troisième fois, les habitants de Kurma lancèrent un appel de détresse à leurs coreligionnaires du Nedjd. Ils dépêchèrent à Ibn-Séoud un émissaire, porteur de ce message :

— « Si c'est pour conserver le flot d'or impur dont t'abreuvent les étrangers que tu ne viens pas à notre secours, alors dis-le nous, ô Ibn-Séoud ! Nous t'excuserons, car nous savons combien l'homme est faible devant la tentation. Nous t'avons envoyé des guerriers pour te décrire nos misères. Mais c'est peine perdue, car tu ne bouges pas. La prochaine fois nous enverrons nos mères et nos épouses. Elles soulèveront tout le Nedjd. Car si, pour ta part, ton cœur de pierre reste sourd à nos appels, le cœur généreux de ton peuple entendra notre cri de détresse ! »

Ce message souleva une émotion considérable dans tout le pays. Cette émotion se transforma rapidement en colère, et cette colère était maintenant dirigée contre le roi. Par son abstention, le fils d'Abdur-Rahman commençait à devenir impopulaire. Partout, dans les villes et dans les villages, on blâmait son inaction. Dans les mosquées et dans les écoles, « ulémas » et « mutawas » n'hésitaient pas à l'accuser d'avoir vendu son droit d'aînesse pour un plat de lentilles et de s'être fait volontairement le complice de l'étranger. Excitée par le clergé wahabite, l'Ikwan était en pleine effervescence. Les soldats couraient spontanément aux armes, pour partir en guerre contre Hussein — avec ou sans le roi. Le mécontentement grandissait de jour en jour. Ibn-Séoud sentait le pouvoir lui échapper des mains.

Enfermé dans son palais, muet et silencieux, le Léopard du désert était paralysé par l'incertitude. Que devait-il faire ? Accéder au désir de ses troupes, c'était déchirer la convention d'Oqaïr. La réaction anglaise serait immédiate. L'Ikwan serait détruite. Il serait chassé du Nedjd et du Hasa. Ses territoires seraient attribués à d'autres, lors de la conclusion de la paix. Les populations de son royaume seraient livrées sans merci à une domination étrangère ; ou bien, abandonnées à elles-mêmes, elles retourneraient au chaos.

Mais rester inactif, c'était confirmer dans l'esprit de tous ses sujets, les allégations mensongères de ceux qui prétendaient qu'il sacrifiait son peuple et sa religion à son amour de l'or. C'était déchaîner une crise intérieure qui le chasserait du trône. Cela signifierait non seulement la honte et le déshonneur, mais l'écroulement de toute son œuvre, la fin de tous ses rêves... Abdul-Aziz avait connu dans la vie bien des moments difficiles. Mais il s'était rarement trouvé devant un dilemme aussi cruel.

Soudain, il apprit que Mohammed-ibn-Rashid, considérant que la défaite des Turcs était inévitable, était passé brusquement dans le camp des Alliés. Hussein s'était abouché secrètement avec lui et lui avait fourni des armes pour marcher contre Ryhad.

Du coup, Ibn-Séoud retrouva toute son énergie. Le Léopard sortit ses griffes et s'apprêta à bondir. Puisqu'il était attaqué, les Anglais devaient le soutenir. D'ailleurs, ne l'avaient-ils pas incité eux-mêmes, à se débarrasser de Rashid ? Et puisque l'Ikwan s'agitait et demandait à combattre, pourquoi ne pas se mettre à sa tête, pour abattre l'ennemi traditionnel de sa dynastie ? Cette campagne fournirait un dérivatif à son ardeur belliqueuse...

LVIII

Le roi du Nedjd décida de réunir une grande assemblée à Shaqra, qui était une des principales colonies de l'Ikwan, et y convoqua d'urgence tous les chefs de l'armée. Ceux-ci répondirent avec d'autant plus d'empressement qu'ils souhaitaient la guerre, et pensaient qu'Ibn-Séoud les faisait venir, pour leur annoncer l'ouverture des hostilités contre Hussein.

Les généraux et leurs escortes arrivèrent à Shaqra les uns après les autres. Le fils d'Abdur-Rahman les reçut aux portes de la ville et les fit conduire aux emplacements qui leur étaient réservés. Chaque cheik y dressa sa tente, planta son étendard devant l'entrée et installa autour d'elle sa suite et ses montures.

Le lendemain, les habitants de Shaqra, les villageois des alentours, les chefs et leurs escortes se rassemblèrent dans une plaine sablonneuse, située au nord de la ville. Le roi vint s'asseoir en face d'eux, entouré de sa garde du corps. De mémoire d'homme, jamais l'Arabie centrale n'avait vu un pareil déploiement de forces armées.

Ibn-Séoud se leva, dévisagea longuement l'assistance, et déclara :

— « Je vous ai convoqués, parce que j'ai besoin de vous. Après avoir longuement réfléchi, j'ai décidé de faire la guerre... »

Une acclamation formidable salua ces paroles. Enfin l'on allait savoir à quoi s'en tenir ! Enfin on allait sortir de l'inaction et de la honte !

— « J'ai décidé de faire la guerre, poursuivit calmement Ibn-Séoud, et l'ennemi que je vous propose de vaincre, est Mohammed-ibn-Rashid... »

A ces mots, tous les visages se rembrunirent. Un murmure de mécontentement succéda aux acclamations.

Les chefs militaires se levèrent et demandèrent la parole.

— « Qu'est-ce que cela signifie ? déclarèrent-ils tour à tour, que nous importe Mohammed-ibn-Rashid ? Ce n'est pas à lui — c'est à Hussein que nous voulons faire la guerre ! »

Comme Ibn-Séoud ne répondait pas, le cheik Dawish, commandant en chef de l'Ikwan, demanda à parler, au nom de l'armée entière.

— « Nous exigeons, dit-il d'un ton impérieux, de combattre le chérif Hussein, qui martyrise nos frères de Kurma, et que les Anglais ont armé ! Nous exigeons de combattre les ennemis de la Foi ! N'est-ce pas pour cela

213

que tu nous as recrutés, instruits et aguerris ? Tu n'as qu'un mot à dire, ô Abdul-Aziz, et nous te suivrons jusqu'à la mort, à condition que ce soit contre le chérif Hussein, qui prostitue les villes saintes ! Pour le reste, sache que jamais nous n'obéirons aux ordres de l'étranger. En parlant ainsi, j'exprime le sentiment de chacun de tes soldats ! »

Ibn-Séoud écouta Dawish sans l'interrompre. Il savait ce qui se passait dans l'esprit du commandant en chef. On lui avait dit que la campagne contre Rashid était inspirée par les Anglais, et s'effectuerait à leur bénéfice. Le vieux guerrier jugeait sévèrement l'attitude du roi et blâmait la complaisance qu'il semblait mettre à satisfaire les désirs des Infidèles. Dawish avait une haine farouche pour les Chrétiens, et spécialement pour les Anglais, qu'il accusait d'avoir « châtré » Ibn-Séoud.

Derrière Dawish se déployaient, sur plusieurs rangs, les généraux et les colonels de l'Ikwan, le visage sombre et menaçant. Une violence non déguisée se lisait dans leurs regards.

Leur nombre s'était beaucoup accru au cours des dernières années. Ils constituaient une puissance au sein du pays et ils ne l'ignoraient pas. Aussi entendaient-ils faire prévaloir leur volonté.

Quelle tragédie, pour Ibn-Séoud ! C'est lui qui avait conçu l'organisation de l'Ikwan et l'avait littéralement tirée du néant. Depuis le jour, déjà lointain, où elle ne comptait encore qu'une petite poignée de volontaires, il l'avait choyée, encouragée et couverte de sa protection. Contre vents et marées, il l'avait menée à la réussite. Il avait voulu faire d'elle la première armée de l'Arabie, et maintenant que ce résultat était atteint, son œuvre se tournait contre lui et répondait à son appel par un grondement de colère !

Abdul-Aziz connaissait trop bien les cadres de son armée pour ne pas sentir qu'ils étaient au bord de la révolte. Le discours de Dawish avait enflammé leur xénophobie. S'il ne les reprenait pas immédiatement en main, il les perdrait à tout jamais. Mais c'était une opération des plus délicates.

Un seul mot mal compris, un seul geste mal interprété, et ils n'hésiteraient pas à balayer leur souverain, pour marcher sur la Mecque et écraser Hussein.

Alors, la catastrophe serait irrémédiable. Car les Anglais, avec leurs canons, leurs automitrailleuses et leurs avions, les écraseraient jusqu'au dernier. Ce serait un carnage effroyable. En cet instant crucial, Ibn-Séoud n'avait pas seulement à se sauver lui-même et à sauver sa dynastie. Il avait aussi à sauver tous ces hommes aveuglés par la passion, en les empêchant de se lancer dans une aventure qui équivaudrait à un suicide.

Pendant une minute entière, il resta silencieux. Puis, il se leva :

— « Ecoutez-moi ! leur dit-il d'une voix sourde, mais qui allait en s'amplifiant au fur et à mesure qu'il s'animait. On vous appelle mes soldats, et ceux qui nous ont vus ensemble sur les champs de bataille, savent ce que cela signifie. Mais les sentiments que je vous porte ne sont pas seulement ceux d'un chef envers ses subordonnés. Ce sont aussi ceux d'un frère pour ses frères, ceux d'un père pour ses enfants. C'est à ce sentiment-là que je veux faire appel aujourd'hui. Je n'ai aucune armée, aucun pouvoir, hormis Dieu et vous. Ensemble nous pouvons tout. Séparés, nous ne sommes rien. Ne croyez pas que je néglige mes devoirs essentiels. Ceux qui vous l'ont dit, abusent de votre bonne foi et ne connaissent pas les responsabilités qui pèsent sur mes épaules. Croyez-vous que les souffrances de nos frères ne m'émeuvent pas autant que vous ? Mais je sais ce qui est nécessaire. Cessez de vous préoccuper du chérif de la Mecque car, je vous le jure, — et ici sa voix prit un accent solennel — ou bien les Anglais l'empêcheront de renouveler ses attaques sur Kurma ; ou bien nous marcherons ensemble contre lui, pour le châtier comme il le mérite. »

Ces derniers mots provoquèrent une détente chez l'auditoire. Ibn-Séoud commençait à regagner du terrain. « Il savait à merveille comment parler à ces hommes passionnés et crédules qui se trouvaient devant lui, car il connaissait les replis profonds de leur cœur. Orateur incomparable, il semblait deviner la pensée de ceux à qui il s'adressait. Quand il haranguait ses soldats, on aurait dit qu'il descendait en eux, pour substituer sa volonté à la leur [1]. » C'était un spectacle étonnant que cette lutte étrange et inégale où Abdul-Aziz, seul et désarmé, tenait tête à la foule, et finissait par l'emporter sur elle.

— « Quant à Mohammed-ibn-Rashid, poursuivit-il, il est vrai que les Anglais m'ont pressé de l'attaquer. Pourquoi vous le cacherais-je ? Mais ce ne sont pas les Anglais qui en recueilleront le bénéfice. Ils me fourniront, pour cela, des munitions et des armes, et nous serons en meilleure posture, ensuite, pour régler son compte à Hussein. De plus, si nous conquérons la province du Haïl, les Anglais m'abandonneront toutes les tribus du désert, et les mauvais chefs qui gouvernent aux lisières du pays s'inclineront devant notre force et nous laisseront vivre en paix... »

Pendant deux heures, Ibn-Séoud leur parla sur ce ton, et lorsqu'il termina son discours, les chefs et les sous-chefs de l'Ikwan étaient si émus qu'ils passèrent, sans transition, de la méfiance à l'enthousiasme. Ils tombèrent à genoux, et frappèrent la terre avec leurs fronts, pour demander à Ibn-Séoud de leur pardonner leur égarement.

— « Nous avons douté de toi, ô Ibn-Séoud, lui dirent-ils. Nous avons été trompés par de mauvais esprits qui avaient jeté la suspicion sur ta conduite. Mais nous comprenons à présent combien nous avons eu tort ! C'est toi le plus sage, et ce n'est pas à nous de discuter tes ordres. Toi seul sais nous mener sur le chemin de l'honneur. Nous marcherons avec toi, ô Abdul-Aziz, où que tu nous conduises : aujourd'hui contre Rashid, puisque tu nous le demandes ; demain contre Hussein, puisque tu nous l'as promis ! »

Pour marquer qu'ils étaient d'accord, ils prièrent

---

1. H. C. Armstrong : *op. cit.*, p. 134.

ensemble. Puis, d'une voix puissante, les milliers d'assistants entonnèrent à l'unisson le premier chapitre du Coran :

Au nom de Dieu clément et miséricordieux,
Louange à Dieu, maître de l'Univers,
Le clément, le miséricordieux,
Le souverain au jour du Jugement !
Nous t'adorons et nous implorons ton secours.
Dirige-nous dans le droit chemin,
Dans la voie de ceux que tu as comblés de tes bienfaits
Et non de ceux qui ont encouru ta colère
Et qui s'égarent dans les Ténèbres...

Lorsqu'ils eurent fini de réciter ces strophes majestueuses, le roi du Nedjd prit congé des chefs de l'Ikwan, en leur disant :

— « Je n'ai jamais douté de votre loyauté. Ne laissez plus de mauvais esprits semer la discorde entre vous et moi ! Retournez dans vos garnisons et rassemblez vos hommes. Je vous donne rendez-vous, à la nouvelle lune, dans le district de Buraïda. Puisse Allah, dans sa bonté, nous accorder la victoire ! »

LIX

Un mois plus tard, conduisant lui-même l'avant-garde de l'armée, Ibn-Séoud pénétrait dans la province du Haïl. La campagne fut courte. Avec la rapidité de l'éclair, il fondit sur les tribus Shammars, les écrasa, et dispersa les forces de Mohammed-ibn-Rashid, qui s'enfuit en Irak. Le fils d'Abdur-Rahman plaça des gouverneurs loyaux dans les principales villes de la région. Puis, ayant remis de riches présents aux combattants de l'Ikwan qui s'étaient distingués au cours des opérations, il rentra à Ryhad, où la population lui fit un accueil chaleureux.

Cette offensive fulgurante, couronnée de succès et l'annexion d'une province nouvelle au territoire soumis à l'autorité des Séoudites lui rendirent son prestige aux yeux de ses sujets. Depuis Séoud le Grand, aucun membre de la dynastie n'avait plus gouverné le Haïl.

Sentant que le vent avait tourné, et que l'opinion était redevenue favorable au vainqueur, les « ulémas » ne furent pas les moins empressés à lui rendre hommage. Ils organisèrent une cérémonie d'actions de grâces à la grande mosquée de Ryhad, et proclamèrent Ibn-Séoud « Sultan du Nedjd et de toutes ses dépendances ».

LX

La conquête du Haïl avait accru d'un tiers les territoires d'Ibn-Séoud. Elle lui avait valu un surcroît d'hommes et d'honneurs. Surtout, elle lui avait donné un répit dans sa querelle avec Hussein.

Mais le chérif de la Mecque, plus arrogant que jamais, ne manquait pas une occasion de pousser les Wahabites à bout. La population de Kurma s'étant soulevée pour la troisième fois, il donna l'ordre à son fils Abdallah de marcher sur la ville et d'exterminer les rebelles.

Cette fois-ci, Ibn-Séoud ne pouvait plus se dérober, sous peine de perdre définitivement la confiance de l'Ikwan. N'avait-il pas juré à ses chefs, lors de l'assemblée de Shaqra, que si Hussein attaquait de nouveau Kurma, il irait le châtier à la tête de ses troupes ? Cette nouvelle agression l'obligeait à tenir sa promesse. Tant pis pour la convention d'Oqaïr : ces provocations avaient assez duré.

Tandis qu'Ibn-Séoud et Hussein s'apprêtaient à en venir aux mains, les Anglais s'entremirent et imposèrent leur arbitrage. Ils étaient excédés par cette querelle ridicule, autour d'une oasis inconnue, qui accaparait toute l'énergie des souverains arabes, au moment où il s'agissait de porter le coup de grâce à la Turquie. Ils réunirent une conférence au Caire à laquelle ils convoquèrent le roi du Nedjd.

Dans la capitale égyptienne, Lawrence et les chefs de l'Arabia Office étaient tout-puissants. Leurs thèses, seules, avaient cours. « Hussein, disaient-ils, est l'allié de l'Angleterre. La guerre n'est pas terminée et l'on peut encore avoir besoin de lui. Il importe donc de ménager sa susceptibilité. Quant à Ibn-Séoud, ce n'est qu'un aventurier présomptueux, favorisé par la chance. S'il s'attaquait à Hussein, sans doute ce dernier le refoulerait-il sans difficulté en Arabie centrale, grâce à son armée entraînée par des instructeurs anglais et encadrée par des officiers syriens. Mais mieux vaut prévenir que guérir. Puisque le roi du Nedjd n'en veut faire qu'à sa tête, nous allons lui donner une leçon dont il se souviendra. »

Ils invitèrent Ibn-Séoud à comparaître devant eux, et lui firent savoir, d'un ton hautain, qu'ils ne toléreraient aucune incartade de sa part. Ils lui intimèrent l'ordre d'abandonner Kurma au roi du Hedjaz, ajoutant que s'il ne se conformait pas docilement à leurs vues, « ils cesseraient de le subventionner et prêteraient à l'émir Hussein toute l'assistance en leur pouvoir ».

Cette fois-ci, c'en était trop pour l'amour-propre d'Ibn-Séoud.

— « Le succès, répliqua-t-il fièrement en se drapant dans son abaya, dépend de Dieu seul. Je ne mérite pas que vous m'outragiez de la sorte. Voici longtemps que j'empêche mes troupes d'attaquer ce chien de Hussein, pour rester fidèle au pacte que j'ai conclu avec vous. J'ai agi ainsi, non par cupidité, mais par respect pour ma parole. Si vous supprimez les subsides que vous m'avez versés jusqu'à présent, Dieu soit loué, mon honneur sera sauf ! Je serai enfin libre d'agir à ma guise. »

Il rentra à Ryhad, blessé à vif par cet affront et décidé à passer outre au « veto » de l'Angleterre.

219

LXI

Pleinement assuré du soutien britannique, le fils aîné de Hussein, Abdallah, venant de l'ouest, se mit en route pour Kurma à la tête d'une force régulière de 4.000 fantassins et de 10.000 cavaliers bédouins. A la même heure, venant de l'est, Ibn-Séoud s'avançait à la tête de l'Ikwan. Ses guerriers exultaient : leur chef avait enfin tenu sa promesse. Les deux armées adverses se rapprochaient de Kurma, quand Luwaï, chef wahabite de la ville, qui avait été durant tous ces mois l'âme de la résistance, résolut d'agir de sa propre initiative.

Des espions wahabites étaient venus lui dire que les forces hachémites bivouaquaient dans une oasis située à proximité de Turaba, et que, se croyant à l'abri de toute surprise, Abdallah avait cru inutile de poster des sentinelles autour du camp. La nuit était très noire. Un gros orage avait éclaté à la tombée du jour. Le paysage était noyé dans une brume épaisse.

Depuis quelque temps, un certain nombre de guerriers de l'Ikwan, s'étaient rendus individuellement à Kurma, pour prêter main-forte à la population assiégée. Ils pouvaient être environ quatre cents. Luwaï les rassembla, effectua avec eux une marche de nuit, et tomba à l'improviste sur le camp d'Abdallah. L'ennemi était endormi, les officiers déshabillés et couchés. A la faveur du brouillard, les volontaires de l'Ikwan se glissèrent silencieusement sous les tentes et poignardèrent leurs occupants. Abdallah n'eut que le temps de sauter à cheval et de s'enfuir à moitié nu, pour échapper au carnage.

Tremblant de froid et de peur, il galopa d'une seule traite jusqu'à la Mecque, monta en courant l'escalier du palais, réveilla son père, et lui fit part du désastre. Sur les quatre mille hommes de troupes régulières, cent seulement en avaient réchappé. Toutes les armes, les munitions, les approvisionnements et les montures avaient été capturés. L'armée de Hussein était anéantie (13 juin 1918).

Cette nouvelle plongea la Mecque dans la consternation. A cette saison la ville était remplie de pèlerins. L'annonce de l'arrivée imminente d'Ibn-Séoud et de ses cavaliers wahabites déchaîna parmi eux une panique indescriptible. Ils se précipitèrent en masse sur la route de Djeddah, pour s'y embarquer. Hussein, secoué par une crise de rage qui frisait l'hystérie, chassa Abdallah du palais, lui défendit de reparaître devant lui, et envoya un message de détresse aux Anglais, les suppliant de venir de toute urgence à son secours.

Au matin, Ibn-Séoud entra dans Turaba avec le gros de son armée et parcourut à pied le champ de bataille. La campagne environnante était jonchée de cadavres, de caisses de munitions en vrac, de monceaux d'approvisionnements et d'armes abandonnées. Les forces ennemies avaient été détruites, non par la totalité de l'armée, mais par un simple détachement de quatre cents volontaires. L'Ikwan, décidément, était un bel instrument de guerre ! Aucune autre force, en Arabie, ne pouvait lui être comparée. La route de la Mecque s'ouvrait largement devant Ibn-Séoud. Tout le Hedjaz, désarmé, était à sa merci...

Le roi du Nedjd savourait son triomphe. Il n'avait plus qu'un petit effort à faire pour s'emparer des villes saintes. Après quoi ses armées descendraient en chantant vers la mer...

Au même moment on lui apporta un ultimatum des Anglais. Ceux-ci lui donnaient six heures pour rassembler ses troupes, faire demi-tour et rentrer dans le désert central, faute de quoi ils enverraient contre lui une division australienne, avec des formations motorisées et plusieurs escadrilles d'avions.

En lisant ce message, Ibn-Séoud frémit comme s'il avait reçu un coup de cravache en pleine figure. Il comprit qu'il n'avait rien d'autre à faire qu'à s'incliner. Balayer les dernières troupes de Hussein lui eût été facile. Mais il ne pouvait avoir raison de l'Empire britannique.

La rage au cœur, Abdul-Aziz réunit les chefs de l'Ikwan et leur ordonna de faire demi-tour. L'épreuve était amère. Pourtant, il avait si bien repris son armée en main, que tous obéirent, sans élever de protestation. Les guerriers de l'Ikwan comprenaient à présent, pourquoi leur chef avait tant hésité à se mettre en campagne. Ce n'était pas comme ils l'avaient cru parce qu'il avait partie liée avec les Anglais ! Laissant une petite garnison à Kurma pour la protéger contre un retour offensif de l'ennemi, Ibn-Séoud et ses troupes tournèrent le dos à la Mecque et reprirent en silence le chemin du désert central.

A la dernière minute, le roi du Nedjd se voyait frustré de la conquête des villes saintes. Mais ce n'était que partie remise. « Patience ! se disait-il. Les Anglais ne seront pas toujours là pour protéger Hussein. Le jour finira bien par venir, où je trouverai le moyen de lui sauter à la gorge ! »

Et chacun de ses soldats ruminait en silence la même pensée que lui...

LXII

Après avoir piétiné pendant près d'un an devant les lignes turques, qui tenaient, depuis décembre 1917, le front allant du nord de Jaffa à Amman, les formations anglo-arabes de Lawrence et d'Allenby s'élancèrent pour l'assaut final (19 septembre 1918).

Les forces impériales anglaises comprenaient des régiments britanniques, australiens, néo-zélandais et hindous. Elles étaient fraîches, bien nourries et magnifiquement équipées. En face d'elles se trouvaient la 8ᵉ, la 7ᵉ et la 4ᵉ armées turques, réduites à un état squelettique, et dépourvues de tout. Arrivé depuis peu à Naplouse, Mustapha

Kémal avait fait des efforts surhumains pour fortifier ses positions et ranimer le moral déplorable de ses troupes. Mais tout avait été vain.

Vingt-quatre heures après le déclenchement de l'offensive, le front turc était enfoncé le long de la mer, la 8ᵉ armée commandée par le colonel Refet était encerclée, et la défaite prenait les proportions d'une débâcle générale. Acculés au Jourdain, bombardés par les avions de la Royal Air Force, harcelés sans répit par les Bédouins de Fayçal, les régiments turcs se disloquèrent les uns après les autres et refluèrent en désordre vers le nord. La route de la Syrie était ouverte aux Anglais.

Après avoir fait plus de 50.000 prisonniers, les unités britanniques firent leur entrée à Damas (30 septembre). Allenby et Lawrence y furent reçus « par une muraille d'acclamations » et portés en triomphe par une foule en délire. Tous les pays arabes étaient soulevés par un enthousiasme indicible : l'heure de leur libération avait sonné.

Tandis que les derniers éléments turcs, rassemblés par le Loup gris, s'arc-boutaient au Taurus pour un ultime effort, le gouvernement du Sultan signait, le 30 octobre, à Moudros, un armistice qui consacrait sa défaite et la victoire des Alliés.

Douze jours plus tard, l'Allemagne déposait les armes. La première guerre mondiale était terminée.

LXIII

L'Empire ottoman était mis en pièces. A sa place avait surgi une mosaïque de petites principautés « indépendantes », « autonomes » ou « semi-autonomes » (selon les promesses qu'on leur avait faites), qui représentaient un véritable casse-tête pour les chefs d'Etats occidentaux. Les représentants des Puissances victorieuses, assis autour de la table verte de la conférence de Paris, cherchaient à recoller tant bien que mal, les débris d'un monde fracassé. L'Arménie, le Kurdistan, l'Irak, la Syrie, le Liban, la Palestine, la Transjordanie, le Hedjaz, l'Yémen, l'Arabie centrale ; Suez, Aden, Akaba, Mossoul, Koweït — autant de territoires, autant de problèmes. Chaque frontière soulevait des convoitises inavouées ; chaque province servait de prétexte à des marchandages interminables ; chaque bourgade pouvait devenir l'amorce d'un nouveau conflit. Les Alliés n'avàient pas seulement hérité les dépouilles de l'empire ottoman : ils avaient aussi hérité ses problèmes.

Pour l'instant, tous les pays du Proche et du Moyen-Orient, étaient tenus ensemble par le ciment britannique. Les Anglais, alors au sommet de leur puissance, tenaient garnison au Caire, à Constantinople, à Bagdad, à Alep, à Damas, à Mossoul, à Jérusalem, à Bassorah. Leur zone d'influence s'étendait des Pyramides au Bosphore, et des Balkans aux Indes. Dès le début des hostilités, le cabinet de Londres avait proclamé son protectorat sur l'Egypte (18 décembre 1914). A la fin du conflit, Sir Percy Cox, l'ancien consul britannique à Koweït, promu entre temps Haut-Commissaire à Bagdad, avait profité de l'éviction de la Russie pour déclarer caduc l'accord anglo-russe de 1907, et imposer à Téhéran un traité de protectorat s'étendant à la Perse entière (9 août 1919). Ainsi semblait prendre corps ce « Middle Eastern Empire » dont avaient rêvé successivement Disraëli, Gladstone, Palmerston et Chamberlain, et qui devait servir de trait d'union entre la Méditerranée orientale et les Indes, — entre Chypre et Bombay.

Mais au moment où l'Angleterre voyait se réaliser enfin les espoirs qu'elle avait caressés depuis plus d'un siècle, le gouvernement de Londres s'apercevait qu'il n'était pas en mesure de conserver indéfiniment tous les territoires qu'il occupait. Cela eût exigé des armées immenses, coûté des sommes fabuleuses, et nécessité sans doute l'instauration de la conscription. Or les soldats britanniques, las de faire la guerre, demandaient à être démobilisés. Des foules

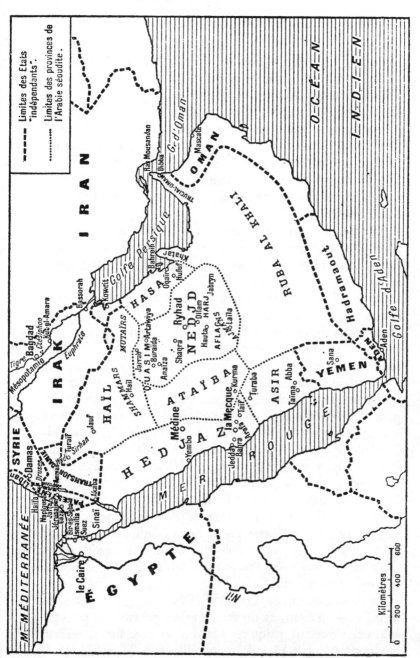

CARTE IV. — L'ARABIE APRES 1918.

compactes défilaient dans le Strand, portant des bande-
roles sur lesquelles s'inscrivait le vœu de toute la nation :
« Bring the boys back » — faites rentrer nos garçons ! En
Grande-Bretagne même, les contribuables, écrasés d'impôts,
exigeaient que le gouvernement diminuât son train de vie,
réduisît ses dépenses au maximum, et liquidât au plus tôt
les occupations étrangères. La guerre était finie. Aucun
citoyen anglais ne voulait continuer à sacrifier des hommes
et de l'argent pour accroître un empire qui couvrait déjà un
cinquième du globe.

Fallait-il donc renoncer aux fruits de tant d'années d'efforts diplomatiques et militaires ? « Non ! » répondit
Lawrence, qui estima le moment venu de faire triompher
ses thèses.

Puisque l'Angleterre ne pouvait ni occuper, ni gouverner
elle-même les territoires du Proche-Orient, pourquoi ne pas
charger des souverains indigènes de les administrer pour son
compte ? La Grande-Bretagne continuerait ainsi, par personnes interposées, à régir politiquement et économiquement
ces pays. Le tout était de bien choisir ces hommes de
confiance. Les Hachémites, justement, offraient toutes les
garanties. Ne leur avait-on pas promis, dès octobre 1915, tous
les territoires situés entre l'Egypte et la ligne Alep-Mossoul-
Bagdad-Bassorah ? Il fallait nommer Abdallah, roi de Transjordanie, et son frère Fayçal, roi d'Irak et de Syrie. La
confédération serait présidée par leur père Hussein, roi du
Hedjaz. Comme celui-ci était déjà chérif de la Mecque, il
serait facile d'en faire le Calife de l'Islam. Sans doute ce
titre était-il encore détenu par le Sultan de Constantinople ;
mais celui-ci était si affaibli par sa défaite, qu'il serait
·facile de le lui enlever. Pouvoir exercer une influence directe
sur les décisions du Calife — et Lawrence assurait que
Hussein saurait se montrer à la fois « souple et compréhensif » — n'était pas un mince avantage, car son pouvoir
spirituel s'étendait jusqu'en Malaisie et aux Indes, où vit
une population de plus de cent millions de Musulmans.

Lawrence était alors au faîte de sa gloire. Il était la

coqueluche des salons londoniens. Les belles dames du West-End et de Mayfair ne se lassaient pas d'écouter le récit de ses prouesses. Bernard Shaw, qui avait été admis à lire le manuscrit original des Sept Piliers de la Sagesse, n'hésitait pas à dire que jamais prose plus splendide n'avait vu le jour en Angleterre. Lowell Thomas déclarait que les aventures éblouissantes et les anecdotes de sa carrière fourniraient des thèmes dorés aux écrivains de l'avenir, tout comme l'avaient fait, pour les poètes, les troubadours et les chroniqueurs des temps passés, les vies d'Ulysse, du roi Arthur et de Richard Cœur de Lion [1]. D'autres le comparaient à Raleigh, à Drake, à Clive, à Gordon, ajoutant que sa compréhension stupéfiante des peuples de l'Orient en faisait au moins l'égal du Vénitien Marco Polo. Churchill lui-même, qui ne s'était pas encore relevé de son échec des Dardanelles, masquait sous des éloges dithyrambiques, la jalousie qu'il éprouvait à l'égard de ce jeune rival, dont la popularité était telle, qu'elle arrivait à éclipser la sienne.

Exploitant l'auréole de légende que lui avaient value ses combats, commencés au pied du Sinaï et terminés dans l'apothéose de Damas, le « Roi non couronné d'Arabie » se promenait à Hyde Park en abaya et en bottes rouges, le poignard d'or incurvé des princes de la Mecque négligemment passé dans sa ceinture, et coiffé d'un aigual à cordelettes de soie. Les sentinelles en faction devant le palais de Buckingham, présentaient les armes avec stupéfaction à ce Bédouin aux yeux bleus qui portait les plus hautes décorations anglaises et s'exprimait avec un impeccable accent oxonien. Lawrence multiplia les démarches à Londres, à Paris, à Versailles, répétant que le moment était venu de tenir enfin les engagements contractés solennellement envers Hussein et sa famille.

1. Cf. Lowell Thomas : *With Lawrence in Arabia*, p. 21.

LXIV

Mais combien différent était l'envers du décor ! Derrière son assurance hautaine, Lawrence cachait en réalité un profond désarroi.

« La révolte arabe, écrit-il, avait été déclenchée par des moyens frauduleux. Pour inciter le Chérif à l'action, notre Cabinet, par l'intermédiaire de Sir Henry Mac Mahon, avait promis de soutenir l'établissement de gouvernements arabes dans certaines parties de la Syrie et de la Mésopotamie « sans préjuger des intérêts de notre alliée la France ». Cette petite clause cachait un traité que Mac Mahon (et par suite, le Chérif) ignorèrent jusqu'à ce qu'il fût trop tard, et par lequel la France, l'Angleterre et la Russie étaient tombées d'accord : 1°) sur l'annexion de certaines parties, au moins, des régions promises ; 2°) sur un partage du reste en zones d'influence.

« Le bruit de cet artifice atteignit, par le canal de la Turquie, certaines oreilles arabes. Les Orientaux se fient plus aux hommes qu'aux institutions. Les Arabes, qui avaient vu mon amitié et ma sincérité à l'épreuve dans les combats, me demandèrent, comme agent libre, de garantir les promesses du gouvernement britannique. Je n'avais jamais été officiellement averti, ni même amicalement renseigné sur les engagements de Mac Mahon et le traité Sykes-Picot : tous deux avaient été établis dans les bureaux du Foreign Office. Mais comme je n'étais pas absolument idiot, je voyais que si nous gagnions la guerre, les promesses faites aux Arabes seraient un chiffon de papier. Si donc j'avais été un conseiller honnête, j'aurais renvoyé mes hommes chez eux, au lieu de les laisser risquer leur vie pour des histoires de ce genre. Mais l'enthousiasme arabe n'était-il pas notre meilleur outil, dans cette guerre du Proche-

Orient ? J'affirmai donc à mes compagnons de lutte que l'Angleterre respectait la lettre et l'esprit de ses promesses. Rassurés là-dessus, ils se battirent vaillamment. Pour moi, loin d'être fier de ce que nous faisions ensemble, je ne cessais de remâcher une honte amère...

« En revanche, je jurai de faire de la révolte arabe l'instrument de sa propre fortune, autant que la servante de notre armée égyptienne. Je me promis de la conduire si follement à la victoire que l'opportunisme des grandes Puissances leur conseillerait ensuite de satisfaire les revendications arabes. *Ceci supposait que je fusse encore vivant lors du traité de paix, pour gagner la dernière bataille dans la salle du Conseil. Mais l'existence même d'une fraude, n'était pas contestable.*

« Evidemment, je n'avais pas le droit d'engager ainsi les Arabes, à leur insu, dans un jeu de vie et de mort. Non, pas même l'ombre d'un droit ! Une amère moisson, triste fruit d'un effort héroïque, nous attendait inévitablement, et avec justice. Ainsi, par rancune contre ma fausse position (un lieutenant en second s'était-il jamais à ce point écarté de la vérité pour couvrir ses supérieurs ?) j'entrepris ce long et périlleux voyage... [1] »

Si Lawrence défendait avec tant d'acharnement les intérêts de Hussein et de ses fils, c'est qu'il était en train, comme il le dit lui-même, de livrer « sa dernière bataille ». Des décisions qui seraient prises dans la salle du Conseil, dépendrait, en définitive, le sens de son action. Selon que les promesses faites au Hachémites seraient tenues ou non, il saurait s'il avait gagné ou perdu la partie ; il saurait s'il avait été un héros ou un aventurier, un prophète ou un imposteur. Non que cela lui importât devant la postérité ! Il connaissait trop bien la versatilité des hommes pour ne pas mépriser l'opinion publique. Mais cela lui importait devant sa conscience et devant le regard de ses anciens compagnons d'armes.

1. T. E. Lawrence : *Les Sept Piliers de la Sagesse*, pp. 345-347.

Sur ces entrefaites, St-John Philby, qui avait observé de Ryhad l'écroulement de l'empire turc, alla le trouver et lui assura qu'il commettait une lourde erreur en axant toute sa politique arabe sur Hussein et sa famille et en refusant de prendre en considération l'Arabie centrale et Ibn-Séoud. Le Nedjd était à la fois le moteur et le régulateur de la vie arabique. Faute d'en tenir compte, tout l'édifice qu'il cherchait à construire risquait de se trouver en porte-à-faux. Jamais les Hachémites ne seraient de taille à soutenir sur leurs épaules débiles le poids d'une Confédération arabe. A part Fayçal, c'étaient tous des intrigants, cultivés, certes, mais dénués de caractère, qui ne cherchaient qu'à s'enrichir au détriment de leurs sujets et qui n'étaient ni aimés, ni respectés des populations de la péninsule. Dès que l'Angleterre ne serait plus là pour les soutenir, ils s'effondreraient d'eux-mêmes, comme des statues d'argile. L'homme fort, ce n'était pas Hussein : c'était Ibn-Séoud, le Léopard du désert, le Cromwell de l'Arabie...

L'entrevue fut orageuse. Lawrence avait d'immenses qualités, mais il n'aimait guère la contradiction. De plus, il n'était pas dans une disposition d'esprit à écouter de sang-froid un conseil de cette nature. Engagé dans un combat pathétique, il se cramponnait d'autant plus obstinément à ses positions, qu'il les sentait plus menacées. Le pire, c'est qu'il savait bien que Philby disait la vérité en ce qui concernait Hussein. N'avait-il pas écrit lui-même que c'était « un personnage entêté, étroit, soupçonneux », peu disposé à sacrifier à qui que ce soit « sa chère vanité » [1], un vieillard cupide et rusé « incapable de maîtriser ses appétits » [2] ? N'avait-il pas été effrayé de voir « avec quelle facilité les fourbes pouvaient exercer sur lui leur influence corrosive [3] » ? N'avait-il pas été péniblement surpris de constater que les Hachémites « demeuraient curieusement isolés au sein de leur propre monde ; que les trois frères — Ali,

1. T. E. Lawrence : *op. cit.*, p. 405.
2. *Id.*, p. 717.
3. *Id.*, p. 406.

Abdallah et Fayçal — n'étaient proprement d'aucune province et n'aimaient aucun coin de terre plus qu'un autre ; qu'ils n'avaient ni véritables confidents, ni ministres ; qu'aucun d'eux ne paraissait s'ouvrir complètement aux autres, ni au père, à qui tous dédiaient un respect craintif [1] » ? N'avait-il pas découvert lui-même que Ryhad était « le cœur de l'Arabie, la source de son esprit natif et le foyer de son individualité la plus consciente [2] » ? Mais il s'était trop engagé pour pouvoir reculer. Son honneur était en jeu. Il avait trop prôné Hussein et les siens, pour ne pas être obligé de les soutenir jusqu'au bout.

Aussi répondit-il à Philby que, tout en reconnaissant volontiers sa compétence en la matière il avait, quant à lui, des conceptions différentes en ce qui concernait l'avenir du Proche-Orient. Ibn-Séoud, le Cromwell de l'Arabie ? Allons donc ! Ce n'était qu'un despote ambitieux, sans crédit et sans avenir, qui agaçait tout le monde avec son puritanisme outrancier et ses prétentions ridicules ! Les Wahabites ? Des iconoclastes fanatiques, des rustres sans goût ni culture, qui détruiraient les plus nobles monuments de l'art arabe et mettraient la péninsule à feu et à sang, si on les laissait faire ! La bataille de Turaba ? Un simple coup de chance qui ne prouvait absolument rien. Non, non ! Sa conviction était faite et il n'en démordrait pas : Les Séoudites n'étaient que des aventuriers sans scrupules. Il n'y avait pas, et, aussi longtemps qu'il vivrait, il n'y aurait jamais de place pour eux dans la Confédération arabe.

Philby essaya de corriger certains de ces jugements et de ramener son interlocuteur à une vue moins passionnée des choses, mais Lawrence lui fit comprendre qu'il perdait son temps et que l'entretien n'avait que trop duré.

Philby se retira, impressionné par la personnalité de Lawrence, mais inquiet de le voir s'obstiner dans une fausse voie. L'avenir, en effet, n'allait pas tarder à démontrer qu'en qualifiant Ibn-Séoud « d'aventurier sans scrupules »,

1. T. E. Lawrence : *op. cit.*, pp. 126-127.
2. *Id.*, p. 45.

l'auteur des Sept Piliers de la Sagesse commettait la même erreur que Lord Balfour, lorsqu'il traitait Mustapha Kémal de « chef de brigands » — une erreur qui allait coûter très cher à l'Angleterre.

LXV

Ibn-Séoud apprît par Philby le résultat négatif de cette entrevue. Mais le point de vue de Lawrence était-il bien celui du gouvernement britannique ? Voulant en avoir le cœur net, le roi du Nedjd alla rendre visite à Sir Percy Cox, avec qui il avait négocié la convention d'Oqaïr et lui demanda quelle place entendait lui réserver l'Angleterre.

Le Haut-Commissaire britannique en Mésopotamie ne partageait nullement les opinions de Lawrence. Il appréciait Ibn-Séoud à sa juste valeur et lui savait gré des efforts qu'il avait faits pour rester fidèle à leur accord, malgré les provocations de Hussein. Mais il ne pouvait enfreindre les instructions de son gouvernement. Or, celles-ci étaient formelles : le fils d'Abdur-Rahman ne devait pas être admis dans la Confédération arabe. « Un aventurier ne peut pas s'asseoir à la table des Princes. » Malgré les avertissements de Philby, la thèse de Lawrence avait fini par l'emporter [1]. Le chef des Wahabites ne se voyait attribuer aucune part dans les dépouilles de l'Empire ottoman. Il devait s'estimer heureux de conserver ce qu'il possédait déjà, c'est-à-dire, le Nedjd, le Hasa et le Haïl.

Ibn-Séoud rentra à Ryhad, profondément ulcéré. Il regarda la carte : partout où se trouvaient autrefois des gouverneurs turcs, l'Angleterre était en train d'édifier des États vassaux, dont les chefs lui étaient hostiles. A Koweït,

---

1. En mars 1921, Lawrence était devenu conseiller pour les affaires arabes au ministère des Colonies, dirigé par Churchill. (Voir Léon Boussard : *Le Secret du colonel Lawrence*, Paris, 1946, p 115.)

Mubarrak était décédé. Mais avant de mourir, il avait recommandé à son fils Salim de se méfier des Séoudites. L'Irak, avec Bassorah et Bagdad, allait revenir à Fayçal, qui haïssait Abdul-Aziz. Plus loin, la Transjordanie allait être remise à Abdallah, l'ennemi mortel des Wahabites. Le Hedjaz appartenait à Hussein. L'Asyr, l'Yémen, Aden, l'Hadramaout, l'Oman, toutes les côtes de l'Arabie, à l'exception du Hasa, étaient entre les mains de l'Angleterre ou de ses séides. A l'est, au nord, à l'ouest, au sud, Ibn-Séoud était encerclé. Il constata avec amertume que si l'empire turc était mort, la Grande-Bretagne, qui lui avait succédé, poursuivait la même politique...

Comment rompre cet encerclement, avant que tous les satellites de Londres aient eu le temps de se consolider ?

LXVI

Au nord-ouest du Haïl, se trouve une sorte de « no man's land », où les tribus Shammars font paître leurs troupeaux. Cette région, qui s'enfonce en coin dans la Transjordanie, était le secteur vulnérable du rempart que les Anglais étaient en train d'édifier autour de l'Arabie centrale. Ibn-Séoud y envoya un contingent de l'Ikwan, qui occupa ce district sans rencontrer de résistance. Puis, il attendit la réaction britannique.

Malheureusement, plusieurs formations de l'Ikwan, emportées par leur élan, franchirent la limite que le roi leur avait assignée. Chantant leurs hymnes guerriers, les Wahabites pénétrèrent à Jauf, à cinquante kilomètres à l'intérieur de la frontière de Transjordanie. Le gouverneur de Jauf était Wahabite. Il se rallia d'emblée aux nouveaux arrivants et ouvrit les portes de sa ville aux avant-gardes de l'Ikwan.

Les Anglais comprirent immédiatement le danger. Jauf était un centre commercial important, par où passaient les caravanes allant de Bagdad en Egypte. Quiconque tenait cette oasis pouvait menacer à la fois la Syrie et la Palestine. Toute l'Arabie intérieure risquait de prendre feu et de faire irruption dans le bassin méditerranéen.

« Ibn-Séoud est en train de bouleverser tout l'équilibre du Proche-Orient, déclarèrent, d'un air soucieux, les experts du Foreign Office. S'il continue ainsi, il fera sauter nos projets de Confédération arabe. Il serait urgent de le rappeler à la raison. »

Les autorités anglaises convoquèrent une seconde fois le roi du Nedjd au Caire, pour lui demander des explications.

Les conseillers d'Ibn-Séoud, surexcités par l'avance rapide de l'Ikwan, le supplièrent de ne pas se rendre à cette invitation, mais d'exploiter son avantage en poussant jusqu'à Bagdad et à la Méditerranée. « Aucune force au monde ne pourra nous arrêter, disaient-ils. Les Anglais sont finis. Ils sont partout aux prises avec les pires difficultés. Voyez comment les kémalistes leur tiennent la dragée haute sans provoquer aucune réaction sérieuse de leur part ! »

Mais Ibn-Séoud se méfiait. Ces mêmes hommes lui avaient dit, jadis, que la Turquie était finie, et les armées ottomanes avaient encore tenu tête, pendant quatre ans, aux forces anglaises, françaises et russes coalisées. Il n'avait pas oublié l'humiliation de Turaba. Il savait que l'Angleterre était loin d'être « finie », et qu'il serait dangereux de s'exposer à ses représailles. Il accepta, en conséquence, de se rendre à la conférence du Caire et engagea des pourparlers avec les plénipotentiaires britanniques. Son plan consistait à monnayer l'évacuation de Jauf et des territoires du nord-ouest, contre son admission dans la Confédération arabe.

Et peut-être y serait-il parvenu, si un incident malencontreux n'était venu déjouer ses calculs. Piqué d'émulation par la prise de Jauf, un second détachement de l'Ikwan, fort de 1.500 hommes, s'était mis en marche spontanément, avait traversé six cents kilomètres de désert en plein mois d'août et, franchissant à son tour la frontière de la Transjordanie, était venu saccager de fond en comble le village de Turaïf. Presque toute la population avait été massacrée, y compris les femmes et les enfants.

Turaïf se trouvait à cinquante lieues d'Amman, la nouvelle capitale de la Transjordanie. Le roi Abdallah y avait établi sa résidence, et les Anglais y entretenaient une petite garnison.

Les Britanniques ne pouvaient tolérer un pareil affront. La violation de frontière, les atrocités commises par les Wahabites, tout cela était inadmissible. Ils envoyèrent d'Amman une colonne d'automitrailleuses et, de Jérusalem, trois escadrilles d'avions. Les soldats de l'Ikwan apprirent à connaître, pour la première fois, ce qu'était un bombardement aérien. Ceux qui ne furent pas déchiquetés par les torpilles, furent criblés par le feu des armes automatiques. Sur les quinze cents hommes du détachement, huit seulement en réchappèrent. Les cadavres des autres furent abandonnés aux vautours.

Dès qu'Ibn-Séoud apprit cet événement, il rompit les pourparlers et rentra précipitamment à Shaqra, d'où était partie l'expédition intempestive. Les huit survivants de Turaïf venaient d'y arriver, à bout de forces et encore terrorisés par le fracas des bombes. Ibn-Séoud les condamna à mort tous les huit, et les fit exécuter sur-le-champ pour apprendre aux autres unités de l'Ikwan ce qu'il en coûtait de lui désobéir.

Les Anglais le sommèrent de revenir à la conférence. Ibn-Séoud, résigné, reprit le chemin du Caire. Il espérait que le châtiment qu'il venait d'infliger aux coupables impressionnerait ses interlocuteurs et leur montrerait qu'il entendait faire respecter son autorité. Mais ce fut alors aux Britanniques de méconnaître la situation. La destruction rapide d'une formation de l'Ikwan par leurs mitrailleuses et leurs avions, leur donna à penser que le roi du Nedjd était une entité négligeable et que sa force militaire avait été grandement surfaite. Ils le traitèrent sans ménagement et l'abreuvèrent de sarcasmes pendant toute une après-midi. A la fin, Ibn-Séoud se cabra sous les injures.

— « Oui ! s'écria le chef des Wahabites, c'est vrai que j'ai été l'ami des Anglais ! Mais je me suis promis de ne marcher avec eux qu'aussi loin que me le permettraient mon honneur, ma religion et ma fierté. Or, mon honneur, ma religion et ma fierté sont à bout. Vous regretterez un jour, de m'avoir traité de la sorte. »

Puis, se drapant dans sa grande abaya blanche, il sortit de la salle de conférence sans ajouter un mot.

LXVII

L'opération qu'il projetait étant manquée, Ibn-Séoud évacua les territoires du nord-ouest et retourna à Ryhad, décidé à attendre, à attendre encore...

1920, 1921, 1922 s'écoulèrent sans apporter aucun changement à la situation du Nedjd. Mais durant ce temps, la physionomie du Proche-Orient se modifia profondément. Le voyageur qui visitait cette région du globe, deux ans et demi après la fin de la guerre, ne pouvait manquer d'être frappé par la diminution de la puissance britannique. « Après la marée haute de 1919, écrit Wickham Steed, c'était le reflux, mais un reflux si ample qu'il prenait les apparences d'une démission, aux yeux des populations locales. » Contraint de pratiquer une politique de stricte économie, le gouvernement de Londres avait dû licencier une grande partie de ses troupes. Australiens, Néo-Zélandais et Hindous étaient rentrés chez eux. Les garnisons avaient été retirées de Bassorah, de Bagdad, d'Amman et de Jérusalem. En dehors de quelques contingents maintenus à Constantinople, la domination anglaise ne s'appuyait plus que sur l'aviation et la marine : vingt escadrilles de la R.A.F. disséminées en Mésopotamie et sur les rives du Bosphore, plus une escadre stationnée à Smyrne et dans les Détroits.

Le retrait progressif des troupes d'occupation avait naturellement influé sur le climat politique. En Perse, le parle-

ment s'était insurgé contre le protectorat britannique et
l'avait remplacé par un traité avec les Russes qui ne laissait
plus aux Anglais que la moitié méridionale du pays.
(6 octobre 1921). En Transcaucasie et en Arménie, les derniers contingents anglo-saxons s'étaient repliés, chassés par
une double offensive kémaliste et soviétique. En Egypte, le
gouvernement avait rejeté lui aussi le protectorat et le roi
Fuad avait proclamé son indépendance (15 mars 1922). En
Irak, Sir Percy Cox avait été molesté par la foule dans les
rues de Bagdad (juillet 1922). Partout, l'Empire britannique
était en difficulté.

Ces événements ne favorisaient guère la formation de la
Confédération arabe. Malgré les efforts de Lawrence, celle-ci
n'arrivait pas à prendre corps. Les populations se détournaient
de souverains qui n'avaient dû leur accession au trône qu'à
la faveur du cabinet de Londres, et dont la conduite n'était
pas faite pour accroître leur popularité.

En vieillissant, le roi du Hedjaz était devenu plus méga-
lomane que jamais. Son caractère atrabilaire s'était encore
aggravé. Il ne tolérait plus la moindre observation et tombait, à tout propos, dans des crises de colère qui rendaient
la vie impossible à ses collaborateurs. Aussi n'était-il plus
entouré que de fonctionnaires obséquieux, qui flattaient ses
manies pour mieux le dépouiller. A la cour de la Mecque,
l'incompétence et la cupidité s'étalaient au grand jour. « De
l'or, toujours plus d'or », telle semblait être la devise du
gouvernement chérifien, et il recourait, pour s'en procurer,
aux moyens les plus discutables. Amendes et exactions
s'abattaient sur les populations. Les impôts se faisaient plus
lourds, d'année en année. Toujours à court de ressources,
Hussein se mit à pressurer les Bédouins en prélevant une
dîme sur leurs troupeaux. Puis il eut la malencontreuse idée
de tirer un bénéfice supplémentaire des villes saintes, en
frappant les pèlerins d'une taxe de séjour, et en exigeant un
prix exorbitant pour le logement et pour l'eau. La plupart
des pèlerins étaient pauvres. Plusieurs d'entre eux moururent de soif au cours d'un pèlerinage. Cette nouvelle, col-

portée jusqu'au fond du désert, y souleva une violente réprobation.

Tandis que l'étoile de Hussein pâlissait au Hedjaz, celle de son plus ardent défenseur, le colonel Lawrence, déclinait en Angleterre. Hautain, plein de morgue, et d'une suscep-tibilité maladive, le « roi non couronné d'Arabie » avait fini par indisposer tout le monde par ses interventions tapa-geuses. Clemenceau, Wilson, Lloyd George et Orlando ne pouvaient plus le voir. De sa propre autorité il avait amené Fayçal à Paris, où celui-ci avait fait un esclandre au Conseil suprême, en réclamant d'un ton acerbe la restitution de la Syrie, occupée par les Français, affirmant que sir Henry Mac Mahon la lui avait solennellement promise. Cette façon peu diplomatique de révéler la duplicité des Chancelleries mit tout le monde dans l'embarras. Les « Quatre Grands » lui répondirent que sa demande était irrecevable.

En apprenant la nouvelle, Hussein se mit à crier à son tour qu'on le spoliait honteusement et que l'Angleterre ne tenait aucune de ses promesses. Il demanda à être reconnu sur-le-champ « Roi de tous les pays arabes », et écrivit à Lloyd George une lettre impudente, par laquelle il exigeait que l'on chassât immédiatement les Français de Syrie et les Juifs de Palestine. Le seul mot de « mandat » le faisait écumer de rage. « Les promesses fallacieuses, écrit Lawrence, beaux oiseaux bleus que l'Angleterre, dans ses jours d'in-quiétude, avait dépêchés si généreusement aux Arabes, fai-saient à présent leur nid [1]. »

Ne recevant pas de réponse, Hussein se rendit à Amman, chez son fils Abdallah, où les Anglais avaient maintenu une mission militaire. Il chassa les officiers britanniques du palais à coups de canne, reprocha aigrement à son fils de tolérer leur tutelle, menaça de le déshériter s'il persistait dans cette erreur et déclara que les Anglais n'allaient pas tarder à trans-former le Hedjaz en mandat britannique.

— « J'aimerais mieux, s'écria-t-il, que ce porc d'Ibn-

1. T. E. Lawrence : *op. cit.*, p. 805.

Séoud gouvernât l'Arabie entière, plutôt que de la voir courbée sous le joug immonde des Anglais ! »

Le Foreign Office lui dépêcha Lawrence pour tenter de le calmer. A sa vue, le chef des Hachémites perdit tout contrôle sur lui-même.

— « Hors d'ici ! s'écria-t-il. Vous n'êtes qu'un fourbe et un agent provocateur ! C'est vous qui m'avez entraîné dans cette aventure stupide, avec vos promesses infâmes ! Vous n'avez cessé de me tromper depuis le premier jour où je vous ai vu ! »

Il fallut retenir le vieillard, fou de rage, pour l'empêcher de jeter Lawrence au bas de l'escalier. Le roi du Hedjaz avait complètement perdu la tête.

Tapi au fond du palais de Ryhad comme un fauve à l'affût, Ibn-Séoud observait ces événements avec un sourire de satisfaction. La folie de Hussein servait admirablement ses desseins. Au train où allaient les choses, il n'aurait plus à attendre longtemps, pour recueillir enfin les fruits de sa patience...

En mars 1924, l'Assemblée nationale d'Angora décréta l'abolition du califat et expulsa Abdul-Medjid de Constantinople. Sans consulter personne, Hussein se proclama lui-même Calife de tous les Musulmans, et vicaire du Prophète. A cette nouvelle, un grondement de colère s'éleva de toute l'Arabie. Cette fois-ci c'en était trop : le roi du Hedjaz avait dépassé la mesure. Accumulant faute sur faute, il avait trouvé le moyen de se brouiller avec les Anglais et de se faire honnir des Arabes.

LXVIII

Sans perdre un instant, le roi du Nedjd convoqua les « ulémas » et les autorités religieuses à la Mosquée de Ryhad, et leur dit :

— « Il est temps de mettre un terme aux extravagances

de celui qui s'intitule le Chérif de la Mecque ! Jamais, dans toute l'Histoire de l'Islam, un homme aussi corrompu n'a osé se parer de la dignité de Calife ! C'est un sacrilège qu'aucun Croyant ne peut supporter sans déshonneur. Je vais débarrasser les villes saintes de celui qui les a transformées en foyers de pestilence. Je vais accomplir la mission pour laquelle Dieu m'a choisi. Remercions Allah d'avoir fait mûrir pour nous, ces circonstances favorables ! »

Puis, il mobilisa le ban et l'arrière-ban de l'Ikwan, et répartit ses forces en trois corps d'armée. Il envoya le premier aux frontières de l'Irak et le second aux frontières de la Transjordanie pour empêcher Fayçal et Abdallah de venir au secours de leur père. Ayant ainsi isolé Hussein, il envoya le troisième corps — de beaucoup le plus nombreux — en direction du Hedjaz, avec l'ordre de marcher droit sur la Mecque, en brisant toutes les résistances qu'il pourrait rencontrer en chemin.

Depuis la défaite de Turaba, Hussein n'avait pas pris la peine de réorganiser son armée. Les soldats coûtent cher, et il comptait sur les Anglais pour le protéger en cas de danger. « Ils seront bien obligés de venir à mon secours si je suis attaqué, se disait-il. Mieux vaut s'en remettre à eux : c'est autant de gagné. »

Aussi ne prit-il pas au sérieux la mobilisation d'Ibn-Séoud. Mais lorsqu'il vit que l'Ikwan se mettait en branle, et que les Anglais semblaient ne rien vouloir faire pour l'arrêter, il commença à prendre peur. Rassemblant rapidement les maigres formations qui lui restaient, il les plaça sous les ordres de son plus jeune fils Ali, un garçon d'une bravoure indiscutable, mais qui n'avait encore exercé aucun commandement.

Ali et ses troupes prirent position à Taïf, en travers de la route menant du Nedjd au Hedjaz. L'Ikwan les balaya comme une brassée de feuilles mortes, et poursuivit son avance sur la Mecque sans même ralentir sa marche (nov. 1924). L'exaltation des guerriers wahabites augmentait, au fur et à mesure qu'ils se rapprochaient des territoires sacrés.

La nouvelle de la défaite de Taïf provoqua à la Mecque une panique générale. Comme après le désastre de Turaba, les pèlerins, les commerçants et les habitants de la ville se mirent à courir en tous sens à la recherche d'un abri, criant « que les Wahabites arrivaient et qu'ils allaient massacrer toute la population ». Une partie des Mecquois entassa ses biens dans des carrioles et s'enfuit vers la côte pour y trouver un refuge. Pendant ce temps, les Wahabites, toutes bannières déployées, arrivaient à quelques kilomètres de la ville.

Ali se précipita en haletant au palais royal, pour apporter à son père la nouvelle du désastre. Hussein le chassa à coups de canne, et dépêcha des messagers à toutes les tribus avoisinantes, les suppliant de venir au secours de leur roi. Aucune d'elles ne bougea. Sur ces entrefaites, le roi du Hedjaz reçut un coup de téléphone. Il émanait de Tawil, le directeur des douanes de Djeddah — un des seuls hommes en qui il eût confiance — qui le conjurait d'abdiquer, en faveur de son fils Ali. C'était la seule façon, disait-il, d'éviter le pire et d'obtenir *in extremis* une intervention de l'Angleterre. La reine joignit ses prières à celles de Tawil. Hagard, les traits décomposés, Hussein trottinait de long en large dans la grande salle du palais, ne sachant à quelle solution s'arrêter.

Le bruit de l'indécision de Hussein se répandit en ville, où régnait une atmosphère d'émeute. Une foule hostile commença à s'attrouper devant la résidence royale. On entendit crier :

— « Défendez-vous ! Sinon, allez-vous-en ! »

Quelques manifestants proposèrent de pénétrer dans le palais et de piller les caves où Hussein entassait ses trésors. La populace, de plus en plus excitée, se mit à enfoncer les grilles. Hussein comprit alors qu'il n'avait pas le choix et qu'il lui fallait se démettre. Il abdiqua en faveur de son fils Ali, et donna l'ordre à ses serviteurs de préparer ses valises.

Il n'y avait, dans le Hedjaz, qu'une douzaine d'automobiles. Elles appartenaient toutes au roi, car Hussein vou-

241

lait être le seul à rouler en voiture. Il les fit rassembler dans la cour du palais et y empila ses tapis, sa literie, ses bibelots d'or et d'argent, ainsi que les caisses contenant ses livres sterling. Puis, accompagné de sa famille et escorté d'une poignée de gardes, il fila à toute allure en direction de Djeddah [1].

Le yacht luxueux que lui avaient donné les Anglais, était mouillé dans le port. Hussein y fit porter ses bagages, non sans avoir vérifié les caisses une à une. Puis il s'embarqua à son tour, sans prendre congé de ses gardes et cingla pour Suez, puis pour Chypre, où il devait être condamné pour dettes quelques années plus tard.

Ce n'était plus qu'un vieillard décrépit, qui passait ses jours et ses nuits à compter et à recompter son or [2].

LXIX

Tandis que se déroulait cette scène lamentable, qui évoquait étrangement la fuite de Méhémet VI, l'avant-garde de l'Ikwan attendait, l'arme au pied, aux portes de la Mecque. Ibn-Séoud n'était pas encore certain de l'attitude des Anglais. Maintenant que Hussein était parti, n'allaient-ils par intervenir en faveur de son fils ?

Profitant de ce répit inespéré dans le déroulement des opérations, Ali était revenu dans la ville sainte pour y organiser la résistance. Comme l'avait prévu Abdul-Aziz, son premier geste fut pour implorer l'assistance des Britanniques.

— « Envoyez-moi des avions, de l'argent, et surtout des armes ! » câbla-t-il à Londres, par l'entremise du consul d'Angleterre à Djeddah.

1. An 1343 de l'Hégire, mois de Rajab.
2. Il revint mourir, en 1931, chez son fils Abdallah, qui le fit enterrer à Jérusalem.

Mais les Anglais étaient excédés des demandes incessantes de Hussein et des Hachémites. Ils répondirent « que la querelle entre Hussein et Ibn-Séoud était d'ordre religieux, qu'elle avait pour objet le règlement de certains litiges provoqués par la succession du Calife, et qu'il était contraire aux traditions britanniques de s'immiscer dans ce genre d'affaires. » Personne ne pouvait se tromper sur le sens de cette réponse.

Se sentant perdu, Ali se tourna alors vers Ibn-Séoud et lui demanda ses conditions. Le roi du Nedjd comprit aussitôt que les Anglais l'avaient abandonné. Il lui répondit hautainement qu'il ne déposerait les armes que lorsque le dernier Hachémite aurait quitté le Hedjaz. Puis, il donna l'ordre à l'Ikwan de pénétrer dans la ville.

Ali quitta précipitamment la Mecque et alla se barricader à Djeddah. Au même instant, dix mille guerriers de l'Ikwan, commandés par Luwaï, le vainqueur de Turaba, auquel Ibn-Séoud avait voulu ménager cette suprême revanche, franchissaient les portes des remparts et défilaient en rangs serrés à travers la cité (février 1925).

La Mecque, si animée d'habitude, semblait frappée de mort. Les rues étaient désertes, les magasins fermés, les contrevents tirés, les portes hermétiquement closes. Le vent soulevait une poussière âcre sur les places silencieuses ; sa population épouvantée s'était réfugiée dans les caves, convaincue que sa dernière heure avait sonné.

Les guerriers de Luwaï parcoururent toutes les artères de la ville, et rencontrèrent partout la même atmosphère pétrifiée. Le commandant en chef posta des hérauts aux principaux carrefours. Ceux-ci annoncèrent à son de trompettes que la cité était désormais placée sous la double protection d'Allah et d'Ibn-Séoud, et que le roi du Nedjd garantissait la sécurité de chacun. Mais la population n'osait toujours pas sortir de ses abris, tant la férocité des Wahabites était légendaire.

Pendant une semaine entière, les soldats de l'Ikwan arrachèrent la décoration des mosquées, fracassèrent les ornements sacrilèges, éventrèrent les tombeaux des saints, débarrassèrent les cours des sanctuaires des tas d'immondices qui s'y étaient accumulées et rétablirent les édifices sacrés dans leur sobriété primitive. Luwaï ne toléra ni exaction, ni pillage. Aucun des habitants de la ville ne fut molesté.

Surpris par la discipline de l'armée séoudite, les habitants finirent par s'enhardir et sortirent peu à peu de leurs caves. Quinze jours après le départ de Hussein, la ville avait repris sa physionomie coutumière.

LXX

Alors, Ibn-Séoud, qui était resté à Taïf, rentra à Ryhad et envoya des messagers jusqu'aux confins du désert pour annoncer sa victoire. Il fit savoir aux tribus qu'il avait chassé Hussein, l'usurpateur ; qu'il était désormais le maître des villes saintes, mais qu'il ne voulait les détenir qu'à titre de mandataire de tous les Croyants.

— « Maintenant que le règne de l'injustice et de la corruption est révolu, disait le rescrit royal, notre désir le plus cher est que l'accès au territoire sacré de l'Islam soit ouvert à tous les musulmans sans distinction et qu'ils se chargent eux-mêmes de l'administration des Lieux saints. Nous comptons nous rendre incessamment à la Mecque et invitons tous nos frères de par le monde à nous y envoyer des délégués, afin que nous délibérions en commun, sur les mesures qu'il convient de prendre. »

Puis, ayant rassemblé autour de lui ses ministres et ses gouverneurs ainsi que ses conseillers civils et religieux, il monta sur son grand chameau de bataille et sortit de Ryhad par la route de la Mecque.

Musique en tête et escorté par un régiment entier de l'Ikwan, il traversa lentement le plateau du Nedjd, jusqu'à ce qu'il eût atteint les premiers contreforts du Hedjaz. Ce voyage triomphal ne dura pas moins de quatorze jours.

Tout le long du parcours, les villageois et les Bédouins des tribus avoisinantes se massèrent des deux côtés de la route, pour acclamer le cortège et rendre hommage au roi.

Le quinzième jour, le vainqueur de Taïf franchit le dernier cirque de montagnes qui entoure la ville sainte. A l'entrée d'une large vallée, au fond de laquelle on aperçoit la cité tout entière, baignée dans une lumière dorée, il descendit de sa monture et dressa sa tente. A partir de cet endroit, il ne voulait plus être un conquérant mais un simple pèlerin. Il déposa tous les insignes de sa royauté : son sabre, les cordelettes d'or qui ceignaient ses tempes et son manteau royal. Il revêtit le costume traditionnel des pèlerins, formé de deux pièces de toile blanche, sans couture. Il drapa l'une autour de ses reins, jeta l'autre sur ses épaules, et chaussa des sandales de cuir. Puis, il monta à cheval. Tête nue et désarmé, il franchit la colline d'Arafa, la vallée d'Abtah, et s'engagea sur la large route sableuse de Muabda, qui mène au sanctuaire.

Durant tout ce trajet, il répétait sans cesse la prière du « Talbiya » :

Me voici répondant à ton appel, Seigneur !
A toi appartiennent la louange, la grâce et la puissance.
Tu es seul et unique. Tu n'as pas d'associé...

Depuis son enfance, il n'avait cessé de répéter ces paroles, et elles étaient associées à tous les actes solennels de sa vie. Mais elles lui rappelaient surtout son premier séjour dans le désert de Ruba-al-Khali, à l'époque où chassé de son foyer et n'ayant plus une arme, plus un partisan, plus un ami, il avait failli se laisser submerger par le désespoir. Elles lui rappelaient ce soir de détresse et d'exaltation où, ayant invoqué le Très-Haut, il avait vu apparaître dans le flamboiement du couchant Abdul-Wahab et Séoud le Grand, Omar et Mahomet, entourés de Légions qui brandissaient des sabres étincelants comme la lumière... Elles lui rappelaient enfin le serment qu'il s'était fait à lui-même, d'unifier l'Arabie, de restaurer la Foi, et de mettre chacun de ses pas dans les pas du Prophète...

Luwaï vint à sa rencontre au cimetière de Maala, situé en bordure des remparts. Là, Ibn-Séoud descendit de cheval, retira ses sandales et entra pieds nus dans la ville, suivi d'une petite escorte de soldats de l'Ikwan.

Lorsqu'il arriva sur le seuil de la grande Mosquée, les portes du sanctuaire s'ouvrirent largement devant lui. Il pénétra seul dans la cour. La maison de Dieu se dressait, massive et carrée devant ses regards éblouis. Il eut l'impression d'avoir atteint le point culminant de sa vie.

D'une voix forte, il entonna l'invocation rituelle :

Mon Dieu !
C'est ici ta région sainte.
Celui qui entre dans ton temple y trouve le salut.
Ce temple est ta maison, ta demeure, ton sanctuaire ;
C'est le séjour du salut.
O mon Dieu !
Sauve-moi des feux de l'éternité !
Préserve du feu ma chair et mon sang,
Et sauve-moi de ta colère
Au jour de la résurrection de tes serviteurs !

Il s'approcha de la Kaaba, et baisa la pierre noire qui y est encastrée. Puis, très humblement, comme le dernier des Croyants, il s'agenouilla, répandit sur son front une poignée de poussière et resta plongé dans sa méditation jusqu'à la tombée de la nuit.

LXXI

Le lendemain, Ibn-Séoud reçut les diverses délégations qu'il avait invitées à venir le rejoindre à la Mecque. Il y avait là, rassemblés dans la grande salle du palais où se dressait encore le trône de Hussein, des représentants de tous les pays musulmans : des délégués de l'Irak, de la Perse et de l'Egypte ; le chef des Senoussis de Tripolitaine ; des envoyés de l'Ethiopie, de l'Afghanistan, de l'Azerbaïdjan et de la Malaisie. Il y avait aussi des personnalités venues des 'Indes.

Toutes ces délégations ne s'étaient pas rendues à la Mecque sans éprouver de vives appréhensions. Elles se demandaient comment elles y seraient accueillies et s'attendaient à trouver les lieux saints saccagés de fond en comble par la fureur iconoclaste des Wahabites.

Aussi furent-elles heureusement surprises de trouver la ville paisible, et les sanctuaires débarrassés des monceaux d'ordures qui les souillaient au temps de Hussein. Par ailleurs, l'accueil plein de prévenance que leur réserva le conquérant, acheva de les rasséréner.

Cependant, des querelles de préséance ne tardèrent pas à s'élever parmi les délégations. A qui serait confiée l'administration des lieux saints ? Les Hindous déclarèrent que cet honneur leur revenait de plein droit, puisqu'ils représentaient à eux seuls, plus de musulmans que tous les autres délégués réunis. Les Egyptiens protestèrent et opposèrent à cette thèse des arguments de tradition et d'ancienneté. N'étaient-ce pas eux qui étaient chargés du contrôle des pèlerinages, depuis la dislocation de l'empire de Séoud le Grand ? Voyant que la discussion s'éternisait et qu'il était impossible de parvenir à un accord, Ibn-Séoud se leva et déclara d'une voix ferme :

— « Messieurs les délégués, soyez certains d'une chose : c'est que je ne tolérerai jamais aucun contrôle étranger sur mes territoires. Avec l'aide de Dieu, je saurai maintenir l'indépendance de ces contrées. J'estime qu'aucun des peuples musulmans représentés ici ne peut garantir la liberté du Hedjaz, pour la simple raison qu'aucun d'entre eux n'est libre. Les Hindous sont placés sous la tutelle anglaise, ainsi que les musulmans d'Irak, de Transjordanie et d'Egypte. Les Syriens et les Libanais dépendent des Français ; ceux de Tripolitaine, des Italiens. Confier l'administration des villes saintes à l'un quelconque de ces peuples reviendrait à la remettre, indirectement, à la puissance chrétienne à laquelle il est assujetti.

« J'ai conquis les villes saintes par la volonté d'Allah, grâce à la vigueur de mon bras et à la loyauté de mon peuple. Moi seul, ici, suis libre. Moi seul, donc, suis en mesure d'administrer le territoire sacré comme un Etat libre de l'Islam. C'est mon droit absolu, et mon devoir d'agir ici en Roi !

« Non pas que j'envisage d'exercer sur le Hedjaz une domination personnelle ! Loin de moi cette pensée ! Le Hedjaz est un dépôt sacré qui m'a été confié par Dieu. Je le conserverai entre mes mains jusqu'à ce que les populations de ce pays soient en mesure d'élire elles-mêmes un gouverneur — mais un gouverneur libre, qui puisse être le serviteur exclusif de l'Islam. »

LXXII

« Un gouverneur libre, qui puisse être le serviteur exclusif de l'Islam », — il est évident qu'en employant cette formule, Ibn-Séoud entendait se désigner lui-même. Mais ce serait une erreur d'y voir une simple habileté politique : ces mots étaient l'expression d'une conviction sincère. De même qu'il est impossible de comprendre les réactions de Mustapha Kémal, si l'on oublie que sa pensée s'est formée à la lecture de Voltaire, de Rousseau et des Encyclopédistes, de même, on ne peut saisir la psychologie d'Ibn-Séoud, si l'on néglige l'aspect mystique et religieux de son tempérament.

Elevé par son père dans la stricte observance des préceptes coraniques, jamais il ne lui serait venu à l'idée de s'insurger contre eux. L'esprit de révolte lui était totalement inconnu. Une telle attitude eût été inconcevable, au sein d'une religion dont le nom même signifie « soumission ». Certes, il s'éleva souvent contre les prétentions abusives d'un clergé arriéré et ses interprétations trop rigides de la Loi ; mais il ne contesta jamais sa vérité intrinsèque. L'Islam n'était pas pour lui — comme pour le Ghazi — une greffe étrangère qui asphyxiait lentement son peuple. Il était l'essence même du génie arabe, une discipline nécessaire sans laquelle les Bédouins sombreraient irrémédiablement dans la corruption et l'anarchie.

Est-ce à dire qu'Ibn-Séoud ne voyait, dans la religion, qu'un ensemble de recettes douées d'une valeur purement pragmatique ? Pas davantage. Abdul-Aziz n'était pas un dévot, uniquement attaché aux formes extérieures du culte. C'était un mystique. La grande impulsion de sa vie ne lui avait été donnée ni par des livres, ni par le spectacle des injustices sociales. Jaillie dans la solitude, elle découlait de la vision qu'il avait eue dans le désert. A partir de ce jour, il s'était senti investi d'une mission divine, et cette certitude lui donnait une confiance inébranlable en lui-même. Révélation ou mirage — quel que soit le nom qu'on veuille lui donner — cette vision était pour lui un reflet de la vérité. Toute sa vie ne s'éclaire et ne s'explique que par elle.

« Dieu n'était pas pour lui une entité abstraite et lointaine, nous dit H. C. Armstrong, mais une personne agissante, toujours présente à ses côtés. Elle le guidait dans chacun de ses actes, qu'il donnât une audience publique ou qu'il méditât dans ses appartements, qu'il rendît la justice ou qu'il guerroyât dans le désert. Au palais, sous sa tente ou sur les pistes de sable, il avait la conviction que Dieu l'accompagnait partout et le conduisait par la main.

« Avant chaque décision grave, il se recueillait et priait. Lorsque l'instant crucial était arrivé, il faisait le vide dans son esprit et demandait au Tout-Puissant de lui indiquer la voie. Ensuite, il ne revenait jamais sur une décision prise, considérant qu'elle lui avait été dictée par une inspiration divine [1]. »

Croire qu'un pareil état d'esprit soit incompatible avec le réalisme aigu dont il faisait preuve en politique serait une erreur grossière. On a vu dans toutes les religions, des mystiques et des saints être de grands hommes d'État et de grands administrateurs. Ibn-Séoud n'était pas un saint, loin de là, et les « ulémas » le lui répétaient assez souvent pour qu'il pût l'ignorer. Mais ce n'était pas non plus un cynique, pour qui la religion n'est que le masque commode de l'hypocrisie. « Je suis, dit-il un jour à Sir Percy Cox, d'abord un Musulman, puis un Arabe, mais toujours un serviteur de Dieu ! » Représentant authentique d'une race qui n'a jamais voulu séparer le spirituel du temporel, l'action politique et l'action religieuse s'interpénétraient chez lui d'une façon si étroite qu'il eût été lui-même en peine de les distinguer.

Pourquoi l'eût-il fait, d'ailleurs, puisqu'elles se servaient réciproquement d'adjuvant ? L'accroissement de ses territoires et la propagation de la doctrine wahabite n'étaient-elles pas, à proprement parler, une seule et même chose ? Ses ambitions politiques et son prosélytisme religieux convergeaient vers le même but. C'était là sa grande force, ainsi qu'en avait témoigné son duel avec Hussein.

Le roi y trouvait son avantage puisqu'en conquérant le Hedjaz, il donnait à son royaume un débouché sur la mer Rouge, faisait un pas de plus dans l'unification de l'Arabie et brisait le cercle d'ennemis dont le chef des Hachémites était le représentant le plus marquant.

Mais le Croyant y trouvait aussi le sien, puisque Hussein s'était montré indigne d'assurer la garde des villes saintes et avait violé outrageusement toutes les prescriptions du Coran. N'avait-il pas frappé les prières d'une taxe et persécuté les pèlerins ? N'avait-il pas permis d'orner les mosquées de décorations profanes et transformé la Mecque en un lieu de

1. H. C. Armstrong : *Lord of Arabia*, pp. 170-171.

prostitution ? Entre ses mains immondes, la religion de l'Islam ne pouvait que dépérir. Or la mission d'Ibn-Séoud était de la régénérer.

— « Je veux faire des Lieux Saints, devait-il déclarer aux membres du Congrès Pan-Islamique de 1926, des foyers intenses de vie et de culture musulmanes. Je veux qu'ils deviennent des territoires dont chaque Croyant puisse tirer un légitime orgueil, et dont le rayonnement témoigne, à travers le monde, de la jeunesse et de la vitalité impérissables de l'Islam ! »

LXXIII

L'effondrement et la fuite de Hussein avaient surpris les Anglais. Sa résistance n'avait pas duré plus de quarante-huit heures. Malgré ses défauts, ils avaient cru que le roi du Hedjaz se défendrait quand même d'une façon plus énergique.

Les dirigeants du Foreign Office estimèrent qu'il n'y avait pas à revenir sur le fait accompli, mais qu'il fallait prendre immédiatement contact avec Ibn-Séoud, avant qu'il ne fût devenu aussi arrogant que son prédécesseur. Ils lui envoyèrent une mission diplomatique, présidée par le général Sir Gilbert Clayton, l'ancien chef de Lawrence à l'Arabia Office du Caire.

Ibn-Séoud vint au-devant de Clayton et le rencontra dans la petite ville de Bahra, située à mi-chemin entre Djeddah et la Mecque. Ses derniers contacts avec les Anglais lui avaient laissé un souvenir amer, et ce n'est pas sans appréhension qu'il engageait ces pourparlers. A quelles nouvelles exigences allait-il se heurter ?

Au moment où Sir Gilbert Clayton se mettait en route pour Bahra, les Anglais avaient occupé Akaba, un port situé à l'extrême nord du Hedjaz, au fond du petit bras de mer qui s'insinue à l'est de la presqu'île de Sinaï. Akaba était, avec .Koweït et Aden, un des points stratégiques les plus importants de la péninsule. Les Anglais étaient résolus à ne pas le lâcher.

Mais Ibn-Séoud, lui aussi, avait saisi un gage — et un gage qui gênait singulièrement les Anglais. Tandis que tous les regards étaient fixés sur la Mecque, il avait envoyé l'ordre au second corps d'armée de l'Ikwan, stationné à la frontière de la Transjordanie, de pousser une pointe le long du Wadi Sirhan. Cette manœuvre était passée inaperçue, car l'attention des chancelleries avait été accaparée tout entière par les événements du Hedjaz. Elle mettait le roi du Nedjd en possession d'un corridor qui s'enfonçait comme une épine entre la Transjordanie et l'Irak, et pénétrait jusqu'à proximité de la frontière syrienne.

Cette opération répondait à un calcul subtil : « Puisque les Anglais se sont décidés à ne plus soutenir Hussein, s'était dit Ibn-Séoud, peut-être abandonneront-ils également Fayçal et Abdallah ? Dans ce cas l'Ikwan sera en mesure de les battre l'un et l'autre et d'en finir, une fois pour toutes, avec les Hachémites. Sinon, l'évacuation de ce corridor pourra être monnayée contre des avantages substantiels, au Hedjaz ou ailleurs. »

Une des préoccupations constantes des chefs du Foreign Office était d'empêcher les forces de l'Arabie intérieure de faire irruption dans les territoires côtiers. Ils ne connaissaient que trop les répercussions que risquait d'avoir un mouvement de cette nature, en raison de son incidence sur la Perse et sur l'Egypte. Aussi devenaient-ils très nerveux, chaque fois que les troupes d'Ibn-Séoud se rapprochaient du littoral méditerranéen. Cette fois-ci, la poussée était particulièrement inquiétante, car la bande de terrain occupée par l'Ikwan, séparait la Transjordanie de l'Irak, coupait les routes terrestres qui reliaient le Caire à Bagdad et empêchait la construction du pipe-line qui devait apporter le pétrole de Mossoul à Haïfa, où l'amirauté britannique était en train d'aménager une puissante base navale. Si Ibn-Séoud y restait, toute la politique anglaise dans ces régions serait à réviser. L'occupation de ce territoire par les formations séoudites posait, tant à Downing Street qu'à Whitehall des problèmes auprès desquels la conquête de la Mecque paraissait secondaire.

Ibn-Séoud croyait que Clayton venait à Bahra pour obtenir l'évacuation du Hedjaz. En réalité, le négociateur britannique était surtout préoccupé d'obtenir l'évacuation du Wadi Sirhan. Au plus grand étonnement du roi, toute la conférence roula sur Akaba et le corridor, sans qu'il fût jamais question de la Mecque. Convaincu que Clayton ne jouait pas franc jeu, Abdul-Aziz s'efforça de dissimuler le sien. La discussion, très serrée, se prolongea pendant six jours — six jours durant lesquels chacun chercha à pénétrer les arrière-pensées de son interlocuteur.

Ibn-Séoud était le commandant en chef d'une armée en campagne, car la conquête du Hedjaz n'était pas terminée. Djeddah et Médine résistaient encore et le roi n'avait pas voulu interrompre les opérations durant la conférence, pour ne pas laisser à ces deux villes le temps de renforcer leurs défenses. Il avait établi son quartier général à Bahra, et continuait à s'occuper des opérations militaires, tout en poursuivant les négociations diplomatiques avec les Anglais.

Une animation intense régnait dans la petite ville, où se trouvaient concentrés de gros contingents de l'armée séoudite. De tous côtés affluaient des tribus montagnardes du Hedjaz ou des volontaires isolés qui demandaient à s'enrôler dans l'Ikwan. Il fallait constituer de nouvelles unités, les armer avec le matériel pris à l'ennemi, ravitailler les villages conquis, assurer l'ordre à la Mecque et pousser activement les sièges de Djeddah et de Médine. A tout instant, Ibn-Séoud était obligé de suspendre les séances pour aller recevoir un chef de tribu, prendre des décisions tactiques, régler des questions de préséance et donner des instructions à son état-major.

Mais ces interruptions, nous dit Armstrong, ne le gênaient nullement. Après chacune d'elles, il revenait s'asseoir à la table de la conférence, et reprenait la discussion avec un calme impénétrable, exactement au point où il l'avait laissée.

Pourtant ce remue-ménage incessant d'armes et de chevaux, le meuglement des chameaux, les sonneries de trompettes, la poussière soulevée par les colonnes en marche, les allées et venues d'estafettes et d'officiers d'état-major, jointes aux absences réitérées de son interlocuteur, finirent par exaspérer le représentant du gouvernement anglais. Sir Gilbert eut l'impression qu'Ibn-Séoud se moquait de lui. Croyait-il donc l'intimider par ce déploiement de forces ?

Au matin du septième jour, Clayton déclara d'un ton sec qu'il mettait fin aux conversations et que, puisqu'il était impossible de s'entendre à l'amiable, ce serait la guerre — une guerre menée avec toutes les ressources de la technique moderne et à laquelle les troupes françaises de Syrie participeraient aux côtés des Britanniques.

La déclaration de Clayton contenait une certaine part de bluff. Les Français, aux prises avec une révolte des Druses, n'avaient aucune envie de se mettre sur les bras un adversaire de plus. Quant aux Anglais, leurs garnisons de Palestine étaient beaucoup trop réduites pour qu'elles pussent faire la guerre sans le secours de leur allié.

Ibn-Séoud ne l'ignorait pas. Il se demanda, un instant, s'il n'allait pas relever le défi, mais il se ravisa. Un tel acte risquait de remettre en cause tout ce qu'il possédait déjà. Il ne fallait pas lâcher la proie pour l'ombre, ni sacrifier l'essentiel à une satisfaction d'amour-propre. Puisque Clayton n'élevait aucune prétention sur le Hedjaz, il n'y avait qu'à s'entendre au sujet du Wadi Sirhan.

Ne voulant pas avoir l'air de céder à la force, Ibn-Séoud demanda vingt-quatre heures pour réfléchir. Le lendemain, il déclara à Sir Gilbert Clayton qu'il acceptait ses conditions. Un accord fut conclu aux termes duquel le roi du Nedjd évacuerait le Wadi Sirhan, tout en conservant un droit de suzeraineté sur les tribus de cette région ; quant au port d'Akaba, il renonçait pour le moment à le revendiquer comme faisant partie intégrante du Hedjaz : son statut ferait l'objet d'une négociation ultérieure.

Clayton avait atteint tous ses objectifs. Il avait rétabli la jonction entre l'Irak et la Transjordanie, écarté la menace qui pesait sur la Palestine, dégagé les routes menant du Caire à Bagdad et sauvé le pipe-line de Mossoul à Haïfa. C'était beaucoup.

Mais Ibn-Séoud conservait les mains libres dans les territoires ayant appartenu jusque-là à Hussein. Le silence que la convention de Bahra gardait à ce sujet, signifiait que l'Angleterre se désintéressait de l'affaire.

LXXIV

Il ne restait plus qu'à achever la conquête du Hedjaz.

Ali s'était barricadé à Djeddah et avait renforcé la garnison à l'aide de mercenaires turcs, recrutés parmi les ouvriers du port. Médine et Yenbo en avaient fait de même. Ibn-Séoud donna l'ordre à l'Ikwan de réduire ces places-fortes dans le plus bref délai possible.

Mais malgré les assauts furieux des Wahabites, le siège de ces villes se prolongea pendant des mois. La garnison de Djeddah résista héroïquement. La ville, construite autour du Tombeau d'Ève, avait été puissamment fortifiée par les Egyptiens et ensuite par les anciens gouverneurs du Sultan. C'était, en temps normal, un centre commercial florissant. Mais, malgré le rationnement sévère, l'eau, puis les vivres finirent par manquer. Enfermés à l'intérieur des hautes murailles, les assiégés périssaient par centaines. Les enterrer était impossible, car les cimetières, situés à l'extérieur des remparts étaient aux mains des Wahabites. La famine devint terrible. Une multitude de mendiants, couverts d'escarres, se traînaient dans les rues, trop faibles pour marcher, et mouraient d'inanition dans les squares et sur les places. Des hommes et des femmes, rendus fous par la soif et par la faim, disputaient leurs cadavres aux chiens errants et aux

vautours. Les ruelles du port se transformèrent en autant de
charniers. L'automne était particulièrement chaud. Un soleil
implacable déversait des cataractes de feu sur ces scènes
d'horreur. La ville, remplie de corps en putréfaction répandait une odeur si affreuse, que les bateaux qui passaient au
large faisaient un détour pour l'éviter.

Vers la fin de novembre 1925, l'Ikwan s'apprêta à donner
l'assaut final. Pendant tout ce temps, Ali, encouragé par
Tawil avait espéré que les Anglais le prendraient en pitié
et viendraient à son secours. Il eût été facile de le ravitailler par mer. Mais ni les Anglais, ni Hussein, ni Fayçal,
ni Abdallah ne firent le moindre geste en sa faveur. Las
d'attendre, et sentant que la partie était irrémédiablement
perdue, il prit le parti de capituler, pour épargner à la ville
une extermination complète.

Il s'embarqua au début de décembre, sur un cargo anglais
qui le conduisit à Aden. De là il se réfugia à Bagdad, chez
son frère Fayçal. Le dernier Hachémite avait quitté le
Hedjaz.

En apprenant la reddition de Djeddah et le départ d'Ali,
Médine et Yenbo capitulèrent à leur tour.

LXXV

Le roi du Nedjd fit alors une deuxième entrée à la
Mecque. La première fois, il s'était présenté en pèlerin,
seul, tête nue et sans armes, pour conserver à la cérémonie
un caractère strictement religieux.

Cette fois-ci, il voulut se présenter en conquérant, au
milieu d'un grand déploiement de forces, pour donner à cet
événement toute sa signification politique.

Sabres au clair, précédés de leurs fanfares et toutes bannières déployées, quinze mille hommes de l'Ikwan défilèrent
à travers la ville. Entouré de ses dignitaires, de ses généraux

et de ses gouverneurs, Ibn-Séoud prit officiellement possession du palais et se présenta à la foule, du haut du balcon chérifien, tandis que les cent un coups de canon, tirés du sommet des remparts, se répercutaient au loin dans le cirque de montagnes qui entoure la cité sainte.

Puis, il rentra dans la salle du trône, où il trouva rassemblés une centaine de prêtres et de notables du pays, venus lui annoncer que la population du Hedjaz l'avait proclamé roi (8 janvier 1926).

LXXVI

Quand Lawrence apprit l'effondrement de Hussein et la façon dont le gouvernement anglais l'avait abandonné, le désespoir qui montait en lui depuis quelque temps déjà, le submergea tout entier. Ainsi, toutes les promesses qu'il avait faites aux Hachémites étaient définitivement enterrées ! Quand il connut les détails de leur exode et sut que Clayton — avec qui il avait travaillé la main dans la main, au temps où il était à l'Arabia Office du Caire ! — n'avait pas imposé aux Séoudites l'évacuation du Hedjaz, ni exigé l'établissement d'Ali sur le trône de son père il eut l'impression que tout s'écroulait en lui et autour de lui.

Il était parti, dix ans auparavant, à la conquête du désert, soulevé par un sentiment d'orgueil exalté et la façon dont les Arabes avaient répondu à son appel lui avait donné une confiance illimitée dans son génie :

Je t'aimais. C'est pourquoi
Tirant de mes mains ces marées d'hommes
J'ai tracé en étoile ma volonté dans le ciel...

Quand il relisait ces lignes placées en tête du livre qui relatait son aventure, elles lui apparaissaient comme une dérision. Où étaient-elles, ces marées d'hommes ? Évanouies comme une fumée. A l'heure du péril, Hussein s'était trouvé seul et Ali avait dû fuir pour échapper à la mort. Le Roi non-couronné d'Arabie avait cru travailler pour l'éternité, et sa volonté ne s'était pas même inscrite dans le sable. Que subsistait-il, de sa grande Confédération arabe ? Le royaume d'Irak, et ce misérable lambeau de Transjordanie, coincé entre la Palestine et le désert, sans accès à la mer, avec son palais semblable à une mairie de sous-préfecture et son territoire si exigu que les tribus n'avaient même pas la place d'y faire tourner leurs troupeaux ! De l'œuvre qu'il avait entreprise, il ne restait plus que des décombres.

Les hommes m'ont prié d'ériger notre maison.
Mais pour que le monument fût exact
Je l'ai fracassé, inachevé —
Et maintenant ils grouillent, les petits êtres,
Pour se rafistoler des masures
Dans l'ombre et la ruine du don
Que je te destinais...

Il avait perdu la dernière bataille, et n'espérait plus rien. Sa chute était profonde. Il voulut la rendre plus profonde encore, en tournant contre lui cette lucidité cruelle qui était un des traits essentiels de son caractère.

« Quiconque mène au succès une révolte des faibles contre leurs maîtres, écrivit-il, doit en sortir si sali, que rien au monde, ensuite, ne peut plus lui rendre l'impression d'être propre [1]. » Que de fois n'avait-il pas voulu se dépouiller de ses titres usurpés, de son commandement frauduleux ! Mais « l'imposture inaperçue habillait si juste, si bien, la camelote humaine ! Les Arabes étaient nos dupes et ils combattaient l'ennemi de tout leur cœur. Ils volaient au vent de notre volonté comme de la paille, et pourtant, ils n'étaient pas de la paille, mais les plus braves, les plus simples, les

1. T. E. Lawrence : *Les Sept Piliers de la Sagesse,* p. 819.

plus joyeux des hommes... Il aurait pu être héroïque d'offrir ma propre vie pour une cause en laquelle je ne pouvais pas croire ; mais faire mourir les autres, sincèrement, pour mon image sculptée, n'était qu'un vol — un vol d'âmes... [1] J'ai dû posséder quelque tendance, quelque aptitude à la fraude. Je n'eusse pas, sans cela, fraudé si bien, ni poursuivi pendant deux ans et fait aboutir une fraude que d'autres avaient conçue et mise sur pied. Je n'eus aucune part dans le début de la Révolte arabe ; et à la fin, j'étais responsable des embarras qu'elle causait à ses inventeurs. A quel moment exact, dans l'intervalle, ma culpabilité, d'accessoire, était-elle devenue principale et à quel titre devais-je être condamné ? Ce n'était pas à moi de le dire. Il suffisait que j'eusse amèrement regretté de m'être empêtré dans cette révolte — assez amèrement pour me ronger aux heures d'inaction, mais pas assez pour couper mes attaches. D'où les zigzags de ma volonté et, sans répit, les plaintes insipides... [2] »

Bientôt les plaintes ne suffirent plus. L'idée de sa déchéance le brûlait comme un acide, et commença à lui inspirer des idées de suicide. « En hâte je cloisonnai mon esprit, nous dit-il, l'instinct et la raison y étant comme toujours en bataille. L'instinct disait : « Meurs ! » mais la raison disait que c'était là seulement couper la longe de l'esprit, le lâcher en liberté et le perdre. *Mieux valait chercher quelque mort mentale,* quelque lent gaspillage du cerveau qui le fît tomber au-dessous de ces énigmes. Un accident était plus bas qu'une faute délibérée. Si je n'hésitais pas à risquer ma vie, pourquoi faire tant d'embarras pour une salissure ? La vie et l'honneur, cependant paraissaient être dans des catégories différentes ; aucun des deux ne pouvait payer l'autre. L'honneur, d'ailleurs, ne l'avais-je pas perdu, quand j'avais affirmé aux Arabes que l'Angleterre tenait ses engagements ? Mes débauches de travail

1. T. E. Lawrence, *op. cit.* pp. 684-685.
2. *Id. : op. cit.,* pp. 687-688.

physique me laissaient inassouvi et le doute sans répit, la question incessante ligotaient mon esprit d'une spirale vertigineuse, qui ne me laissait aucun espace pour penser [1]. »

Déjà, le 4 juillet 1922, Lawrence avait démissionné de son poste de Conseiller pour les Affaires arabes au Colonial Office, où l'avait appelé Churchill et, le 3 août, à bout de forces, il s'était engagé dans la R. A. F. comme simple soldat, sous le nom de John Hume Ross. « J'aimais les choses inférieures, affirme-t-il, c'est vers le bas que je cherchais mes plaisirs et mes aventures. Il y avait apparemment dans la dégradation une certitude, une sécurité finale. L'homme peut s'élever à n'importe quelle hauteur, mais il ne peut tomber au-dessous d'un certain niveau animal [2]. » Il espérait retrouver ainsi cette liberté heureuse qu'il avait connue dans les bas-fonds de Port-Saïd, au temps de sa jeunesse, lorsqu'il passait ses jours à charger le charbon des paquebots avec d'autres parias des trois continents, et ses nuits à dormir, recroquevillé sur la jetée, aux pieds de la statue de Lesseps, frôlé par le passage des houles...

Mais rien, pas même l'écoulement des années, ne parvenait à apaiser son tourment. Après un court temps de service dans le *Royal Tank Corps,* Lord Trenchard l'avait repris dans la R. A. F. en l'invitant à se faire oublier. Là, dans l'anonymat du rang, pris dans l'engrenage mécanique de la vie de caserne, au milieu d'hommes qui ne connaissaient ni son identité, ni son passé — ou qui, s'ils le connaissaient, respecteraient son silence — peut-être trouverait-il enfin le repos ? « On ne peut être que commandant en chef ou simple soldat, écrivit-il à des amis. Tout l'intervalle n'est que trahison ou duperie. Quand on ne détient pas l'absolu du commandement, il faut se réfugier dans l'absolu de l'obéissance. »

Le 13 mai 1935, il était victime d'un terrible accident de motocyclette. On le releva avec une fracture du crâne.

---

1. T. E. Lawrence : *op. cit.,* pp. 679-680.
2. *Id.* : *Les Sept Piliers de la Sagesse,* pp. 702-703.

Transporté d'urgence à l'infirmerie de Bovington-Camp, il y mourut le 19 mai, à 7 h. 45 du matin, après être resté cent quarante heures dans le coma. Sir Ronald Storrs, accouru à son chevet fut frappé par l'expression indiciblement calme de son visage. « Un sourire un peu dédaigneux flottait sur ses lèvres. On ne voyait ni ses mains, ni ses cheveux, mais seulement un masque puissant, couleur de vieil ivoire, qui semblait vivant, par contraste avec la stérilité chimique des pansements qui l'encapuchonnaient[1]. »

Des mains pieuses posèrent sur son lit de sangle, une brassée de roses rouges, en souvenir d'un poème qu'il avait écrit dans le désert :

Libre de choisir parmi toutes vos fleurs, Seigneur, j'ai choisi les tristes roses du monde,
Et voilà pourquoi mes pieds sont sanglants et mes yeux, aveuglés de sueur...

Certaines voix, — notamment celle de Lord Allenby — s'élevèrent pour demander qu'il fût inhumé à Westminster. Mais c'était difficile. Sa mort avait rallumé des controverses passionnées autour de sa personne. Et puis fallait-il le placer dans l'aile des soldats ou dans celle des poètes ?

On l'inhuma dans le petit cimetière de Moreton, dans le Dorset, non loin de ses camarades de régiment. Seuls Churchill et Storrs suivirent à pied le convoi. Selon son désir, sa tombe portait pour toute inscription :

A la chère mémoire de
T. E. LAWRENCE
Fellow de l'All Souls College, Oxford
16 août 1888-19 mai 1935

1. Ronald Storrs : *Orientations*, pp. 530-531.

LXXVII

L'Ikwan exultait. La conquête du Hedjaz avait mis le comble à son ardeur belliqueuse. Les guerriers wahabites pressaient le roi de se remettre en campagne. Stimulés par Dawish, leur commandant en chef qui s'était signalé par sa bravoure au siège de Médine, ils réclamaient à grands cris « de nouvelles victoires ».

Voulant exploiter cette euphorie, avant qu'elle n'ait eu le temps de se dissiper, le fils d'Abdur-Rahman résolut d'annexer à son royaume les territoires de l'Asir et de l'Yémen qui s'étendaient en bordure de la mer Rouge, au sud-est du Hedjaz.

L'Asir était une contrée qui tranchait par sa fertilité sur le reste de la péninsule. De caractère agricole, elle était habitée par une population dense et industrieuse. Grâce à un système d'irrigation développé, les paysans y menaient une vie assez semblable à celle de leurs congénères d'Europe, cultivant d'un bout à l'autre de l'année leurs champs de maïs, de luzerne et de millet.

Ce pays avait été un des berceaux de la civilisation arabique. C'est là qu'avaient régné, bien avant la naissance de l'Islam, les dynasties semi-légendaires des Sabéens, des Hemyarites et des Nabathéens. C'est dans sa capitale de Taïma — la Tema de la Genèse — qu'avait vécu le roi Nabonide, le père de Balthazar qui « y avait transporté toute la gloire de Persépolis », et l'on peut se faire une idée de l'opulence de ce pays grâce à un texte mésopotamien de cette époque. Une tablette gravée nous apprend en effet, qu'un de ses rois, Hazaal de Duma, dut payer à Esar-Haddon « dix mines d'or, mille pierres précieuses, cinquante chameaux, et mille ballots d'herbes aromatiques », comme tribut pour la restitution de ses dieux capturés [1].

En 1926, l'Asir était gouverné par un roitelet féroce, nommé Hassan Idrissi, qui pressurait les populations du fond de son château fort. L'Ikwan, avançant à bride abattue sur Abha, la grosse bourgade qui lui servait de repaire, n'eut aucune peine à l'en déloger et à le mettre en fuite. Ibn-Séoud prononça sa déchéance, mit à sa place un de ses propres cousins, Turki-ibn-Sudairi, et poursuivit sa marche en direction de l'Yémen.

Cette province était encore plus riche et plus peuplée que l'Asir. N'était-elle pas la source des migrations humaines qui avaient déferlé, siècle après siècle, à travers le désert ? Elle comprenait plusieurs villes dont les ruines remontaient au temps des Assyriens et qui s'enorgueillissaient d'un passé fabuleux. On vantait encore l'antique splendeur de Sana, sa capitale, et la magnificence légendaire de sa « Ziggurât », haut de vingt étages, qui avait servi de résidence à la reine Balkis, avec ses murs de granit, de jaspe et de porphyre, ses salles revêtues de faïence d'azur et son toit de tuiles d'or, couronné de lions de bronze « qui rugissaient quand soufflait le vent » [2].

Sans doute l'Yémen était-il bien déchu, depuis l'époque où il était gouverné par « des rois à diadème » et son état actuel ne pouvait plus soutenir la comparaison avec sa grandeur passée. Mais il n'en était pas moins demeuré un pays prospère, grâce au commerce des épices, de l'encens et des perles.

Ce territoire était administré par un chef religieux, l'Imam Yaya, un quinquagénaire obèse et rhumatisant qui ne sortait jamais de son palais et passait le plus clair de son temps à manger. Gastronome impénitent, ce n'était pas un adversaire bien redoutable pour l'Ikwan et les guerriers wahabites commandés par le jeune prince Saud se faisaient fort de le détrôner en un tournemain.

Mais l'Yémen — pour le bonheur de celui qui le gou-

1. Gérald de Gaury : *Arabia Phœnix*, p. 19.
2. *Id.* : *op. cit.*, p. 20.

vernait — servait de glacis à Aden, et Aden était une escale importante sur la route maritime des Indes. Depuis 1839, les Anglais s'étaient solidement retranchés dans ce petit quadrilatère de 194 kilomètres carrés. Ils n'entendaient pas permettre aux Wahabites d'en conquérir les approches.

Ils dépêchèrent aussitôt un messager à Ibn-Séoud, le priant d'arrêter l'avance de ses troupes et proposant en même temps l'ouverture d'une négociation générale. Après plusieurs jours d'hésitation, le fils d'Abdur-Rahman eut la sagesse d'accepter.

LXXVIII

Cette fois-ci, les conversations se poursuivirent dans une tout autre ambiance qu'au Caire ou à Oqaïr. Entre temps, l'Angleterre avait pris conscience de la force réelle d'Ibn-Séoud et avait décidé de s'en faire un ami. Les thèses de Philby avaient fini par l'emporter sur celles de Lawrence. L'ère des brimades et des humiliations était close.

Les négociateurs britanniques se montrèrent pleins de prévenances et traitèrent le roi avec infiniment d'égards. Agréablement surpris par ce changement de ton, qui tranchait sur les discussions orageuses qu'il avait connues jusque-là, le fils d'Abdur-Rahman estima opportun de profiter de ces dispositions conciliantes pour élargir le débat et régler d'un seul coup, par une négociation d'ensemble, non pas seulement la question d'Aden, mais tous les problèmes demeurés en suspens entre l'Angleterre et lui.

Il consentit à conclure des traités de bon voisinage avec Fayçal et Abdallah et s'engagea à n'attaquer ni l'Irak, ni la Transjordanie. Ibn-Séoud accepta également d'évacuer l'Yémen et de laisser l'Imam Yaya en place, avec ses médecins, ses astrologues et ses cuisiniers à condition que celui-ci dénonçât l'accord secret qui le liait à Mussolini[1] et signât avec lui un traité d'amitié stipulant : 1°) que Sana suivrait désormais la même ligne que Ryhad, en matière de politique étrangère ; 2°) que les Yéménites pussent contracter de plein droit des engagements à long terme dans l'Ikwan (c'était une source de recrutement importante en raison de la densité de la population. Ainsi, son excédent au lieu de s'expatrier ou d'accroître le nombre des nomades, irait grossir les colonies agraires de l'intérieur); 3°) que les prêcheurs wahabites fussent autorisés à enseigner librement dans toute l'étendue du territoire. Malgré les apparences, l'Imam Yaya était virtuellement dépossédé.

Ces problèmes réglés, les négociateurs passèrent aux autres problèmes de l'Arabie. Ibn-Séoud consentit à se désintéresser des deux longues bandes de terre qui bordaient la péninsule au sud-est, le long de l'océan Indien : l'Hadramaout et l'Oman. Ces territoires incultes et peu peuplés, qui formaient le prolongement du Ruba-al-Khali, ne comportaient pour ainsi dire pas d'agglomérations urbaines. En dehors de Mascate, la capitale de l'Oman, on n'y rencontrait guère que des villages clairsemés, faits de briques et de torchis, où une population de pêcheurs menait une existence misérable. Ces pays n'offraient qu'un intérêt minime pour Ibn-Séoud[2].

Les deux parties se mirent également d'accord sur le Trucial-Oman. Ce petit territoire de 15.000 km² et de 80.000 habitants, qui s'étendait en bordure du golfe Persique, comprenait la côte occidentale de la presqu'île de Ras-Mousandam et une partie de la côte orientale, de Dibba à

---

1. Dès cette époque, Mussolini cherchait à prendre pied dans la mer Rouge. Il songeait, semble-t-il, à utiliser l'Yémen, comme base de départ pour sa future conquête de l'Ethiopie.

2. Chose curieuse, il n'y a aucune influence réciproque, morale ou politique, entre ces pays et le reste de la péninsule. L'Hadramaout, en particulier, fait historiquement partie de l'Insulinde. Sa civilisation ressemble plus à celle de Java qu'à celle de l'Arabie. (Cf. T. E. Lawrence : *Les Sept Piliers de la Sagesse*, p. 45.)

Ras-Khalba. Il était constitué par un minuscule essaim de principautés indigènes liées par un traité de protectorat britannique[1]. Ibn-Séoud accepta de reconnaître ce traité et s'engagea à ne pas porter atteinte à l'autonomie des gouverneurs locaux. Une solution identique fut adoptée pour le sultanat de Khatar (2.000 kms^2, 25.000 habitants) qui occupait, sur le golfe Persique, la presqu'île du même nom.

En échange de ces concessions, le vainqueur de Taïf conservait en totalité le Hedjaz et l'Asir. Le droit d'administrer les villes saintes ne lui était pas contesté. En outre, Ibn-Séoud demanda à l'Angleterre de le reconnaître *de jure* comme Roi d'Arabie, et d'inviter les autres Puissances à en faire de même. Le gouvernement britannique se déclara disposé à « examiner cette requête avec toute la bienveillance possible ».

LXXIX

Lorsque Mahomet eut conquis la Mecque et fut devenu le maître du Hedjaz, il avait reçu l'hommage de toutes les tribus arabes, venues s'incliner devant son autorité spirituelle et temporelle (630-631). Cette année, qui marqua pour la première fois dans l'Histoire l'unification de la péninsule sous un même souverain, fut appelée par les Chroniqueurs « l'année des Ambassades ». Voulant se conformer, une fois de plus, à l'exemple du Prophète et ressusciter le souvenir de ce précédent illustre, Ibn-Séoud convoqua à Ryhad, pour l'automne de 1928, une « Assemblée générale des pays arabes » à laquelle toutes les tribus du royaume, les villes et les bourgs, furent invités à envoyer des délégations.

En agissant ainsi, Abdul-Aziz n'obéissait pas seulement au désir de frapper l'imagination de ses sujets : sa décision

1. Abou-Dhabi, Dibaï, Chargah, Ras-el-Khaïma, Ajman, Oumm-al-Kaïwaïn et Khalba.

répondait également à une nécessité de politique intérieure.

Absorbé par la conquête du Hedjaz et de l'Asir, le fils d'Abdur-Rahman était resté absent d'Arabie centrale pendant deux années entières. Durant ce temps, les districts du Nedjd, du Haïl, du Hasa et de l'Ataïba avaient été administrés par ses lieutenants. Bien que choisis avec soin, certains d'entre eux n'avaient pas été à la hauteur de leur tâche. Leur gestion avait suscité bien des critiques et provoqué bien des mécontentements. En certains endroits, la population avait été parfois sur le point de se révolter. L'Ikwan, occupée par ses tâches militaires, n'avait pas été là pour maintenir le calme. Il en était résulté un malaise général, qui risquait de compromettre la stabilité du royaume. Il était temps que le roi reprît les choses en main.

L'ouverture de l'Assemblée avait été fixée au 8 octobre. Durant la première semaine du mois, on vit affluer vers la capitale des délégations venues de tous les coins de l'Arabie. Au jour dit, un concours de peuple immense se rassembla devant le palais royal. Il y avait là près de soixante mille personnes. L'affluence était si considérable qu'il avait fallu ouvrir les grilles de la résidence et que le public débordait jusque dans le jardin adjacent. Le centre de la ville était noir de monde. Il y avait des grappes de gens aux balcons, aux fenêtres, dans les arbres et jusque sur les toits des maisons avoisinantes. Jamais Ryhad n'avait connu pareille affluence, depuis sa fondation.

Cette foule était à l'image de l'Arabie entière. Grands dignitaires du royaume, « ulémas » et prêcheurs, Émirs et gouverneurs, princes de la maison de Séoud, notables des villes, cheiks des tribus, généraux de l'Ikwan, capitaines et soldats y côtoyaient des villageois, des artisans, des bergers et des agriculteurs.

Ces hommes d'âges, de provenances et de conditions très divers, n'étaient pas tous animés des mêmes sentiments. Les uns étaient entièrement dévoués au roi ; les autres lui étaient moins favorables. La plupart d'entre eux ne l'avaient encore jamais vu. Ils avaient traversé des centaines de kilomètres de désert, pour répondre à son appel et attendaient avec impatience d'entendre ce qu'il avait à leur dire.

Ibn-Séoud apparut au sommet des marches du palais. Il se redressa de toute sa taille, parcourut la foule d'un regard dominateur, et commença à parler.

— « La puissance n'appartient qu'à Dieu seul ! dit-il. Rappelez-vous ! Lorsque je suis venu vers vous, je vous ai trouvés divisés contre vous-mêmes, vous égorgeant et vous pillant sans cesse les uns les autres. Tous ceux qui traitaient vos affaires, qu'ils fussent Arabes ou étrangers, intriguaient contre vous et entretenaient vos discordes, pour vous empêcher de vous unir et d'accéder à la puissance !

« Lorsque je suis venu vers vous, j'étais faible. Je n'avais aucune force, hormis Dieu, car je n'avais avec moi que quarante hommes, comme vous le savez tous. Pourtant, de victoire en victoire, j'ai fait de vous un peuple — et un grand peuple.

« Ce n'est pas la peur d'un homme qui m'a poussé à vous convoquer ici, car je n'ai peur de personne. J'ai combattu seul, dans le passé, sans aucune aide que celle de Dieu. Je n'ai pas craint d'affronter les armées de mes ennemis, car je savais que Dieu m'accorderait la victoire.

« Ce qui m'a incité à vous rassembler ici, c'est la crainte du Seigneur. Oui — la crainte du Seigneur, et la peur de tomber dans le péché d'orgueil. Ce sont elles qui me poussent à vous parler aujourd'hui. Je veux le faire à cœur ouvert.

« Il m'est venu aux oreilles que certains d'entre vous avaient des griefs à formuler contre moi, contre mes vice-rois et mes gouverneurs. Ces griefs, je veux les connaître, afin d'accomplir pleinement mes devoirs envers vous, et être absous de mes fautes, quand je comparaîtrai devant Dieu.

« Mais il y a une question qu'il faut régler avant les autres, car elle les domine toutes. S'il en est, parmi vous, qui aient des reproches à m'adresser, qu'ils disent sans ambages s'ils désirent que je continue à les gouverner, ou s'ils préfèrent mettre quelqu'un d'autre à ma place. Je ne céderai jamais mon pouvoir à quiconque voudrait m'en dépouiller par l'intimidation ou par la force. Mais je le déposerai docilement entre vos mains, si tel est votre vœu, car je n'ai, pour ma part, aucun désir de gouverner un peuple qui ne souhaite pas que je sois son roi !

« Voyez ! Ici se trouvent devant vous les plus âgés de mes fils : Saud, Fayçal, Abdullah, Mansur, et tous les membres mâles de ma famille. Prenez un chef parmi eux. Quel que soit l'homme que vous aurez choisi, je m'inclinerai devant lui et le servirai loyalement.

« Et maintenant, prononcez-vous ! J'attends votre désision ! »

Ibn-Séoud se tut, pour permettre à la foule d'exprimer son opinion. Surprise par cet exorde, elle resta un moment silencieuse. Puis un murmure s'éleva. Il s'enfla, grandit, monta comme une vague, et finit par devenir une clameur prolongée.

— « Nous sommes tous d'accord avec toi, ô Abdul-Aziz ! Nous ne voulons personne d'autre que toi pour nous conduire ! »

Ibn-Séoud leva un bras, pour rétablir le silence.

— « Je vous remercie de votre confiance ! répondit-il, et je ferai de mon mieux pour la conserver. Mais il ne doit subsister aucune ombre entre nous. Je veux que tout soit net, et sans arrière-pensée.

« Vous souvenez-vous des paroles du premier successeur de Mahomet, le grand calife Abou-Bekr, lorsqu'il eut reçu le serment des compagnons du Prophète ? — *Me voici donc chargé du soin de vous gouverner*, leur dit-il. *Si je fais le bien, aidez-moi. Si je fais le mal, redressez-moi. Dire la vérité au dépositaire du pouvoir est un acte de zèle et de dévouement. La lui cacher est une trahison. Devant moi, l'homme faible et l'homme puissant sont égaux ; je veux rendre à tous impartiale justice. Si jamais je m'écarte des lois de Dieu et de son prophète, je cesserai d'avoir droit à votre obéissance.*

« Eh bien ! ces paroles, je les répète aujourd'hui devant vous, pour mon compte et pour le vôtre. Les temps changent, mais les devoirs restent inchangés. S'il y en a, parmi vous, qui aient été lésés, qui ont un reproche à me faire ou une plainte à m'adresser, qu'ils l'expriment en toute franchise. Je ne leur en tiendrai pas rigueur, qu'il s'agisse des affaires de ce monde-ci, ou de l'autre. Les plaintes seront transmises à des juges, qui les examineront impartialement. S'ils me déclarent coupable, ou s'ils me trouvent en défaut, je me soumettrai à la loi commune, comme n'importe quel autre sujet de ce royaume.

« C'est pourquoi, parle, ô mon peuple ! Dis sans réticence ce que tu as sur le cœur ! Fais savoir ce que tu as à reprocher à mes gouverneurs ! J'en suis responsable, puisque c'est moi qui les ai nommés. Et vous, mes « ulémas », parlez comme au jour du Jugement, quand vous comparaîtrez devant Dieu, pour lui rendre compte de votre ministère. Parlez et ne craignez personne, qu'il soit humble ou puissant ! »

Les jours suivants, ceux qui avaient des doléances à formuler furent entendus par un tribunal, spécialement constitué à cet effet. Durant ce temps, les chefs des délégations, réunis en Commissions, examinèrent avec Ibn-Séoud les différents aspects de l'administration royale. Développement des colonies agricoles, travaux d'irrigation, redevances, gestion des gouverneurs, recrutement de l'Ikwan, finances municipales, sécurité des routes, tout fut passé au crible et minutieusement épluché. Aucun aspect de l'activité du roi ne fut soustrait à l'investigation des Commissaires.

Les Arabes sont de grands enfants. Ibn-Séoud connaissait bien leur psychologie. Il savait que plus il leur permettrait de discuter et de critiquer ses actes, plus ils se montreraient ensuite obéissants et dociles. Mais il leur interdit de s'occuper des problèmes résultant de querelles entre tribus ou entre particuliers. Il considérait que ces questions-là ne relevaient que de lui seul. Il entendait se réserver le droit de les trancher lui-même.

La foule avait été favorablement impressionnée par le discours du roi. Les sanctions prises contre certains gouverneurs, qui avaient commis des exactions dans les districts dont on leur avait confié la garde, et l'absence de toute mesure de rétorsion à l'égard des plaignants, achevèrent de la séduire. Elles lui prouvèrent qu'Abdul-Aziz tenait ses engagements et savait mettre ses actes en accord avec ses promesses.

La journée de clôture de l'Assemblée fut marquée par d'importantes solennités religieuses et militaires. Un service d'action de grâces eut lieu à la mosquée. Après les prières rituelles, le collège des Anciens et les Docteurs de la Loi annoncèrent que le peuple avait décidé de proclamer Ibn-Séoud roi d'Arabie et Protecteur des Lieux Saints.

Lorsque la cérémonie fut terminée et que l'arrière-petit-neveu de Séoud le Grand apparut sur le parvis du sanctuaire, entouré de ses fils, tenant en main le sabre Al-Rahaiyan et revêtu des insignes de sa nouvelle royauté, la foule l'accueillit par des acclamations frénétiques. Du haut des marches de la mosquée, Abdul-Aziz annonça d'une voix forte qu'il n'y aurait plus, dorénavant, de royaumes distincts du Nedjd, du Hedjaz et du Hasa, mais un seul Etat qui porterait le nom d' « Arabie Séoudite ».

Puis le roi se rendit sur la grande place de Ryhad, où étaient rassemblés les détachements envoyés par les diverses formations de l'Ikwan. Il leur remit de nouveaux étendards et distribua des présents somptueux aux « ulémas » et aux gouverneurs, aux généraux, aux officiers et aux soldats qui s'étaient distingués au cours des récentes campagnes. Il leur donna, selon leur rang et leurs mérites, des sabres et des poignards finement ciselés, des tapis de prière, des manteaux brodés, des harnais incrustés d'or et d'argent, des selles d'apparat, des coupes d'émail et d'onyx, des faucons de chasse, des fusils et divers trophées provenant des trésors abandonnés par Hussein.

L'air était vif, le soleil éclatant et la lumière transparente de la saison mettait en valeur les tons chatoyants des uniformes, déployés en espalier tout autour de la place et sur les gradins du palais : ceux des serviteurs royaux, écarlates ou citron avec de lourdes broderies dorées au col et aux poignets ; ceux de la garde bédouine, avec leurs amples manteaux damascènes rehaussés d'arabesques d'or, et leurs foulards blancs, vermillon ou vert-amande. Tout cela formait un spectacle fastueux et haut en couleur. Un témoin oculaire déclara par la suite que « le mouvement des gardes s'inclinant sur le passage du roi évoquait des parterres de tulipes, ondulant sous la brise ».

L'enthousiasme de la foule ne cessait de grandir. Des ovations interminables ponctuaient la remise de chaque don. Les assistants se montraient du doigt les fils du roi, Saud, Fayçal, Mansur, Abdallah ; les héros les plus réputés de l'armée victorieuse : Mutib, le fondateur d'Artawiya ; Jilouy, qui avait conquis Ryhad ; Dawish, qui avait conquis Médine ; Luwaï, qui avait conquis la Mecque...

Mais où la joie de la population ne connut plus de bornes, ce fut lorsque l'on vit s'avancer sur le perron du palais, les représentants des pays étrangers qui avaient reconnu le nouvel Etat séoudite. Il y avait là les ministres plénipotentiaires et les consuls de la plupart des grandes Puissances : ceux de la Turquie, de l'Italie, de l'Allemagne, des Etats-Unis, de la Hollande, du Japon, d'autres encore [1].

En tête de cette délégation venait le représentant de Sa Majesté britannique et ce représentant n'était autre... que Sir Gilbert Clayton lui-même [2].

En envoyant à Ryhad une personnalité aussi marquante, l'Angleterre avait voulu faire largement les choses. Peut-être le gouvernement de Londres espérait-il, à la dernière minute, donner l'apparence d'une victoire anglaise, à ce qui était en réalité la victoire d'Ibn-Séoud ? Mais peut-être

1. La France n'était pas encore représentée.
2. La mission de Sir Gilbert Clayton n'était que temporaire. Le premier ministre plénipotentiaire anglais, officiellement accrédité auprès d'Ibn-Séoud, fut Sir Andrew Ryan. Il vint à Ryhad le 24 novembre 1935, pour apporter au roi d'Arabie les insignes de la Grand-Croix du Bain, qui faisaient du fils d'Abdur-Rahman le « cousin d'armes » de George V.

d'autres préoccupations avaient-elles également contribué à motiver ce geste. Car aussi rapidement qu'eût réagi Downing Street, il avait été devancé par une puissance rivale qui reparaissait, après une éclipse passagère, sur la scène du Moyen-Orient. Trois semaines avant la réunion de la grande assemblée de Ryhad, l'Etat séoudite avait été reconnu par l'U.R.S.S.

Des lisières de la Syrie à celles de l'océan Indien, et de la mer Rouge au golfe Persique, Ibn-Séoud était Seigneur de l'Arabie. Un nouveau royaume venait d'apparaître sur la carte du monde.

QUATRIÈME PARTIE

L'ARABIE SÉOUDITE
(1928-1945)

LXXX

Hussein avait laissé le Hedjaz dans un état de délabrement difficile à décrire. Finances, police, voirie, hygiène, administration municipale, réglementation des pèlerinages, tout était à refaire. Tâche d'autant plus ardue que dans ce pays, dont toutes les activités étaient dominées par la présence des sanctuaires, les questions politiques, économiques et religieuses se trouvaient inextricablement mêlées.

Les difficultés avaient commencé dès le lendemain de la conquête. En juin 1926, Ibn-Séoud avait convoqué à la Mecque, un grand congrès pan-islamique, afin d'examiner la situation des Villes Saintes avec les représentants les plus qualifiés du monde musulman.

Le fils d'Abdur-Rahman fondait de grands espoirs sur cette conférence. Rien n'avait été négligé pour permettre aux délégués de travailler dans les meilleures conditions possibles. L'ancienne caserne d'artillerie, construite jadis par les Turcs au sommet d'une colline dénudée qui domine la porte d'Occident, avait été entièrement remise à neuf. Le bâtiment avait été repeint et décoré aux couleurs du Nedjd. Deux longues plates-bandes avaient été aménagées des deux côtés de la route ; elles étaient semées d'orge et constamment arrosées pour que le vert tendre des jeunes pousses — symbole de la renaissance de l'Islam — offrît un contraste agréable à l'œil avec la grisaille poussiéreuse de la campagne environnante. Enfin, un programme de travaux avait été préparé, pour faciliter la tâche des congressistes.

Les séances s'étaient tenues dans la salle d'honneur, au bout de laquelle on avait érigé une estrade, surmontée d'un dais vert et or.

Les membres du Congrès, venus de tous les pays musulmans étaient au nombre de soixante-dix. Parmi eux se trouvait le délégué de la Turquie kémalienne, Edib Servet, qui faisait sensation au milieu des aiguals et des abayas avec son veston croisé et son chapeau melon [1]. Dès que les délégués eurent pris place, Ibn-Séoud entra, traversa la salle d'un pas rapide et alla s'asseoir sur l'estrade. Puis, son premier conseiller Hafiz-Wahba lut, en son nom, le discours de bienvenue.

— « Lors de la prise de la Mecque par les forces de l'Ikwan, disait le firman royal, je vous ai priés de venir ici, pour étudier avec moi les mesures qu'il convenait de prendre. Depuis lors, un an s'est écoulé, pendant lequel vous avez eu le temps de réfléchir à la question. Je vous ai donc invités à vous réunir de nouveau, pour que vous me fassiez part du résultat de vos travaux. J'attends de vous, que vous me disiez tout ce qui peut, et doit être entrepris en vue de l'amélioration morale et religieuse du Hedjaz, et pour que vous preniez vous-mêmes, dans ce domaine, toutes les décisions qui peuvent être agréables à Dieu et aux hommes. »

Dès que Hafiz-Wahba eut terminé sa lecture, Ibn-Séoud s'inclina respectueusement devant les congressistes et quitta la salle pour leur permettre de délibérer en toute indépendance. Cependant, le sens de son discours était clair : en circonscrivant les débats aux « questions morales et religieuses », il se réservait de régler lui-même les problèmes politiques et administratifs.

Les délégués n'admirent naturellement pas ces limita-

1. Cf. *Mustapha Kémal ou la mort d'un Empire*, p. 384.

tions. Ils déclarèrent qu'Ibn-Séoud empiétait sur leurs prérogatives. Repoussant le programme élaboré par le roi, ils abordèrent presque immédiatement des questions touchant à l'administration civile, et proposèrent la construction d'un chemin de fer reliant Djeddah à la Mecque. Ibn-Séoud chargea Hafiz-Wahba de les remercier de leur suggestion, mais leur fit remarquer qu'elle sortait du cadre de la conférence. Les délégués offrirent ensuite de réunir des fonds importants dans leurs pays respectifs et de les consacrer à l'entretien des sanctuaires, à condition que le montant des taxes perçues sur les pèlerinages leur soit versé en totalité. Ibn-Séoud se déclara pleinement d'accord avec cette initiative généreuse, mais leur demanda de réunir d'abord les fonds en question ; l'attribution des taxes provenant des pèlerinages serait examinée ensuite. Il savait que la proposition des délégués n'était que du bluff et qu'ils n'étaient pas à même de réunir les sommes nécessaires.

Au fur et à mesure que les séances se succédaient, Ibn-Séoud perdait peu à peu confiance dans les membres du Congrès. Totalement dépourvus d'esprit pratique, ils se montraient incapables de résoudre aucun problème. Leur vanité, par contre, s'étalait au grand jour. Toutes les discussions dégénéraient en querelles personnelles, où les questions d'amour-propre tenaient la première place.

Comme l'année précédente, les délégués hindous, furieux de se voir frustrés de la situation prépondérante à laquelle ils prétendaient avoir droit, s'ingénièrent à multiplier les incidents. L'un d'eux proposa d'élire Edib Servet comme président, alors qu'un Hedjazi occupait déjà le fauteuil présidentiel. Un autre s'obstina à parler urdu ou anglais, alors qu'il avait été convenu que les débats se dérouleraient uniquement en langue arabique. Ils se mirent à critiquer tout avec un parti pris évident : la doctrine wahabite, la gestion des finances du pèlerinage, l'organisation du Congrès, et jusqu'au principe des Assemblées annuelles, proposé par Ibn-Séoud. A leur tour, Turcs et Egyptiens se mirent à faire de l'obstruction et à saboter les séances. Au bout d'une quinzaine de jours, les travaux n'avaient pas avancé d'un pas.

Ces querelles causèrent à Ibn-Séoud une déception extrêmement vive. Il avait rêvé faire de ces Assemblées les assises d'un grand parlement inter-musulman, où les problèmes moraux et religieux intéressant 400 millions de Croyants seraient débattus dans une atmosphère fervente et fraternelle. Il avait songé également à ériger les villes saintes en territoires autonomes qui auraient été le bien commun de tous les Mahométans. Les disputes mesquines qui mettaient aux prises les diverses délégations ne lui montraient pas seulement qu'il s'était lourdement trompé : elles lui révélaient, d'une façon dramatique, combien le monde islamique était divisé.

Habitué aux petites communautés religieuses de l'Arabie centrale, si vivantes et si passionnées, il avait étendu cette image à l'ensemble de l'Islam et avait cru que ce corps immense était travaillé par une même aspiration à l'unité. Hélas ! C'était bien un corps immense, mais amorphe et comme éteint. Il avait fait venir à la Mecque ceux qui parlaient en son nom, croyant avoir affaire à des hommes pleins de sagesse et d'expérience, et il voyait s'agiter devant lui une foule de bavards prétentieux et incohérents, tout occupés à satisfaire leurs petites ambitions personnelles. L'unité du monde islamique était le cadet de leurs soucis. Leurs discours, leurs professions de foi, leur dévotion elle-même n'étaient que des simulacres. Derrière le masque des grands mots, on n'apercevait que du vide.

Ibn-Séoud en conclut qu'il ne pouvait, ni ne devait, se dessaisir en leur faveur d'aucune de ses prérogatives. Conquérant et maître du Hedjaz, c'était à lui de l'administrer.

Le Congrès piétinait et semblait ne jamais devoir prendre fin. Soudain, à l'instigation d'un délégué afghan, les congressistes inscrivirent à leur ordre du jour une discussion portant sur l'indépendance des Lieux Saints. Ibn-Séoud décida d'y assister, car cette question le visait personnellement. A peine arrivé dans la salle des séances, il fut pris violemment à partie par un des délégués.

— « Pourquoi es-tu assis sous ce baldaquin ? » lui demanda-t-il en désignant le dais vert qui surmontait l'estrade.

— « Parce que je suis le **roi** », répondit Ibn-Séoud.

— « Et de quel droit es-tu le roi ? » rétorqua le délégué.

Ibn-Séoud trouva que l'impudence dépassait les bornes. Il se redressa de toute sa taille et, toisant l'ensemble du Congrès :

— « Lequel d'entre vous, demanda-t-il d'une voix tonnante, peut garantir les territoires sacrés contre toute ingérence étrangère ? »

Les délégués échangèrent des regards gênés et plongèrent le nez dans leurs dossiers.

— « Je répète ma question : Lequel d'entre vous peut garantir les territoires sacrés contre toute ingérence étrangère ? »

Comme personne ne répondait :

— « Moi seul, ici, suis libre ! Moi seul, en conséquence, suis à même de le faire, déclara Ibn-Séoud d'un ton sans réplique. Tenez donc cette indépendance pour acquise, et ne m'en parlez plus ! »

Cette intervention péremptoire clôtura les débats de l'Assemblée.

LXXXI

Les délégués du Congrès n'étaient pas les seuls à se disputer entre eux. Les caravanes de pèlerins en faisaient autant. Leurs querelles étaient même si vives, qu'elles dégénéraient parfois en bagarres sanglantes.

L'année 1927, entre autres, fut marquée par des incidents d'une particulière gravité. Le pèlerinage avait lieu au début de juin, et les caravanes avaient commencé à affluer de Perse, de Transjordanie et d'Egypte. Conformément à une tradition très ancienne, les pèlerins égyptiens, auxquels se joignaient ceux du Maghreb, du Niger, du Tchad et du Tibesti apportaient avec eux le « Mahmal », sorte de coffre carré, surmonté d'un palanquin, porté à dos de chameau. Il passait pour avoir été, six cents ans auparavant, la litière de la reine d'Egypte Shajarat-al-Dor, la première souveraine étrangère convertie à l'islamisme. Il était escorté, chaque année par une compagnie de soldats égyptiens en armes, accompagnés d'un canon. La caravane était toujours dirigée par un personnage considérable appelé « Emir-el-Hadj », — l'Emir du pèlerinage — qui appartenait en général à la famille du Khédive.

Le jour du Grand Sermon, qui marque le point culminant des pèlerinages, la coutume exigeait que le « Mahmal » fût porté en procession à Arafa, en passant par la vallée d'Abtah et le village de Mina.

Arafa est une petite plaine, entourée d'un cirque de collines, au centre desquelles, sur des amoncellements de rochers arides, se dresse le « Jabal-er-Rahma », ou Mont de la Miséricorde. « Dans cette enceinte étouffante s'entassent parfois pendant une journée entière, sous un soleil torride, soixante ou quatre-vingt mille personnes avec des animaux, des tentes, des provisions, tous les besoins et les déchets d'une humanité déjà affaiblie par un long voyage et énervée par les émotions religieuses [1]. »

Ce jour-là, les Egyptiens avaient atteint Mina en fin d'après-midi et s'étaient arrêtés un moment à l'entrée du village pour permettre aux traînards de rejoindre le cortège. Il faisait une chaleur accablante. Un orage était sur le point d'éclater. En raison de la densité de la foule, les soldats égyptiens avaient sonné de la trompette pour indiquer leur emplacement aux retardataires.

Tout s'était bien passé jusque-là, lorsque soudain, un Wahabite désigna du doigt le « Mahmal » et s'écria :

---

1. M. Gaudefroy-Demombynes : *Les Institutions musulmanes*, p. 96.

— « C'est une idole ! Les Egyptiens ont apporté ici une idole ! Je les ai vus l'adorer et lui faire de la musique ! »

Un autre Wahabite affirma qu'il avait vu fumer un pèlerin du Caire.

— « Ces gens-là, hurla-t-il, n'ont aucun respect pour les croyances sacrées ! Ce sont des idolâtres, des mécréants, des chiens d'Infidèles ! »

Un groupe d'exaltés s'approcha du « Mahmal » et commença à lui jeter des pierres. D'autres pèlerins s'attroupèrent et poussèrent des clameurs hostiles. L'officier qui commandait le détachement égyptien prit peur et ordonna à ses hommes de tirer en l'air. Le bruit des salves de mousqueterie ne fit qu'aggraver l'exaspération de la foule. Les cris et les invectives redoublèrent. Craignant d'être débordé, le capitaine dit alors à ses soldats de mettre le canon en position, et de tirer sur les manifestants. La décharge fit plus de cent blessés et tua vingt-cinq personnes, dont un certain nombre de femmes.

Instantanément, un rugissement de colère s'éleva de toutes parts. Les soldats de l'Ikwan et les Nedjis coururent aux armes. Les collines avoisinantes, la vallée d'Abtah, le village de Mina, le mont de la Miséricorde, tout grouillait d'hommes furieux, qui se rassemblaient pour massacrer les Egyptiens.

Ibn-Séoud se trouvait au palais de la Mecque. Sitôt informé de l'incident, il sauta à cheval, cria à ses gardes du corps de le suivre, et galopa ventre à terre jusqu'à Mina [1]. L'affaire était des plus graves. S'il n'arrivait pas à rétablir la situation, il aurait démontré au monde entier qu'il n'était pas capable d'administrer les Lieux Saints, et les Wahabites auraient confirmé le jugement de leurs ennemis : à savoir que leur présence à la Mecque était un danger pour l'Islam.

Déjà la nuit tombait. La vallée était obscurcie par les ombres et par un nuage de poussière, à travers lequel on

---

1. H. C. Armstrong : *op. cit.*, pp. 201-202.

distinguait confusément une multitude déchaînée. L'air était saturé par l'odeur de la poudre et du sang.

Ibn-Séoud sauta à terre et se fraya à coups de cravache un passage à travers la foule. Séparant brutalement Egyptiens et Wahabites, le roi géant s'avança à grands pas vers l'endroit où gisaient les victimes, en criant aux Nedjis de se tenir tranquilles. Malgré la clarté indécise du crépuscule, ceux-ci reconnurent Abdul-Aziz à sa haute stature et se retirèrent sur les pentes des collines, pour voir ce qui allait se passer.

Ibn-Séoud regarda autour de lui : le sol était jonché de cadavres affreusement déchiquetés, et des traînées de sang noir s'étalaient sur le sable.

Il fronça les sourcils et se tourna vers l'officier égyptien.

— « De quel droit as-tu pris sur toi de tuer ? lui demanda-t-il d'un ton courroucé. Il existe ici une loi et un gouvernement. Je suis le souverain ! Si tu avais fait appel à moi, j'aurais réglé cette affaire moi-même ! »

— « C'est seulement par respect pour Votre Majesté que j'ai donné l'ordre de cesser le feu, répliqua l'officier d'un ton rogue, sans quoi je n'aurais pas hésité à balayer toute cette racaille de Wahabites ! »

Ibn-Séoud blêmit. Il était l'Imam des Wahabites et l'Egyptien ne l'ignorait pas. Jamais personne n'avait osé l'insulter de la sorte ! Une colère terrible s'empara de lui. Il fit un pas en avant et crispa les poings. L'Egyptien insolent et le roi étaient face à face, à deux mètres l'un de l'autre. La foule retint son souffle, se demandant ce qui allait se passer. Ibn-Séoud ferma les yeux. Son sang battait furieusement dans son cou et dans ses tempes. Allait-il tuer l'homme qui outrageait, à travers lui, la religion de ses pères ? Mais alors, lui aussi verserait le sang dans le périmètre du temple, et le protecteur des Lieux Saints se rendait coupable d'un acte sacrilège ! Faisant un grand effort sur lui-même, il respira profondément, laissa tomber les bras et décrispa lentement les poings. Puis, après un moment de silence :

— « Ceci n'est pas un lieu qui convient aux vantardises, dit-il en se maîtrisant. Ceci est un territoire sacré au seuil duquel il est écrit : Tu ne tueras point ! Nous sommes dans le rayonnement du Sanctuaire [1] et vous êtes nos hôtes, sans quoi je vous aurais infligé le châtiment que vous méritez ! »

Le roi appela ses gardes, fit enlever les cadavres et transporter les blessés à l'hôpital le plus proche. Puis il ordonna au capitaine égyptien de désarmer ses hommes, plaça un cordon de sécurité entre les Wahabites et eux pour éviter une nouvelle collision. Après quoi, il remonta à cheval et retourna lentement à la Mecque, tandis que la foule, soudain apaisée, se dispersait dans la nuit...

Dès le lendemain, Ibn-Séoud demanda réparation au gouvernement égyptien. Celui-ci refusa. Mais le nouveau Chérif de la Mecque se montra inflexible. Le maintien de l'ordre et la police des Lieux Saints étaient sa prérogative personnelle. Il n'entendait pas laisser bafouer son autorité ni méconnaître ses droits. Il répondit au Khédive qu'il interdirait l'accès des territoires sacrés aux caravanes venant du Caire, aussi longtemps qu'il n'aurait pas obtenu satisfaction.

Le gouvernement égyptien finit par s'incliner et versa une indemnité aux familles des victimes.

1. « Les limites du territoire sacré correspondent, suivant la tradition musulmane, aux points où s'arrêtèrent les démons en voyant briller le feu allumé par Abraham sur le mont Abou Quobaïs au-dessus de la ville sainte ; elles marquent donc véritablement l'étendue du *rayonnement* du sanctuaire. A ces limites, des tas de pierres, remplacées depuis par des piliers ou des colonnes, signalent l'entrée dans le « haram »... Le « haram » de la Mecque est protégé par des interdictions, des tabous : on ne doit pas y verser de sang, pas même celui des animaux, sauf certaines espèces nuisibles ; on doit s'abstenir de couper les végétaux qui y croissent naturellement ; il faut même respecter le sol, dont on ne doit pas emporter une parcelle hors du « haram ». Ces interdictions sont générales, s'appliquent à tous et sont tout à fait indépendantes des prescriptions qui règlent les cérémonies du pèlerinage. Elles expliquent que l'entrée du territoire mecquois soit strictement interdite aux non-musulmans. » (Cf. M. Gaudefroy-Demombynes : *Les Institutions musulmanes*, p. 91.)

LXXXII

Collisions sanglantes entre pèlerins, discussions orageuses entre congressistes, tout prouvait à Ibn-Séoud qu'il devait agir sans demander l'avis des délégations étrangères. Le régime de libre discussion était peut-être bon pour d'autres pays : il ne valait rien pour les Arabes passionnés et versatiles. Le Cromwell de l'Arabie, comme l'appelait Philby, avait plus confiance dans la poigne de ses cavaliers puritains que dans les raisonnements des idéologues. Ce n'était pas avec des discours que l'on assainirait cette province, abandonnée depuis des années aux trafiquants et aux voleurs. On ne construit solidement qu'en partant de la base. Et la base, c'était comme toujours, l'ordre et la sécurité publiques.

Sous le règne de Hussein, la vie dans le Hedjaz était devenue impossible. Chaque année, des centaines de pèlerins étaient détroussés ou assassinés. Les meurtres étaient quotidiens. On tuait pour un kouffieh, on tuait pour quelques deniers, on tuait pour une boule de pain. Le vol sévissait à l'état endémique. Aucune route n'était sûre, aucun village n'était à l'abri des pillards. Et comme la corruption régnait, du haut en bas de l'administration, crimes et délits restaient généralement impunis.

Ibn-Séoud se rendit vite compte que seules des mesures draconiennes parviendraient à réprimer l'anarchie. S'inspirant des méthodes employées par Jilouy dans le Hasa, il chargea sa garde personnelle d'assurer la police de la Mecque, installa à poste fixe de petits détachements de l'Ikwan dans les villages et les villes, et fit circuler à travers tout le pays des patrouilles volantes, composées de quelques cavaliers, qui se déplaçaient rapidement, de jour et de nuit.

Ces détachements appliquèrent la loi avec une rigueur implacable. Criminels et délinquants étaient immédiatement

traduits devant une cour martiale, formée de trois Wahabites. La procédure était expéditive. La vie primitive du
désert ne permet pas les châtiments longs et raffinés, les
tribunaux et les geôles. « Chez elle, nous dit Hitti, le sang
appelle le sang, et le seul châtiment admis est la peine du
talion [1]. » Aussi les peines sont-elles simples, rapides et
dures. Les meurtriers ont la tête tranchée. Pour les voleurs,
quiconque est pris en flagrant délit a la main droite coupée ;
s'il récidive, l'autre main suit, puis le pied droit, puis le
pied gauche. Les ivrognes rencontrés en état d'ébriété, reçoivent quatre-vingts coups de bâton. Quant à ceux qui se
rendent coupables d'adultère, ils sont enterrés jusqu'à mi-
corps dans le sable et lapidés jusqu'à ce que mort s'en-
suive.

Un jour, nous raconte Jean-Paul Penez, un Arabe s'en
fut dire à la police qu'un sac de riz était tombé dans la
rue.

— « Comment sais-tu que c'est du riz ? » lui demanda
le commissaire.

— « Je l'ai tâté », répondit l'Arabe.

C'était encore trop : il y laissa un pouce [2].

Les soldats de l'Ikwan poursuivirent les malfaiteurs avec
un zèle infatigable. Ils demeuraient sourds aux supplica-
tions, comme aux menaces et se montraient totalement inac-
cessibles à la pitié. Cuirassés par leur puritanisme contre les
tentatives de corruption, ils ne connaissaient ni compromis,
ni accommodements et ne faisaient aucune différence entre
les catégories sociales. Lorsqu'un homme était reconnu coupable, ils lui appliquaient le même tarif, qu'il fût haut fonctionnaire ou berger. Ils ne pardonnaient rien et ne relâ-
chaient personne. Ils remplissaient leur rôle de bourreaux
avec une rigueur inflexible. Leur conscience d'être des
« Justes » empêchait leurs bras de faiblir et apportait à
leurs âmes sectaires des satisfactions intenses. Ils sévissaient

---

1. Philip K. Hitti : *Précis d'Histoire des Arabes*, p. 21.
2. J.-P. Penez et Maurice Jarnoux : *Enquête chez le fils d'Ibn-Séoud*,
Paris-Match, 6-13 mars 1954, p. 45.

avec l'énergie farouche que confère à la cruauté le fait de s'exercer au nom de la vertu.

Aussi la répression fut-elle impitoyable. Durant les mois qui suivirent, on ne pouvait guère traverser de village sans y rencontrer quelque estropié. Mais elle eut au moins un résultat heureux : en très peu de temps, il régna dans le Hedjaz un ordre et une tranquillité tels, que la physionomie du pays en fut profondément transformée.

Les crimes crapuleux disparurent presque complètement. Les routes furent purgées des bandes de pillards qui les infestaient et devinrent sûres, même pour les voyageurs isolés. Les Turcs avaient hérissé le pays de fortins, pour y abriter leur police. Ibn-Séoud les fit démanteler, car ils étaient devenus superflus. Un marchand pouvait laisser ses biens sur le bord d'une route et revenir les chercher plusieurs semaines plus tard. Les passants auraient préféré faire un détour, plutôt que d'y toucher. Les tribunaux wahabites avaient inspiré partout une terreur salutaire. Trois soldats de l'Ikwan, commandés par un sous-officier, suffisaient à maintenir l'ordre dans tout un district.

« Il est difficile, écrit Gérald de Gaury, d'imaginer un changement plus radical, réalisé en aussi peu de temps. On dit volontiers aujourd'hui que si une caravane laisse tomber un sac de café dans le désert, on est sûr de le retrouver au même endroit, six mois plus tard. La sécurité en Arabie Séoudite est remarquable : elle est plus grande, peut-être, que dans n'importe quel pays de l'Europe actuelle. Les quatre facteurs indispensables au maintien de l'ordre parmi les nomades sont : 1°) des informations rapides ; 2°) une étroite collaboration entre le gouverneur et ses forces de police ; 3°) une mobilité plus grande que celle des tribus ; 4°) une compréhension parfaite des coutumes et des traditions locales [1]. » Les administrateurs séoudites disposaient de ces quatre atouts. Ce fut la raison de leur succès.

« Si Ibn-Séoud a réussi à rassembler l'Arabie sous son

1. Gérald de Gaury : *Arabia Phœnix*, p. 103.

sceptre, nous dit de son côté Jean-Paul Penez, s'il a fait
d'un pays troublé et peuplé de bandits le pays le plus sûr
du monde, où la vertu est *obligatoire,* ce n'est pas seulement
en faisant appel à la force de l'épée. Ii a versé dans le
creuset de la jeune nation le plus pétrifiant des ciments :
le rigorisme coranique.

« En Arabie il se commet actuellement, moins de crimes
en un an, qu'en un jour à Paris [1]. » Cela provient de ce
que toute la vie y est régie par le Coran. Et, le Coran
« est un code qui a tout prévu [2] ».

LXXXIII

Une fois l'ordre public rétabli, Ibn-Séoud se préoccupa
d'améliorer l'administration civile et les conditions dans
lesquelles s'effectuaient les pèlerinages.

Beaucoup de tribus, notamment celles du Harj, avaient
pris l'habitude de percevoir un droit de péage sur les caravanes qui empruntaient leur territoire pour se rendre à la
Mecque. Abdul-Aziz interdit cet abus ainsi que toutes les
pratiques similaires, instaurées au temps des Sultans et que
Hussein avait encouragées pour remplir ses caisses, toujours
vides.

L'exploitation commerciale des Lieux Saints par les populations de la Mecque avait pris, au cours du XIXᵉ siècle
des proportions inouïes. « Qu'on lise Burckhardt, Burton,
Snouck, Batanouni ou Ben Chérif, écrit M. Gaudefroy-
Demombynes, ce qui dominè leurs souvenirs, c'est l'âpreté
des Mecquois, les sourires et les r025 roueries qu'ils prodiguaient
pour gagner en quelques jours leur subsistance de l'année
entière [3]. » Guides, loueurs de montures, loueurs de mai-

---

1. J.-P. Penez et Maurice Jarnoux : *Une enquête chez le fils d'Ibn-
Séoud, id. ibid.*
2. Id. *ibid.*
3. M. Gaudefroy-Demombynes : *Les Institutions musulmanes,* p. 100.

sons et de chambres, vendeurs d'amulettes et d'eau de
Zemzem [1], prostituées, barbiers, gardiens de maisons plus
ou moins historiques, marchands de tout rang et de toutes
choses avaient vite fait de vider la sacoche des pèlerins.
Ibn-Séoud réagit avec vigueur contre ces pratiques, sans
parvenir d'ailleurs à les supprimer totalement.

Un système de transports réguliers fut organisé entre les
ports de la côte, la Mecque et Médine. De vastes réservoirs
d'eau furent construits à Arafa [2] et en bordure des itinéraires empruntés par les caravanes. Après l'incident du
« Mahmal », on y installa également des stations sanitaires
et des postes de secours pour les blessés.

L'administration séoudite — aidée dans cette tâche par
des accords internationaux qui permirent la généralisation
des visites médicales et des quarantaines — apporta un soin
particulier à l'amélioration de l'hygiène et à la lutte contre
la propagation des épidémies après le pèlerinage [3]. A Médine
et à la Mecque, Ibn-Séoud créa des « Comités sociaux »
chargés d'assurer la propreté des rues, le pavage des routes,
l'enlèvement des ordures et l'entretien ·des égouts. Ces
comités devaient également veiller à ce que les habitants des
villes saintes se conformassent strictement aux prescriptions
du Coran. Ceux qui délaissaient le culte furent frappés
d'une amende. La prostitution fut sévèrement réprimée,
l'usure interdite, le luxe découragé. Aucun homme ne fut

L'auteur ajoute très justement : « Il faudrait, d'ailleurs, une étrange
ignorance du caractère des populations qui vivent de l'ombre des grands
sanctuaires de l'humanité, pour reprocher aux Mecquois leurs mœurs mer-
cantiles et pour y voir une faute propre à l'Islam. »

1. Puits sacré, proche de la Kaaba, dont les pèlerins s'aspergeaient et
où ils plongeaient les pièces de toile devant leur servir de linceul. On en
vendait l'eau dans des récipients de fer-blanc.

2. Un aqueduc y existait au temps des Abassides (voir plus haut, p. 56).
L'incurie de l'administration ottomane l'avait laissé tomber en ruines.

3. « La réunion dans les Lieux Saints, à la Mecque, à Arafa, à Mina,
d'une foule venue de tous les points du monde et en rapportant des
germes de maladies d'autant plus dangereuses qu'elles étaient étrangères,
représentait un péril périodique pour la santé de l'humanité : le Hedjaz
a été le foyer de plusieurs graves épidémies, dites de choléra. » (M. Gaudefroy-Demombynes : op. cit., p. 104.)

autorisé à fumer, ni à porter de l'or ou de la soie sur sa personne dans le périmètre des sanctuaires. Toutes les manifestations offrant le caractère d'un culte personnel adressé à Mahomet et aux membres de sa famille, furent déclarées sacrilèges et rigoureusement proscrites [1].

Pour compléter l'œuvre de réorganisation, Ibn-Séoud instaura des Conseils municipaux dans les six villes principales du Hedjaz : La Mecque, Médine, Djeddah, Yenbo, Rabigh et Taïf. Ces conseils, dotés d'attributions très larges, furent composés par moitié de notables désignés par le roi, et par moitié de citoyens élus par le peuple. Leur rôle était à la fois consultatif et exécutif.

Plus tard, lorsque ses autres sources de revenus furent devenues suffisantes, le roi supprima la taxe de 28 livres qu'il percevait sur chacun des trois cent mille pèlerins annuels qui se rendaient dans la ville sainte [2]. Il ne voulait tirer des sanctuaires, disait-il, aucun autre avantage que l'accroissement de son autorité morale.

« Toutes ces mesures ouvrirent une ère nouvelle non seulement à l'Arabie, mais au pèlerinage dont elles relevèrent la tenue matérielle et l'exactitude religieuse [3]. »

LXXXIV

Au fur et à mesure que le royaume s'étendait et que de nouvelles provinces venaient se joindre à celles qu'Abdul-Aziz possédait déjà, il devenait de plus en plus nécessaire de les doter d'un organe de direction solide et bien articulé. Au début, le roi s'était borné à gouverner en s'ap-

1. Cette mesure, dictée par le souci de maintenir le monothéisme dans toute sa pureté était l'application d'un des principes fondamentaux de la doctrine wahabite.
2. Cette taxe fut, jusqu'en 1936, la principale ressource du royaume. Elle faisait affluer 7.000.000 de dollars par an dans les caisses de l'Etat.
3. M. Gaudefroy-Demombynes : *op. cit.*, p. 105.

puyant sur l'expérience de son père, puis d'un petit groupe de « conseillers ». Il avait pris l'habitude de tout diriger lui-même, ayant souvent constaté que ses ordres n'étaient suivis que s'il veillait personnellement à leur exécution. Mais à présent, l'administration du pays excédait les forces d'un seul homme. L'unification territoriale, la consolidation du régime et la mise en valeur des ressources de l'Arabie exigeaient des cadres permanents, un gouvernement, un Etat.

Ibn-Séoud décida de répartir la besogne entre des ministres responsables, placés à la tête de départements spécialisés : Intérieur, Finances, Affaires étrangères, Agriculture et Mines, Justice, Défense nationale, etc. Mais où trouver des collaborateurs compétents et sûrs ? L'Arabie était peu peuplée et ce peuple était dans sa grande majorité, pauvre, ignorant et illettré. La petite classe des cheiks était riche, mais bourrée de préjugés et n'avait guère de valeur que sur le champ de bataille. Il avait suffi que le roi s'absentât pendant deux ans, pour qu'un malaise s'emparât des populations. Cela prouvait que ceux auxquels il avait délégué ses pouvoirs n'étaient pas à la hauteur de leur tâche, et à son retour du Hedjaz, il avait été obligé de sévir contre certains d'entre eux. Il apprit ainsi combien les administrateurs compétents sont rares. Cette pénurie de cadres supérieurs était d'autant plus grave qu'il avait besoin de ministres et de gouverneurs d'une capacité peu commune pour résoudre les problèmes qui se posaient à eux et conduire le pays sur le chemin du progrès. Car Ibn-Séoud s'était assigné un triple objectif : unifier le territoire de la péninsule, restaurer la vraie Foi et faire de l'Arabie une nation moderne. Le premier point était à peu près atteint. Le second était en voie de réalisation. Mais le troisième restait encore enfoui au fond de l'avenir [1].

Fort intelligemment, Ibn-Séoud pensa surmonter les difficultés du recrutement en puisant son personnel non pas

---

1. Ce « troisième point » du programme séoudite était manifestement inspiré par les exemples de l'U.R.S.S. et de la Turquie kémaliste.

dans le cadre étroit du Nedjd, mais dans le réservoir immense que constituait l'ensemble du monde arabe. Peu lui importait que ses ministres appartinssent à une « nationalité » étrangère pourvu que ce fussent des Arabes de souche pure et des Croyants fervents. Après tout, ne parlaient-ils pas la même langue ? Cette absence de tout préjugé « nationaliste » (au sens où nous l'entendons en Occident) n'était pas due au hasard, mais découlait des convictions intimes du souverain. A ses yeux, un Arabe de Damas ou du Caire, de Bassorah ou de Bagdad, n'était nullement un « étranger », mais le membre d'une même communauté raciale et religieuse qui, bien que disjointe et cloisonnée par les vicissitudes de l'Histoire, n'en était pas moins appelée un jour, à retrouver son unité sous le même étendard.

Abdullah-al-Fadl, Président du Conseil municipal de la Mecque, était natif d'Anaïza, dans le Quasim [1] ; Hafiz-Wahba, premier conseiller du roi et ministre de l'Intérieur, était Egyptien ; Youssouf-Yasîn, chef du secrétariat personnel, était de Lattaquié, en Syrie du Nord ; Rushdi-ben-Malhas, le chef du cabinet royal, était Palestinien ; Fuad-Hamsa, un des cerveaux les plus remarquables de l'équipe, qui organisa les services du ministère des Affaires étrangères, et fut pendant un temps ministre plénipotentiaire à Paris, était un Druse du Liban. Il en est de même du Dr Pharaon, l'ancien ambassadeur de l'Arabie Séoudite à Paris, qui doit sans doute à ses origines syriennes sa compréhension parfaite de toutes les nuances de la pensée française.

Quant aux fonctionnaires subalternes ils étaient choisis de préférence parmi les commerçants et les maîtres d'école, et provenaient des pays les plus divers, sans en excepter l'Irak et la Transjordanie.

Ce fut là, de la part du roi, une décision des plus heureuses, car elle lui permit de grouper autour de lui des

---

1. C'est lui qui géra, pendant cinquante ans, les deniers du royaume, sans comptes, sans livres et avec un contrôle fiscal réduit au minimum.

hommes plus évolués et incontestablement mieux instruits que ceux dont il aurait pu disposer, s'il les avait recrutés exclusivement à l'intérieur de son royaume. Ce choix explique, pour une grande part, les résultats surprenants auxquels il est parvenu, tant en politique intérieure qu'en politique étrangère.

LXXXV

Au sommet de la hiérarchie se trouvait le roi et sa famille. On se souvient que le fils d'Abdur-Rahman avait épousé, en 1895, à l'âge de quinze ans, une petite-nièce d'Abdul-Wahab, la princesse Jauhara. Mais le Coran lui donnait le droit d'avoir quatre épouses et un homme aussi vigoureux n'avait aucune raison de ne pas mettre à profit l'autorisation du Prophète. (Il avait même beaucoup de femmes, disait-on, en plus des épouses « officielles », notamment une favorite circassienne d'une surprenante beauté, ce qui était dans la plus pure tradition des Sultans osmaniques.) Aussi sa progéniture s'accrut-elle rapidement.

En 1899, un premier fils lui était né, qu'il avait appelé Turki, et qu'il chérissait « comme la prunelle de ses yeux ». Puis il avait eu successivement un second fils Khalid, mort en bas âge, Saud, Fayçal Abdallah, Mansur, Fahd, Nasr, Khalid et Mohammed. Mais le nombre de ses enfants ne devait pas s'arrêter là. A sa mort, il se trouvait à la tête de trente-six fils vivants et d'à peu près autant de filles [1] Il était moins un père de famille, au sens occidental du terme, qu'un patriarche antique au milieu de sa tribu.

Le roi était un autodidacte. Son expulsion de Ryhad, à l'âge de onze ans, l'avait empêché d'aller régulièrement à

---

1. Voir en appendice, p. 430, la *généalogie de la dynastie séoudite*.

l'école, et il avait souffert par la suite du caractère décousu de ses études. Son absence de connaissances historiques et religieuses le désavantageait parfois dans ses discussions avec les « ulémas », qui ne pouvaient ouvrir la bouche sans citer un texte ancien, ou se référer à un point de théologie. Aussi tenait-il à ce que ses enfants fussent plus instruits que lui. Leur éducation fut l'objet de ses soins attentifs et il leur donna, comme précepteurs, des maîtres éminents.

Mais il va sans dire qu'une progéniture aussi nombreuse ne pouvait manquer de payer un lourd tribut à la mort, surtout dans un pays où la mortalité est élevée et où les règles de l'hygiène étaient encore peu connues. En 1919, l'épidémie de grippe espagnole qui décima l'Arabie emporta en quelques heures la reine Jauhara. Ibn-Séoud, qui l'aimait passionnément fut terrassé par la douleur. Il fit faire à la reine des funérailles somptueuses et l'enterra dans un coin des jardins du palais. Durant les semaines qui suivirent, il passa presque toutes ses journées à prier sur sa tombe, repoussant toute nourriture et refusant de s'occuper des affaires publiques. Son affliction sincère faisait peine à voir. Le roi dépérissait à vue d'œil. Jamais il n'avait été aussi sombre, ni aussi abattu.

Sur ces entrefaites, la même épidémie emporta son fils aîné, Turki, âgé de vingt ans. Cette fois-ci c'en était trop. Ibn-Séoud crut qu'il ne survivrait pas à ce second coup du sort. Turki, si beau, si brave ! Turki qui n'avait pas son pareil à la chasse au faucon ! Turki en qui il mettait tout son orgueil et tout son espoir ne serait pas là, le jour venu, pour continuer son œuvre ! A quoi bon, alors, toutes ces batailles, toutes ces luttes, puisque son enfant préféré n'en recueillerait rien ? Ibn-Séoud songea à se réfugier dans un monastère. Ces deux deuils, survenant coup sur coup, avaient ruiné sa santé, et l'exercice du pouvoir lui paraissait dénué de tout intérêt.

Durant les années 1920, 1921 et 1922, il vécut confiné dans son palais, ne recevant personne, ouvrant rarement la bouche et consacrant toutes ses journées à la méditation et à la prière. Ses seules occupations étaient la lecture du Coran et l'étude de l'Histoire islamique. Cette période correspondait d'ailleurs à une phase de stagnation pour l'Arabie. L'Angleterre essayait de mettre sur pied sa Confédération hachémite. L'inaction du roi n'eut pas de conséquences néfastes, car toute initiative de sa part, durant ces années creuses, aurait eu bien des chances de se solder par un échec.

Mais avec le temps, sa santé s'améliora et sa robuste vitalité finit par reprendre le dessus. La neurasthénie aiguë, qui avait miné ses forces, disparut progressivement et le Léopard du désert sentit ses blessures se cicatriser. Il reprit peu à peu goût à la vie, recommença à chasser, et comme un arbre puissant qui pousse une ramure nouvelle à l'endroit même où il a été entaillé par la hache du bûcheron, il reporta sur ses autres fils l'affection ardente qu'il avait eue pour Turki.

Le prince Saud-ibn-Abdul-Aziz, né à Koweït durant le mois de Chaoual 1319 (1902) à l'heure même où Ibn-Séoud conquérait sa capitale — ce que les Arabes interprétèrent comme un signe de très bon augure pour l'avenir de l'enfant — était devenu par suite de la mort de son frère, l'héritier du royaume. Il ressemblait étrangement à son père, tant au physique qu'au moral et avait déjà donné maintes preuves de ses dispositions pour la guerre et la politique. Depuis l'âge de dix-huit ans, il n'avait cessé de conduire les forces séoudites au combat, dans le Haïl, dans l'Yémen, ailleurs encore. Il avait également gouverné Ryhad, durant l'absence d'Ibn-Séoud au Hedjaz et avait fait preuve, dans l'exercice de ces fonctions, d'une maturité si précoce, que le roi n'avait pas hésité à lui confier la vice-royauté du Nedjd (1930). Par la suite il avait donné au roi la plus grande preuve de dévouement qu'un fils puisse donner à son père : En 1934, alors qu'Ibn-Séoud était en pèlerinage à la Mecque, quatre assassins (agissant peut-être à l'instigation des Hachémites) se précipitèrent sur lui. Saud, qui se trouvait là par chance, couvrit son père de son corps, recevant les blessures à sa place. Il était très aimé des Bédouins, dont il partageait la manière de vivre et auxquels il s'adressait d'une façon simple et directe, qui leur allait au cœur. Svelte, bien découplé et doué d'une démarche majestueuse, il plaisait à tous par ses manières avenantes. Peut-être se montrait-il plus réservé qu'Ibn-Séoud (il se targue de ne parler aucune langue étrangère). Mais c'était là le seul trait qui les distinguât l'un de l'autre. Son père l'avait élevé à rude école, lui apprenant à chevaucher pendant des journées entières, sans selle ni étriers, et à se nourrir frugalement d'une poignée de dattes. C'était un parfait Nedji, et un Wahabite fervent.

Ibn-Séoud nomma son second fils Fayçal vice-roi du Hedjaz et plaça auprès de lui des conseillers expérimentés. Très différent de son frère Saud (il n'a qu'une seule femme et parle couramment le français et l'anglais), Fayçal représente la tendance moderniste et dynamique au sein du royaume. Il n'allait pas tarder à devenir ministre des Affaires étrangères, puis président du Conseil, où il se fit rapidement apprécier par sa connaissance du monde occidental.

Quelques années plus tard, Ibn-Séoud fit de son sixième fils, Mansur, le contrôleur général des camps et le ministre de la Défense nationale. Les autres enfants étaient encore trop jeunes pour prendre une part active aux affaires.

LXXXVI

Le roi se réserva personnellement certaines tâches qui lui tenaient à cœur, au premier rang desquelles figuraient le développement et la modernisation de l'Ikwan. Celle-ci avait fait des progrès inouïs, depuis l'époque où la première petite équipe de volontaires s'était installée à Artawiya, sous la conduite de Mutib. Drainant à elle l'élite des guerriers d'Arabie, elle était devenue, avec le temps, une force imposante, qui avait montré sa valeur à Turaba et Taïf, conquis la Mecque, Djeddah et Médine, rétabli l'ordre au Hedjaz, et permis l'annexion rapide de l'Asir.

Mais Ibn-Séoud était trop réaliste pour surestimer sa puissance. Admirablement adaptée à sa tâche de « milice du désert », elle n'était pas suffisante pour assurer la sécurité de l'Etat séoudite. Il se préoccupa donc d'accroître ses effectifs, et d'améliorer son armement, son instruction et ses cadres.

Sans doute ne pouvait-elle rivaliser avec une armée européenne. Ibn-Séoud était trop lucide pour se faire la moindre illusion à ce sujet, et c'est pourquoi il n'avait jamais voulu l'engager contre les forces britanniques. La faible population de l'Arabie ne permettrait pas, avant très longtemps, un recrutement quantitativement élevé. Mais elle pouvait devenir la meilleure armée du monde arabe. A ce titre, elle pouvait assurer le respect des frontières, décourager toute agression de la part des Etats voisins, et même, grâce à sa mobilité et sa science de la guérilla, créer de sérieux ennuis à toute force étrangère qui tenterait d'occuper militairement le pays.

Les grands atouts de l'Ikwan, ceux qui lui avaient toujours assuré le succès, étaient sa rapidité de mouvement, la frugalité de ses soldats, et sa possibilité d'agir sans tenir compte de la distance qui séparait ses bases du champ de bataille éventuel. Le problème consistait à la moderniser sans lui faire perdre ses avantages. Pour cela, il fallait accroître sa puissance de feu sans cependant l'alourdir d'impedimenta inutiles, ni diminuer le rayon d'action de ses unités.

Ibn-Séoud acheta des mitrailleuses, quelques automobiles blindées, de l'artillerie légère et fit venir des instructeurs anglais et américains pour enseigner à ses hommes le maniement de ces engins. Il fonda une école de cadres et un Etat-Major permanent, dont les chefs allèrent suivre des cours en Egypte et en Amérique.

Cette modernisation de l'Ikwan n'alla pas sans difficultés.

Comme dans toutes les entreprises du roi, il y avait au départ, un fort courant d'hostilité à vaincre. Les cavaliers wahabites considéraient les inventions techniques des nations chrétiennes comme l'œuvre du démon, et refusaient d'abandonner le sabre et le chameau, pour la mitrailleuse et l'automobile. « Ce ne sont pas les armes, disaient-ils, c'est Allah qui donne la victoire. Mahomet lui-même n'aurait jamais gagné la bataille de Beder si les anges n'étaient pas descendus du ciel, pour combattre à ses côtés ! Si nous adoptons ces armes, nous effraierons les anges et nous perdrons, du même coup, la faveur du Très-Haut. On n'accroîtra pas la puissance de l'Ikwan en modernisant ses armements, mais en intensifiant sa foi, par les jeûnes et les prières. »

Il était très difficile de faire comprendre à ces hommes pourquoi leur raisonnement était faux, car c'eût été ébranler en eux tout un ensemble de croyances dont la disparition eût risqué d'entraîner la dissolution de l'Ikwan elle-même. A plusieurs reprises, des remous dangereux se manifestèrent au sein des formations. Ibn-Séoud dut mettre en jeu toute son autorité pour calmer cette effervescence. Il brisa sans pitié les velléités d'insubordination et décapita — pour l'exemple — quelques officiers protestataires. Après une période un peu houleuse, l'Ikwan finit par s'apaiser.

Puis il divisa l'armée en deux catégories : l'Ikwan active et l'Ikwan de réserve. Les formations d'active, fortes de 25.000 hommes, constituèrent une Légion permanente, recrutée parmi les quinze cent mille Bédouins en âge de porter les armes. Bien équipée, bien encadrée, elle fut chargée de la police du désert et du maintien de l'ordre intérieur. Les formations de réserve demeurèrent dans les colonies agricoles ; elles n'étaient mobilisées que durant les périodes d'hostilités.

Aujourd'hui, l'Etat séoudite dispose d'une force militaire sérieuse, pouvant être portée en cas de besoin à 150.000 hommes. Elle est équipée en partie avec du matériel américain provenant soit des livraisons effectuées durant la deuxième guerre mondiale, au titre de la loi « Prêt et

Bail »[1], soit des « surplus » laissés à Bassorah par les Etats-Unis, et qui étaient primitivement destinés à l'U. R. S. S.

En dehors des unités de cavalerie, d'artillerie, de transmissions et de chars (7.000 hommes motorisés), l'armée séoudite comprend une aviation composée de plusieurs escadrilles d'avions de chasse, pilotés pour la plupart par des aviateurs appartenant à la jeunesse du pays.

« La nouvelle armée séoudite, qui utilise la radio, les armes automatiques et les blindés, ne saurait être dédaignée par aucun agresseur éventuel », affirme l'écrivain militaire anglais Liddell Hart[2].

LXXXVII

Lorsque Mustapha Kémal avait mis en train son « plan de modernisation de la Turquie », il s'était heurté à des difficultés presque insurmontables, du fait que tous les problèmes étaient imbriqués les uns dans les autres. Ibn-Séoud ne tarda pas à faire la même constatation. La sécurité et la défense du territoire dépendaient du développement de l'Ikwan. Le développement de l'Ikwan dépendait de la multiplication des colonies agricoles. Mais la multiplication des colonies agricoles était liée, à son tour, au problème de l'eau.

N'était-ce pas une gageure de vouloir fonder la puissance et la prospérité d'un pays sur l'agriculture, quand ce pays, composé en majeure partie de déserts, ne comprend aucun fleuve et ne reçoit que sept centimètres de pluie par an ? La sécheresse — ce fléau redoutable — se dressait sur la route d'Ibn-Séoud comme un obstacle contre

1. Au bénéfice de laquelle l'Arabie Séoudite fut admise en 1943. (Nous verrons plus loin dans quelles conditions.)
2. Cf. *Paris-Match*, 2 juin 1951.

lequel sa volonté risquait de se briser. Il fallait être fou pour vouloir transformer la nature et modifier ce qui avait déterminé, depuis des millénaires, le destin de l'Arabie ! Autant vouloir arrêter la marche du soleil...

Pourtant, malgré les conseils que lui prodiguait son entourage, le roi refusait de s'avouer vaincu. Une foule de récits étranges, concernant l'eau, circulaient parmi les Bédouins, qui se les transmettaient de père en fils depuis des générations. Ils évoquaient une période lointaine où l'Arabie tout entière était recouverte d'une toison de jardins et de forêts. Légendes ! disaient la plupart des gens en haussant les épaules. Mais Ibn-Séoud était convaincu que ces légendes contenaient une part de vérité.

Les Arabes persistaient à croire que leurs points d'eau et leurs puits communiquaient entre eux par des voies souterraines et ils racontaient, à l'appui de leurs dires, l'histoire d'un bol en bois, perdu au fond d'une source et mystérieusement retrouvé dans une autre source, à plusieurs centaines de kilomètres de là. Ils prétendaient aussi savoir quand il pleuvait dans un district éloigné, rien qu'en voyant monter le niveau de l'eau dans les puits de leur propre district. Sur les rives du golfe Persique, les pêcheurs de perles plongeaient pour trouver de l'eau douce sous la couche d'eau salée et en rapportaient des touffes de poils de mouton ou de chameau. N'était-ce pas la preuve que les sources sous-marines étaient reliées par des chenaux souterrains à celles de l'intérieur ? N'y avait-il pas quelque part une immense nappe d'eau, profondément enfouie sous la carapace de sable ?

C'est aussi ce que se disait le roi, et ces croyances populaires l'incitaient à persévérer dans ses efforts. Hafiz-Wahba, son ministre de l'Intérieur, lui suggéra de faire venir des hydrographes américains. Une fois de plus, la chance sourit au roi. Les ingénieurs d'U.S.A. prospectèrent le pays et confirmèrent les intuitions des nomades. Ils découvrirent de l'eau. Pas seulement quelques maigres filets, mais des réserves relativement abondantes. Et pas seulement en quelques points, mais disséminée sous les sables, même en des lieux où l'on n'avait encore jamais soupçonné sa présence.

« Les Bédouins, écrit Gérald de Gaury, ont une sorte de sixième sens qui leur permet de deviner où il faut creuser pour trouver de l'eau. C'est un instinct infaillible que l'étranger, quoi qu'il fasse, ne parviendra jamais à acquérir. Ils obéissent à cet instinct avec une telle confiance, qu'ils persistent souvent à affirmer qu'il y a de l'eau, même là où les sondages des experts européens ou américains n'ont rien donné. Mais où l'Occidental retrouve sa supériorité et peut aider l'Arabe d'une façon efficace, c'est dans les forages effectués à de grandes profondeurs, avec l'aide de machines appropriées, car sa connaissance scientifique de la géologie dépasse la compréhension du Bédouin [1]. » C'est exactement ce qui se passa avec les ingénieurs américains. Ceux-ci permirent aux Bédouins d'atteindre les nappes souterraines dont ils pressentaient l'existence, mais auxquelles ils ne pouvaient accéder, faute de moyens techniques.

Il existait déjà à Ryhad un certain nombre de puits, d'un débit médiocre. On en fora un nouveau. C'était une excavation énorme, profonde de cent vingt mètres et large de trente.

— « Jamais je n'oublierai le jour où le roi vint visiter notre chantier, écrit Kenneth J. Edwards qui dirigea les travaux. Il se pencha sur le rebord du puits et regarda longuement la nappe d'eau qui scintillait au fond du trou sombre. L'eau était là, plus précieuse que l'or, l'eau dispensatrice de vie qui allait lui permettre de réaliser ses projets et de transformer peu à peu la physionomie de son royaume... Lorsqu'il se redressa, son visage d'ordinaire impassible, était bouleversé. Ses yeux étaient pleins de larmes. Il me frappa sur l'épaule et me dit d'une voix vibrante d'émotion : Edwards ! Vous avez accompli un miracle ! Restez ici quinze ans et nous ferons reculer le

---

1. Gérald de Gaury : *Arabia Phœnix*, pp. 67-68.

désert ! Nous transformerons l'enfer lui-même en paradis ! [1] » A Djeddah, on découvrit une nappe d'eau souter-
raine à quarante kilomètres de la ville. Ses ressources jointes
à celles de l'Ouadi Fatma permirent d'alimenter en eau
courante non seulement Djeddah, mais d'autres localités
avoisinantes où, de mémoire d'homme, on n'avait jamais
connu d'eau autrement que vendue dans des tonnelets, ou
conservée dans des citernes.

Ces découvertes engendrèrent une véritable fièvre de travail. Ibn-Séoud commença par ordonner la réfection des
puits abandonnés. (Plus de cent d'entre eux furent restaurés
et approfondis dans la seule région du Nedjd.) Puis on
construisit, sous la direction du ministre des Finances Abdul-
lah-al-Suleïman, des aqueducs et des canaux à travers le
désert, même des barrages pour endiguer les eaux du
Djebel-Tuwaïq, la chaîne de montagnes qui sert d'épine
dorsale à l'Arabie centrale. Enfin on fora tout un réseau de
nouveaux puits artésiens, dont certains atteignirent une profondeur de 250 mètres. Le débit total des puits ainsi creusés
permit le ravitaillement annuel de 400.000 hommes et de
plus de 2 millions de têtes de bétail.

La nouvelle que le roi avait ouvert de nouveaux points
d'eau courut le désert comme un incendie, et l'on assista
alors à une scène étonnante. Surgis on ne sait trop d'où,
cent mille Bédouins poussant devant eux cent cinquante
mille chameaux, cent mille chèvres et deux cent mille moutons, dévalèrent vers la ligne des puits en un tumulte
joyeux, pour y abreuver leurs bêtes. La plupart s'étant
désaltérés et ayant rempli leurs outres, repartirent pour les
hauts plateaux d'où ils étaient descendus. Mais d'autres
demeurèrent, et se fixèrent dans les vallées [2].

Grâce à ces eaux jaillissantes, brusquement mises à jour,
jardins, palmeraies et colonies agraires allaient pouvoir
s'étendre. Toute la physionomie d'une région du globe
allait se trouver transformée...

---

1. Voir *The American Magazine*, octobre 1947.
2. Cf. J.-R. Pécheral : *Le Malaise arabe*, L'Aurore, 28 août 1951.

LXXXVIII

Le roi fit alors venir des ingénieurs agronomes des États-Unis et leur demanda de lui fournir un rapport sur la mise en valeur agricole du pays. Ces experts parcoururent le royaume en tous sens pour inventorier ses ressources et dresser une estimation de ses capacités de production. Au bout de six mois, ils remirent à Ibn-Séoud un compte rendu enthousiaste. Ce document avait cent pages, toutes plus optimistes les unes que les autres. Les techniciens américains se faisaient fort, par exemple, de mettre 26.000 hectares en culture dans la seule province du Hasa, et de doubler ce chiffre au bout de trois années. La récolte de fruits pouvait être rapidement triplée ou quadruplée par un meilleur espacement des sujets, un choix méthodique des essences et l'introduction d'abeilles. Partout, le rendement de l'élevage et des récoltes pouvait être accru. Le rapport se terminait par cette affirmation prometteuse : « Il n'y a pratiquement pas de limites aux possibilités agricoles de l'Arabie. »

Ces données allaient au delà des espérances du roi. Dès qu'il les eut entre les mains, il décida de passer aux réalisations. Son premier objectif consista à augmenter la densité et le nombre des colonies agraires et à les relier les unes aux autres par un chapelet de jardins.

Les vergers de Ryhad furent naturellement l'objet de son attention particulière et Gérald de Gaury qui les visita en 1935 fut frappé, dès cette époque, par leur luxuriance extraordinaire. « On voyait, nous dit-il, le long des eaux bruissantes du Wadi-Hanifa, une profusion d'abricotiers et de grenadiers séparés par des carrés de luzerne, d'un vert d'émeraude. Des colombes voletaient de-ci de-là, parmi les rayons de lumière, ou traçaient des cercles autour des stipes dorés des palmiers [1]. » Et ces jardins, qui fleurissaient toute l'année n'étaient pas les seuls de leur espèce. Il y en avait d'aussi beaux à Sulayil et à Maqran ; à Salma et à Laïla ; à Daghara, à Dilam et à Manfuha ; à Sadus, à Hauta et à Majmaa ; à Jalajil et à Zilfi, ceux-ci étagés en terrasses sur les flancs du Djebel-Tuwaïk, dominés par les vieux châteaux forts qu'Abdul-Aziz avait conquis au temps de sa jeunesse et dont certains remontaient au temps de Séoud le Grand.

Comme Mustapha Kémal, Ibn-Séoud avait une « ferme modèle » et, comme le Ghazi, il y passait presque tout le temps qu'il ne consacrait pas aux affaires de l'Etat. Elle était située à El-Karj, une oasis naturelle de 12 kilomètres carrés, à 50 kilomètres de Ryhad. Le roi, qui y avait placé une équipe de vétérans de l'Ikwan avec leurs familles, demanda à Edwards d'en prendre la direction et d'en faire un centre expérimental susceptible de servir de « pilote » à d'autres installations similaires.

Edwards fit venir quatre spécialistes du Texas. Il construisit, avec la main-d'œuvre locale, un canal d'adduction d'eau en ciment, de 18 kilomètres de long. Alimenté par quatre pompes puissantes, d'un débit de 35.000 litres par minute, celui-ci permit d'irriguer méthodiquement une superficie de 3.000 hectares. Le résultat dépassa encore les prévisions des experts. Sitôt qu'on l'arrosait, la terre du désert, laissée en friche depuis des siècles, se réveillait de sa torpeur et faisait preuve d'une fertilité quasi explosive.

« Malgré le simoun et les tempêtes de sable, écrivit Edwards à sa famille, tout pousse ici comme par enchantement. L'alfa, le blé, l'orge, les tomates, les carottes, les oignons, les melons, les aubergines viennent à profusion. Les champs de blé produisent 17 quintaux à l'hectare, contre 4 1/2 au Texas ; la luzerne peut être fauchée au bout de 20 jours, ce qui permet 18 récoltes par an. Comparez cela aux 4 ou 5 récoltes que l'on fait chez nous ! [1] »

1. Voir *The American Magazine*, octobre 1947.

305

Lorsque le centre expérimental d'El-Karj fut en pleine exploitation, Ibn-Séoud demanda à Edwards de lui établir les plans d'un ministère de l'Agriculture, institution que l'Arabie n'avait encore jamais possédée au cours de son histoire, et qui eût paru une pure extravagance, quelques années auparavant. « La fortune est verte », disaient déjà les Anciens.

LXXXIX

Inlassablement, le roi poussait l'Arabie en avant, stimulant le zèle des uns, désarmant les critiques des autres, et galvanisant son entourage par l'exemple de son ardeur.

Mais cette fièvre de création était loin de recueillir l'approbation unanime. Les « ulémas », en particulier, se demandaient ce que voulait le roi. Ne pouvait-il pas se contenter de régner paisiblement sur le domaine qu'il avait conquis ? Que signifiaient ces innovations inquiétantes qu'il prétendait imposer à l'Arabie : l'automobile, l'avion, le téléphone, la T.S.F. ? Les langues allaient leur train, et les membres influents du clergé ne tardèrent pas à chuchoter que leur Imam avait vendu son âme au diable. Le roi mènerait le pays à sa perte, s'il persévérait dans cette voie. Les « mutawas » allaient de village en village, mettant les gens en garde contre ces inventions sataniques, et répétant un dicton qu'approuvaient tous les Anciens : « En fait de neuf, il n'y a rien de bon. »

A vrai dire cette opposition n'inquiétait guère Ibn-Séoud. Maintenant qu'il était lancé, rien ne l'arrêterait plus. Loin de prendre au tragique les récriminations des ulémas, il s'amusa à les réduire au silence par des ruses malicieuses dont il avait le secret, et qui mettaient en déroute ces hommes tristes et solennels.

Quand il voulut installer le premier téléphone au palais

de Ryhad, il convoqua cent experts du Coran, les plus fameux de tout l'Islam, et les mit en présence de l'appareil.

— « On prétend, leur dit-il, que cet objet bizarre peut transmettre des paroles à distance. Si je parle à la Mecque, on m'entendra à Ryhad, et vice-versa. C'est fort intéressant, mais je m'en méfie. Je crains que cette invention ne soit un piège du démon. Aussi vous ai-je fait venir, pour que vous me rassuriez. L'un de vous va réciter les premiers versets du Coran devant ce trou. Un autre prendra l'écouteur dans la pièce la plus éloignée du palais. Si les paroles sacrées sont interceptées ou si elles subissent la moindre déformation, ce sera la preuve que le diable est de la partie. Comme vous êtes les meilleurs Docteurs de la Loi, vous serez mieux à même que quiconque de vous en apercevoir. »

Les experts firent comme on le leur demandait. Tous les versets du Coran furent transmis par le téléphone, sans aucune déformation. Les savants coraniques s'empressèrent de rassurer le roi : l'appareil ne contenait aucun maléfice.

Un autre jour, étant à la Mecque, le fils d'Abdur-Rahman fut informé par sa police qu'un important Docteur de la Loi de Ryhad, réputé pour sa vertu, avait commis des malversations graves dans l'exercice de ses fonctions. Cet « uléma » était en outre un des détracteurs les plus acharnés du souverain. Celui-ci le fit appeler au téléphone.

Un messager alla chercher le saint homme dans sa mosquée et le conduisit devant l'appareil, en lui disant :

— « On vous parle de la Mecque. »

L' « uléma » prit l'écouteur et entendit alors un récit circonstancié de ses prévarications. Il tomba à genoux devant l'appareil omniscient qui racontait à haute voix ce qu'il croyait n'être connu de personne, et se mit à lui faire ses dévotions comme s'il eût été en présence d'Allah lui-même.

— « Je te pardonne tes fautes ! dit la voix dans l'appareil, à condition que tu ne dises plus jamais du mal du roi. »

L' « uléma », terrifié, promit tout ce que l'on voulut. Il

cessa sa campagne de dénigrement et ne parla plus des téléphones qu'avec infiniment de respect.

Le rêve du roi était de doter l'Arabie d'un réseau ferroviaire et routier comparable à celui des grandes nations occidentales. Mais c'était plus facile à rêver qu'à faire ! Ibn-Séoud ne tarda pas à se trouver devant un nouvel obstacle, plus difficile encore à surmonter que la pénurie d'eau : le manque de moyens financiers. Où trouver les fonds nécessaires à des travaux de cette envergure ? Les seules rentrées régulières sur lesquelles il pouvait compter provenaient des taxes perçues sur les pèlerins de la Mecque [1]. Le prélèvement de cette dîme déplaisait à Ibn-Séoud, car il donnait à la protection des villes saintes, le caractère d'une exploitation commerciale. Il ne pouvait être question de l'augmenter car toute aggravation des taxes eût rappelé le précédent fâcheux de Hussein. De plus ces revenus, suffisants pour subvenir aux besoins du Hedjaz, ne permettraient pas d'équilibrer le budget de l'Etat séoudite, encore moins de financer un programme de grandes constructions. Il fallait des sommes gigantesques pour acheter du ciment, de l'acier, des outils, des machines et tout le matériel technique qu'exigeait la « modernisation de l'Arabie ». Le pays ne fabriquait rien, et ne possédait aucune source d'énergie. Sa misère était un handicap terrible. On ne passe pas, du jour au lendemain, de l'économie patriarcale, à l'économie capitaliste...

Une fois de plus, Ibn-Séoud eut l'impression de se trouver devant un mur, d'avoir atteint une limite qu'il ne franchirait pas.

Mais une fois de plus, il eut de la chance — une chance inouïe. Dans cette existence aussi fertile en coups de théâtre qu'un conte des Mille et Une Nuits, le plus extraordinaire était encore à venir.

1. Voir plus haut, p. 291, note 2.

XC

Vers l'automne de 1920, un major anglais du nom de Frank Holmes, qui se livrait à des travaux de prospection dans la région de Bahrein, pour le compte d'une société de navigation britannique, fit une découverte inattendue. En effectuant un forage pour trouver de l'eau, il tomba... sur une petite nappe de pétrole. Bahrein est une île située dans le sud du golfe Persique à 22 kilomètres de la côte du Hasa. Elle était gouvernée par un cheik autonome qui, comme les petits potentats voisins de la presqu'île d'Oman, avait signé une convention de protectorat avec l'Empire britannique.

Holmes s'adressa au cheik de Bahrein, et lui demanda de lui accorder une option sur ce gisement. Il l'obtint. Muni d'un contrat en bonne et due forme, le major était rentré à Londres et avait offert son option à des sociétés pétrolières de la City. Mais celles-ci avaient estimé que l'affaire était trop peu importante pour retenir leur intérêt. Les pétroles d'Arabie n'étaient qu'une légende et, de toute façon, l'Angleterre disposait d'assez de pétrole en Iran et en Irak pour ne pas s'embarrasser de nouveaux gisements.

Holmes, ne sachant plus que faire, vendit son option pour une bouchée de pain à une petite société américaine, la *Gulf Oil Company*, qui exploitait déjà quelques puits sur les bords du golfe Persique (printemps 1925). La chose en resta là, et l'on n'en parla plus.

Mais bien que ces tractations n'eussent guère fait de bruit à l'époque, elles éveillèrent l'attention de certains milieux financiers.

Vers la mi-juin 1930, on vit débarquer à Hufuf, dans le Hasa, un petit groupe de Bédouins, d'apparence insolite. Sans doute portaient-ils l'aigual, l'abaya et des barbes bouclées. Mais, phénomène curieux, ils ne parlaient pas un traître mot d'arabe, ne récitaient jamais les prières rituelles, et faisaient de leur mieux pour passer inaperçus. A quelle activité clandestine se livraient-ils donc ? Sitôt informé de leur présence, Ibn-Séoud donna l'ordre de procéder à une enquête.

— « Ce sont sûrement les agents secrets d'une Puissance étrangère, répondit la police du Hasa. Leur ignorance flagrante des coutumes religieuses du pays, leur déguisement grossier, et le mystère dont ils s'entourent ne sauraient tromper personne. »

Le roi décida de les faire arrêter, pour les soumettre à un interrogatoire en règle, lorsqu'il apprit brusquement que ces Bédouins étranges étaient en réalité un groupe de prospecteurs américains, venus voir si cette région ne contenait pas, elle aussi, du pétrole. Ibn-Séoud se ravisa et prescrivit au gouverneur du Hasa de laisser ces jeunes gens vaquer à leurs travaux en toute tranquillité. Si jamais le fils d'Abdur-Rahman eut une inspiration heureuse, ce fut bien ce jour-là [1].

Les faux Bédouins effectuèrent une série de sondages. Ceux-ci révélèrent que la nappe de pétrole qui va du Caucase au golfe Persique, en passant par la Perse et la Mésopotamie, se prolongeait sous la mer jusqu'au cœur de la péninsule arabique. Combien y avait-il « d'or noir » sous les sables du désert ? Il était encore impossible de le dire. Certainement beaucoup, à en juger par le débit de certains forages. En tout cas, les échantillons prélevés étaient d'une qualité exceptionnelle.

Comme on pouvait le prévoir, cette nouvelle fit beaucoup plus de bruit dans les milieux boursiers d'Occident que la découverte faite par Holmes quelques années auparavant. « Il paraît qu'on a trouvé du pétrole en Arabie ! » cette phrase vola de bouche en bouche, et fut répétée à Londres,

---

1. Certains prétendent — et la chose ne paraît nullement impossible — que le roi changea d'avis à la suite d'une intervention de Kenneth J. Edwards, qui s'occupait à ce moment du centre agricole d'El Karj, et qu'Ibn-Séoud aimait beaucoup. Edwards était du Texas ; les prospecteurs aussi...

à Amsterdam, à New-York, à Paris. On vit alors accourir à Ryhad les émissaires des plus puissants trusts pétroliers, qui venaient offrir au roi de lui acheter ses gisements. Il y avait là les envoyés de la *Royal Dutch*, de la *Shell*, de la *Standard Oil*, du *Commissariat soviétique des combustibles liquides*, des Américains, des Anglais, des Hollandais, des Arméniens, des Allemands, des Russes et jusqu'à des Japonais. Ils se pressaient en foule dans les antichambres du palais, et demandaient à être reçus avec une insistance fébrile. Le ministre des Finances était assailli de requêtes. Chacun voulait passer le premier, afin de devancer ses concurrents. Tous, à les entendre, ne songeaient qu'au bonheur du peuple arabe, et se sentaient pris soudain d'un amour désintéressé pour l'Arabie. Mais Ibn-Séoud n'était pas dupe de leurs belles paroles. Il les fit attendre pendant plusieurs semaines. Comme on lui faisait remarquer que ce manque d'égards contrastait avec sa courtoisie habituelle, il répliqua en souriant :

— « Laissez-moi faire ! Je suis un chef religieux. Je sais comment il faut traiter ce genre de pèlerins ! »

Malgré les offres les plus alléchantes, le roi refusa catégoriquement de vendre la moindre parcelle de ses terrains. Il considérait que son territoire appartenait à son peuple autant qu'à lui-même et qu'il n'avait pas le droit de l'aliéner. Il ne consentit qu'à les louer. Encore ne fut-ce que pour une durée limitée, et à condition qu'installations et machines lui revinssent en totalité à l'expiration des contrats.

Ibn-Séoud avait un pressant besoin d'argent pour poursuivre son programme de modernisation de l'Arabie. Cette affaire de pétrole pouvait devenir pour lui une source de revenus intéressante. Mais il était trop prudent — et trop méfiant aussi — pour se lier les mains avant d'avoir réfléchi à tous les aspects du problème.

Finalement, il se décida à traiter avec une petite compagnie américaine, la *Gulf Oil Company*, celle-là même qui avait racheté l'ancienne option de Holmes.

Quand on demanda au roi la raison pour laquelle il avait choisi cette modeste compagnie américaine, de préférence à celles des autres pays :

— « Les compagnies américaines jouissent d'une plus grande indépendance à l'égard de leur gouvernement, déclara-t-il. De plus, les U.S.A. sont plus éloignés de l'Arabie et n'ont pas comme les Puissances européennes, des visées politiques sur elle. Enfin, certains citoyens des Etats-Unis m'ont déjà rendu des services inestimables. J'espère que ceux-ci en feront autant. »

Le Président de la *Gulf Oil* et le roi Ibn-Séoud avaient joué au plus fin. Chacun avait cru mettre tous les atouts dans son jeu. Ils se trompaient l'un et l'autre.

XCI

Successeurs des grands seigneurs féodaux qui vinrent s'installer au Levant à l'époque des Croisades, les trusts pétroliers déploient aujourd'hui leur essaim sur tout le pourtour du golfe Persique. *Anglo-Iranian, Irak Petroleum, Royal Dutch-Shell, Koweït Petroleum C°. Aramco, Standard Oil* de New-Jersey et de Californie, *Texas Oil, Socony Vacuum,* d'autres encore, sont rassemblés là, pompant inlassablement « l'or noir » des entrailles de la terre. Leurs fiefs sont des concessions ; leurs terrains de chasse, des gisements ; leurs châteaux forts, des raffineries ; leurs donjons, des « crackings towers » étincelants ; le symbole de leur puissance, ces flottes de bateaux-citernes qui sillonnent nuit et jour la grande voie d'eau qui va du Schott-el-Arab à l'océan Indien.

Ce sont aujourd'hui des colosses. Mais il n'en a pas toujours été ainsi. Leurs débuts ont été modestes, voire difficiles. Ils se sont développés à travers une succession de crises, de rivalités et de conflits qui, pour s'être déroulés dans le silence feutré des conseils d'administration ou dans l'ombre des bureaux des ministères, n'en ont pas moins été violents, dramatiques, parfois même sanglants. La « guerre du pétrole » qui fait rage depuis un demi-siècle dans cette région du globe connaît parfois des pauses ; elle ne connaît jamais de paix. Pour s'y retrouver dans cet enchevêtrement d'intérêts et d'ambitions, il faut revenir un peu en arrière.

Vers 1906, un « homme d'affaires » anglais, d'Arcy, découvrit du pétrole en Perse. Il se fit accorder une concession par le Shah, et fonda avec des capitaux britanniques, l'*Anglo-Persian Oil Company*. Peu après, Sir Henry Deterding, président de la *Royal Dutch,* obtint du Sultan de Turquie Abdul Hamid, par l'entremise d'un Arménien, Callouste Gulbenkian, le droit d'exploiter les pétroles de la région de Mossoul [1]. Une compagnie internationale fut fondée à cet effet, la *Turkish Petroleum Company,* dans laquelle l'*Anglo-Persian* de d'Arcy se fit attribuer 50 % des actions, la Deutsche Bank 25 %, le dernier quart étant réservé au groupe anglo-hollandais de Deterding et à Gulbenkian. Grâce à ce système, l'Angleterre exerçait sa mainmise sur tous les pétroles d'Orient.

Les remaniements politiques et territoriaux, résultant de la victoire alliée de 1918 et de l'effondrement de l'Empire ottoman, n'entamèrent pas cette prépondérance. En 1920, le traité de San Remo transféra à la France les 25 % de la *Turkish Petroleum* qui avaient appartenu précédemment aux Allemands. L'Angleterre continua à contrôler les trois quarts de l'affaire.

D'ailleurs, les businessmen de la City entendaient ne rien laisser au hasard. A la suite d'une série de conférences avec les principaux groupes pétroliers d'U.S.A., ceux-ci acceptèrent de ne pas intervenir dans ce secteur. Pour plus de sûreté, le *Foreign Office,* alors pratiquement tout-puissant dans les pays arabes, obtint de tous les souverains, depuis les princes de la dynastie hachémite jusqu'aux cheiks

---

1. Des forages avaient révélé la présence de ce précieux liquide à Kirkouk et à Baba-Gourgour.

autonomes de la rive du golfe Persique, la promesse formelle qu'aucune concession ne serait accordée à des sociétés ou des gouvernements non-britanniques. Seul Ibn-Séoud, cet « aventurier sans scrupules » qui, au dire des experts du *Colonial Office,* « ne régnait que sur des déserts dénués d'intérêt », fut tenu à l'écart de ces négociations.

Ayant ainsi consolidé leur monopole du côté des Américains et des Arabes, les Anglais se tournèrent vers leurs associés français et hollandais. Ils amenèrent leurs gouvernements respectifs à signer un accord aux termes duquel aucune Puissance bénéficiaire du partage de l'empire ottoman, n'aurait le droit, *si ce n'est d'un commun accord,* de procéder à de nouveaux forages ni de développer l'exploitation des puits existants, à l'intérieur d'un périmètre donné. Ce périmètre, délimité par ce qu'on appelle le « *Red Tape Line* », correspondait approximativement aux frontières de l'ancien domaine des Sultans. L'Arabie y était incluse, au même titre que l'Irak, la Syrie, la Palestine et la Transjordanie.

Pour plus de sécurité, les sociétés anglaises, chargées de faire respecter l'accord à l'intérieur du « périmètre rouge », avaient constitué un cartel où elles détenaient la majorité et auquel les sociétés non anglaises étaient tenues d'adhérer. Ce cartel fixait les prix de vente du pétrole et les « quotas » de production. Ces indices ne pouvaient être modifiés sans le consentement *unanime* des autres membres du cartel, — consentement qui, de ce fait, n'était pour ainsi dire jamais donné, sauf lorsque la demande émanait d'une société britannique.

Pouvait-on imaginer un monopole mieux garanti, une forteresse plus inexpugnable ? Aussi la fureur des Anglais fut-elle grande, lorsqu'ils apprirent que la concession accordée au major Holmes par le cheik de Bahrein était passée à une compagnie américaine, la *Gulf Oil Company,* qui avait également obtenu une concession d'Ibn-Séoud. On cria au scandale dans les milieux financiers londoniens. **Mais aux remontrances du gouvernement de Sa Majesté le** cheik de Bahrein répondit, avec une candeur feinte, qu'il n'avait nullement violé sa parole, puisqu'il avait traité avec une compagnie enregistrée au Canada. Or, il avait toujours cru que le Canada faisait partie intégrante du Commonwealth britannique... [1]

Les sociétés anglaises prirent aussitôt une série de contre-mesures destinées à limiter les conséquences de cette intrusion dans leur domaine. Elles contraignirent le *Gulf Oil Company* à s'affilier au cartel et elle fut tenue dès lors d'en respecter les règlements. Lorsqu'elle demanda au Conseil supérieur du cartel l'attribution d'un quota de production plus élevé, pour lui permettre d'exploiter les gisements du Hasa (dont elle venait d'obtenir la concession directement d'Ibn-Séoud) le Conseil lui opposa un refus catégorique. Les groupements anglais voulaient éviter à tout prix une concurrence qui risquerait de faire baisser les cours du pétrole sur le marché mondial. Ils entendaient « stériliser » les pétroles d'Arabie. Dans leur esprit les naphtes du Hasa étaient condamnés à ne jamais voir le jour.

Prise à la gorge par le veto britannique, la *Gulf Oil* dépérit et ne put couvrir ses frais. Comme elle ne parvenait pas à exploiter les gisements du Hasa, sa convention avec Ibn-Séoud risquait de devenir caduque. Elle n'eut bientôt d'autre ressource que de revendre sa concession à une autre société américaine, la *Bahrein Oil Company* (qui était une filiale de *la Standard Oil de Californie*), pour la somme de 50.000 dollars.

Lorsque l'émissaire de la *Standard Oil* se présenta, avec son nouveau contrat, devant son Conseil d'administration, le Président lui demanda, d'un air incrédule :

— « Que représente exactement l'actif de cette affaire ?

— « Une masse énorme de sable, de mouches et de chaleur, répondit-il, mais aussi une masse énorme de confiance ! »

1. Cf. J.-R. Percheral : *Le Malaise arabe, L'Aurore,* 27 août 1951.

315

En 1943, c'est-à-dire dix ans plus tard, M. Harold Ickes, secrétaire d'Etat à l'Intérieur dans le gouvernement Roosevelt, devait déclarer au Congrès américain :

— « L'achat de la concession des pétroles arabes par la *Standard Oil de Californie,* pour la somme de 50.000 dollars est la transaction commerciale la plus formidable des temps modernes. »

C'était la deuxième fissure dans l'hégémonie pétrolière des Anglais — une fissure qui allait prendre rapidement les dimensions d'une brèche.

Car la *Standard Oil de Californie,* ne faisant pas partie du cartel, ne fut pas tenue d'en respecter les ukases. Elle échappa ainsi aux règlements malthusiens édictés par les Anglais. Passant outre aux limitations de quotas et aux vetos des dirigeants de l'*Anglo-Iranian* et de l'*Irak Petroleum,* elle effectua de sa propre initiative de nouveaux forages dans le Hasa, développa les puits et chercha à se procurer des débouchés en Extrême-Orient [1].

Or il se trouvait justement qu'une autre société américaine, la *Texas Oil C°,* possédait déjà tout un réseau de vente aux Indes. En 1933, la *Standard Oil de Californie* et la *Texas Oil* se mirent d'accord pour fonder ensemble une nouvelle société, la *California Arabian Standard Oil C°,* communément désignée sous le nom de *C.A.S.O.C.* Celle-ci prit en main l'exploitation du Hasa et, n'hésitant pas à entrer en lutte avec ses rivales britanniques, se mit à concurrencer sérieusement l'*Anglo-Iranian* et la *Shell* sur le marché asiatique.

Le gouvernement anglais protesta à Washington contre ce qu'il appela « une violation flagrante de l'accord de 1928 », et amena le gouvernement français à appuyer sa démarche [2]. Mais ce fut cette fois-ci au Département d'Etat de faire la sourde oreille...

Dès lors, les pétroles arabes étaient sauvés. Rien n'entra-

1. Pour ne pas entrer en conflit avec les autres compagnies pétrolières américaines qui vendaient leurs produits en Europe.

2. En tant que co-participant à l'*Irak-Petroleum.*

verait plus leur essor vertigineux. En 1935, la production avait été de 174.000 tonnes. Elle atteignit 640.000 tonnes en 1936 ; 1.100.000 tonnes en 1937 ; 2.000.000 de tonnes en 1939 ; 3.000.000 de tonnes en 1941. Plusieurs raffineries s'installèrent le long de la côte. Des kilomètres de quais, des grues, des jetées, des citernes, des bassins de radoub témoignèrent de l'activité intense d'une région où le silence n'était troublé jusque-là que par les mélopées des pêcheurs de perles. Toute une partie de la population indigène, attirée par les salaires élevés [1], travailla à raffiner, à mettre en baril et à charger sur des pétroliers les flots ininterrompus d'or noir qui jaillissaient du désert. Cette activité déversa, sous forme de redevances, des sommes toujours plus élevées dans les caisses de l'Etat séoudite.

Ce n'était pas encore la prospérité, mais c'en étaient les prémices. L'obstacle de la pauvreté allait pouvoir être surmonté...

XCII

De même que l'alfa et le blé poussaient à profusion dans le sillage de l'eau, les voies ferrées et les routes commencèrent à se développer dans le sillage du pétrole. Des autostrades d'asphalte s'allongèrent le long des côtes et pénétrèrent peu à peu à l'intérieur des terres. Une légende se créa autour des « trésors du Hasa ». « L'Arabie, disait-on en Amérique, est la terre de *Wajid Mafi,* le pays du néant et de l'abondance. » Et c'était vrai, car l'un et l'autre s'y côtoyaient étrangement. Le néant était à la surface du sol, et l'abondance en profondeur.

D'autres prospecteurs vinrent, avec leurs sondes et leurs sismographes. Ils découvrirent que le sous-sol de l'Arabie était un des plus riches du monde. Il ne contenait pas

---

1. En 1955 les salaires allaient de 12.000 frs par mois pour un manœuvre, à 108.000 frs, pour un ouvrier qualifié.

seulement du pétrole, mais du fer, du cuivre, de l'argent, du tungstène, du chrome et même de l'or. En 1937, un groupe financier de New-York fonda à Djeddah le *Syndicat minier de l'Arabie Séoudite,* pour l'exploitation des terrains aurifères du Hedjaz. Le gisement de Bouhran fut ainsi remis en activité, après être resté à l'abandon pendant des siècles. Mahomet l'avait donné en apanage à son fidèle compagnon Bilal-al-Mouzani. Jadis cette mine, une des plus anciennes du monde, avait travaillé pour le roi Salomon. A présent, elle fournissait de l'or au ministre des Finances d'Ibn-Séoud.

Le roi entendait que toutes ces richesses revinssent au pays, lorsque les contrats signés avec les sociétés étrangères viendraient à expiration, c'est-à-dire aux alentours de l'an 2000. Mais l'Arabe serait-il en mesure d'assurer la relève, ou continuerait-il à mourir de faim, au milieu d'un Eldorado qu'il ne serait pas capable de mettre en valeur lui-même ? Pourrait-il rattraper, en deux générations tout ce que lui avaient fait perdre six siècles de domination ottomane, et plusieurs millénaires de somnolence et d'anarchie ? Cela dépendait des générations montantes et du degré d'instruction qu'on saurait leur donner...

Ainsi, comme Mustapha Kémal, Ibn-Séoud était ramené, par la force des choses, au problème crucial dont dépendait tout le reste : l'éducation du peuple. Peut-être celui-ci se posait-il d'une façon plus aiguë encore à Ryhad qu'à Ankara, car en Arabie, tout était à faire : les populations y étaient presque totalement incultes. Toutefois l'intelligence de l'Arabe était plus souple et plus déliée que celle du paysan anatolien, sa capacité d'assimilation plus grande et plus rapide. Que ne pouvait-on attendre d'une race qui avait construit des palais comme ceux de Bagdad et de Cordoue, et qui avait donné coup sur coup, des hommes de guerre comme Abou-Obeidah, Mohammed-ben-Cassem, Hassan et Mousa-ibn-Noseir, des poètes comme Abu al-Ala al Ma'arri et Moutanebbi, des mathématiciens comme Thébit-ben-Corrah et Alkowarezmi, des « princes de la

science », comme Avicenne et Averrhoès ? Pourquoi les
sommets intellectuels, qui avaient déjà été atteints une fois,
ne pourraient-ils pas l'être de nouveau ?

Le roi n'entendait d'ailleurs nullement faire revivre d'un
seul coup ces hautes spéculations intellectuelles. Ses ambitions étaient plus modestes. Il s'agissait pour lui de donner aux Arabes des connaissances techniques et profession-
nelles suffisantes pour leur permettre de remplir les tâches
que leur réservait un avenir prochain. Le reste viendrait
ensuite, avec l'aide d'Allah...

Ibn-Séoud avait déjà doté le Centre d'Etudes Islamiques
de la Mecque de fonds importants prélevés sur le bénéfice
des pèlerinages. Il affecta une partie de ses revenus nouveaux à la création d'écoles primaires et de centres d'appren-
tissage. Le développement de l'instruction publique devint
une de ses préoccupations majeures, et il ne laissa passer
aucune occasion d'en souligner l'importance. Si les Arabes
n'étaient pas capables de former à temps un corps social
suffisamment évolué, ses héritiers seraient obligés de renouveler les concessions des compagnies étrangères. Celles-ci
seraient alors tentées de s'installer à demeure et l'indépendance de l'Arabie s'évanouirait comme un songe...

— « Le développement technique et industriel de l'Arabie », déclara-t-il dans l'allocution qu'il prononça en
novembre 1938 au centre agricole d'El-Karj, pour fêter le
cinquième anniversaire de sa fondation, « doit marcher de
pair avec l'éducation professionnelle du peuple arabe, sinon
nous serons toujours condamnés à faire appel aux étrangers.
Or il n'est pas bon, à la longue, qu'un peuple s'en remette
à d'autres pour l'exécution des tâches indispensables à son
existence... A quoi bon secouer une tutelle politique, si
c'est pour la remplacer par une tutelle économique ? Je
crois qu'il est nécessaire de moderniser ce pays, non pour
lui ôter sa liberté, mais pour le mettre en mesure d'en
jouir pleinement. Que nos amis occidentaux, dont l'aide
nous est si précieuse, ne se méprennent pas sur le sens de
mes paroles. Elles ne contiennent rien d'inamical à leur

égard. Ils savent qu'ils ont, en tout temps, libre accès auprès de moi, pour m'expliquer leurs difficultés ou me faire part de leurs désirs. Ils savent qu'ils peuvent compter sur mon estime, sur mon amitié et que mon assistance bienveillante ne leur fera jamais défaut.

« Le peuple arabe se méfiait d'eux autrefois, parce que c'est toujours de l'étranger que lui est venu le malheur. Depuis quelque temps, cet état d'esprit tend à se modifier. J'ai constaté avec plaisir que des relations confiantes, et même cordiales, se sont nouées entre l'élite de mes sujets et les techniciens étrangers. Cela provient de ce qu'ils voient à présent en eux, des guides qui les libéreront de l'ignorance et leur ouvriront la voie d'une prospérité nouvelle.

« Mais que nos amis occidentaux ne se fassent pas d'illusions : cette amitié, ils ne la conserveront que s'ils respectent les mœurs, les traditions et les croyances du peuple arabe. Je désire qu'ils viennent ici en professeurs, non en maîtres ; en hôtes, non en conquérants. L'Arabie est assez grande, grâce à Dieu, pour satisfaire toutes les ambitions, sauf une : celle de porter atteinte à son intégrité. Celle-ci nous a coûté trop cher à conquérir et nous en sommes trop fiers, pour que nous ne préférions pas mourir pauvres, plutôt que d'y renoncer. L'Arabie, j'en suis sûr, serait prête à refuser les bienfaits de la civilisation technique, si ceux-ci devaient signifier pour elle l'asservissement à une puissance étrangère. »

Dans cette allocution, d'un nationalisme ombrageux, Ibn-Séoud définissait clairement la ligne de conduite qu'il s'était tracée à l'égard des pays concessionnaires. Ce langage ne déplaisait d'ailleurs pas aux « foremen » et aux « drillers » américains devant lesquels il était prononcé. Ils comprenaient parfaitement cet amour de l'indépendance. N'étaient-ils pas eux-mêmes des fils de colons émancipés ? Il y avait, dans les efforts de ces Bédouins, austères et puritains, quelque chose qui leur rappelait leur propre passé. Eux aussi avaient été, autrefois, des pionniers misérables qui n'avaient, pour tout capital, que la force de leurs bras et leur confiance en Dieu. Eux aussi avaient dû défendre leur jeune liberté contre les convoitises de Puissances plus riches et plus évoluées. Amoureux de prouesses physiques, la statue du « roi géant » les impressionnait plus que ses discours. Ils discutaient entre eux pour savoir s'il eût été, en Amérique, champion de boxe ou de base-ball. Et si le fatalisme des Arabes les déconcertait parfois, ils se souvenaient d'avoir vu leurs propres grands-parents chercher des oracles dans la Bible, comme ils le voyaient faire à leurs co-équipiers, lorsqu'ils consultaient le Coran.

Curieux royaume que celui qui s'organisait ainsi, grâce à la symbiose de deux mondes et où, à la nuit tombante, les psalmodies wahabites faisaient écho aux cantiques luthériens, parmi le sifflement des foreuses, et le grondement des tracteurs...

XCIII

Cependant, les nuées annonciatrices d'orage s'accumulaient de nouveau dans le ciel européen. 1939 arriva. Avant que l'année ne fût écoulée, la France, l'Angleterre, l'Allemagne et la Pologne étaient une fois de plus en guerre. La deuxième conflagration mondiale avait éclaté.

En 1914, Ibn-Séoud s'était laissé surprendre par les événements. Cette fois-ci, il était sur ses gardes. En 1914, il était pauvre et désarmé. Cette fois-ci, il était incomparablement plus puissant et plus riche. En 1914, il n'était qu'un petit Emir insignifiant, au pouvoir contesté, et relégué dans les sables du désert central. Cette fois-ci il était roi. Il détenait une partie des côtes de la mer Rouge et du golfe Persique. Son pouvoir était officiellement reconnu par toutes les grandes nations et il possédait des légations dans les principales capitales du monde.

Il mobilisa l'Ikwan, la disposa face au nord et à l'ouest, de façon à pouvoir intervenir dans plusieurs directions à la fois et observa attentivement le déroulement des opérations. La première guerre mondiale avait sonné le glas de l'empire ottoman. La seconde allait-elle amorcer le déclin de l'empire britannique ?

Comme en 1914, la guerre, après avoir débuté en Pologne et dans les Flandres, se rapprocha de l'Orient. En 1941, les Allemands occupèrent coup sur coup Salonique, Athènes et la Crète. Un corps germano-italien, débarqué en Cyrénaïque, marcha sur Alexandrie. Expulsée de Grèce, menacée en Egypte, ayant dans son dos l'Iran hostile, l'Afghanistan et les Indes en effervescence, l'Angleterre subissait un des plus rudes assauts de son histoire. Bombardée par la Luftwaffe, et redoutant une invasion de la métropole par les forces allemandes stationnées sur les côtes de la Manche et de la mer du Nord « elle avait toutes les peines du monde, comme le dit Churchill, à maintenir sa tête au-dessus de l'eau. »

Abdallah régnait toujours en Transjordanie. Mais en Irak, la situation s'était beaucoup détériorée. Fayçal Ier était mort subitement à Genève, en 1933, au cours d'une session de la Société des Nations, laissant le pouvoir à son fils Ghazi. Celui-ci était décédé à son tour, en avril 1939, victime d'un accident d'auto. L'héritier du trône, son fils Fayçal II, avait cinq ans. Une régence avait été instituée en faveur de son oncle Abdul-Illah, frère de Ghazi et petit-fils de Hussein.

Craignant pour les intérêts britanniques dans cette région d'où la marine et l'aviation anglaises tiraient la plus grande partie de leur carburant, Churchill donna l'ordre à une brigade indienne de débarquer à Bassorah (18 avril). C'était une violation flagrante de la convention de protectorat qui liait les deux pays [1].

---

1. Le statut de l'Irak avait été établi en 1921, selon les grandes lignes fournies par Lawrence, au temps où Churchill était secrétaire d'Etat aux Colonies, et où l'auteur des *Sept Piliers de la Sagesse* lui servait de conseiller. Un traité assurait à ce pays la « protection » de l'Angleterre, en échange d'un mandat. Aux termes de cet accord, les troupes de terre, ainsi que la police, étaient entièrement irakiennes, le seul avant-poste anglais consistant en un détachement de la R.A.F. stationné à Habbaniyeh, avec

L'intervention anglaise souleva l'indignation des officiers nationalistes de l'armée irakienne [1], notamment de ceux qui étaient affiliés à une association secrète, nommée le « Carré d'Or ». Ils vinrent trouver Rashid-Ali, un homme politique connu pour son hostilité envers l'Angleterre, et lui déclarèrent qu'ils seraient prêts à le suivre, s'il faisait un coup d'Etat.

A la suite de manœuvres d'intimidation auxquelles le Régent n'opposa qu'une faible résistance, Rashid-Ali se fit nommer premier ministre (24 avril). Craignant pour ses jours, Abdul-Illah quitta subrepticement Bagdad et se réfugia à la base aérienne de Habbaniyeh, où il se mit sous la protection des autorités britanniques [2].

Ayant alors les coudées franches, Rashid-Ali se fit octroyer les pleins pouvoirs et prononça la dissolution du Parlement. Puis il annonça que le mandat anglais avait pris fin et proclama l'indépendance de l'Irak. Simultanément, il fit cerner l'ambassade de Grande-Bretagne à Bagdad par des forces de police. « Si les avions de la R. A. F. lancent une seule bombe sur Bagdad, avait-il déclaré à l'ambassadeur Cornwallis, vous serez tous massacrés en guise de représailles. »

Pensant que les derniers jours de l'Angleterre étaient arrivés, l'Empereur d'Iran, Rhiza Shah Pahlevi, déchira lui aussi les traités qui le liaient à Londres et s'apprêta à joindre ses forces à celles de Rashid-Ali.

Les Anglais avaient beau être bloqués dans leur île, ils n'avaient pas perdu pour cela tout réflexe impérial. La double défection de l'Irak et de l'Iran représentait pour le Commonwealth un danger aussi grand que l'étaient,

un bataillon d'Assyriens pour assurer sa sécurité. « L'Irak, écrit Somerset de Chair, député aux Communes, fut ainsi le premier pays où l'on se soit servi exclusivement de l'aviation comme *ultima ratio regum.* » (*Le Tapis doré,* p. 64.)

1. L'armée irakienne comprenait environ 40.000 hommes équipés avec des armes et du matériel anglais.

2. En avril 1941, la base de Habbaniyeh comprenait deux escadrilles de bombardement, une escadrille de chasse, 1.500 hommes des levées assyriennes commandées par Alastair Graham et un bataillon du *Kings Own Royal Regiment.*

pour la métropole, les raids de la Luftwaffe ; Churchill prit une série de contre-mesures énergiques. Passant outre aux conseils de prudence prodigués par le général Wavell [1], il chargea le général Clark de prendre en main l'ensemble des opérations dans le Moyen-Orient, renforça les unités d'aviation stationnées à Habbaniyeh par l'adjonction de plusieurs escadrilles de bombardiers Wellington, donna l'ordre au général Auchinleck de débarquer un corps expéditionnaire dans le Chatt-el-Arab et de remonter le cours des fleuves en direction de Bagdad. Enfin il prescrivit au général Kingstone de former une colonne motorisée et de se diriger par marches forcées sur la cité des Califes, afin de délivrer l'ambassadeur et la colonie britanniques.

Surpris par cette riposte à laquelle il ne s'attendait pas, et voyant succomber ses troupes sous les coups des bombardiers de la R. A. F., Rashid-Ali adressa, le 30 avril, un appel à l'aide au gouvernement du Reich. Mais celui-ci était trop éloigné pour pouvoir lui porter secours. Il se contenta de lui faire parvenir des armes, prélevées sur les stocks de l'armée française du Levant [2], et lui vendit une centaine d'avions de chasse, dont une quarantaine seulement parvinrent à destination [3].

Immobile derrière ses frontières, Ibn-Séoud suivait avec attention les péripéties de ce duel. Ne voulant ni affaiblir les Irakiens en prenant parti pour les Anglais, ni s'exposer aux représailles de la R. A. F. en prenant parti

1. « J'estime de mon devoir », avait câblé à Churchill le commandant en chef anglais en Egypte, « de vous avertir de la façon la plus formelle, qu'à mon sens la prolongation de la lutte en Irak compromettra gravement la défense de la Palestine et de l'Egypte. Les répercussions politiques en seront incalculables et pourraient bien provoquer ce que je m'efforce d'éviter depuis près de deux·ans, à savoir de sérieux troubles intérieurs dans les pays où nous possédons nos bases. En conséquence, j'insiste de nouveau, avec la dernière énergie, pour qu'un arrangement soit négocié le plus tôt possible. »

2. Depuis l'armistice franco-allemand du 24 juin 1940, celles-ci étaient stockées sous le contrôle d'une commission militaire germano-italienne.

3. Le major von Blomberg, qui commandait le groupe, n'eut même pas le temps d'atterrir en Irak. Son avion fut abattu par mégarde, dès le premier jour, par un rezzou de Bédouins irakiens.

pour Rashid-Ali, il trouva plus prudent de se cantonner dans l'expectative, et se borna à concentrer un contingent de l'Ikwan en bordure de la frontière de Koweït, prêt à s'emparer de ce territoire si la décision des armes s'avérait défavorable aux Anglais.

XCIV

La colonne Kingstone, ou « Kingcol », se concentra à Rutbah, sur le parcours du pipe-line Mossoul-Haïfa. Là, ses effectifs furent complétés par les Bédouins de la « Légion arabe », recrutés par le major Glubb.

Ce petit homme trapu et rougeaud, aux cheveux blond cendré coupés en brosse, à la moustache couleur de sable et dont un côté du visage portait la balafre profonde qui lui avait valu le surnom arabe d'Abu-Hunaik — le Père la Mâchoire — était un de ces individus entreprenants et aventureux que l'Angleterre envoie de temps à autre en Orient pour y défendre ses intérêts, quitte à les désavouer ensuite, s'ils deviennent trop compromettants.

Homme de confiance pour les uns, homme de mystère pour les autres, aspirant à jouer au cours de cette guerre-ci un rôle comparable à celui de Lawrence durant la précédente, Glubb Pacha avait très vite compris que la première condition du succès, en Orient, était d'avoir sa légende. Arrivé dans les pays arabes vingt ans auparavant, il s'était fait nommer conseiller militaire de l'Emir Abdallah, grâce à l'appui du Foreign Office, et avait pris en main l'organisation de l'armée transjordanienne. Actif, ambitieux et, au demeurant fort sympathique, le créateur des « Patrouilles du Désert », dont les hommes étaient recrutés dans tous les pays du Levant, avait su conquérir le cœur de ses soldats. Moins poète que Lawrence, il possédait sur lui un avantage indéniable : celui de pouvoir s'appuyer sur un pouvoir établi. « Dans les réunions de Bédouins, écrit Somerset de Chair qui participa à l'expédition d'Irak dans la colonne Kingstone, au cœur des villages perchés sur quelque crête, accessibles seulement aux piétons et aux cavaliers, j'ai mentionné le nom de Lawrence et j'ai vu tous ces visages sombres échanger un coup d'œil significatif. Mais la renommée de Lawrence n'est venue qu'après coup, grâce à la publicité du livre, du journal et du film. Son nom est un de ceux dont il est bon de se réclamer en Proche-Orient, mais Glubb-Abu-Hunaik est l'Orient lui-même [1]. »

Après avoir achevé ses derniers préparatifs, la colonne Kingstone se mit en marche vers l'est, escortée par les Arabes de Glubb, et se fraya péniblement un chemin à travers les sables (5 mai 1941). L'avance de cette poignée d'hommes perdue dans l'immensité fut extrêmement dure. La saison était mauvaise et les éléments motorisés subirent de nombreuses pannes. Aveuglés par la réverbération, harcelés par les harkas de Bédouins et bombardés à plusieurs reprises par des avions aux couleurs irakiennes, ses éléments avancés étaient épuisés de fatigue lorsqu'ils débouchèrent, quinze jours plus tard, en bordure du Tigre et virent apparaître à l'horizon le profil enchanteur de la cité des Califes. « C'était l'heure du crépuscule, écrit Somerset de Chair. Le pays s'étendait en plis ondulés, sillonnés de filets d'eau laissés par la dernière crue du fleuve. Il s'enfonçait de plus en plus dans une brume irisée, jusqu'à une ligne d'arbres vert foncé qui marquaient le cours du Tigre. Au-dessus des arbres s'élançaient les dômes et les minarets de Bagdad et, bien en vue au-dessus des marais du nord, une mosquée avec ses deux grandes coupoles d'or brillant au soleil et quatre hauts minarets aux pointes d'or qui ressemblaient à des torches couronnées de flammes. Ce devait être la mosquée aux tuiles d'or de Khadimian. Droit devant nous, à moins de cinq kilomètres, émergeaient au-dessus des arbres, les toits du Palais des Roses [2]. »

1. Somerset de Chair : *Le Tapis doré*, p. 41.
2. Id. : *op. cit.*, p. 114.

Hélas ! Il n'y avait aucune trace du corps expéditionnaire du général Auchinleck qui devait faire sa jonction avec la « Kingcol » à cet endroit. Arrivée avec ses tentes et ses baignoires, ses maillets de polo, ses raquettes de tennis et ses cannes à pêche, la division hindoue, qui se préparait à une campagne de deux ans suivant les règles les plus orthodoxes de la guerre coloniale, avait tout juste atteint Nasariya sur le Bas-Euphrate.

L'arrivée de la « Kingcol » avait jeté le désarroi parmi les Irakiens. Ceux-ci ne s'attendaient pas à voir déboucher l'ennemi de ce côté et pensaient que ces camions et ces automitrailleuses n'étaient que l'avant-garde d'une armée plus puissante. Sans attendre les renforts de la division Auchinleck, le général Kingstone, d'accord avec le général Clark, résolut d'exploiter l'effet de surprise. Faisant un brusque crochet vers le sud, il fonça sur Habbaniyeh et pénétra dans la base aérienne où étaient entassés depuis le mois d'avril, plus de 9.000 civils britanniques. Les Irakiens, décimés par les Wellington de la R. A. F.[1], s'enfuirent à son approche, abandonnant sur le terrain leurs morts et leurs blessés.

Restait à dégager l'ambassade. Mais c'était une opération infiniment plus délicate, car il fallait pénétrer pour cela au centre de Bagdad et l'on ignorait l'état d'esprit de la population. S'y engager, avec de si faibles effectifs, eût été une imprudence folle.

Heureusement, il y avait Glubb Pacha et c'est dans les circonstances de ce genre que cet « ami des Arabes » s'avérait un auxiliaire précieux. Par son entremise, l'Etat-Major anglais parvint à se ménager des intelligences dans la ville, et au bout de quelques jours de tractations, des messagers venus de Bagdad annoncèrent que des plénipotentiaires britanniques pourraient y être admis, le 28 mai, à l'aube.

Mais quel contraste entre l'accueil triomphal fait par la

---

1. Les combats des 2 et 6 mai avaient été particulièrement meurtriers pour les assiégeants qui y avaient perdu en outre, une douzaine de canons, 60 mitrailleuses, et 10 automobiles blindées.

population de Damas à Allenby et à ses troupes, vingt-cinq ans auparavant, et cette entrée presque clandestine des représentants de Sa Majesté dans l'ancienne capitale d'Haroun-Al-Rashid !

Les délégués anglais furent conduits, les yeux bandés, à travers les avant-postes et leurs bandeaux ne furent retirés qu'aux lisières de la ville. « Nous filâmes à travers des rues bordées de maisons couleur moutarde, aux volets hermétiquement clos, écrit Somerset de Chair. Tout était silencieux. Les rues étaient presque désertes. De loin en loin, un soldat, en casque de toile sombre et en short, la figure et les genoux couleur de noyer ciré, le fusil en bandoulière, restait surpris de voir passer deux officiers anglais en auto, et détournait la tête pour ne pas avoir à nous saluer [1]. »

Au retour, le spectacle fut plus humiliant encore. Lorsque la file d'autos traversa une deuxième fois la capitale pour rentrer à Habbaniyeh, emmenant avec elle l'ambassadeur et sa suite, la matinée était déjà avancée. « Il y avait, nous dit Somerset de Chair, plus de monde dans les rues, toute la foule pittoresque et bigarrée des villes orientales, et beaucoup plus de soldats. Ils nous regardaient défiler avec une lueur de haine dans leurs yeux sombres et crachaient avec mépris sur le passage des Infidèles [2]. »

Le même jour, on vit atterrir sur le champ d'aviation un gros avion « Bombay » transporteur de troupes. Un jeune homme en descendit, qui portait l'uniforme de l'armée américaine. C'était le capitaine James Roosevelt, un des fils du Président, qui venait enquêter sur la situation. Les officiers britanniques lui firent une réception chaleureuse car ils avaient un pressant besoin de l'appui des Etats-Unis. Mais peut-être ne furent-ils pas absolument enchantés de voir débarquer cet observateur importun à un moment aussi critique.

La visite de James Roosevelt eut, en effet, des consé-

---

1. Somerset de Chair : *op. cit.*, p. 135.
2. *Id.* : *op. cit.*, p. 137.

quences considérables. Car, à son retour à Washington, il attira l'attention de son père sur l'importance militaire et économique du Moyen-Orient, en même temps que sur la baisse du prestige britannique qu'il y avait constatée.

La colonie anglaise étant désormais hors de danger, il ne restait plus qu'à liquider ce qui subsistait de l'armée rashidite. Celle-ci se disloquait d'elle-même, démoralisée par l'absence de soutien de la part des Puissances de l'Axe, ainsi que par l'annonce de l'arrivée imminente de l'armée Auchinleck, qui volait à présent au secours de la victoire.

Le 29 mai, une délégation de notabilités irakiennes connues pour leur anglophilie [1], arriva à l'Hôtel des Imperial Airways de Habbaniyeh. Les membres furent introduits aussitôt par Glubb Pacha auprès du général Clark. Ils venaient demander un armistice.

L'accord fut d'autant plus rapidement conclu, que ses clauses avaient été acceptées d'avance, de part et d'autre, grâce aux bons offices de Glubb Pacha. Il entra en vigueur le 30 mai à minuit.

Bagdad fut évacué par les troupes irakiennes le 1er juin, au matin. La sécurité de la ville fut assurée par des forces de police mixtes arabo-britanniques. Rashid-Ali s'enfuit précipitamment. Le « Cadre d'Or » fut dissous, ses membres arrêtés et traduits devant un conseil de guerre. Le parlement fut rétabli. Une épuration sévère s'abattit sur tous les Irakiens coupables de « rébellion » envers leur souverain légitime. Abdul-Illah rentra dans sa capitale sous la protection des Horse Guards et constitua un nouveau gouvernement. Celui-ci s'engagea « à faciliter de toutes manières » l'œuvre des armées britanniques dans leur lutte contre l'Allemagne et l'Italie. Rashid-Ali fut condamné à mort par contumace, et sa tête mise à prix.

La « guerre de trente jours » était terminée. Mais ce qui n'avait été, en définitive, qu'une révolte locale, mal conçue,

1. Cette délégation comprenait le fils de Noury-Saïd ; Ali-Jaudat, ancien premier ministre d'Irak, et le major Oubaïd, aide de camp du Régent Abdul-Illah.

mal conduite et insuffisamment armée, avait causé bien des nuits d'insomnie aux dirigeants de Downing Street. « Tout est rentré dans l'ordre, déclara Churchill aux Communes. Mais je puis vous avouer que l'alerte a été chaude [1]. »

XCV

Sitôt l'affaire irakienne liquidée, Lord Wavell chargea le général Sir Henry Maitland Wilson d'expulser les Français de Syrie. Des bruits tendancieux, mis en circulation au Caire, avaient fait croire au commandant en chef britannique que la Syrie était occupée — ou allait l'être incessamment — par de forts contingents allemands [2]. Ces rumeurs étaient dénuées de tout fondement et le général Wavell hésitait à intervenir. Mais comme les Français Libres insistaient, et que le général Catroux, représentant du général de Gaulle dans le Proche-Orient s'était déclaré prêt « à accorder une pleine indépendance aux Syriens et à mettre fin aux mandats français dans le Levant [3] », les Anglais considérèrent sans doute qu'ils ne trouveraient jamais une meilleure occasion d'annuler la concession qu'ils avaient faite à la France en 1916, et qu'ils n'avaient jamais cessé de regretter depuis lors.

Après un bombardement aérien très violent, déclenché sans préavis sur Beyrouth et Nérab, les troupes anglo-gaullistes, appuyées par des contingents hindous et australiens, attaquèrent la Syrie à l'aube du 8 juin. Le général Dentz, Haut-Commissaire français dans les territoires du Levant, ordonna à ses troupes de se défendre avec vigueur.

Des combats meurtriers s'engagèrent sur terre, sur mer et dans les airs. « Les Français luttèrent comme des fous sur

---

1. Winston Churchill : *Discours à la Chambre des Communes*, le 9 septembre 1941.
2. Déclarations du Maréchal Wavell, *Combat*, 4 juillet 1946.
3. Général Catroux : *Proclamation à la radio du Caire*, le 8 juin 1941.

toute la ligne », déclara un officier britannique qui prit part aux combats [1]. A Palmyre notamment, un bataillon commandé par le commandant Ghérardi, solidement retranché dans les ruines du Temple de Baal, tint tête pendant plus de treize jours aux forces anglo-hindoues, luttant à un contre dix avec l'énergie du désespoir.

Cependant, le 15 juin, les troupes françaises qui combattaient dans le sud, le long de la côte, et qui avaient été décimées par le feu des canons de marine britanniques, se virent obligées d'évacuer Saïda et huit jours plus tard, les forces anglo-gaullistes pénétrèrent à Damas, au milieu d'une foule indifférente (22 juin). Cette « relève d'occupants » ne l'intéressait plus.

La garnison de Palmyre, réduite à une poignée d'hommes, résistait toujours. Mais ses derniers éléments — une compagnie de la Légion — luttaient à présent à un contre cent. Mourant de soif et ayant épuisé leurs dernières cartouches, ils finirent par capituler, au soir du 3 juillet.

Epuisées, manquant de renforts, de chars, d'avions, de matériel lourd et d'essence, constamment sur la brèche et n'ayant parfois pas dormi depuis huit jours, les forces du général Dentz ne pouvaient sortir victorieuses de cette lutte inégale où le courage, quel qu'il fût, ne pouvait suppléer à l'insuffisance des armements. Le 10 juillet, le Haut-Commissaire français reçut du Maréchal Pétain, l'autorisation de demander une suspension d'armes. Le 14 juillet, un armistice signé à Saint-Jean-d'Acre mettait un terme aux hostilités. Les Français avaient fait 2.000 prisonniers. Mais ils comptaient 1.819 morts et disparus [2]. De leur côté, les Anglais avouaient 4.500 tués ou blessés.

Quinze jours plus tard, en exécution des promesses du général Catroux, les mandats français étaient officiellement abolis. Un gouvernement syrien était constitué sous la pré-

---

1. Déclaration du Lt-commander Hugh Hodgkinson, de la Royal Navy.
2. Dont 405 officiers et sous-officiers. (*Rapport officiel du général Dentz.*) citée par le commandant Guiot, dans son ouvrage : *Combats sans espoir,* p. 195.

sidence du Cheik Tageddine-El-Hassani et le général Spears s'installait à Damas pour « contrôler » l'action des agents gaullistes, dont la présence n'était tolérée qu'à titre provisoire. La France était virtuellement exclue du Levant, en attendant de l'être d'une façon effective.

L'affaire syrienne étant réglée, les Anglais se sentirent assez forts pour parler en maîtres. Ils se tournèrent alors contre l'Iran, qui avait fait mine de soutenir le mouvement d'indépendance irakien. Le 25 août 1941, les forces anglaises et soviétiques pénétrèrent conjointement en Perse, occupèrent Téhéran, exigèrent la fermeture des légations des Puissances de l'Axe et le retrait des troupes iraniennes en deçà d'une ligne de démarcation préalablement fixée (5 septembre). L'empereur Rhiza Shah Pahlevi, accusé de mener une politique « pro-allemande » comparable à celle de Rashid-Ali, fut contraint d'abdiquer, et déporté à l'île Maurice. Le 28 décembre, un « traité d'alliance tripartite » était signé entre la Grande-Bretagne, l'U. R. S. S. et le nouveau gouvernement iranien. Il prévoyait l'occupation totale du pays, jusqu'à la fin de la guerre [1].

Ayant ainsi fait sentir leur poigne à Bagdad, à Damas, à Beyrouth et à Téhéran, les Anglais s'adressèrent à Ibn-Séoud et lui intimèrent l'ordre de retirer ses troupes des frontières du Koweit.

Malgré ses revers en Europe, l'Angleterre venait de prouver qu'elle était encore capable de faire respecter sa volonté. Ne voulant pas subir le même sort que le Shah de Perse ou le Premier ministre d'Irak, Ibn-Séoud trouva plus prudent de ne pas insister. Il ramena l'Ikwan à l'intérieur du pays.

1. Ce traité partageait également la Perse — ou l'Iran — en deux zones d'influence : une zone nord, attribuée à l'U. R. S. S. et une zone sud, attribuée à l'Angleterre. Il renouvelait en quelque sorte le traité anglo-russe du 31 août 1907 (voir plus haut, p. 169) et annulait la convention de protectorat sur la Perse entière, passée par Sir Percy Cox avec le gouvernement persan, le 9 août 1919 (voir plus haut, p. 224). Cette importante concession faite par Churchill à l'U.R.S.S. devait avoir des conséquences très graves pour l'Angleterre, lors de la nationalisation des pétroles iraniens par le Dr Mossadegh.

XCVI

Il avait raison. Non seulement la guerre n'était pas terminée, mais le Proche et le Moyen-Orient allaient prendre, au cours de l'année 1942, une importance plus grande encore que durant la première phase du conflit.

D'abord circonscrites à l'Europe et à l'Afrique du Nord, les hostilités s'étaient étendues à la planète entière. Après l'U. R. S. S. elles avaient gagné le Japon et les Etats-Unis. Une fois de plus, Bassorah et le golfe Persique étaient devenus les points d'intersection des lignes de forces antagonistes.

Dès juillet 1941, Rommel avait soumis à l'Etat-Major de la Wehrmacht un plan visant à la conquête du canal de Suez. Mais ses projets personnels allaient beaucoup plus loin. Cette première avance ne devait être, dans son esprit, que le prélude d'opérations tendant à s'emparer de Bassorah, pour couper le courant du matériel américain qui commençait à parvenir en U.R.S.S., à travers le golfe Persique.

« Avant de qualifier ce projet de chimérique, écrit le général Young, on ferait bien de relire le rapport du général Auchinleck, récapitulant les événements survenus dans le Moyen-Orient, entre le 1er novembre 1941 et le 15 août 1942. On verra alors combien nous avions de troupes pour tenir la Syrie, après le départ des Français de Vichy ; combien nous en avions en Irak et en Iran ; combien il eût été facile, à n'importe quel moment avant la fin de l'été 1942, de s'emparer de Chypre, à l'aide d'unités aéro-portées ; et combien, enfin, le général Auchinleck était préoccupé par les menaces qui pesaient sur son flanc septentrional. Il ne dissimulait pas les appréhensions que lui causait la possibilité d'une attaque allemande à travers le Caucase. Mais de quelque côté que vînt cette attaque, nos maigres effectifs ne nous auraient pas permis d'y faire face, pour peu qu'elle eût été exécutée en force [1]. »

Les dirigeants de l'O. K. W. avaient écarté le projet de Rommel comme étant trop ambitieux. Mais Hitler en avait retenu les grandes lignes, fasciné par les vastes perspectives qu'il ouvrait à ses armées. « Si les Anglais savaient ce qui les attend en Orient, disait-il le 5 janvier 1942 à Otto Abetz, ambassadeur du Reich à Paris, ils n'auraient pas de quoi se réjouir !... Dès que Singapour sera tombé — ce qui ne saurait tarder — les Japonais seront maîtres du golfe du Bengale... A la fin du printemps, leurs croiseurs feront leur apparition dans le golfe Persique.

« A ce moment, j'aurai repris l'offensive sur le front russe, avec une armée plus puissante qu'en 1941. Mes divisions blindées progresseront en direction du Caucase et descendront ensuite jusqu'au golfe Persique. Nous ferons notre jonction avec les Japonais à Bassorah ! [2] »

Malgré le secret dont ses projets étaient entourés, ils avaient fini par filtrer dans certaines unités de la Wehrmacht, où ils avaient soulevé une grande vague d'enthousiasme. On en trouve un écho dans le journal de campagne de Léon Degrelle :

« Les ordres pour la division étaient arrivés, écrit-il à la date du 16 août 1942. Objectifs : Adler, puis Sukkum, non loin de la Turquie d'Asie. Nous lancions des paris : à la Noël, Tiflis ! Au printemps, Babylone ! Nous retrouverions sur les fleuves sacrés, sur le Tigre et sur l'Euphrate, les forces d'Afrique du maréchal Rommel, débouchant du canal de Suez. La guerre se terminerait au berceau du monde !

« Sukkum, son littoral et ses palmiers ! Tiflis et ses maisons accrochées aux rochers de Transcaucasie ! Les lacs lunaires de l'Azerbaïdjan ! La grande descente des sables

---

1. Général Desmond Young : *Rommel*, p. 99.
2. Benoist-Méchin : *Rapport à l'Amiral Darlan*, 9 janvier 1942. (Voir *Procès B.-M.*, p. 344.)

cristallins vers le golfe Persique ! Nos yeux brillaient en pensant à notre prodigieuse épopée... [1] »

Dans le camp adverse, le général Auchinleck et son état-major s'apprêtaient à affronter la tourmente et faisaient anxieusement le décompte de leurs forces.

Non seulement les convois navals n'arrivaient plus — car ils étaient décimés en cours de route par les meutes de sous-marins — mais le Haut-Commandement britannique avait été obligé de prélever des unités stationnées en Egypte et en Palestine, pour les envoyer en Extrême-Orient. La Syrie, l'Irak et l'Iran avaient été pour ainsi dire évacués et les troupes qui les occupaient, ramenées sur le Nil. La VIII° armée était en mauvaise posture. Elle venait de subir une série de revers graves. A Sidi-Rezegh et à Belhamed, une des deux brigades de la Iʳᵉ division sud-africaine avait été pratiquement anéantie. La division néo-zélandaise avait perdu les deux tiers de ses effectifs. Les trois brigades blindées qui constituaient la cuirasse de l'armée avaient été réduites à une seule formation mixte. Bref, il ne restait plus grand-chose pour tenir tête aux assauts toujours plus fougueux de Rommel et de l'*Afrika-Korps* [2].

En faisant le bilan des forces en présence, le Comité de Défense du Moyen-Orient s'aperçut qu'il lui manquait au moins huit divisions (dont trois blindées) et cinquante-six régiments de D. C. A. lourde, et légère, pour pouvoir défendre les territoires qui lui étaient confiés — *compte non tenu* de l'éventualité d'une offensive allemande débouchant du nord, par le Caucase ou la Turquie.

Bien que très maître de lui, Auchinleck avait peine à dissimuler son angoisse. « Nous ne serons pas en mesure de tenir le terrain avec succès avant trois mois au minimum, câbla-t-il au War Office. Envoyez-moi d'urgence des canons, des chars, des avions et des troupes. Il est également indis-

---

1. Léon Degrelle : *Ma Campagne de Russie*, pp. 138-139.
2. Tous ces renseignements, et ceux qui suivent, sont puisés dans le Rapport n° 38-177 du général Auchinleck, *London Gazette*, supplément du 13 janvier 1948.

pensable de renforcer Malte et Chypre en canons de D.C.A. et en bombardiers lourds. Si Malte succombe, la perte de l'Egypte devra être envisagée... »

Pour toute réponse, le gouvernement anglais lui fit savoir qu'il lui était matériellement impossible de lui envoyer quoi que ce soit, et qu'il lui fallait tenir avec les moyens qu'il possédait. Bien plus : il l'informa qu'il entendait prélever encore des troupes sur les forces du Moyen-Orient, pour les envoyer à Singapour, où la situation était tragique. « Dans ce cas, répondit stoïquement Auchinleck, ce n'est pas avant six mois que je pourrai reprendre l'offensive... »

Tandis que ce dialogue se déroulait entre le Caire et Londres, les avant-gardes du Maréchal von Bock avaient atteint Maïkop et Mozdok, dans le Caucase. Les divisions blindées de Rommel, ayant dépassé Tobrouk, roulaient à toute allure sur Alfaya et El-Alamein. Enfin, des navires de guerre japonais étaient signalés à l'ouest de Trincomalee, dans l'océan Indien. « A aucun moment, nous n'avons été aussi près de la victoire, devait déclarer par la suite le maréchal Keitel. Il n'en fallait plus beaucoup pour que nous entrions à Alexandrie et que nous poussions notre avance jusqu'à Suez et la Palestine [1]. »

Seul, le verrou de Stalingrad s'interposait entre les forces de la Wehrmacht et les espaces à moitié vides du Moyen-Orient [2]. »

Toutes les routes menant aux Indes — ces artères vitales de l'Empire britannique — risquaient d'être coupées : la route maritime passant par Suez, Aden et Ceylan ; la route terrestre passant par Haïfa, Bagdad et Bassorah. Et même une troisième route, non moins importante pour la stratégie des Alliés, qui venait de s'ouvrir dans le golfe Persique...

1. Général Desmond Young : *Rommel*, p. 186.
2. Général Auchinleck : *Dispatch* N° 38.177, p. 310.

XCVII

Cette « troisième route » était celle par laquelle se déversait, à travers l'Iran, le flot toujours croissant d'approvisionnements, de matériel et d'armes que les Etats-Unis envoyaient à l'U.R.S.S. pour soutenir son effort de guerre. Si l'on voulait que le verrou de Stalingrad restât tiré et empêchât les divisions allemandes de déferler sur les pays arabiques, il fallait absolument que ce courant de fournitures ne fût pas interrompu.

Après l'occupation de l'Iran, en août 1941, les Russes avaient demandé aux Anglais de leur fournir des matières premières. Un accord avait été conclu entre les deux pays, aux termes duquel les Russes s'engageaient à transporter les dites marchandises de Téhéran en U.R.S.S. tandis que les Anglais assumaient la tâche infiniment plus lourde, qui consistait à amener les fournitures de leur lieu d'origine jusqu'au golfe Persique, à les y décharger et à les acheminer, à travers tout l'Iran du Sud, jusqu'à la limite de la zone septentrionale, contrôlée par les Russes.

« Quand les Anglais se mirent au travail, écrit Edward R. Stettinius Jr., ils n'avaient à leur disposition, sur toute la côte du golfe Persique, qu'un seul port — Bassorah — construit sur l'estuaire du Chatt-el-Arab. Et Bassorah se trouvait malencontreusement en Irak, de l'autre côté de l'estuaire. Quoique ce port fût relié par chemin de fer avec la Turquie, la Syrie et la Palestine, il ne communiquait avec l'Iran que par la route du désert. Khorramshahr, sur la rive opposée du fleuve, méritait à peine le nom de port, et l'on pouvait en dire autant de Bandar-Shahpur, terminus méridional du chemin de fer irano-irakien, situé plus à l'est sur le golfe Persique.

« Le chemin de fer lui-même n'avait pas été construit pour transporter autre chose que des marchandises légères.

Il ne possédait que quelques centaines de wagons de marchandises et ses locomotives n'étaient ni assez puissantes, ni assez nombreuses pour hisser de lourdes cargaisons sur des pentes raides, aux tournants aigus. Sur presque tout le parcours, la ligne était à voie unique. Elle passait sur des centaines de ponts et, au centre de l'Iran, dans la région des hautes montagnes, il y avait un tunnel tous les trois kilomètres. Les éboulements interrompaient fréquemment la circulation. Il y avait bien quelques routes qui se dirigeaient, au nord, vers Téhéran et la mer Caspienne, mais ce n'étaient guère que des pistes, bonnes tout au plus pour les ânes ou les chameaux [1]. »

Malgré ces conditions déplorables, les Anglais réussirent à livrer aux Russes, durant les six derniers mois de 1941, 38.000 tonnes de caoutchouc de Singapour, 13.000 tonnes de jute des Indes, 8.000 tonnes d'étain de Malaisie et 18.000 tonnes de plomb de Birmanie et d'Australie. Mais devant les exigences croissantes de Staline, il devint clair que les Anglais ne pourraient jamais, à eux seuls, s'acquitter de cette double tâche : satisfaire les besoins énormes des Soviets, et équiper en même temps les ports et les routes de l'Iran. Londres se tourna vers Washington et lui demanda son concours.

Les dirigeants d'U.S.A. n'attendaient que cet appel. Dès la fin de l'automne 1941, une mission commandée par le général Wheeler, arriva en Iran pour y seconder l'effort des états-majors anglais. Laissant aux Britanniques Bassorah et Bender-Abbas, les ingénieurs américains concentrèrent leurs efforts sur Khorramshahr. Ils y construisirent de nouveaux quais et des jetées. Ils draguèrent le chenal du Chatt-el-Arab pour en permettre l'entrée à de grands vaisseaux. Ils y installèrent des grues, pour décharger le matériel lourd. Une vieille chaussée qui allait de Khorramshahr à Ahwaz (à environ quatre-vingts kilomètres de là, sur le chemin de fer transiranien), fut prise en charge par le génie des U.S.A.,

1. Edward R. Stettinius Jr. : *Le Prêt et Bail, Arme de Victoire*, pp. 249 et s. (New-York, 1944).

qui la transforma en une route superbe. Des chantiers de construction de péniches, capables de transporter par eau du matériel lourd, furent installés sur le fleuve Karoun, entre Ahwaz et Khorramshahr.

Enfin, au printemps de 1942, les ingénieurs américains commencèrent à édifier à Abadan une usine destinée au montage des bombardiers, dont les Soviets avaient besoin en quantités considérables. Un vaste terrain d'aviation fut créé à proximité de l'usine pour faire l'essai de ces appareils avant de les livrer aux Russes.

Au printemps de 1942, le volume du fret transporté chaque mois sur le chemin de fer transiranien avait triplé. Une activité fébrile régnait sur toute la côte nord du golfe Persique. Des wagons anglais, des locomotives de l'Inde, roulaient avec fracas sur les rails, parmi les locomotives Krupp et les wagons achetés en Allemagne par l'ancien Shah détrôné. Des ouvriers iraniens, travaillant sous les ordres des ingénieurs britanniques et américains, posaient des kilomètres de rails neufs venus des États-Unis. Les locomotrices et les wagons américains commencèrent à arriver, suivis à bref délai par un cortège de camions. Des routes neuves furent ouvertes, des vieilles pistes furent remises en état et des ateliers de réparation s'échelonnèrent le long des artères principales. « Pendant toute l'année 1942, nous dit Edward Stettinius, le tonnage traversant l'Iran vers la Russie, grandit en même temps que les envois de matériel américain tandis que, sous la direction du général Wheeler, la construction des ports et des routes avançait furieusement[1]. »

En octobre 1942, le président Roosevelt prit — sans consulter le Congrès — une « initiative généreuse » : il annonça que désormais « l'armée des Etats-Unis déchargerait complètement les Britanniques de la responsabilité des livraisons à l'U.R.S.S. par l'Iran ». Cette décision, lourde de conséquences, allait permettre à l'administration améri-

---

1. Edward R. Stettinius : *op. cit.,* p 252.

caine de se substituer peu à peu à l'administration britannique dans cette région du globe. Quinze jours plus tard, le général américain Connolly prenait le commandement de tous les services interalliés dans le golfe Persique.

Aussitôt, le volume du trafic fit un nouveau bond en avant. En mai 1943, le ravitaillement envoyé en Russie par l'Iran s'éleva à plus de 100.000 tonnes. C'était deux fois et demie le poids des marchandises transportées au moment où l'armée américaine était entrée en lice et plus de dix fois celui qui pouvait l'être en août 1941.

La *War Shipping Administration* se mit à envoyer des bateaux d'Amérique au Moyen-Orient aussi vite que les cargaisons pouvaient y être déchargées. A Khorramshahr et dans les autres ports du golfe Persique, des Liberty Ships et une foule énorme de cargos, battant pavillon étoilé ou portant les couleurs des autres Nations Unies, s'alignèrent côte à côte dans les nouveaux docks, construits par les Américains.

Entre juillet 1942 et juin 1943, près de 3.000.000 de tonnes de matériel furent envoyées à la Russie et ce chiffre s'accrut encore au cours de l'année suivante. On reste confondu devant l'ampleur de l'effort accompli par les Etats-Unis, et la variété des marchandises fournies à l'U.R.S.S. La nomenclature des envois comprend : 4.100 avions ; 138.000 camions et jeeps ; 912.000 tonnes d'acier de toutes catégories ; de l'aluminium ; du cuivre ; 100.000 tonnes de poudre et de toluol ; des centaines de kilomètres de rails, des aiguillages et des signaux ; des locomotives et des wagons ; pour plus de cent cinquante millions de dollars d'outils et d'équipement industriel : broyeurs, concasseurs, meules à moudre, instruments tranchants, appareils d'alésage, fours électriques, marteaux de forge, moteurs électriques, moulins portatifs et tout l'équipement nécessaire au forage des puits de pétrole, pour aider l'U.R.S.S. à augmenter sa production ; six raffineries complètes, mises en caisses, prêtes à être remontées sur place ; une usine de caoutchouc synthétique, permettant de fabriquer un million de pneus de camion par an ; des générateurs d'électricité, pour accroître la puissance des centrales soviétiques ; des usines génératrices Diesel ; des téléphones ; des appareils de radio ; des machines-outils de toute nature ; des excavatrices, des bennes, des grues ; 1.500.000 tonnes de vivres ; enfin 9.000 tonnes de semences et de plants sélectionnés.

« Le .véritable critère de notre efficacité, avait dit Roosevelt aux administrateurs du Prêt et Bail, est notre capacité de livraison à la Russie... Nous devons dire aux Russes que nous pouvons leur fournir tout ce dont ils ont besoin ; mais il faut qu'ils nous disent, eux, dans quel ordre ils veulent être servis. Leurs demandes seront satisfaites dans l'ordre qu'ils auront fixé [1]. » Quant aux équipes américaines chargées de convoyer les fournitures, et aux équipes russes chargées d'en prendre livraison, une amicale rivalité s'était instituée entre elles. Les soldats yankees s'efforçaient d'amener les marchandises aux points de transfert, plus vite que les Soviétiques n'étaient capables de les emporter [2].

Il en résulta bientôt un embouteillage inquiétant car, malgré tous les aménagements dont on les avait dotés, les ports étaient trop exigus pour un trafic aussi intense. La côte septentrionale du golfe Persique, abrupte, rocheuse et battue par les vents, se prêtait mal au débarquement et au ravitaillement des convois. Bassorah et Khorramshahr étaient plus abrités ;. mais leurs chenaux d'arrivée avaient besoin d'être constamment dragués pour ne pas être enlisés par la vase du Chatt-el-Arab. Restait la côte méridionale du golfe, infiniment mieux partagée. Mais là, les ports, les quais, les routes, tout était entre les mains d'Ibn-Séoud.

Le roi d'Arabie était aux prises, à ce moment, avec de graves difficultés financières. La guerre, en suspendant les pèlerinages de la Mecque, le privait d'une importante source de revenus. Il avait touché de la *C.A.S.O.C.* 6.800.000 dollars d'avances sur ses pourcentages, et les avait consacrés à l'armement de l'Ikwan. Les soldats étaient

1. Edward R. Stettinius : *op. cit.*, pp. 252-253.
2. *Id. ibid.*, p. 257.

mobilisés depuis bientôt trois ans, ce qui avait entraîné une baisse dans la production agricole. Il lui fallait trouver encore dix millions de dollars.

« Les Anglais, se disait-il, veulent maintenir ouverte la route des Indes ? Qu'ils le payent ! Les Américains veulent maintenir ouverte la route d'U.R.S.S. ? Qu'ils le payent ! Les Etats-Unis cherchent un lieu sûr pour y réparer leurs *Liberty Ships* et y entreposer leur matériel ? J'ai ce qu'il leur faut : ce sont les ports du Hasa. Il y a là des quais, des grues, des hangars, des entrepôts, et les installations portuaires, déjà construites par les compagnies pétrolières américaines. Seulement tous ces aménagements, établis sur le territoire séoudite à des fins strictement civiles et commerciales, ne peuvent servir au transit de matériel de guerre qu'avec mon autorisation.

« Cette autorisation, je suis prêt à la leur donner. Mais qu'ils la payent ! Et qu'ils la payent en or ou en dollars, car je n'ai plus qu'une confiance limitée dans la livre sterling... »

XCVIII

Le gouvernement anglais trouva que le fils d'Abdur-Rahman exagérait. Tant d'outrecuidance finissait par dépasser les bornes. L'Empire britannique n'allait tout de même pas se laisser impressionner par le chantage d'un petit potentat oriental — et qui plus est d'un potentat qu'elle avait eu à sa botte, vingt-cinq ans auparavant, pour la modique prébende de 5.000 livres sterling par mois ! Qu'est-ce qui empêchait l'Angleterre et les Etats-Unis de se servir des bases du Hasa à leur guise ? Le cabinet de Londres proposa de ramener Ibn-Séoud à la raison, en employant la manière forte, qui avait si bien réussi en Irak et en Iran.

Mais déjà l'Angleterre ne dirigeait plus la politique de la

coalition. Ce n'était plus à Londres, mais à Washington que se forgeaient les grandes décisions de la guerre. Et Ibn-Séoud ne l'ignorait pas. Informé par sa légation et par les dirigeants de la *C.A.S.O.C* des dispositions de la Maison Blanche à son égard, il savait que le gouvernement américain ne laisserait pas l'Angleterre s'engager à la légère dans un conflit avec un pays où les U.S.A. avaient de si puissants intérêts.

Non que l'armée séoudite représentât un adversaire bien redoutable ! Loin de là. D'ailleurs, la situation avait beaucoup évolué depuis le moment où Auchinleck, angoissé, voyait se resserrer autour de lui la double mâchoire des Panzers allemands de Libye et du Caucase. Le verrou de Stalingrad avait tenu bon. Les portes du Nil n'avaient pas été enfoncées. Les divisions de von Bock avaient dû se replier sur Kertch et Kharkow. Quant aux Japonais, ils venaient de subir une grave défaite à Guadalcanal et leurs navires avaient disparu de l'océan Indien. Tout danger d'irruption ennemie dans le Moyen-Orient semblait désormais exclu.

Mais l'Ikwan ne laisserait pas occuper l'Arabie sans réagir. Les Bédouins fanatisés lutteraient jusqu'au dernier souffle pour protéger l'indépendance de leur pays. Leur résistance pourrait s'étendre aux Etats limitrophes, dont les populations avaient mal digéré leur humiliation de 1941. Les puits de pétrole seraient incendiés, ce qui causerait un préjudice grave aux intérêts anglo-américains. Il faudrait divertir des troupes des théâtres d'opérations essentiels, pour rétablir l'ordre. Bref, ce serait une source d'empoisonnements et de difficultés sans nombre.

Pourquoi risquer de mettre l'Orient à feu et à sang, alors qu'une solution élégante était à portée de la main ? Les Etats-Unis venaient de prêter 425 millions de dollars au gouvernement britannique. D'accord avec Roosevelt, James A. Moffet, éminence grise de la Secrétairerie d'Etat, « conseilla » aux Anglais de se montrer conciliants : « Le Président serait heureux de vous voir engager des pourparlers avec le roi d'Arabie, leur dit-il. Il désirerait également que vous lui reversiez une partie de l'argent que vous venez de nous emprunter [1]. » En même temps, les dirigeants de la *C.A.S.O.C.* furent chargés d'informer discrètement Ibn-Séoud « que l'argent qu'allaient lui offrir les Anglais n'était pas dû à la générosité de Londres, mais à la libéralité de Washington ».

Même coupé d'eau, les Anglais trouvèrent ce vin amer. Au cours de la première guerre mondiale, Ibn-Séoud avait joué les Anglais contre les Turcs. Maintenant, il essayait de jouer les Etats-Unis contre l'Angleterre. L'Amérique avait tort de se prêter à ces manœuvres retorses. Son anticolonialisme idéologique ne la mènerait nulle part. La guerre larvée contre l'Empire britannique, poursuivie par Roosevelt sous couvert de son programme d' « aide économique aux peuples arriérés », était une arme à double tranchant qui risquait de se retourner un jour contre son inventeur. Quant à cette façon cavalière de prêter d'une main et de reprendre de l'autre, les diplomates du Foreign Office trouvèrent le procédé peu élégant. Décidément, le monde avait beaucoup changé depuis l'époque de Lord Cromer et de la reine Victoria, où il suffisait que l'Angleterre fronçât le sourcil, pour que le monde entier prît peur et s'inclinât devant sa volonté...

A contre-cœur, les Anglais prièrent Ibn-Séoud de venir s'entretenir avec eux au Caire. Le roi d'Arabie, qui savait ce que signifiait en général ce genre d'invitation, répondit qu'il était souffrant, et ne pouvait se déplacer. Les délégués qu'il envoya à sa place dans la capitale égyptienne, reçurent l'ordre d'y faire traîner les choses. Comme les négociateurs anglais liaient l'octroi de l'emprunt à l'acceptation de certaines conditions politiques, les pourparlers piétinèrent et n'aboutirent à rien. Les relations anglo-arabes étaient entrées dans une impasse...

1. Voir *Life*, 20 juin 1949, p. 45.

XCIX

Alors le Président Roosevelt décida de prendre lui-même l'affaire en main. Son fils James lui avait fait un compte rendu circonstancié de sa mission en Irak, et lui avait signalé l'hostilité non déguisée que les populations y ressentaient à l'égard des Britanniques. Les généraux Wheeler et Connolly lui avaient décrit la valeur fabuleuse des richesses disséminées sur le pourtour du golfe Persique. Les dirigeants de la *C.A.S.O.C.* ne cessaient d'attirer son attention sur les ressources quasi illimitées de l'Arabie séoudite. Au cours de son voyage à Téhéran, en novembre 1943, il s'était arrêté au Caire, où il avait reçu la visite d'un certain nombre de notabilités du monde islamique. Celles-ci l'avaient encensé, tout en quémandant ses faveurs. Cet accueil intéressé avait flatté son amour-propre, sans obnubiler pour cela son sens des affaires. Comme tant d'autres avant lui, les sortilèges de l'Orient commençaient à l'enivrer. Chef d'une libre démocratie qui venait de faire son entrée dans l'Histoire, il se voyait déjà sous les traits d'un nouvel Auguste, apaisant les querelles du monde d'un geste souverain...

Comme pour renforcer encore ces dispositions favorables, le Président venait de recevoir, du sénateur Landis, un rapport qui allait devenir la Bible de la Maison Blanche, en matière de politique proche-orientale. Son auteur, après avoir décrit le « bloc sterling » comme un instrument désuet de la domination britannique, préconisait l'éclatement de ce bloc, par l'instauration d'échanges directs avec les pays arabes.

Roosevelt sourit en apprenant que les Anglais cherchaient à utiliser leur transaction financière avec Ibn-Séoud pour se faire concéder des avantages politiques. Une fois de plus les « Tories » étaient à l'œuvre et cherchaient à étendre leur zone d'influence. Décidément, ils étaient incorrigibles !

Mais ils étaient aussi bien naïfs s'ils croyaient que les Etats-Unis étaient disposés à faire les frais de cette opération. Ce n'était pas à cela que devaient servir les dollars de l'oncle Sam.

La réaction du Président fut immédiate. Sans prendre l'avis de personne il inscrivit l'Arabie sur la liste des nations bénéficiaires de la loi « Prêt et Bail ». Cette mesure permettait aux U.S.A. de fournir du matériel à l'Etat séoudite et de lui avancer des fonds, sans passer par le truchement d'une tierce Puissance.

— « Je ne sais pas, écrivit Harry Hopkins à Jesse Jones, comment on expliquera cette décision aux membres du Congrès, ni comment on les persuadera que l'Arabie est une démocratie, victime d'une agression fasciste. »

Mais les sénateurs ne posèrent pas de questions. La décision du Président fut ratifiée à une forte majorité.

Ayant créé par ce geste « une ambiance amicale », Roosevelt chercha à resserrer encore les liens qui unissaient les Etats-Unis à l'Arabie. L'escale qu'il fit en Egypte, en février 1945, lors de son retour de Yalta, lui en fournit l'occasion.

— « Je serai heureux de faire votre connaissance, au cours de mon passage à Alexandrie », câbla-t-il au roi par l'entremise du consul américain à Djeddah.

Cette invitation, lancée à l'insu des Anglais, les consterna lorsqu'ils l'apprirent. Ce fut le dernier soir de la conférence de Yalta que Roosevelt déclara négligemment à Churchill qu'il comptait se rendre le lendemain en Egypte par avion, « parce qu'il avait pris des dispositions pour que le roi d'Egypte, Ibn-Séoud et Heilé Sélassié, empereur d'Ethiopie, vinssent conférer avec lui pendant trois jours à bord de son croiseur, sur le grand lac Amer ».

Churchill fut visiblement interloqué. Mais comme Roosevelt avait pris la précaution de lui annoncer cette nouvelle devant une nombreuse assistance, il ne trouva aucune occasion propice pour demander confidentiellement au Président quel serait l'objet de ces entretiens.

Plus la soirée s'écoulait, plus Churchill se montrait nerveux. Enfin, n'y tenant plus, il prit Harry Hopkins à part, et l'interrogea sur les intentions de Roosevelt à l'égard de ces trois chefs d'Etat.

— « Je l'ignore totalement », répondit l'éminence grise de la Maison Blanche, qui ajoute dans ses Mémoires : « Je savais que le Président voulait entretenir Ibn-Séoud de la situation en Palestine. Mais rien de ce que je pus dire à Churchill ne parvint à le rassurer : il resta persuadé que nous avions ourdi de ténébreux complots, pour saper l'Empire britannique dans ces régions. »

Le lendemain, le Premier ministre dit au Président qu'il irait lui aussi en Egypte après un court séjour en Grèce, et verrait également chacun des trois souverains. Il leur avait déjà envoyé des messagers, les priant de rester en Egypte, car il désirait avoir des entretiens avec eux, après le départ du Président.

Cette communication fit sourire Roosevelt. Mais il demeura impénétrable [1].

La nervosité de Churchill ne fut rien, à côté de la mauvaise humeur du cabinet de Londres. Le Proche-Orient était, depuis un siècle et demi, la chasse gardée de Sa Majesté. Et voici qu'un concurrent puissant — aujourd'hui un allié, mais demain peut-être un rival — voulait rafler sa clientèle sous son nez, avec un sans-gêne inadmissible ? Qu'est-ce que le Président des Etats-Unis et le roi d'Arabie pouvaient bien avoir à se dire ?

Les Américains traitèrent Ibn-Séoud avec des égards exceptionnels. Ils envoyèrent un destroyer spécial à Djeddah. Une tente de mousseline blanche avait été installée sur le pont, pour lui permettre de dormir en plein air, durant la traversée de la mer Rouge.

— « On dirait la Reine de Saba, se rendant à la rencontre d'un nouveau Salomon ! » remarqua le directeur général de l'Aramco [2] qui assistait à l'embarquement.

· 1. Robert E. Sherwood : Le Mémorial de Roosevelt, d'après les papiers de Harry Hopkins, vol. II, p. 415.
2. Depuis le 31 janvier 1944, la California Arabian Standard Oil Cᵒ

Mais ce n'était pas une reine commode, que ce guerrier de plus de deux mètres, qui avait eu raison, jusqu'ici, de tous ses adversaires. Et le « nouveau Salomon » n'allait pas tarder à s'en apercevoir...

L'entretien eut lieu, le 14 février 1945, à l'entrée de la mer Rouge, à bord du croiseur *Quincy*. L'Imam des Wahabites fut introduit auprès du chef de la République américaine avec tous les honneurs dus à un souverain.

— « *So glad to see you !* » lui dit Roosevelt en lui tendant la main, avec le sourire charmeur qu'ont immortalisé des milliers de photographies. « Que puis-je faire pour vous ? »

— « Je suis plus qu'honoré par votre accueil si amical, répondit Ibn-Séoud, mais je n'ai aucun vœu à formuler. C'est vous, monsieur le Président, qui avez exprimé le désir de me voir. Je suppose donc que c'est vous qui avez des demandes à me soumettre. »

Ce ton contrastait avec l'obséquiosité des autres notabilités arabes. Le Président mit en jeu toutes les ressources de sa séduction — cette séduction qui, nous assure Elliott Roosevelt, avait déjà fait merveille auprès de tant de puissants de ce monde et dont il venait de faire si grand usage auprès de Staline.

Mais le charme étudié du Président n'eut guère de prise sur son visiteur, habitué, depuis son plus jeune âge, aux formules de politesse les plus hyperboliques. Lui non plus, n'en était pas à son coup d'essai, et ce n'était pas pour rien que ceux d'entre ses compatriotes qui avaient affaire à lui, déclaraient qu'il était « plus souple qu'une couleuvre et plus vif que l'éclair [1]. »

D'habitude, le roi parlait d'abondance, émaillant ses discours de proverbes, de dictons populaires et de citations du Coran. Il enchaînait ses arguments avec beaucoup de

(*C.A.S.O.C.*) avait changé son nom pour prendre celui d'*Arabian American Oil Cº* (*Aramco*).

1. Gerald de Gaury : *Arabia Phœnix*, p. 65.

logique et les amenait, avec un art consommé, à un point culminant. Arrivé là, il s'interrompait, se penchait en arrière et souriait d'un air engageant comme pour dire : « N'êtes-vous pas entièrement de mon avis ? »[1]. Mais cette fois-ci, Ibn-Séoud recourut à une autre tactique. Il se montra réservé et silencieux, voulant obliger son interlocuteur à abattre le premier ses cartes.

C'est finalement ce qui arriva. Las d'attendre, Roosevelt commença à parler d'un sujet qui lui tenait particulièrement à cœur : le sort futur des Juifs en Palestine.

« Je suis sûr que le Président ignorait complètement à qui il avait affaire quand il invita Ibn-Séoud à le rencontrer, écrit Harry Hopkins. Le roi était un homme d'une dignité austère, détenteur d'un pouvoir considérable, un soldat-né et avant tout un Arabe... Aussi quand le Président demanda à Ibn-Séoud d'admettre de nouveaux Juifs en Palestine, en lui faisant observer qu'ils ne constitueraient qu'un très faible pourcentage de la population totale du monde arabe, il fut suffoqué d'entendre Ibn-Séoud lui répondre, sans la moindre hésitation. :

— « Non ! »

« Ibn-Séoud insista sur le fait que si les Juifs avaient réussi à rendre florissantes les campagnes de Palestine, c'était uniquement parce que les capitaux américains et britanniques y avaient afflué par millions de dollars et de livres, ajoutant que si ces mêmes millions avaient été donnés aux Arabes, ceux-ci auraient été capables d'en faire tout autant. Il dit aussi qu'il existait une armée palestinienne composée de Juifs, tous armés jusqu'aux dents, et fit remarquer qu'ils ne semblaient nullement désireux de se battre contre les Allemands, mais qu'ils menaçaient quotidiennement les Arabes.

« Il déclara sans ambages que le monde arabe ne permettrait pas l'introduction de nouveaux contingents d'immigrants, en dehors des engagements déjà pris lors de l'éta-

1. *Id. ibid.*, p. 66.

349

blissement de colonies sionistes. Il donna clairement à entendre que les Arabes prendraient les armes plutôt que d'y consentir et qu'en sa qualité de chef religieux du monde musulman, il devait naturellement soutenir ses frères de Palestine. Le Président semblait ne pas très bien comprendre ce que lui disait Ibn-Séoud, car il remit deux ou trois fois encore la question sur le tapis et à chaque fois Ibn-Séoud se montra plus intraitable.

« Il n'est pas douteux qu'Ibn-Séoud fit une grande impression sur le Président, désormais convaincu que les Arabes ne parlaient pas à la légère [1]. »

Cette appréciation est corroborée par la déclaration que Roosevelt fit à Bernard Baruch au sortir de cette entrevue. « Parmi tous les hommes auxquels j'ai eu affaire au cours de ma vie, lui dit-il, je n'en ai pas rencontré un seul dont j'aie pu moins tirer que de ce monarque arabe, à la volonté de fer [2]. »

Durant plusieurs heures, le Président et le Roi discutèrent ainsi à l'ombre des gros canons de marine. Enfin, las d'attendre des concessions qui ne venaient pas, Roosevelt changea de sujet. Il exposa les desiderata du Haut-Commandement américain dans le golfe Persique. L'Etat-Major des U.S.A. souhaitait pouvoir disposer à sa guise de la côte du Hasa et de ses ports, non seulement pour y abriter ses convois et les ravitailler en carburant, mais aussi pour y construire une puissante base aérienne, qui servirait de plaque tournante entre les théâtres d'opérations européen et asiatique.

La conversation prit aussitôt un tour plus détendu. Maintenant que l'on abordait les problèmes de l'Arabie, Ibn-Séoud était disposé à se montrer plus conciliant. Il accéda fort aimablement aux propositions de Roosevelt, mais demanda en contrepartie que les Etats-Unis prissent les engagements suivants :

1. Robert E. Sherwood : *Le Mémorial de Roosevelt*, vol. II, pp 415-416.
2. Elliott Roosevelt : *Mon père m'a dit...*, p. 288.

1°) L'Arabie séoudite ne serait soumise en aucun cas à une occupation militaire, comme en subissaient l'Egypte, la Syrie, l'Irak et l'Iran.

2°) Aucune parcelle du territoire national ne serait aliénée. Les terrains requis par l'armée américaine lui seraient loués pour une durée de cinq ans. Passé cette date, ils reviendraient à l'Etat séoudite avec toutes leurs installations [1].

3°) Une partie du matériel léger, entreposé à Khorramshahr serait attribué par priorité au gouvernement séoudite, pour lui permettre d'améliorer l'armement de l'Ikwan. En échange, Ibn-Séoud s'engageait à ne pas attaquer les Alliés, et « à s'opposer par la force à toute agression de la part des Puissances de l'Axe » [2].

4°) En vertu des « Quatre libertés » inscrites dans la Charte de l'Atlantique, les Etats-Unis soutiendraient toutes les initiatives prises par l'Etat séoudite, en faveur de l'émancipation des populations arabes, actuellement placées sous des tutelles étrangères.

Par la première de ces clauses, Ibn-Séoud garantissait l'indépendance de l'Arabie ; par la quatrième, il se posait en champion de l'indépendance pan-arabe.

— « En ce qui concerne le premier point, répondit Roosevelt, je ne sanctionnerai jamais aucun geste américain hostile au peuple arabe. Quant au quatrième, celui-ci va tellement dans le sens de ma propre politique, qu'il n'y a même pas lieu de le discuter. L'ère du colonialisme est close. Le temps des Empires politiques est révolu. Un des bénéfices incontestables de cette guerre aura été de leur porter le coup de grâce. »

Invoquant le précédent de la Syrie et du Liban, le Président déclara qu'il possédait la promesse écrite du Comité d'Alger, que l'indépendance totale serait accordée incessamment à ces deux territoires.

— « Je peux écrire à n'importe quel moment au gou-

1. C'est-à-dire en février 1950.
2. En février 1945, cette éventualité n'était guère à redouter.

vernement français, affirma-t-il, pour lui demander d'honorer sa parole [1]. »

Il ajouta qu'il soutiendrait les Libanais et les Syriens par tous les moyens à sa disposition, à l'exclusion de la force, et comptait agir de même à l'égard des autres pays arabes, au fur et à mesure que ceux-ci réclameraient leur indépendance.

En ce qui concernait les points 2 et 3 — notamment la durée de location des terrains concédés à l'armée — Roosevelt essaya d'obtenir quelques avantages supplémentaires. Mais ce fut peine perdue. Ibn-Séoud demeura sur ses positions. De guerre lasse, Roosevelt finit par se rallier à son point de vue. Il se réserva seulement de faire préciser certains détails par une commission d'experts.

Puis le Président aborda le problème des pétroles. Songeant déjà à l'après-guerre, il demanda à Ibn-Séoud d'octroyer aux Etats-Unis le monopole d'exploitation de tous les gisements situés en Arabie séoudite. Là encore, la discussion fut très serrée. Finalement, les deux chefs d'Etat se mirent d'accord sur les bases suivantes :

1°) Ibn-Séoud n'aliénerait aucune parcelle du territoire. Les compagnies concessionnaires ne seraient que locataires des terrains.

2°) La durée des concessions serait de soixante ans. A l'expiration des contrats, c'est-à-dire en l'an 2005, les puits, les installations et le matériel reviendraient en totalité à l'Etat séoudite.

3°) La prime versée au roi serait portée de 18 cents à 21 cents, pour chaque baril de pétrole exporté d'Arabie.

4°) La concession de l'*Aramco* serait étendue à un territoire couvrant 1.500.000 kilomètres carrés.

Roosevelt évoqua ensuite la construction d'un gigantesque pipe-line long de 1.750 kilomètres — le *Trans-Arabian-Pipeline* — destiné à relier le bassin pétrolifère du Hasa à un port de la Méditerranée orientale, — Haïfa ou Saïda

---

1. Elliott Roosevelt : *Mon père m'a dit...*, p. 289.

(le point d'aboutissement n'était pas encore fixé). Le roi répondit que la réalisation de ce projet comblerait ses vœux et qu'il ferait tout son possible pour en faciliter l'exécution. Il désirait toutefois que ce pipe-line fût construit et exploité par une société privée, et non par l'Etat américain, comme semblait l'envisager le Président.

Malgré le tour un peu âpre que la conversation avait pris à ses débuts, Roosevelt et Ibn-Séoud se quittèrent enchantés l'un de l'autre. Ils avaient tous deux l'impression d'avoir fait une excellente affaire. Pour marquer au roi toute sa satisfaction, le Président lui fit cadeau du fauteuil roulant sur lequel il était assis.

Les Anglais, eux, furent beaucoup moins enchantés quand ils apprirent de quel prix il fallait payer la « neutralité » d'Ibn-Séoud. Ils ne purent cependant que s'incliner devant le fait accompli. Subrepticement, sans que rien de spectaculaire le révélât encore à l'opinion mondiale, un coup sensible venait d'être porté à la suprématie anglaise en Orient : l'Arabie s'évadait de la sphère d'influence britannique, pour entrer dans une sphère d'influence américaine.

En un après-midi, Ibn-Séoud avait pris sa revanche sur vingt années d'affronts.

CINQUIÈME PARTIE

L'ARABIE SÉOUDITE
BASTION AVANCÉ
DE L'HÉMISPHÈRE OCCIDENTAL
(1945-1953)

C

L'ACCORD conclu entre Roosevelt et Ibn-Séoud à bord du *Quincy* entra immédiatement en vigueur. Dès le mois de mars 1945, les prospecteurs américains étendirent leurs sondages à l'ensemble des quinze cent mille kilomètres carrés nouvellement concédés à l'*Aramco*. Leurs travaux révélèrent que la nappe de carburant gisant sous le désert s'élevait à plus de deux milliards de tonnes. L'Arabie séoudite était — de loin — le plus riche gisement du globe. Elle contenait à elle seule 42 % de tout le pétrole connu à cette époque.

Quand ces chiffres énormes furent publiés à Wall Street, les milieux pétroliers américains furent saisis d'une sorte de vertige. Grâce à la perspicacité du Président, les Etats-Unis s'étaient assuré le monopole de l'exploitation de ces richesses jusqu'à l'an 2005 ! Vraiment, la *Standard Oil de Californie* avait fait une riche affaire, le jour où elle avait racheté la concession de la *Gulf Oil* pour 50.000 dollars !

Mais tous les magnats américains du pétrole ne partageaient pas l'enthousiasme des administrateurs de l'*Aramco*. Cette dernière n'allait-elle pas se servir de ces ressources gigantesques pour étrangler les sociétés concurrentes, telles la *Standard Oil de New-Jersey* et la *Socony Vacuum Oil C°*, qui tiraient le plus clair de leurs bénéfices de l'exportation à l'étranger du pétrole américain ?

Les Anglais, eux aussi, commençaient à s'alarmer. La brèche faite dans leur monopole par l'intrusion des Américains prenait une ampleur désastreuse, et risquait de ruiner complètement leur hégémonie pétrolière. Qu'allaient devenir l'*Anglo-Iranian* et l'*Irak Petroleum* devant les flots de carburant nouveaux que l'*Aramco* n'allait pas tarder à déverser sur le marché mondial ? Tous les éléments d'un conflit économique aigu se trouvaient réunis. « Il y a là, écrit l'économiste A. Visson, une belle bagarre en perspective. Les requins ne vont pas tarder à se dévorer entre eux... »

Mais au moment précis où la tension atteignit son point culminant et où la guerre prévue par tous était sur le point d'éclater, le Département d'État intervint et fit aboutir un certain nombre d'accords. Fort sagement, les dirigeants de l'*Aramco* estimèrent qu'ils n'étaient pas de taille à exploiter, à eux seuls, un gisement aussi fabuleux. Le 11 décembre 1946, un câble de New-York annonçait que les deux sociétés fondatrices de l'*Aramco*, la *Standard Oil de Californie* et la *Texas Oil* offraient à la *Standard Oil de New-Jersey* et à la *Socony Vacuum* une participation de 40 % dans l'*Arabian American Oil C°*. Quinze jours plus tard, i'accord était conclu. La crise intérieure américaine était conjurée.

Le même jour (26 décembre 1946) une autre nouvelle, non moins sensationnelle éclata comme une bombe à Londres et à New-York. On apprenait que la *Standard Oil de New-Jersey* et la *Socony Vacuum* venaient d'acheter à l'Amirauté britannique, pour une période de vingt ans, 40 % des pétroles produits par l'*Anglo-Iranian*[1]. Comme la *Standard Oil de New-Jersey* et la *Socony Vacuum* possédaient déjà 23,5 % des actions de l'*Irak Petroleum*[2], leur activité s'étendait ainsi à tout le Moyen-Orient.

Trois autres accords — moins importants, il est vrai — vinrent compléter ce « regroupement ». En Egypte, l'*Anglo-*

---

1. L'amirauté britannique détenait 51 % des parts de l'*Anglo-Iranian*.
2. En vertu du « *group agreement* » secret de 1928, la *Standard Oil de New-Jersey* et la *Socony Vacuum* étaient entrées dans l'*Irak Petroleum* par le truchement de la *Near East Development Corporation*, qui était une de leurs filiales.

Egyptian Oil Fields et la *Socony Vacuum* se partageaient l'exploitation des gisements dans l'isthme de Suez · et la presqu'île de Sinaï ; à Koweït, la *Gulf Oil* (renflouée par le groupe Mellon) et l'*Anglo-Iranian* s'associaient pour former la *Koweït Oil Company* ; une combinaison similaire était adoptée dans le petit sultanat de Qathar. Enfin, une compagnie à grosse majorité américaine était chargée de construire la totalité des pipe-lines, tant pour le compte des Anglais que des Américains.

En échange, un accord était signé entre Londres et Washington, stipulant que le Proche et le Moyen-Orient seraient désormais divisés en deux zones distinctes :

1°) une zone à prédominante anglaise, comprenant l'Irak et l'Iran ;

2°) une zone à prédominance américaine, englobant toute l'Arabie.

Ainsi, la bagarre prédite par les augures de Wall Street fut évitée de justesse. Le consortium des pétroles arabo-américain (qui comprenait les groupes financiers les plus puissants des Etats-Unis : Rockefeller, Morgan et Mellon) allait être doté des capitaux, du personnel technique et de l'outillage nécessaires à l'exploitation intensive du Hasa [1]. Mais pour l'Angleterre, la leçon était dure. Partout où elle n'avait pas été évincée par son jeune rival américain, elle se voyait obligée de faire part à deux avec lui. Sans doute sa position était-elle encore forte. Mais l'hégémonie pétrolière qu'elle détenait en Orient et qu'elle avait réussi à maintenir jusqu'à la deuxième guerre mondiale, n'était plus qu'un souvenir.

Churchill, écarté du pouvoir par les élections de l'année précédente, protesta à la Chambre des Communes contre ce qu'il appela « une inqualifiable politique d'abandons ». Sir Stafford Cripps, parlant au nom du gouvernement travailliste, répondit que Sir Winston portait lui-même une

---

1. La direction de l'*Aramco* se composa de W. F. Moore (président), de Floyd Ohliger (vice-président — qu'Ibn-Séoud appelait « mon fils ») et de James Mac Pherson (directeur général pour l'Arabie). Le Président actuel est M.S.A. Davies (1954).

trop grande part de responsabilité dans cette affaire, pour pouvoir adresser des reproches à d'autres et que de plus, l'état des finances anglaises, lourdement obérées par les dettes de guerre, ne permettait pas d'autre solution.

CI

Sitôt ce « regroupement » terminé, le développement du Hasa reprit à une cadence accélérée, qui stupéfia tous les observateurs. Les progrès réalisés de 1946 à 1955 dépassèrent en effet de loin tout ce qui fut accompli entre 1936 et 1945.

Quatre gisements immenses furent exploités simultanément : un dans l'île de Bahrein et trois sur la côte, à Qatif, à Damman et à Abqaïq. 155 kilomètres de pipe-lines à quadruple canalisation, relièrent ces différents centres entre eux. En outre, un pipe-line sous-marin rattacha les installations du littoral à l'île et au port de Bahrein.

D'énormes raffineries s'élevèrent à Bahrein, à Abqaïq et à Damman. La plus importante, celle de Ras-Tanura, au nord de Qatif, débita bientôt 18 millions de litres par jour. Un port v fut créé, doté des aménagements les plus modernes. Les réservoirs de pétrole qui s'étalaient sur les quais, étaient les plus grands du monde. Certains d'entre eux avaient une capacité de 180.000 barils. Quatre-vingts à cent pétroliers y chargeaient chaque jour, ce qui représenta un trafic d'environ 26.000 bateaux par an.

« C'est dans un décor lunaire que jaillit l'or noir, écrit Jean-Paul Penez. Dans le désert jaune, tout en plateaux et rochers déchiquetés, sous le ciel trop bleu, roulent les milliers de camions trop rouges de l'*Aramco*. Des tankers sphériques et des cracking-towers métalliques achèvent de donner à la scène l'aspect d'un débarquement sur la lune.

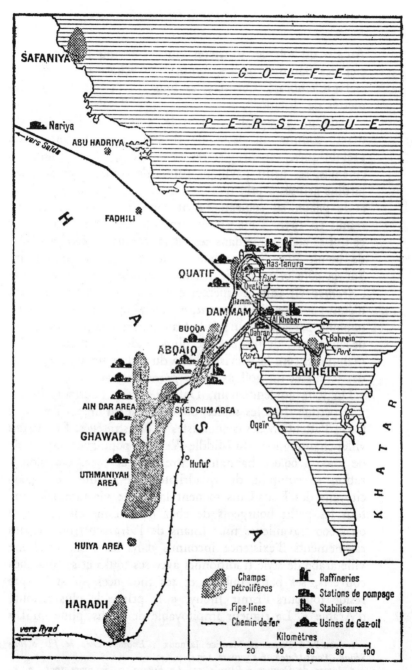

CARTE V. — GISEMENTS ET PIPE-LINES DE BAHREIN
ET DU HASA.

Au ras du sol, des torchères lancent à cinq mètres vers le ciel des flammes molles comme des écharpes. La nuit, le ciel est embrasé. On voit les feux du pétrole à 150 kilomètres de distance [1]. »

Dahran, la capitale du pétrole, a surgi en cinq ans du désert comme un décor de théâtre, avec ses bungalows préfabriqués, ses drug-stores, ses stades, ses piscines, ses cinémas, ses petits pavillons peints de couleurs vives et ses jardins arrosés à prix d'or. « Le laurier est venu en caisses, et le gazon en rouleaux, écrit James de Coquet, qui s'y rendit en 1951. Tout y a été importé des Etats-Unis. Tout ce qui se consomme dans ces villas, depuis la bière et le filet de bœuf, jusqu'à la salade verte, est garanti américain. Sur la côte orientale de l'Arabie séoudite, le personnel de l'*Aramco* vit dans les mêmes conditions de confort que s'il n'était pas expatrié. L'*american way of life* lui arrive chaque semaine par avion ou par bateau sous forme de conserves, de vitamines, de disques, de films et de magazines. S'il lui manque encore la télévision, il a du moins un *country club,* des tennis et un golf avec des *greens* parfaits [2]. »

Du jour au lendemain, Dahran, petite bourgade inconnue perdue dans les sables, est devenue un de ces lieux qui fixent l'attention des économistes et des stratèges. Emule des villes-champignons du Middle-West, sa population est passée de 7.000 à 69.000 habitants entre 1933 et 1953. L'agglomération se compose du quadrilatère de verdure où 3.000 citoyens des Etats-Unis mènent la même vie familiale que tous les petits bourgeois de chez eux, d'une cité ouvrière où 5.000 travailleurs musulmans de l'*Aramco* trouvent des raffinements d'existence inconnus dans les oasis, et d'une ville arabe de style traditionnel avec ses souks et ses marchés couverts, ses bains publics et ses mosquées. C'est là que réside toujours l'Emir Jilouy, « le prince le plus redouté d'Arabie ». La rigueur impitoyable de la discipline qu'il y

1. Jean-Paul Penez et Maurice Jarnoux : *Enquête chez le fils d'Ibn-Séoud. Paris-Match,* 6-13 mars 1954, p. 45.
2. James de Coquet : *Pétrole 51. Le Figaro,* 24-25 mars 1951, p. 5.

fait régner a purgé le territoire des troupes de bandits qui l'infestaient il y a encore trente ans[1].

En 1947, la production du Hasa s'éleva à 41 millions de litres par jour. Elle atteignait près du double à la fin de 1950, ce qui représente environ soixante années d'exploitation sur le même rythme, *pour les seuls gisements actuellement prospectés*. Or, des forages effectués récemment à des profondeurs variant entre 1.000 et 1.350 mètres, ont révélé sous la nappe de pétrole actuellement exploitée, la présence d'une seconde nappe, plus volumineuse encore. S'il faut en croire les ingénieurs qui contrôlèrent ces sondages, l'Arabie contiendrait non pas 42 %, mais 75 à 80 % des pétroles mondiaux !

En 1955, l'*Aramco* produisait 1 million de barils d'essence par jour, soit 1/3 de la production des Etats-Unis (3 millions de barils). Elle comptait égaler la production totale des U.S.A. aux alentours de 1957.

Comme on pouvait s'y attendre, cet essor industriel favorisa la création d'une foule d'entreprises annexes : centrales électriques, ateliers de mécanique, chantiers navals, fonderies, et donna une vive impulsion aux travaux de construction. On évalue à 1 milliard 800 millions de dollars (plus de 600 milliards de francs) le montant des capitaux américains investis en Arabie, à la date du 1er janvier 1950.

CII

Les primes versées par l'*Aramco* à Ibn-Séoud durant les dernières années de sa vie, et qui en firent un des quatre ou cinq hommes les plus riches de la terre, s'élevèrent à 440.000 dollars par jour, soit environ 160 millions de dollars par an[2]. Le roi consacra ses fonds :

1. J.-P. Penez et Maurice Jarnoux : *op. cit. Paris-Match*, 6-13 mars 1954.
2. 55 milliards de francs.

1°) A l'importation de certains produits alimentaires et de textiles indispensables aux Arabes (riz, sucre, thé, café, cotonnades) ;

2°) A l'achat de véhicules automobiles légers et lourds (350 en 1942 ; 5.000 en 1944 ; 13.000 en 1949 ; 22.000 en 1951)[1] ;

3°) A la réalisation d'une première tranche de son « programme de modernisation de l'Arabie » portant sur :

a) L'électrification de Ryhad et des principales villes du Hedjaz (La Mecque, Médine, Jedda et Taïf) ;

b) La construction d'un réseau routier, ferroviaire et aérien ;

c) L'édification de palais et de jardins ;

d) Le développement de l'instruction publique ;

4°) A une « politique de prestige » à l'égard des autres Etats arabes.

En ce qui concerne le réseau routier, le roi fit établir un plan, prévoyant la construction, en vingt ans, de 43.000 kilomètres d'autostrades, dont certains tronçons, représentant 6.000 kilomètres, sont actuellement terminés. A quoi songeait William Shakespeare lorsqu'il fit déclarer, à l'un des personnages du *Marchand de Venise* : « Les étendues sableuses de la vaste Arabie sont devenues de larges routes... » ? Pour les spectateurs du xvi° siècle cette phrase était une énigme. En 1954 elle est devenue une réalité.

« Il y a aujourd'hui en Arabie, écrit le voyageur anglais Gérald de Gaury, plus de 20.000 kilomètres de voies carrossables, régulièrement utilisées par les automobiles ; et là où, en 1935, nous nous étions encore péniblement frayé un chemin à travers les vallées du Hedjaz, on roule à présent sur des voies macadamisées. Celles-ci sont parcourues en tous sens par d'énormes camions à six roues, dont les moteurs remplissent de leur grondement les vallons des Wadis et que conduisent des Nigériens trapus qui gagnaient

---

1. En 1952, une société américaine fit cadeau au roi de vingt luxueuses Cadillac pour son harem, et lorsque le Prince héritier Saud se rendit en Irak, en janvier 1954, son escorte s'élevait à cinq cents voitures.

autrefois un salaire dérisoire en faisant les débardeurs dans le port de Djeddah. Ils sont devenus en quelques années des chauffeurs de premier ordre et des mécaniciens excellents.

« Chaque mois, de nouvelles voies d'accès s'ouvrent à travers le haut plateau du Nedjd, qui n'avait guère été traversé, il y a dix ans, par plus d'une douzaine d'Occidentaux. Les conducteurs de camions qui reviennent de leurs longues randonnées, en rapportent souvent des histoires passionnantes. Ils parlent d'une nouvelle piste ouverte à la circulation, des étendues de sable aride qu'ils ont traversées d'une seule traite, d'un puits ou d'un village atteints pour la première fois. Ils échangent avec leurs collègues leurs points de vue sur les meilleurs itinéraires à suivre, sur les chemins les plus courts et les moins fatigants. Leurs discussions animées font régner dans les « salons de café », quelque chose de l'atmosphère des ports anglais à l'époque élizabéthaine. Ils considèrent aujourd'hui la route de mille kilomètres qui traverse la péninsule de part en part, en passant par Ryhad, comme une simple bagatelle, et s'y engagent en faisant moins d'embarras qu'un chauffeur de taxi londonien, auquel on demande de faire une course en banlieue.

« Toutes les vallées fertiles et les grandes oasis sont reliées les unes aux autres par des lignes d'autocars et l'on peut parcourir en voiture sans aucune difficulté, les 3.400 kilomètres qui séparent Aden de Bagdad [1]. » Oui vraiment, « les étendues sableuses de la vaste Arabie sont devenues de larges routes... »

Mais malgré le développement rapide du réseau routier, les préférences du roi allaient aux chemins de fer, sans doute parce qu'il savait que les trains sont le symbole même de la richesse et de la réussite aux yeux de ces grands enfants que sont parfois les Arabes. En 1947 Ibn-Séoud — « *The rail-minded King* », « le roi qui pense en rails », comme disaient les ingénieurs américains — fit appel à une

---

1. Gérald de Gaury : *Arabia Phœnix*, Londres, 1946, p. 131.

compagnie de New-York pour établir les plans de la voie ferrée de Ryhad à Dahran, qui devait traverser 600 kilomètres de désert.

Les experts, les bras chargés de graphiques, de statistiques et de moyennes, vinrent, après de longues études, démontrer au monarque que les régions ensablées du trajet ne permettaient aucune construction. Du revers de la main, Ibn-Séoud balaya les plans. « Je veux un chemin de fer, déclara-t-il d'un ton péremptoire. Je vous ai fait venir pour le construire. Si vous n'en êtes pas capables, j'appellerai une autre société étrangère. »

Deux mois plus tard, le premier crampon d'attache était enfoncé dans le sable. Pendant quatre ans, deux mille ouvriers travaillèrent jour et nuit. Où le sol était impraticable, les ingénieurs américains firent couler des milliers de tonnes de béton pour l'étayer. Lorsque le béton manqua, on versa sur le sable des fleuves de pétrole brut. Sable et pétrole mélangés formaient une sorte de croûte sur laquelle on posait la voie [1].

Le 25 octobre 1951, l'émir Saud, prince héritier, posa le dernier boulon — en or — en présence du roi son père.

Enhardi par ce succès, Ibn-Séoud ordonna de procéder sans délai :

1°) à la construction du « Transarabien », qui comportera 1.100 kilomètres de voie ferrée et reliera le golfe Persique à la mer Rouge, en passant par Ryhad (coût approximatif : 32.500.000 dollars) ;

2°) au prolongement jusqu'à Aden de la ligne Damas-Médine, en passant par La Mecque, Abha, Sabya et Sana (avec raccordement au Transarabien) ;

3°) à la remise en état et à l'extension du réseau ferroviaire du Hedjaz.

Mais c'est peut-être dans le domaine des communications aériennes que furent réalisés les progrès les plus spectaculaires. On se souvient que Roosevelt et Ibn-Séoud s'étaient

1. Cf. J.-P. Penez et Maurice Jarnoux : *Paris-Match,* 6-13 mars 1954.

mis d'accord, à bord du *Quincy,* sur l'établissement d'une grande base aéro-navale dans le Hasa. L'état-major de l'air américain avait choisi le triangle Dahran-Al-Khobar-Al-Aghesia, et dès le mois de mars 1945, il en avait posé l'infrastructure.

Lorsque en mai de la même année, après l'effondrement du Reich, l'effort des Etats-Unis se transporta du théâtre d'opérations européen au front asiatique, ce terrain d'aviation joua le rôle d'une plaque tournante, et prit, de ce fait, une importance considérable. La capitulation rapide du Japon (11 août 1945) n'interrompit pas la construction de l'aérodrome. Puisque les accords du *Quincy* donnaient à l'Amérique le droit d'utiliser cette base jusqu'en février 1950, les services de l'*United States Air Force* continuèrent à l'aménager et n'achevèrent leurs travaux qu'en 1946.

Aujourd'hui, ce terrain est un des mieux équipés du monde. Il possède deux pistes d'envol en ciment de 1.800 et de 2.100 mètres, un poste de commandement muni de la T.S.F. et du radar, des hangars et des ateliers de réparation, pourvus de l'outillage le plus moderne.

Le gouvernement séoudite acquit en 1947 pour son propre compte, une flotte de DC-3, provenant des surplus de guerre et en confia l'exploitation à la *Trans-World-Airways.* Un service régulier relia Djeddah, Dahran, Ryhad et d'autres points d'Arabie au Caire, à Damas, à Ankara, à Bagdad, à Bassorah et à Téhéran. Aujourd'hui les lignes internationales de la T.W.A. s'arrêtent régulièrement à Dahran sur leur parcours Indes-Etats-Unis. Les avions des compagnies aériennes B.O.A.C. (anglaise) et K.L.M. (hollandaise) y font escale. En 1947, le trafic enregistré à Dahran a dépassé la moyenne de 400 avions par mois. Lorsque la « *Lucky Lady* » fit son premier vol sans escale autour du monde (26 février-2 mars 1949) sous les auspices de l'amirauté américaine, son deuxième point de ravitaillement fut au-dessus de Dahran.

CIII

Mais Ibn-Séoud savait que les peuples ne demandent pas seulement à ceux qui les gouvernent de les nourrir, de les éduquer et de les enrichir, mais aussi de fournir des aliments à leur imagination. Cet aspect de l'art de gouverner est vrai en tous lieux ; à plus forte raison lorsqu'il s'agit d'un peuple aussi sensible aux émotions esthétiques que les Arabes. Aussi, renouant avec la tradition des Grands Califes abbassides, Ibn-Séoud décida-t-il de consacrer une partie de ses revenus à l'embellissement de sa capitale et à l'édification de palais nouveaux. Dans son esprit ces travaux donneraient à ses sujets un sentiment accru de sa puissance et exalteraient en même temps leur orgueil national.

Ryhad n'était plus la vieille bourgade démantelée qu'il avait connue au temps de sa jeunesse. C'était à présent, « la cité du roi », dont les 100.000 habitants ne vivaient que de lui et par lui. Ibn-Séoud décréta que quiconque entrait dans la ville, devenait, de ce fait même, l'invité du souverain. Au palais, la table était ouverte à tous. N'importe qui pouvait entrer, s'asseoir et manger. « Versailles planté en plein désert, nous dit Jean-Paul Penez, Ryhad devint le centre d'attraction de tous les chefs de tribus qui, chaque jour, s'y pressaient par milliers pour demander audience au roi ou solliciter quelque faveur [1]. »

Ibn-Séoud voulait faire de Ryhad une capitale moderne et y installer les ministères et les ambassades. Mais il avait conservé un triste souvenir du palais sombre et vétuste de son enfance, fait d'un enchevêtrement de corridors tortueux et de pièces mal raccordées les unes aux autres, dégradé à la fois par les ravages du temps et les dépréda-

1. Jean-Paul Penez : *op. cit.*, p. 45.

tions de ses conquérants successifs. Jamais il n'avait voulu pénétrer de nouveau dans la salle d'audience où, âgé de onze ans, il avait assisté au massacre de Salim, blotti entre les cuisses du gigantesque esclave éthiopien chargé de le protéger. Cette scène affreuse s'était gravée dans sa mémoire, et il n'y pensait jamais sans un frisson d'horreur. C'est pourquoi il se fit construire une demeure nouvelle, à une dizaine de kilomètres de Ryhad : le palais de Nasriya.

Ce fut un édifice féerique, surgi en plein désert comme la ville du même nom, et relié à la capitale par une autostrade à double voie. Les visiteurs qui se rendaient à la nouvelle résidence royale ne pouvaient manquer d'être frappés par les dizaines de milliers de lauriers-roses qui formaient une haie multicolore entre la voie ascendante et la voie descendante. Ayant mis pied à terre, ils traversaient le palais et arrivaient alors à des jardins qui déroulaient leurs gazons verts et leurs massifs de camélias de Chiraz, de térébinthes et de roses sur des kilomètres carrés. Les essences les plus rares étaient amenées, chaque jour, du domaine agricole d'El-Karj, et étaient maintenues fraîches — spectacle inouï dans cette région d'Arabie — par un ensemble de bassins et de fontaines jaillissantes. La nuit, du coucher au lever du soleil, dix mille ampoules électriques illuminaient ces lieux véritablement enchanteurs [1].

Puis, Ibn-Séoud fit édifier à Taïf, non loin de la Mecque, un palais d'hiver pour son second fils Fayçal, vice-roi du Hedjaz. Construit par des architectes de Washington, ce bâtiment somptueux comprend quatre-vingt-dix pièces dont un grand hall de réception de marbre vert et noir, soutenu par soixante-quatre colonnes, une piscine, des jardins et des salles de bains ultra-modernes, revêtues de céramique rose [2].

Tout cela n'était possible que grâce aux redevances payées

---

1. Jean-Paul Penez. *op. cit.,* p. 45.
2. Cf. Frédéric Mégret : *Des Mille et Une Nuits aux puits de pétrole. L'Illustration.* 7 janvier 1950, pp. 6 et 8.

par les Américains, et l'on comprend que le roi ait poussé un jour cette exclamation :

— « Croyez-moi ! Je connais la valeur de l'*Aramco* et je saurai la défendre contre quiconque voudrait lui porter préjudice ! »

Mais malgré les flots d'or que le pétrole faisait couler dans les coffres de l'Arabie, malgré ses palais et ses jardins, ses chemins de fer et ses routes, Ibn-Séoud ne changea rien à sa façon de vivre. Il continua à mener l'existence fruste et ascétique d'un Bédouin, celle-là même que son père lui avait inculquée quand il était enfant, et qui lui avait donné la résistance nécessaire pour survivre à son exil dans le désert du Ruba-al-Khali. Il n'aimait pas les lits et dormait de préférence sur une simple natte, étendue à même le sol. Il fuyait ses palais somptueux, et vivait sous la tente chaque fois qu'il le pouvait. Il avait conservé également la frugalité de ses ancêtres. Son menu ordinaire se composait de lait de chamelle, d'un peu de viande, de riz, d'une poignée de dattes. Il ne buvait que de l'eau, du café et du thé. Très sobre, il suivait un régime d'ascète « et la méthode qu'il mettait en toutes choses se répercutait sur la vie de la cour, comme sur la vie administrative du pays [1]. »

Le déjeuner avait lieu à midi exactement. Pendant les parties de chasse au faucon, qui étaient sa distraction favorite, Ibn-Séoud recevait à sa table les membres de son conseil, ses ministres et ses invités de marque. On s'adressait à lui en lui disant : « Dieu vous garde » et on l'appelait par son nom tout court. C'était à la fois simple et grand.

Dans les réunions, il s'adressait à tout le monde, connaissait tout le monde et s'intéressait aux petits malheurs de chacun. Son abord était facile. N'importe quel sujet pouvait lui demander justice. Il ne repoussait personne. Il aimait beaucoup la poésie. Il appréciait l'esprit, le mot plai-

---

1. Guémarqué : *Avec Ibn-Séoud, roi des Sables. Rivarol*, 20 novembre 1953, p. 10.

sant et dru, adorait les anecdotes, et en racontait à l'occasion, avec un rire cordial et franc qui se communiquait à ses auditeurs [1].

S'il se livrait à des excès, c'était plutôt dans son harem, où il avait fini par avoir un nombre élevé d'épouses et de concubines. Mais c'était moins par sensualisme que par vitalité, et même les Wahabites les plus rigoureux ne trouvaient rien à y redire, dans un pays où la fécondité est considérée comme une bénédiction d'Allah et où les pères de famille sont en réalité des chefs de clans. Vraiment c'était un spectacle d'une indéniable grandeur que de voir, les jours de cérémonie, s'avancer Ibn-Séoud escorté de ses trente-cinq fils. Et les Arabes qui s'inclinaient respectueusement sur son passage ne manquaient pas de se dire :

— « Loué soit le Seigneur, qui nous a donné un si grand roi ! »

CIV

— « Croyez-moi ! Je connais la valeur de l'*Aramco* et je saurai la défendre contre quiconque voudrait lui porter préjudice ! » En prononçant ces mots, le roi ne pensait pas seulement aux pourcentages que la société américaine lui versait directement. Il pensait aussi aux avantages qui en découlaient pour le peuple arabe tout entier.

En effet, chaque ouvrier que l'*Aramco* faisait venir des Etats-Unis lui coûtait 3.000 dollars, avant même qu'il eût commencé à travailler dans le Hasa. Aussi les dirigeants de la compagnie trouvèrent-ils moins onéreux de limiter la main-d'œuvre américaine aux cadres supérieurs et aux techniciens, et d'employer, dans toute la mesure du possible, la main-d'œuvre locale.

1. *Id. ibid.*

Mais pour pouvoir utiliser la main-d'œuvre locale, il fallait d'abord la loger. Un plan de 26 millions de dollars, répartis sur cinq années, fut mis en route dès 1945, pour la construction d'habitations ouvrières pourvues d'eau courante, du tout-à-l'égout, de cuisinières électriques et d'appareils de ventilation.

Il fallait ensuite l'instruire. L'*Aramco* ouvrit des écoles pour les jeunes Arabes de 8 à 18 ans. Un premier cycle d'études, s'étendant sur trois années, comprenait des cours d'arabe, d'anglais, d'arithmétique, de mécanique élémentaire et d'hygiène. Un second cycle, portant sur six années, fut institué pour les cinq cents élèves les mieux doués. Ceux-ci étaient logés, nourris et habillés gratuitement par la compagnie, qui leur payait en outre un stage final aux Etats-Unis. On leur enseignait les mathématiques, la physique, la chimie, l'histoire et la géographie.

Il fallait enfin lui donner des soins médicaux. Les Américains ouvrirent un peu partout des stations sanitaires et des dispensaires gratuits. On y soigna les maladies les plus répandues dans le pays : le trachome, les ulcères de la peau, la syphilis et la malaria. Les étudiants arabes montraient des dispositions surprenantes pour la médecine. Des professeurs, venus exprès de Los Angeles et de San Francisco ouvrirent des cours d'infirmiers, dont les élèves essaimèrent ensuite dans les autres villes d'Arabie, pour y propager les règles élémentaires de l'hygiène et de la prophylaxie.

« Il est trop tôt pour dire quelle sera, en définitive, l'influence de cet ensemble de mesures sur les populations, écrit Gérald de Gaury. Mais il était à prévoir qu'une alimentation rationnelle, jointe à des exercices physiques réguliers auraient un effet considérable sur une race qui est déjà une des p'us viriles du monde. Six mois de travail sur les champs pétrolifères suffisent à transformer les hommes jusqu'à les rendre méconnaissables. Le garçon maigre et efflanqué qui a grandi dans le désert, devient rapidement un athlète actif et bronzé. Au bout d'une génération, l'amélioration de la race sera sans doute surprenante... et l'on peut prédire également que la courbe démographique connaîtra une ascension rapide, avant la fin du siècle [1]. »

Assez vite, les dirigeants de l'*Aramco* s'aperçurent que le rendement des ouvriers indigènes était meilleur lorsqu'ils étaient commandés par leurs coreligionnaires. Ils sélectionnèrent donc 8.000 Arabes et les répartirent en équipes autonomes, sous l'autorité directe de 400 contremaîtres musulmans avec qui ils sous-traitèrent pour une foule de travaux. Les Arabes apprirent ainsi à exercer les métiers les plus divers. Ils devinrent menuisiers, charpentiers, électriciens, monteurs de maisons préfabriquées, conducteurs de taxis, coiffeurs, blanchisseurs, fabricants de glace, cuisiniers, etc. D'autres furent chargés de la police des routes, de l'entretien des quais et de la réparation des voies ferrées. De vieux combattants de l'Ikwan reçurent en guise de retraite, la gérance d'une cantine ou d'un poste de distribution d'essence. C'étaient là des fonctions honorifiques dont ils étaient très fiers.

— « Le but que nous poursuivons en agissant ainsi, disait Floyd Ohliger, vice-président de l'*Aramco*, est de créer une classe moyenne arabe, formée d'hommes capables d'accomplir tous les travaux possibles [2]. » Et James Mac Pherson, directeur général pour l'Arabie, ajoutait : « Nous sommes convaincus qu'en aidant les Arabes à s'aider eux-mêmes, nous nous aidons aussi nous-mêmes, à longue échéance. Nous pensons en termes de générations. Je serai mort en l'an 2005, date à laquelle cette concession doit expirer. Mais nous voudrions évidemment que la compagnie la conserve, et la seule façon raisonnable d'y parvenir est de collaborer avec les Arabes comme avec des amis et des partenaires [3]. »

---

1. Gérald de Gaury : *op. cit.*, p. 132.
2. « *Ready to take up every possible job.* » Voir *Aramco educates its labour*, dans *Life*, n° du 20 juin 1949.
3. Voir *The American Magazine*, octobre 1947.

A l'école des Américains, les Arabes manifestèrent un esprit d'initiative et un sens de l'organisation dont on ne les aurait pas crus capables, dix ans auparavant. Les hauts salaires, dont une partie pouvait être mise de côté, facilitèrent la formation d'un petit capital. Par ailleurs, les familles riches s'aperçurent qu'il était plus profitable de faire travailler leurs capitaux, plutôt que de les laisser dormir dans leurs coffres en bois de cèdre. En 1937, il n'y avait pas six entreprises privées arabes dans tout le pays. En 1947, on en comptait plus de cent, dont certaines déjà importantes, dans des branches aussi diverses que la construction immobilière, les entreprises de transport, l'exploitation de garages, les fabriques de conserves, les tissages, les ateliers de mécanique, la meunerie et la briqueterie.

Ibn-Séoud était sincèrement reconnaissant à l'*Aramco* de l'aide qu'elle lui apportait dans ces différents domaines. Mais il n'en veilla pas moins à ce que les « professeurs étrangers » respectassent scrupuleusement les coutumes du pays. Avec le pétrole et les hauts salaires, venait, pour les Arabes, la grande tentation de l'Occident. « Toute une société qui n'avait pas changé de style de vie depuis des siècles, risquait de s'effondrer au contact du monde moderne [1]. » Ibn-Séoud voulait bien accueillir les bienfaits de la civilisation occidentale ; mais il refusait d'en laisser pénétrer chez lui les aspects destructeurs, qui pouvaient corrompre ses sujets et les replonger dans une anarchie bien pire que celle de leurs ancêtres. Pour tenir ces forces en respect, il se servit du Coran. Les observateurs superficiels commencèrent par en sourire. Ils déclarèrent que le roi voulait protéger son pays « avec un bouclier en papier ». Mais ils se trompaient. Ce bouclier s'avéra plus solide qu'on ne le pensait, parce qu'il était l'expression d'une foi inébranlable. Le rigorisme coranique avait déjà assuré le succès de l'Ikwan ; il avait servi de ciment à l'uni-

---

1. Jean-Paul Penez : *op. cit.*

fication des tribus. Il permit également au roi d'exclure de ses territoires les formes de civilisation qu'il estimait néfastes pour son peuple.

Contrairement à Mustapha Kémal, Ibn-Séoud ne voulait aucunement arracher les Arabes à leur passé, ni à leurs traditions. Il voulait au contraire les y enraciner davantage, considérant qu'elles constituaient le meilleur antidote aux poisons du monde moderne. Il refusa toujours l'habillement européen, et ne toléra jamais qu'un visiteur se présentât devant lui en veston. Il ne permit de la part des étrangers aucune critique à l'égard de la religion islamique. Il interdit les films et la musique de jazz, sur toute l'étendue de son territoire. Il demanda aux directeurs américains de ne pas embaucher de Juifs, pour éviter les pogroms, et de ne pas sonner les cloches de leurs églises, pour ne pas provoquer la colère du clergé wahabite.

Il alla plus loin encore. Redoutant par-dessus tout les ravages de l'alcoolisme, il prit en décembre 1952 une décision draconienne. Toute entrée d'alcool fut prohibée en Arabie. Pour éviter la contrebande, il donna l'ordre à la douane de Djeddah de saisir la moindre importation d'alcool destinée à l'*Aramco* ainsi qu'aux légations et aux ambassades. Priver les Américains de whisky était une mesure audacieuse...

Mais les Américains s'inclinèrent devant la volonté du roi. Ils s'efforcèrent, en revanche, de tempérer sa justice. Les châtiments corporels étaient toujours en vigueur. On eut beau expliquer au souverain que ces pratiques étaient barbares : il répondait qu'elles étaient moins barbares que de priver des hommes de leur liberté, en les enfermant pendant des années dans des prisons. Il refusa de les modifier. Tout ce que les Américains obtinrent, fut que le sabre du bourreau fût désinfecté avant l'usage, et qu'un médecin fût autorisé à badigeonner au mercurochrome les moignons des suppliciés après l'amputation... La « civilisation » avait marqué un point.

Ainsi Yankees et Bédouins ajustaient tant bien que mal

leurs préjugés et leurs croyances. Les ouvriers du Texas quittèrent leurs casquettes pour adopter l'aigual, qui offre une meilleure protection contre le soleil ; les manœuvres arabes échangèrent leurs djellabahs blanches contre des bleus de travail, qu'ils trouvèrent plus commodes et moins salissants. On entendit enfin, de plus en plus fréquemment les Bédouins répondre « O. K. boy ! » à leurs camarades du Nouveau Monde, tandis que ceux-ci se saluaient entre eux par la formule traditionnelle de « Salam Aleikum ! » — que la paix soit avec vous !

— « La modernisation de l'Arabie entreprise par Ibn-Séoud a donné, d'ores et déjà des résultats surprenants, écrit Gérald de Gaury. L'Arabie a parcouru plus de chemin, durant les dix dernières années qu'au cours des dix derniers siècles [1]. »

CV

Ainsi l'*Aramco* rendait à l'Arabie des services qu'Ibn-Séoud ne pouvait soupçonner lorsqu'il prit pour la première fois contact avec les prospecteurs américains. En revanche, l'Arabie rendit aux Etats-Unis des services que Roosevelt, lui non plus, ne pouvait pas prévoir lorsqu'il invita le roi d'Arabie à venir s'entretenir avec lui à bord du *Quincy*.

A partir de 1946, et plus encore en 1947, des rumeurs alarmantes se mirent à circuler dans les milieux industriels américains : les Etats-Unis allaient manquer de pétrole ! L'Amérique, premier pays producteur du monde, était à la veille de subir une grave crise de carburants.

On se refusa tout d'abord de croire à cette nouvelle, tant elle paraissait invraisemblable. Mais il fallut bientôt se rendre à l'évidence : les faits confirmaient les pronostics des statisticiens. Dans ce pays qui se flattait de tout pos-

1. Gérald de Gaury : *op. cit.*, p. 133.

séder en abondance, et qui n'avait pour ainsi dire jamais connu de restrictions, les grands trusts pétroliers se virent soudain dans l'obligation de rationner leurs clients. Dans beaucoup d'endroits, les distributeurs d'essence refusèrent de servir les automobilistes. Chose plus grave encore : les immeubles équipés de nouveaux appareils au mazout se trouvèrent brusquement privés de chauffage, au cours d'un hiver particulièrement rigoureux. Que se passait-il donc ? On raconta que les réserves de pétrole du Nouveau Monde étaient en train de s'épuiser, par suite de la consommation énorme provoquée par la guerre. Si le fait était exact, les Etats-Unis étaient menacés d'une véritable catastrophe...

Heureusement pour les Américains, le fait était inexact. Mais les causes de la crise n'en étaient pas moins inquiétantes. Entre 1935 et 1946, la consommation globale des Etats-Unis avait augmenté de 96 %. Durant la même période, la production n'avait augmenté que de 31 % [1]. Il y avait donc un déficit de 65 %. Celui-ci n'était pas dû à l'épuisement des gisements, comme on l'avait cru tout d'abord, mais au mauvais état des raffineries. Obligées de travailler à plein rendement durant la guerre, elles n'avaient pas pu entretenir leur outillage, ni parer à l'usure des wagons-citernes. C'était la vétusté de tout ce matériel qui paralysait la production. Il aurait fallu pouvoir le remplacer. Mais cela exigeait des quantités énormes d'acier. Or il y avait également une crise de l'acier. Et l'acier posait à son tour le problème du manganèse... Les difficultés s'engrenaient les unes dans les autres, en une chaîne sans fin.

Par bonheur, il y avait les pétroles d'Arabie ! Ceux-ci vinrent à point nommé pour permettre à l'Amérique de traverser la période critique. « Pour la première fois dans l'Histoire, écrit Bertrand de Jouvenel, des pétroliers américains allèrent charger dans le golfe Persique, pour approvisionner le Middle West... Ce qu'on n'aurait jamais cru possible était arrivé : d'exportateurs, les Etats-Unis étaient

---

1. 5.000.000 de barils par jour en 1946, contre 3.500.000, en 1939.

devenus importateurs de pétrole [1]. » Au moment où la situation semblait sans issue, Dahran et Bahrein étaient venus au secours de New-York et de Chicago...

CVI

Du coup, l'état-major de l'Air et l'Amirauté s'émurent. Si le pétrole arabe était indispensable à l'économie américaine *en temps de paix,* que serait-ce *en temps de guerre,* où la consommation de carburant est dix fois supérieure ? En prévision de cette éventualité, l'amirauté avait passé un contrat avec l'*Aramco,* par lequel elle s'assurait une option sur un milliard de barils, à 25 % au-dessous du cours mondial à la date de la livraison. Mais qu'arriverait-il si elle ne pouvait en prendre possession au moment voulu ? Les chefs de l'armée de l'air ne pouvaient pas renoncer, eux non plus, aux avantages stratégiques que leur apportait la base de Dahran. Bien qu'en rivalité ouverte sur beaucoup d'autres points, les deux états-majors furent d'accord pour considérer qu'en cas de conflit, l'Amérique ne serait pas en mesure de soutenir des opérations de longue haleine, si elle ne disposait pas librement des pétroles séoudites. Ils firent part de leurs appréhensions au général Marshall, qui en informa la Commission des Affaires étrangères du Sénat. Les sénateurs demandèrent une audience au Président Truman, pour lui signaler « toute l'importance qu'ils attachaient à la défense des intérêts américains dans le golfe Persique ».

Ainsi, par la force des choses, les U.S.A. étaient amenés à s'engager de plus en plus profondément dans le Proche et le Moyen-Orient.

On se souvient que le premier pas dans ce sens avait été fait en octobre 1942, quand le général Connolly avait pris le commandement de tous les services du golfe Persique

1. Bertrand de Jouvenel : *L'Amérique en Europe,* p. 224.

« pour décharger les Britanniques de la responsabilité des livraisons à la Russie par l'Iran » [1].

Le second fut accompli par Truman, le 12 mars 1947. Ce jour-là, le Président informa le Congrès que « la Grande-Bretagne n'étant plus à même de soutenir la Grèce et la Turquie, l'Amérique avait décidé de reprendre à son compte les·obligations de l'Angleterre dans la Méditerranée orientale et le Proche-Orient ».

Il ne restait plus qu'une dernière étape à franchir. Elle le fut le 23 juin 1948, quand John Forrestal, ministre de la Guerre des U.S.A. déclara à la conférence des Etats-Majors combinés à Miami, que « l'Arabie séoudite devait être considérée désormais comme étant incluse dans la zone de défense de l'hémisphère occidental ».

Plus la tension croissait entre les Etats-Unis et l'U.R.S.S., et plus le Moyen-Orient apparaissait aux experts du Pentagone comme une des régions stratégiques les plus importantes du globe.

Mais ce que les Américains découvraient peu à peu, la Russie pour sa part le savait depuis longtemps. Sur ce point — comme sur beaucoup d'autres — l'action des Soviets ne faisait que poursuivre la politique expansionniste des Tsars. Lorsque Molotov était allé voir Hitler en mars 1941, une des conditions mises à la conclusion d'une alliance militaire germano-russe n'avait-elle pas été — comme en témoignent certains documents du procès de Nuremberg — « les mains libres en Iran et en Irak, ainsi que la prise d'une portion assez grande de l'Arabie séoudite pour assurer aux Soviets le contrôle du golfe Persique et du golfe d'Aden » ? [2]

Depuis lors, les dirigeants du Kremlin n'avaient pas modifié leur doctrine, ce que confirmaient les rares informations qui filtraient à travers le rideau de fer. Ne disait-on pas que, lors de la conférence tenue le 23 novembre 1948 par le Grand Etat-Major soviétique et les membres les plus

1. Voir plus haut, p. 339.
2. Voir *New York Times*, 19 mars 1946.

influents du Politbureau, le général Chtemenko avait exposé
devant Staline un vaste plan d'opérations comportant,
entre autres, « une offensive-éclair sur le golfe Persique,
menée par une armée blindée de cinquante divisions » ? [1]

Deux ans plus tard, en novembre 1950, les Russes ne réu-
nissaient-ils pas à Batoum une conférence consacrée au
Moyen-Orient, où étaient étudiés, en présence de délégués
et d'observateurs envoyés par les milieux communistes de
Turquie, de Palestine, d'Iran, d'Irak, de Syrie, du Liban,
de Transjordanie et d'Egypte, les moyens de protéger la
zone pétrolifère de l'U.R.S.S. « en même temps que
l'annexion des sources de carburant situées dans les pays
limitrophes » ? [2]

Toutes ces manifestations marquaient, d'une façon évidente, que l'orientation de la politique russe n'avait pas
varié. Ses objectifs restaient toujours les mêmes : les Détroits,
la Méditerranée, le golfe Persique...

Pouvait-il en être autrement ? Même si les maîtres du
Kremlin avaient voulu changer de ligne politique, ils ne
l'auraient pas pu. La rivalité russo-américaine autour du
golfe Persique était inscrite dans la nature des choses.
U.S.A. et Démocraties occidentales contrôlaient en gros
90 % de la production mondiale du pétrole et environ 75 %
des réserves connues. En cas de conflit, que ferait l'U.R.S.S.
avec 10 % de la production et 25 % des réserves ? [3] Que
pèseraient ses 37 millions de tonnes annuelles, contre les
523 millions de tonnes du groupement atlantique ? [4] Il lui
fallait absolument corriger cette infériorité. Comment le
faire, sinon en s'emparant de gisements nouveaux ? Et
où étaient les plus proches, sinon en Iran, en Irak et en
Arabie ?

Les Américains, nouveaux venus dans cette région du

1. Voir à ce sujet *Samedi-Soir*, 8 octobre 1949.
2. *L'Illustration*, 9 décembre 1950.
3. Chiffres établis par la *Direction du Département des Etudes de
l'Universal Oil Cº*, à Chicago.
4. Voici les chiffres de la production mondiale du pétrole donnés par

monde, avaient fini par saisir l'importance de l'enjeu. Ils avaient compris que l'Arabie n'était pas seulement une pourvoyeuse de carburant, mais aussi la grande base manœuvrière d'où pourrait s'élancer une attaque aérienne d'envergure contre les gisements soviétiques de Batoum et de Bakou. C'était en partant de cette plate-forme située à la charnière de l'Europe et de l'Asie, que l'on pourrait le mieux frapper le colosse soviétique. Ne pas occuper l'Arabie, en revanche, c'était en faire une proie facile pour des divisions aéroportées soviétiques débarquant au milieu du désert et gagnant ensuite la côte, pour donner la main à des forces navales de ravitaillement.

Dans la course aux bases stratégiques, phase préliminaire d'un conflit éventuel, l'Arabie représentait donc un atout capital. Si bien que les experts du Pentagone en vinrent à considérer que celui qui détiendrait ce bastion, lors du déclenchement des hostilités aurait, de ce seul fait, un avantage immense sur son adversaire. Ils allaient jusqu'à dire « que dans dix ans, celui qui serait maître de l'Arabie et du Moyen-Orient, le serait pratiquement de l'ancien continent tout entier » [1].

Sans perdre de temps, l'état-major des U.S.A. entama des négociations avec Ibn-Séoud en vue du renouvellement du contrat relatif à la base aéro-navale de Dahran, qui venait

Harold Ickes à la Conférence économique tenue à Washington en avril-mai 1944 :

PAYS	RÉSERVES TOTALES	PRODUCTION EN 1943	DURÉE PROBABLE DES RÉSERVES SUR LA BASE DE LA PRODUCTION DE 1943
	En millions de tonnes		
États-Unis	2 700	200	13 ans
Golfe Persique .	2 200	15	146 ans
U. R. S. S.	1 165	25,5	46 ans
Mer des Antilles.	1 025	35,5	30 ans
Divers.	380	25	16 ans

1. Voir Albert Ducrocq : *Les Armes de Demain*, pp. 34-35.

à expiration en février 1950. L'accord fut renouvelé, pour une durée de cinq ans, le 15 juillet 1951. Simultanément, il dressa des plans tendant à transformer le littoral septentrional de l'Arabie en un arsenal doté des moyens défensifs et offensifs les plus puissants : aérodromes souterrains, rampes de lancement de projectiles téléguidés, etc.

Dans ce plan, un rôle particulier était dévolu à l'Ikwan. Elle devait se charger, en cas d'hostilités :

1°) d'occuper immédiatement tous les points d'eau pour les empêcher de tomber aux mains des troupes d'invasion aéroportées ;

2°) d'assurer la sécurité de l'*hinterland,* et d'empêcher le sabotage des puits de pétrole et des pipe-lines.

Ce dispositif devait être complété ultérieurement par l'établissement d'une ligne de défense continue, dressée au nord du golfe Persique et constituée par l'alliance militaire de la Turquie, de l'Iran et du Pakistan [1]. Mais l'érection de ce « bouclier oriental » destiné à protéger le cœur de l'Arabie allait se heurter à des difficultés imprévues.

CVII

Ce que la Russie savait depuis longtemps, et ce que l'Amérique venait de découvrir — l'importance du Moyen-Orient en tant que facteur de domination mondiale — l'Angleterre ne l'avait jamais oublié, et il aurait fallu ne pas connaître l'obstination britannique pour croire qu'elle s'en laisserait évincer sans réagir.

La Grande-Bretagne détenait encore dans cette région des positions très fortes, grâce aux capitaux investis dans les exploitations pétrolières de l'Irak et de l'Iran [2]. Appuyée sur ces assises financières et sur son réseau de pipe-lines

1. Voir *Mustapha Kémal ou la Mort d'un Empire,* p. 402, note 1.
2. Rappelons que l'Angleterre détenait 48 % des parts de l'*Irak Petroleum,* et 51 % des parts de l'*Anglo-Iranian.*

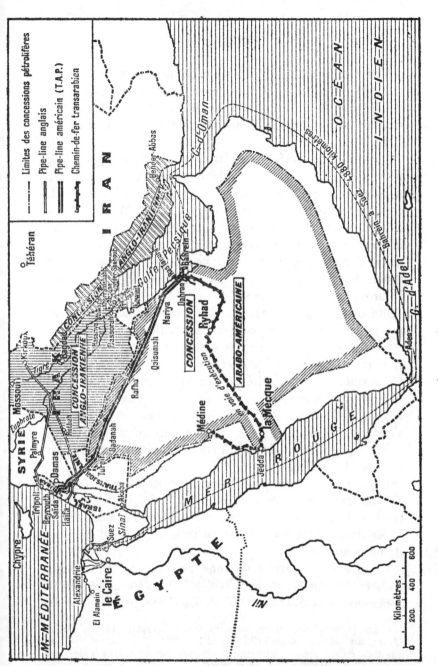

CARTE VI. — CONCESSIONS PÉTROLIFÈRES ET PIPE-LINE TRANSARABIQUE.

palestino-mésopotamiens, la zone d'influence anglaise, bien que très diminuée, s'étendait encore de Kirkouk à Haïfa et de Bagdad à Téhéran. Or, la politique britannique, en matière de pétrole, s'opposait diamétralement à celle des Etats-Unis.

La politique américaine était simple. Les réserves de pétrole de l'hémisphère occidental avaient déjà servi à alimenter deux guerres — deux guerres durant lesquelles la consommation d'essence avait été terrifiante. Alertés par la crise de 1947, les dirigeants économiques d'U.S.A. estimaient qu'il fallait ménager les gisements américains, car ceux-ci, bien que vastes, n'étaient pas inépuisables. Le moyen le plus pratique d'y parvenir était de déverser sur l'Europe un flot de pétrole séoudite à si bas prix, que la vente du pétrole américain à l'étranger ne laissât aucune marge de bénéfice aux sociétés exportatrices.

La politique de l'Angleterre consistait — pour les mêmes raisons — à ménager les réserves de pétrole de l'Empire et à consommer par priorité du pétrole de provenance étrangère — c'est-à-dire du pétrole américain, puisqu'il n'v en avait plus d'autre [1]. Pour cela, le gouvernement de Londres s'efforçait de maintenir les cours du carburant mésopotamien, *légèrement au-dessus* du cours du pétrole importé par mer des Etats-Unis [2].

Il y parvenait en imposant une réglementation sévère aux sociétés pétrolières du Proche-Orient : fixation du « plafond » de la production irakienne au chiffre relativement faible de 4.700.000 tonnes par an et interdiction d'exploiter de nouveaux gisements.

Comme nous l'avons vu, une brèche avait été ouverte dans ce système, le jour où la *Gulf Oil Cº* avait vendu sa concession à la *Standard Oil de Californie,* et où la *Cali-*

1. Les pétroles polonais et roumains étaient accaparés par la Russie. Quant aux pétroles anglo-hoilandais d'Insulinde (11.700.000 tonnes en 1940) ils étaient presque entièrement absorbés par le marché asiatique : Japon, Chine, Malaisie, Birmanie, Indes.

2. André Visson : *Why must we build that pipe-line ? Readers Digest,* juin 1944 (édition américaine).

fornia Arabian Standard Oil C° passant outre au veto britannique, s'était décidée à exploiter intensivement les gisements du Hasa. Mais les magnats de la City ne s'étaient pas tenus pour battus. Afin de continuer à dicter les prix, ils avaient eu recours à une autre méthode.

Avant d'atteindre les marchés européens, le pétrole en provenance de Dahran ou de Bahrein devait faire le tour complet de la péninsule arabique, remonter la mer Rouge et traverser le canal de Suez. Cela représentait un trajet de 4.700 kilomètres. Or l'*Aramco* était dépourvue de moyens de transports maritimes. Tandis que l'amirauté britannique mettait en circulation de nouveaux pétroliers, construits pendant la guerre, l'Amérique qui en manquait (car elle s'était livrée, durant la même période, à la construction intensive de *Liberty Ships*) était obligée de consacrer les siens aux lignes inter-américaines. La majeure partie des pétroles du Hasa était transportée de ce fait par des compagnies britanniques.

De plus, l'Angleterre prélevait un droit de 15 à 20 cents sur chaque baril de pétrole qui empruntait le canal de Suez. Cela finissait par constituer des sommes considérables, quand on songe qu'en 1948, les navires-citernes représentèrent 58 % de la navigation totale du canal (contre 43,9 % en 1947, et 17 % en 1938).

La Grande-Bretagne continuait donc à dicter les prix du pétrole arabe :

1°) En limitant indirectement la production de l'*Aramco*. Celle-ci aurait pu jeter sur le marché 50.000.000 de tonnes par an — et plus — si son activité n'avait pas été entravée par la modicité du tonnage mis à sa disposition par les compagnies de navigation britanniques ;

2°) En élevant ou en abaissant le prix du fret ;

3°) En augmentant ou en diminuant les droits de péage à Suez.

Toute la production pétrolière de l'Arabie devait passer par l'étroit goulot du canal de Suez. Et ce goulot, l'Angleterre en réglait le débit à sa guise.

385

Il était normal que les Américains voulussent se libérer de cette tutelle. Pour cela, deux moyens s'offraient à eux : le premier consistait à mettre en chantier 20 super-pétroliers, capables de transporter 500.000 tonnes de carburant et filant 20 nœuds. Cela réglait les problèmes du tonnage et du fret. Mais cela ne réglait pas celui des droits de péage.

Le second consistait à construire un pipe-line transarabique — le T.A.P. — reliant directement Dahran à la Méditerranée. Ce plan, à l'étude depuis 1943, intéressait vivement le gouvernement américain. Roosevelt s'en était ouvert à Ibn-Séoud à bord du *Quincy*. La canalisation, longue de 1.750 kilomètres, raccourcirait le parcours de près des deux tiers, et permettrait de déverser 41 millions de litres de pétrole par jour dans le bassin méditerranéen.

Ce projet était, au premier chef, une parade américaine contre le malthusianisme économique pratiqué par les Anglais. Le gouvernement de Londres ne pouvait pas s'y méprendre. « L'acheminement par pipe-line de la production séoudite vers le littoral méditerranéen, écrit Edouard Sablier, signifierait un coup terrible pour la Grande-Bretagne. L'*Anglo-Iranian* pourrait-elle soutenir longtemps la concurrence américaine ? En second lieu, certains pays, sur lesquels Londres compte le plus pour maintenir son influence au Proche-Orient, risqueraient de s'effondrer. L'Irak n'existe que par son pétrole et la Transjordanie, que par la garde qu'elle monte le long du pipe-line irakien... [1] » Ainsi, la guerre invisible qui mettait aux prises « pétrole-sterling » et « pétrole-dollar », se traduisait par une rivalité spectaculaire entre pipe-lines et bateaux-citernes...

Tant qu'il s'était agi de la partie du pipe-line située dans les territoires soumis à l'administration séoudite, sa construction n'avait soulevé aucune difficulté. Mais il n'en allait pas de même en ce qui concernait la dernière section du parcours, comprise entre la frontière nord-ouest de l'Arabie séoudite et le littoral méditerranéen. Là, le pipe-line

1. *Le Monde*, 16 août 1949.

américain devait traverser nécessairement des pays où l'influence anglaise était prépondérante — Transjordanie et Palestine. Et le gouvernement de Londres était bien décidé à employer tous les moyens possibles, pour empêcher le « T.A.P. » d'atteindre la mer.

Abdallah, roi de Transjordanie, n'avait pas besoin qu'on le priât pour abonder dans ce sens. En accroissant le volume de la production américaine, la construction du pipe-line augmenterait les revenus d'Ibn-Séoud et le fils de Hussein aurait préféré « vendre son âme au diable plutôt que de contribuer à enrichir son ennemi mortel ». Aussi mit-il tout en jeu pour faire échouer le projet américain, et lorsque les agents de l'*Aramco* lui eurent enfin arraché une acceptation de principe, il invoqua la situation confuse qui régnait en Palestine, pour en retarder indéfiniment l'exécution.

Las de ces atermoiements, les Américains cherchèrent un autre débouché. Ils se tournèrent vers la Syrie, dont l'indépendance avait été proclamée en 1945, à la suite de l'éviction de la France, et songèrent à faire aboutir le T.A.P. à Saïda, au lieu de Haïfa. Mais là aussi, les Anglais montaient une garde vigilante. Le gouvernement syrien, présidé par Djemil Mardam, ajournait sans cesse la conclusion d'un accord et se retranchait derrière les prétextes les plus divers pour justifier ses dérobades. Chaque fois que des négociations semblaient sur le point d'aboutir, un incident imprévu venait tout remettre en cause. Les pourparlers piétinaient depuis plusieurs années ; le pipe-line, qui aurait dû être terminé en 1946, ne l'était pas encore à la fin de 1949.

Les Américains ne savaient à quoi attribuer ces atermoiements, et ce n'est pas sans une secrète ironie que les Anglais les regardaient se débattre dans un écheveau de complications sans cesse renaissantes. Certes, les dirigeants du « pétrole-sterling » savaient qu'ils ne pourraient pas faire indéfiniment échec aux projets de leurs rivaux. Un jour viendrait, où le « pétrole-dollar » disposerait d'assez de bateaux-citernes pour se passer du tonnage anglais et où le T.A.P. finirait par atteindre la mer. Ce que voulaient les Britanniques, c'était lasser les compagnies américaines par cette guerre d'usure et les amener à conclure, avant cette date, un *New Deal* du pétrole. Par ce moyen, Londres espérait aboutir à la création d'un « pool » anglo-américain, au sein duquel les prix et les indices de production seraient fixés d'un commun accord, et l'ensemble des richesses pétrolières du Moyen-Orient réparties entre les deux Puissances sur des bases moins inégales que celles de la convention de décembre 1946.

A plusieurs reprises, les Anglais avaient fait des propositions dans ce sens à Washington. Les Américains les avaient systématiquement repoussées. Mais à présent, les administrateurs de l'*Aramco* commençaient à perdre courage. Certains d'entre eux se demandaient si la meilleure solution, après tout, ne serait pas d'entamer des négociations avec Londres. Déjà, les Anglais se voyaient sur le point de recueillir le fruit de leurs efforts, lorsque apparut, tout à coup, sur la scène politique syrienne, un personnage nouveau dont personne n'avait entendu parler : le général Zaïm.

Son accession au pouvoir changeait toutes les données du problème.

CVIII

Quel était donc cet inconnu, au nom éclatant comme un coup de cymbale, que les événements poussaient brusquement au premier plan de l'actualité ?

Ce qu'on savait de lui, se résumait à peu de chose. Né à Alep en 1897, Husni-Zaïm était un officier de carrière, qui avait fait une partie de ses études en France. Ancien élève de Saint-Maixent, il avait servi en 1917 et 1918 dans un corps d'armée turc et avait participé à la retraite de Syrie, sous les ordres de Mustapha Kémal. Après l'arrivée du général Gouraud à Beyrouth, en 1919, il avait été le premier officier syrien à qui l'on eût confié le commandement d'une unité française. En 1941, le général Dentz, qui avait la plus grande confiance en lui, l'avait placé à la tête d'une brigade et l'avait chargé de défendre Damas contre les troupes anglo-gaullistes. Les Anglais, qui l'accusaient de nourrir des sentiments pro-allemands, l'avaient interné après l'armistice de Saint-Jean-d'Acre. Relâché en 1943, il avait été nommé inspecteur général de la police en 1948 et, peu après, commandant en chef des forces armées syriennes. Les hauts et les bas de sa carrière lui avaient laissé trois sentiments prédominants : une grande admiration pour le Ghazi, une sympathie réelle pour la France, et une inimitié irréductible à l'égard de l'Angleterre.

Au début de 1949, Zaïm tenait en main la police et l'armée. Ecœuré par la corruption qui régnait dans les milieux dirigeants syriens, il avait résolu, avec trois officiers supérieurs de ses amis — Banij Kallas, Adib-Chichakly et Sami-Hennaoui — de renverser le régime, et de chasser de la présidence de la République M. Choukry-Kouatly ainsi que son entourage.

Le 23 mars 1949, l'armée commandée par Zaïm, qui revenait de Palestine, se rabattit sur Damas où elle arrêta le chef de l'Etat, le chef du gouvernement et les principaux ministres. Le peuple acclama ce coup de force, qui le débarrassait d'un gouvernement impopulaire, sans répandre une goutte de sang ni faire appel à l'étranger. Le 6 avril, le Président Choukry-Kouatly se démettait de ses fonctions ; le surlendemain, Khaled-el-Azem, président du Conseil, en faisait de même. Le 28 mai, le général Zaïm, qui avait posé sa candidature à la Présidence, était élu par 726.116 voix sur 730.731 votants. Tandis que cent un coups de canon annonçaient à Damas le résultat du plébiscite, Zaïm prenait le titre de Maréchal et chargeait le ministre de Syrie au Caire, Mohzen-Barazi, de former un nouveau gouvernement. Légalement mandaté par le peuple syrien, l'ancien élève de Saint-Maixent était installé au pouvoir pour une durée de sept années. Que comptait-il en faire ?

« Ce que Husni-Zaïm avait dans l'esprit, écrit le général Catroux, n'était rien d'autre qu'une révolution radicale, non seulement dans les institutions politiques, la structure économique et sociale, mais aussi dans la psychologie et les mœurs de son pays. C'était une révolution apparentée à celle qu'accomplirent Pierre le Grand et Ataturk, et qui devait bouleverser les hiérarchies sociales, les intérêts, les situations et les idées acquises [1]. »

Le programme du nouveau chef de l'Etat syrien correspondait, trait pour trait, à celui de Mustapha Kémal : réforme agraire et vastes travaux d'irrigation ; réorganisation de l'armée et épuration de l'administration ; élimination des lois coraniques rétrogrades ; sécularisation de l'Etat ; octroi du droit de vote aux femmes ; développement de l'instruction publique ; renforcement du Parti populaire syrien, etc. Toutes ces mesures visaient à extirper de Syrie les vestiges de féodalité qui y subsistaient encore et à transformer le peuple syrien en une nation moderne.

La personnalité très attachante du Maréchal, son charme, son énergie et la volonté dominatrice qu'il tenait peut-être de ses origines Kurdes, permettaient de penser qu'il ferait de ce programme, une réalité. « Bravant les puissants et respectant la Justice, nous dit Edouard Sablier, c'était un homme au verbe net, aux idées saines et au caractère droit [2]. » Après Mustapha Kémal et Ibn-Séoud, allait-on voir surgir sur la scène du Proche-Orient, un troisième homme d'Etat, d'une stature exceptionnelle ?

Sans doute les projets du Maréchal ne pouvaient-ils plaire à tout le monde. Il eut bientôt contre lui la coalition classique des « ulémas » réactionnaires, des grands propriétaires terriens, des prébendiers du régime précédent et des

1. Général Catroux : *Réflexions sur l'Affaire syrienne*. Le Figaro, 20 août 1949.
2. Edouard Sablier : *Le nouveau putsch syrien*. Monde, 16 août 1949.

nombreux fonctionnaires révoqués pour leurs malversations. Sa sympathie marquée pour la France et sa réserve hautaine à l'égard d'Abdallah, lui attirèrent en outre l'hostilité des groupements politiques pro-hachémites, qui travaillaient en sous-main à la création d'un bloc Syrie-Irak-Transjordanie sous l'égide de l'Angleterre. Mais cette opposition ne l'inquiétait nullement car il se sentait de taille à la briser.

En arrivant au pouvoir, Zaïm avait trouvé le Trésor vide, et les finances publiques dans un état déplorable. Un accord monétaire, passé avec la France, lui avait permis de parer au plus pressé. Voulant se procurer des ressources supplémentaires, pour permettre la remise en marche de l'économie syrienne, il chercha à contracter un emprunt à l'étranger.

Husni Zaïm, nous l'avons déjà dit, était d'origine Kurde. Ibn-Séoud, qui avait une sympathie marquée pour cette race vigoureuse et fière, suivait attentivement la carrière du nouveau Président. N'allait-on pas jusqu'à insinuer que cette sympathie s'était manifestée à plusieurs reprises d'une façon tangible, et que le fils d'Abdur-Rahman lui avait fourni des subsides importants pour assurer sa propagande personnelle au sein de la police et de l'armée ? Toujours est-il que lorsque Zaïm eut conquis le pouvoir, Ibn-Séoud lui ouvrit un crédit de six millions de dollars, remboursables en dix ans. C'était la première fois qu'un souverain arabe était en mesure de faire une opération financière de cette envergure. Simultanément, des pourparlers furent entamés, en vue de la conclusion d'une alliance entre le gouvernement syrien et le gouvernement séoudite (25 juin 1949).

Quelques jours plus tard, Zaïm mettait sa signature au bas de l'accord autorisant le passage, à travers la Syrie, du pipe-line transarabique.

Le « pétrole-dollar » avait gagné la première manche.

CIX

Cette nouvelle, comme bien l'on pense, n'alla pas sans provoquer une vive émotion à Londres. Le gouvernement britannique ne dissimula pas son inquiétude. « Tout ce que la Grande-Bretagne compte d'experts ès questions Proche-Orient, écrivait l'éditorialiste du *Monde,* le 24 juillet 1949, est réuni depuis deux jours au Foreign Office. Il s'agit de renflouer, après la faillite, la politique orientale de Londres... La situation est telle qu'en moins de cinq ans, le gouvernement travailliste a joué et perdu la plupart des cartes qu'il détenait encore, en prenant le pouvoir. »

Les experts furent unanimes à déclarer que la situation était très grave. La politique de Zaïm renversait le mur des petits Etats vassaux que l'Angleterre s'acharnait à construire le long de la mer, pour assurer la continuité de ses communications entre le Caire et Bagdad, et empêcher l'Arabie centrale « de faire irruption dans le bassin méditerranéen ».

Cette dernière préoccupation était la hantise de tous les hommes d'Etat anglais qui s'étaient succédé au pouvoir depuis 1919. Et sans cesse, Ibn-Séoud donnait des coups de bélier dans le rempart, faisant porter ses efforts tantôt sur un point, tantôt sur un autre.

Une première fois, en 1919, les Wahabites étaient entrés à Jauf et à Turaïb. Les Anglais les en avaient expulsés à coups de bombes. Une deuxième fois, en 1925, l'Ikwan avait occupé le couloir de Wadi Sirhan. Les Anglais avaient obtenu son évacuation par des négociations [1]. Et voici qu'Ibn-Séoud revenait une troisième fois à la charge, porté cette fois-ci par un flot de pétrole et de dollars américains !

---

1. Voir plus haut, p. 254.

A l'abri des négociations relatives au pipe-line, il tentait de conclure une alliance avec Zaïm !

Si jamais la Syrie se mettait d'accord avec l'Arabie séoudite, c'en serait fait de la puissance britannique dans le Proche-Orient. Le pétrole américain s'écoulerait librement dans le bassin méditerranéen. L'*Irak-Petroleum* et l'*Anglo-Iranian,* dont le matériel était vétuste, ne seraient pas en mesure de soutenir la concurrence de l'*Aramco.* Elles devraient céder la place à des compagnies américaines, et l'Angleterre deviendrait tributaire des Etats-Unis, pour le carburant indispensable à son aviation et sa marine...

Politiquement, les conséquences seraient à peine moins désastreuses. La Transjordanie serait coupée de l'Irak. Ces deux Etats, isolés l'un de l'autre, seraient écrasés tôt ou tard. L'Angleterre aurait perdu les deux derniers piliers sur lesquels reposait son prestige en Orient. Mais ce n'était pas tout.

Sous l'impulsion d'un ardent défenseur des doctrines pan-arabes, Abder-Rahman-Azzam bey, une « Ligue arabe » s'était constituée à Héliopolis, près du Caire, le 17 mars 1945, pour « coordonner l'action des divers Etats arabes dans le Proche-Orient ». Ibn-Séoud, qui n'avait jamais pu se faire admettre dans la Confédération de Lawrence — « un aventurier ne saurait s'asseoir à la table des Princes ! » — faisait partie de la Ligue arabe, depuis sa fondation. Celle-ci comprenait sept membres : l'Egypte, l'Arabie séoudite, l'Yémen, la Transjordanie, la Syrie. le Liban et l'Irak. Les décisions y étaient prises à la majorité. Or l'Egypte, l'Arabie séoudite et l'Yémen votaient toujours ensemble. L'Irak et la Transjordanie en faisaient autant. Entre ces deux blocs, la Syrie et le Liban faisaient pencher la balance tantôt d'un côté, tantôt de l'autre [1]. Si la Syrie (qui entraînait automatiquement le Liban dans son sillage) se rangeait du côté d'Ibn-Séoud, celui-ci disposant, non plus de trois, mais de cinq voix sur sept, serait, avec l'Egypte, le maître de la Ligue arabe.

1. Voir Maurice Pernot : *La Ligue arabe, Hommes et Mondes,* mars 1947.

D'un commun accord, les experts du Foreign Office estimèrent que l'Angleterre ne devait pas le permettre.

Alors, vingt jours plus tard, le dénouement survint, rapide et brutal.

Le 14 août 1949, à trois heures du matin, trois autos blindées s'arrêtèrent devant le perron de la demeure présidentielle à Damas, tandis qu'un cordon de troupes cernait le palais. Les officiers qui les occupaient descendirent de voiture, échangèrent quelques coups de feu avec les gardes, firent irruption dans la chambre du maréchal Zaïm, et l'abattirent sauvagement. Le chef des meurtriers était le colonel Hennaoui — son meilleur ami.

Le corps de Zaïm fut transporté en auto à la forteresse de Mezzé. Pendant ce temps, un autre groupe d'officiers était allé chercher à son domicile le président du Conseil, Mohzen Barazi, et l'avait amené à la forteresse, inanimé et couvert de sang. Son corps fut déposé par terre, à côté de celui du Maréchal. Puis, tous les soldats et officiers présents vidèrent leurs revolvers sur les cadavres[1].

Au cours de la nuit, le colonel Sami Hennaoui prit possession du pouvoir, déclara à la radio qu'il avait délivré le pays d'un tyran odieux et chargea M. Hachem-Atassi de former le nouveau cabinet.

En apprenant la mort du Maréchal, sa femme, qui était enceinte, accoucha d'un enfant mort-né. Abdallah manifesta sa joie d'une façon si indécente, que le gouvernement anglais dut le rappeler à l'ordre. Tous les fonctionnaires révoqués furent réintégrés. Le parlement syrien, convoqué par Hennaoui, lui vota une adresse de félicitations, et refusa de ratifier l'accord sur le pipe-line.

Husni-Zaïm était passé comme un météore dans le ciel politique de la Syrie. Son gouvernement, prévu pour sept ans, n'avait duré que cent vingt jours.

Le « pétrole-Sterling » avait gagné la deuxième manche.

1. Voir *Journal du Caire,* 19 août 1949.

CX

« L'idée qu'à Damas l'assassinat du maréchal Zaïm fut monté et ordonné par Londres est le propre d'hurluberlus qui pensent par clichés curieusement démodés. », écrit J.-R. Percheral [1]. Peut-être a-t-il raison, car dans ces pays où les rivalités personnelles et les intrigues locales tiennent une si grande place qu'elles finissent par éclipser les problèmes d'ordre général, rien n'est jamais aussi simple qu'on ne le pense. Toutefois une chose demeure certaine. C'est qu'en apprenant la mort tragique de Zaïm, l'Angleterre poussa un soupir de soulagement. Maintenant que ce péril était conjuré, il fallait empêcher à tout prix le retour de circonstances aussi néfastes.

Les experts du Foreign Office compulsèrent leurs dossiers et estimèrent qu'il fallait revenir au plan préconisé par Lawrence en 1919. Tout compte fait, l'auteur des *Sept Piliers de la Sagesse* avait vu juste. L'expérience démontrait qu'il fallait ressusciter son projet de Confédération arabe, et la placer sous l'autorité exclusive des Hachémites. Ce serait, certes, une construction moins ambitieuse que celle de 1919. Elle serait territorialement réduite et politiquement amoindrie. Mais on lui donnerait, en revanche, un nom nouveau et poétique. Ce serait « le Croissant fertile ». Qui pourrait résister à un titre aussi prometteur ?

Ce projet britannique devait se réaliser en deux temps. Dans le premier, la Syrie et l'Irak fusionneraient sous le nom de « Grande Syrie », tandis que la Transjordanie, échangeant son nom pour celui de Jordanie, s'accroîtrait des districts arabes récemment détachés de la Palestine.

Dans un deuxième temps, la « Jordanie » et la « Grande Syrie » fusionneraient à leur tour, soit sous le sceptre du

---

1. *L'Aurore*, 4 septembre 1951.

roi Abdallah, soit — pour ménager certaines susceptibilités — sous celui de son petit-neveu Fayçal II, le futur roi d'Irak, qui était en train de terminer ses études à Harrow. Dans ce cas, comme Fayçal était encore mineur, on lui adjoindrait un conseil de régence composé, outre Abdallah, d'Abdul-Illah, régent d'Irak, des présidents des Républiques syrienne et libanaise et des chefs des communautés religieuses chiite et maronite.

Jusque-là, la grande majorité des Syriens et des Libanais s'était montrée hostile à une combinaison de ce genre, car ce que l'on désignait sous le nom de « Grande Syrie », était en réalité, un « grand Irak ». De plus, la fusion soulevait des questions de politique intérieure. Les républicains de Damas auraient peut-être consenti à ne faire qu'un avec Bagdad, à condition que l'Irak renonçât à la monarchie. Mais cette solution ne convenait nullement aux Anglais. Pour eux, le but essentiel de l'opération consistait à placer la Syrie sous la tutelle d'un Haçhémite, c'est-à-dire d'un souverain inféodé à Londres. C'était donc à Damas de renoncer à la République.

Comme par hasard, l'accession au pouvoir du général Hennaoui coïncida avec une recrudescence marquée de la propagande monarchiste. Le 20 août, le parlement syrien se déclara « favorable au rattachement de la Syrie à l'Irak et à la Jordanie ». Le « Croissant fertile » commençait à prendre corps. Il ne restait plus qu'à faire entériner cette décision par la Ligue arabe.

Le 24 août — dix jours après l'assassinat du maréchal Zaïm — l'Irak réclama la convocation d'urgence de l'Assemblée du Caire et insista pour que la réunion eût lieu avant la fin du mois. Cette demande émanait du premier ministre d'Irak, Nouri-Saïd, l'ancien aide de camp du roi Fayçal Ier, que l'auteur des *Sept Piliers de la Sagesse* avait nommé « Commandant en chef des Forces arabes », lors de la prise de Damas, en 1918 [1]. Elle était appuyée par

1. T. E. Lawrence : *Les Sept Piliers de la Sagesse*, p. 806.

Nazem-Koudzi, ministre des Affaires étrangères du gouvernement syrien, par Riad-Sohl, président du Conseil libanais et, naturellement, par Abdallah, roi de Jordanie. Dans ces conditions, on pouvait dire que la proposition irakienne était adoptée d'avance, puisque quatre membres de la Ligue sur sept, lui avaient déjà donné leur adhésion.

Le 30 août, les délégués se réunirent dans la capitale égyptienne. L'Arabie séoudite, l'Yémen et l'Egypte demandèrent l'ajournement de la conférence à une date ultérieure. « Nous avons été pris de court par cette convocation prématurée, dirent-ils. Donnez-nous au moins un délai raisonnable pour nous permettre d'examiner les répercussions du dernier coup d'Etat syrien. » Après une discussion extrêmement serrée, la réunion fut remise au 12 octobre. C'étaient six semaines de gagnées — six semaines que l'Arabie séoudite et les ennemis des Hachémites allaient employer à préparer une contre-offensive.

Le 12 octobre arriva. Mais quand les délégués des Etats arabes se réunirent de nouveau, on assista à un coup de théâtre qui déconcerta tout le monde. Dès l'ouverture de la première séance, Nouri-Saïd, au nom de l'Irak, et Nazem-Koudzi, au nom de la Syrie — c'est-à-dire ceux-là mêmes qui avaient demandé la convocation de l'Assemblée — prirent la parole et déclarèrent « qu'ils renonçaient à la fusion de leurs pays respectifs ». Quand le délégué de l'Yémen leur demanda en souriant les raisons d'un pareil revirement, ils répondirent, avec un embarras visible « que le moment ne leur semblait pas opportun pour engager les discussions sur un sujet aussi délicat ». Battant en retraite sur toute la ligne, ils allèrent jusqu'à demander que la question ne figurât même pas à l'ordre du jour. A la place du projet d'union syro-irakienne, les délégués adoptèrent, sur proposition de l'Egypte, un pacte de sécurité collective, basé sur des contacts fréquents entre les chefs d'états-majors des différentes armées arabes [1]. Bien que minoritaires,

---

1. Par la suite, le parlement égyptien refusa de le ratifier.

l'Arabie séoudite, l'Egypte et l'Yémen l'avaient emporté.

Que s'était-il donc passé durant ces six semaines ? Est-il exact, comme on l'a insinué, qu'Ibn-Séoud, appuyé sur l'Ikwan, avait fait savoir à Nouri-Saïd qu'il considérait la fusion de l'Irak avec la Syrie comme un *casus belli* et qu'il se retirerait de la Ligue arabe si elle entérinait cette mesure ? L'ambassadeur des Etats-Unis au Caire, M. Jefferson Caffery, avait-il inspiré, comme on l'a prétendu, le pacte de sécurité collective, substitué *in extremis* par le délégué égyptien au projet de « Croissant fertile » ? Nouri-Saïd avait-il reculé, au dernier moment, devant la perspective de voir les Etats arabes se scinder en deux blocs antagonistes, l'un axé sur Londres, et l'autre sur Washington ? Toutes ces rumeurs ont circulé et toutes sont plausibles...

En attendant, la constitution du Croissant fertile était remise *sine die*. Un coup d'arrêt sérieux venait d'être donné à la politique pro-hachémite du cabinet de Londres. Les tenants du « pétrole-dollar » n'avaient pas encore gagné la belle. Mais ils venaient de remporter un avantage décisif.

CXI

L'Angleterre se cabra devant cet échec inattendu. Après avoir vanté « la sagesse de la Ligue arabe », elle déclara que cet organisme s'était discrédité par son incohérence et qu'il n'y avait pas lieu de s'arrêter à ses décisions. Rétrécissant encore ses plans de Confédération, elle renonça au « Croissant fertile » et se rabattit sur le projet de « Grande Syrie ». Celui-ci devait se réaliser, sans consulter les pays voisins, par un simple accord bilatéral entre Damas et Bagdad.

Pour s'assurer une base solide au parlement syrien, le général Hennaoui fit procéder, le 15 novembre, à de nouvelles élections. Ibn-Séoud distribua, dit-on, 500 millions de livres syriennes pour empêcher la victoire des partis pro-hachémites [1], mais sans obtenir le résultat espéré. Les élections donnèrent la majorité à Hennaoui et à son gouvernement. M. Hachem-Atassi fut confirmé dans ses fonctions de Président du Conseil.

La prestation de serment du nouveau cabinet devait avoir lieu le 19 décembre. La déclaration ministérielle ne comportait pas une seule allusion à la République, tandis que l'union syro-irakienne y était expressément mentionnée.

A leur tour, les tenants du « pétrole-dollar » considérèrent qu'ils ne devaient pas permettre une opération qui aurait pour résultat de leur fermer la Méditerranée, ou de leur en faire payer l'accès un prix exorbitant.

Le 19 décembre, à quatre heures du matin, Damas était encerclé par des forces de police, les édifices publics et l'aéroport occupés par l'armée. Après une courte fusillade, le général Hennaoui, son beau-frère Hassad-Talas, ministre des Finances, Hachem-Atassi, président du Conseil et plusieurs autres ministres étaient arrêtés et gardés à vue. L'homme qui dirigeait l'opération était le colonel Adib-Chichakly, chef d'état-major de l'armée syrienne, membre influent du Parti Populaire, ami intime de Husni-Zaïm et parent de Mohzen-Barazi, qui avait été assassiné en même temps que le Maréchal.

A six heures, la radio de Damas annonçait que « l'armée syrienne venait de déposer le gouvernement » et motivait cette action par le communiqué suivant, signé du colonel Chichakly :

« L'armée syrienne a eu la preuve que le général Hennaoui, ainsi que son beau-frère, Hassad-Talas, préparaient une union de la Syrie avec un pays voisin... L'armée syrienne, fidèle à la Constitution républicaine, considère que le régime doit être maintenu. »

Le 30 octobre 1950, Sami-Hennaoui — qui avait été remis en liberté provisoire — était abattu par Mohammed-

---

1. Frédéric Mégret : *Des Mille et Une Nuits aux puits de Pétrole*, *l'Illustration*, 7 janvier 1950.

Barazi, cousin de Mohzen-Barazi, une des victimes du massacre de l'année précédente. Le meurtrier avait déchargé sur lui quatre coups de revolver à bout portant, au moment où il quittait son domicile de Mezraa, le faubourg sud de Beyrouth.

Londres dissimula son dépit derrière une indifférence de façade. Mais le coup était dur. Le champion de sa politique pro-hachémite était abattu, et le projet de « Grande Syrie » semblait définitivement enterré. Le « pétrole-dollar » avait remporté un deuxième avantage. A présent, il y avait fort à parier que le pipe-line transarabique ne tarderait pas à atteindre la mer...

CXII

Il y arriva le 13 novembre 1950. Ce jour-là, après avoir récité la prière de midi, Ibn-Séoud tourna à Ryhad le volant d'un compteur Geiger. Une vanne s'ouvrit à Abqaïq, et une marée de mazout brun s'engouffra dans la canalisation du pipe-line, en route pour sa destination lointaine : Saïda.

L'œuvre achevée était vraiment colossale. Le pipe-line transarabique d'un diamètre de 32 pouces franchissait d'une traite les 1.783 kilomètres qui séparaient les gisements du Hasa des côtes de la Méditerranée. Il avait coûté 280 millions de dollars. Toute une flotte de cargos avait été requise pour transporter les matériaux nécessaires à sa construction, que l'on évaluait à 3 milliards de tonnes-kilomètres. Le pipe-line proprement dit avait absorbé 265.000 tonnes de tubes d'acier. 5.000 compagnies avaient participé à la livraison des fournitures.

Une route asphaltée de 1.800 kilomètres courait le long de la canalisation, sur laquelle circulaient, jour et nuit, plus de 1.500 camions. Des escadrilles d'avions la survolaient d'heure en heure, pour assurer la surveillance des chantiers et empêcher les sabotages éventuels. Quarante puits avaient été forés, à intervalles réguliers, pour fournir l'eau aux équipes. Ils alimentent aujourd'hui les 100.000 Bédouins du Haïl et leurs troupeaux.

Cinq stations de pompage jalonnent le cours du pipe-line. A chacun de ces relais, une ville nouvelle a été fondée par le roi [1]. Destinées à servir à la fois de résidence aux états-majors de techniciens américains qui assurent le fonctionnement des pompes, et de colonies supplémentaires à l'Ikwan, ces cinq villes sont déjà en train de surgir des sables, avec leurs mosquées, leur hôpitaux, leurs centrales électriques, leurs stades et leurs piscines, disposés selon les plans des urbanistes les plus modernes.

Le « T.A.P. », construit et exploité par une compagnie privée — la *Transarabian Pipe Line C°* — relègue au second plan la flotte de 65 pétroliers qui devaient effectuer auparavant un périple de 4.880 kilomètres autour de la péninsule. Il raccourcit aussi de dix jours la durée du transport. Son débit est de 350.000 barils — 41 millions de litres — par jour. Ces masses de pétrole vont s'engouffrer dans treize réservoirs gigantesques construits à Saïda, dont la capacité totale est de 7 millions de barils — plus que la production globale quotidienne des Etats-Unis.

L'entrée en activité du T.A.P. aura pour effet de déverser sur l'Europe occidentale un flot de pétrole meilleur marché que celui fourni jusqu'ici par les compagnies anglaises. Elle permettra à l'*Aramco* de quintupler sa production, ce qui accroîtra dans les mêmes proportions les revenus d'Ibn-Séoud. Elle aura enfin, sur l'économie internationale, des répercussions lointaines, d'une portée incalculable. « Le T.A.P., déclare M. Burt E. Hull, constructeur du pipe-line et président de la *Tapco*, est appelé à révolutionner la carte du monde, en ce qui concerne la répartition des carburants liquides [2]. »

Le « pétrole-dollar » avait gagné la belle.

1. A Nasriya, Qaisumah, Rafha, Badanah et Turaïf.
2. Cf. *Time,* 20 novembre 1950, pp. 39-40.

CXIII

Mais bientôt l'on s'aperçut que les cités du Hedjaz et du Nedjd — qui grandissaient de jour en jour —, que les usines du Hasa et les stations de pompage du nouveau pipe-line, avec son personnel arabe et américain sans cesse accru, consommaient une quantité d'eau bien supérieure à ce que pouvaient leur fournir les puits artésiens du désert. Si l'on continuait ainsi, il n'en resterait bientôt plus assez pour le développement des colonies agricoles et l'irrigation des jardins. Pour la seconde fois, le problème de l'eau se posait d'une façon aiguë.

Ibn-Séoud, dont toute l'attention était absorbée par les remous de la politique étrangère, remit à son fils aîné Saud, le soin de s'occuper de cette question.

Le prince héritier s'attela à la tâche avec une fougue qui surprit jusqu'à ses collaborateurs les plus intimes. Jamais ceux-ci ne l'avaient vu faire preuve d'une pareille ardeur. Vice-roi du Nedjd depuis bien des années c'était la première fois que son père lui confiait une mission de cette envergure. Il allait montrer à tous que ni son imagination, ni sa volonté n'étaient inférieures à celles de son père.

Saud convoqua au palais de Ryhad les représentants des plus grandes compagnies étrangères de travaux publics, et les mit en compétition pour l'exécution d'un projet fantastique. Il s'agissait d'assurer l'irrigation massive du désert en faisant venir directement l'eau douce du Chatt-el-Arab, en Irak. L'adduction s'effectuerait au moyen d'un immense pipe-line, d'un diamètre quatre fois supérieur à celui du T.A.P., qui croiserait en plein désert le pipe-line du pétrole. Les eaux se déverseraient dans un lac artificiel, de plusieurs centaines de kilomètres carrés.

Les techniciens s'écrièrent que bien des miracles avaient

été réalisés ces temps derniers en Arabie, mais que cette fois-ci, le projet était fou, impossible, irréalisable et coûterait dix fois plus cher que le pipe-line de l'*Aramco*. Pourtant, suivant l'exemple du roi, le prince héritier n'en voulut pas démordre.

— « Zobéida, la femme d'Haroun-al-Rashid, leur dit-il, fit construire un aqueduc pour amener à la Mecque les eaux des montagnes voisines. Ne seriez-vous pas capable de faire, avec tous les moyens dont vous disposez, ce que réalisèrent les architectes arabes du viii° siècle ? »

Les ingénieurs occidentaux eurent beau lui démontrer qu'il n'y avait aucune commune mesure entre l'aqueduc des Abassides et le projet de canalisation qu'il leur demandait de construire. Ce fut peine perdue.

— « Mon père a trouvé des étendues de sable et il en a fait un royaume, leur répondit Saud. Moi, grâce à mon père, je trouverai un royaume et j'y ferai pousser des forêts. Alors, la pluie viendra, et le problème de l'irrigation se résoudra de lui-même. »

Si grand était son désir d'attacher son nom à la réalisation de cette œuvre, que le premier déplacement qu'il fit, après son accession au trône, fut pour se rendre, avec une escorte de 3.000 personnes, aux frontières de l'Irak (janvier 1954). Là, sous prétexte de chasse au faucon, il eut des entretiens avec plusieurs personnalités irakiennes, afin d'étudier avec elles les moyens d'accélérer la construction du « pipe-line de l'eau ».

CXIV

En la personne du prince héritier, le roi possédait un auxiliaire précieux, résolu à poursuivre sans défaillance le programme de « modernisation de l'Arabie ». Il pouvait se décharger sur lui d'une foule de tâches dont il ne lui était plus possible de s'occuper personnellement. Et c'était fort heureux. Car la politique extérieure du royaume exigeait une attention et une vigilance d'autant plus soutenues que les liens qui le rattachaient à ses voisins étaient plus nombreux et plus ramifiés.

Où que l'on portât le regard, en cette année 1951, les pays riverains de la Méditerranée et du golfe Persique étaient ébranlés par une série de convulsions. Du Caire à Téhéran, tout semblait prendre feu en même temps. Au milieu de ces remous, l'Arabie séoudite apparaissait comme une oasis de tranquillité. Mais partout ailleurs — en Jordanie, en Syrie, en Egypte, en Irak, en Iran — ce n'étaient que meurtres et soubresauts, révoltes et coups d'Etat. Chez tous ces peuples, travaillés par les ferments conjugués du nationalisme, du communisme et du fanatisme religieux, sociétés secrètes et organisations clandestines proliféraient à l'envi. Pour bien mener son jeu au milieu de ces intrigues, il fallait toute l'expérience et la sagacité du vieux roi.

Le 16 juillet 1951, Riad-Sohl, ancien premier ministre du Liban, qui s'était rendu à Amman pour négocier un traité secret avec Abdallah de Jordanie, était assassiné au terme de sa visite. Trois jours plus tard, Abdallah était abattu à son tour de plusieurs coups de revolver, au moment où il pénétrait dans la mosquée Al-Aqsa, à Jérusalem.

Abdallah était le dernier pilier du temple que Lawrence avait voulu édifier en 1919 sur les ruines de l'Empire ottoman. Sa disparition portait un coup d'autant plus sensible à l'influence anglaise, que son successeur, le Prince Tallal était connu pour la virulence de son anglophobie.

Inquiet pour l'avenir de la Jordanie, le cabinet de Londres avait alors tenté un rapprochement avec Ibn-Séoud. Le chef du gouvernement travailliste avait invité le second fils du roi, l'Emir Fayçal, qui secondait son père dans le domaine de la politique étrangère, à venir s'entretenir avec lui non plus au Caire, mais sur les bords de la Tamise. L'Emir Fayçal avait été reçu à Downing Street avec beaucoup d'égards par MM. Herbert Morrisson et Clement

Attlee. Mais quand ses hôtes lui avaient demandé s'il consentirait à ne pas intervenir, au cas où l'Irak « absorberait » la Jordanie, il s'était cantonné dans une prudente réserve, et avait refusé de prendre le moindre engagement à ce sujet (8-11 août 1951).

Force avait donc été aux Anglais de laisser le prince Tallal monter sur le trône de Jordanie (5 septembre). Sitôt investi du pouvoir royal, le nouveau souverain était entré en lutte ouverte avec le chef de la Légion arabe, le général Glubb Pacha. Bien que celui-ci eût déclaré « qu'il servirait le nouveau roi avec un dévouement égal à celui qu'il avait eu pour son prédécesseur », Tallal voulut lui retirer le commandement de la Légion arabe.

Cette fois-ci, c'en était trop. Les Anglais s'insurgèrent. A la suite d'une cascade d'incidents tragi-comiques, allant de la tentative de meurtre à la scène de ménage provoquée, Tallal fut déclaré fou, déposé par le parlement jordanien, et « invité » à aller se reposer à Prangins, dans une maison de santé suisse, située non loin de Genève. Son jeune fils, Hussein, qui terminait ses études dans un collège anglais, fut intronisé à sa place (2 mai 1952). Glubb Pacha recouvra son ancienne autorité. Mais la volonté du souverain adolescent serait-elle assez forte pour tenir tête aux orages qui s'accumulaient à l'horizon, et dont l'assassinat de son grand-père Abdallah n'avait été qu'un éclair précurseur ?

Quand on passait de la Jordanie à la Syrie, on s'apercevait que là non plus, le rôle de gouvernant n'était pas de tout repos. Des rivalités incessantes de personnes et de doctrines y dressaient les milieux militaires contre les milieux civils, les partisans de la « Syrie indépendante » contre les propagandistes du « Croissant fertile », et les adeptes de la monarchie contre les tenants du régime républicain.

En mars 1949 — comme nous l'avons vu — le maréchal Zaïm avait été exécuté par le général Hennaoui, son chef d'état-major. En décembre de la même année, Hennaoui avait été destitué et assassiné à son tour à la suite d'un coup de force dirigé par le colonel Chichakly. Le pouvoir était alors passé entre les mains des autorités civiles. Mais pas pour longtemps, car le 29 novembre 1951, l'armée intervenait de nouveau, sous les ordres du colonel Chichakly, et reprenait le pouvoir « pour assurer l'ordre et la stabilité du pays ». Le 3 décembre, M. Hachem Atassi, Président de la République, se démettait de ses fonctions et était remplacé par le colonel Fawzi-Silo, un ami de Chichakly. Le même jour, ce dernier promu au rang de général déclarait à la radio : « Le nouveau gouvernement syrien est résolu à s'opposer par tous les moyens à la fusion de la Syrie et de l'Irak et à la réalisation du projet de « Croissant fertile ». Jamais nous n'accepterons d'être placés sous la tutelle d'un souverain hachémite. »

Chichakly semblait à peu près maître de la situation lorsque éclatait, vers la fin de 1953, une révolte des Druses auxquels s'étaient joints les partis politiques que le général avait évincés du pouvoir. Le chef du soulèvement n'était autre que Soltan Attrache, et sa seule présence à la tête des tribus rebelles était significative. C'était lui qui, en 1917, avait lutté contre les Turcs aux côtés de Lawrence et de Fayçal ; c'était lui qui, le 1ᵉʳ octobre 1918, était entré le premier à Damas ; c'était enfin lui qui, en 1922 et en 1925 avait déclenché des opérations meurtrières contre les troupes françaises de Syrie « afin, disait-il, de réunir ce qui avait été injustement séparé ».

La révolte, partie de Mezraa, dans le Djebel Druse, où Attrache avait accumulé des stocks d'armes importants — grenades, fusils-mitrailleurs et mortiers de provenance étrangère — avait été écrasée par l'armée syrienne après plusieurs semaines de combats. Soltan Attrache s'était enfui en Jordanie. Le calme semblait enfin rétabli en Syrie lorsqu'un nouveau complot militaire éclatait à Alep (février 1954). Le gouvernement était renversé, ses membres arrêtés, et le général Chichakly, pour échapper à la mort, devait se réfugier précipitamment en Arabie séoudite, tandis que Choucri Kouatly se réinstallait à la Présidence.

Aussi spectaculaires que fussent ces événements. ils l'étaient pourtant moins que ceux qui se déroulaient à la même époque dans la vallée du Nil. Au Caire et à Alexandrie, bagarres et émeutes étaient à l'ordre du jour. Le 9 octobre 1951, poussé par une opinion rendue de plus en plus hostile aux étrangers par l'agitation combinée des partis nationalistes, des sectes religieuses, et des services de propagande de la Ligue arabe, Nahas Pacha avait déchiré le traité anglo-égyptien de 1936. Le lendemain une foule déchaînée avait saccagé et incendié tous les établissements anglais du Caire, les magasins, les banques, les compagnies de navigation. Le célèbre hôtel Shepheard's, un des plus luxueux du monde, n'offrait plus que des pans de murs noircis. L'ambassade d'Angleterre elle-même n'avait échappé que de justesse à l'assaut des manifestants.

Les jours suivants, attentats et sabotages s'étaient multipliés à Alexandrie, à Ismaïlia et dans la zone du canal. On signalait partout des morts et des blessés. Le 14 novembre, un million de Cairotes défilaient en silence dans les rues de la capitale pour protester contre la présence des Anglais à Suez. Le défilé était conduit par Nahas Pacha en personne.

L'Angleterre avait pris des contre-mesures énergiques. La 16ᵉ brigade de parachutistes — les célèbres « Diables rouges » — venant de Chypre, avait été débarquée à Ismaïlia, en attendant la venue d'autres renforts. La flotte de la Méditerranée était mise en état d'alerte. « Nous ne céderons jamais à l'intimidation », avait déclaré l'ambassadeur de Grande-Bretagne, Sir Ralph Stevenson. Nahas ripostait en déposant devant le Conseil d'Etat égyptien, un décret de mobilisation générale. D'un instant à l'autre, ce pouvait être la guerre...

Sentant monter cette vague de xénophobie dans tous les pays limitrophes de l'Arabie, et craignant d'être brutalement dépossédée de ses privilèges, l'*Aramco* avait cru sage de prendre les devants. Le 1ᵉʳ janvier 1951, son conseil d'administration avait annoncé qu'il modifiait complètement le contrat le liant à Ibn-Séoud. Non seulement il offrait à ce dernier de lui verser 50 % de ses bénéfices, mais il lui reconnaissait le droit en tant que chef d'État, de prélever un impôt sur les revenus de la société. « Pour la première fois, une grande compagnie concessionnaire cessait d'agir comme une manière de pouvoir souverain, ne reconnaissant d'autre autorité que celle de son gouvernement propre. Elle admettait de se ranger de son plein gré sous les lois du pays dont elle exploitait les richesses [1]. » C'était l'instauration du système dit du *fifty-fifty*.

Cette décision ne pouvait manquer de provoquer une réaction « en chaîne » dans tous les Etats qui avaient concédé à des compagnies étrangères le droit d'exploiter leurs gisements pétrolifères.

En Irak, les milieux nationalistes entamèrent aussitôt une violente campagne pour la révision du contrat de l'*Irak-Petroleum*, qui venait à expiration. En Iran, le général Ali-Razmara, chef d'un gouvernement anglophile, était assassiné à son tour (7 mars 1951). Il était remplacé par le docteur Mossadegh, qui entreprenait aussitôt une violente campagne tendant à la nationalisation des pétroles et à l'éviction des Anglais. Ainsi, du Caire à Téhéran, en passant par Amman, Damas et Bagdad, se levait un vent qui n'allait pas tarder à souffler en tempête.

Et cependant, malgré son prestige en déclin, ses privilèges économiques contestés ou battus en brèche, l'Angleterre continuait à se cramponner à ses positions impériales avec cette obstination qui lui avait permis, plus d'une fois dans le passé, de transformer une série de revers en victoire finale...

1. Cf. J.-R. Percheral, *L'Aurore*, 27 août 1951. Il semble que cette décision ait été prise sur les conseils de M. Averell Harriman.

CXV

Telle était la situation du Proche-Orient, au moment où le roi d'Arabie s'apprêtait à franchir le seuil de sa soixante-quatorzième année. Que l'aspect des choses avait changé, depuis son enfance ! Non pas la durée d'une vie, mais plusieurs siècles semblaient s'être écoulés depuis l'aube de ce jour lointain où, pour la première fois, le petit Abdul-Aziz avait entendu monter vers le ciel le chant des muezzins appelant les Croyants à la prière. Un monde séparait le palais moyenâgeux de Ryhad où il était né, avec ses remparts crénelés croulant au soleil, du décor industriel de Dahran, qu'on eût dit emprunté à un film d'anticipation, avec ses réservoirs d'acier et ses pistes d'envol où hurlaient les turbo-réacteurs des avions de chasse américains.

Peu d'hommes pouvaient s'enorgueillir d'avoir accompli autant de chemin au cours de leur existence. Parti dans la vie « sans même posséder un toit pour abriter sa tête », il régnait sur un royaume de plus de six millions d'habitants et d'une superficie de 1.908.000 kilomètres carrés, soit plus de trois fois et demie celle de la France. Dans les moments les plus exaltés de sa jeunesse, au temps de son exil dans le désert brûlant de Ruba-al-Khali, lorsqu'il se jurait d'unir entre ses mains le pouvoir temporel et le pouvoir spirituel, pouvait-il s'imaginer que son rêve se matérialiserait un jour sous une forme aussi stupéfiante ?

Le pouvoir temporel, c'étaient les quatre cinquièmes de l'Arabie soumis à sa loi ; c'était son glaive s'étendant sur un domaine immense, débouchant sur deux mers ; c'était l'essor fabuleux du Hasa, qui donnait à son autorité une base économique que tous ses voisins lui enviaient, et qui faisait de lui un des potentats les plus riches de la terre.

Le pouvoir spirituel, c'étaient Médine et la Mecque, le tombeau du Prophète et la Maison de Dieu, foyers d'ardeur religieuse qui attiraient chaque année plus de 300.000 pèlerins, et dont le rayonnement s'étendait de l'Atlantique à la Chine. Ne peut-on pas admettre qu'une telle réussite ait dépassé ses espérances ? Etrange édifice que ce royaume fondé tout entier sur le pétrole et les prières !

Certes, le léopard de Ryhad avait beaucoup bataillé pour en arriver là. Pas un jour son énergie ne s'était relâchée. Pas un jour sa volonté n'avait fléchi devant l'obstacle. Il avait su attendre son heure, patienter et louvoyer quand il ne pouvait pas combattre, rester à l'affût pendant des années, en attendant l'instant propice pour bondir sur sa proie. Au cours de plus d'un demi-siècle, il avait fait preuve d'autant d'audace que de prudence, de force que de souplesse, de ténacité que de ruse. Mais il avait aussi été servi par une chance peu commune. Quand il avait cru être vaincu par la sécheresse, on avait trouvé de l'eau. Quand il avait cru être paralysé par la misère, on avait découvert de « l'or noir ». Et quel concours de circonstances étranges avait synchronisé les étapes de son ascension et l'évolution du monde ! L'effondrement de l'empire ottoman avait permis la conquête du Nedjd et du Hasa. L'affaiblissement de l'emprise britannique avait facilité la conquête du Hedjaz et du Hail. La montée de la puissance américaine avait accéléré la mise en valeur et la modernisation de la péninsule. Et lorsque les Américains avaient eu tendance à hausser le ton, la rentrée en scène des Allemands, après une éclipse de huit années, était venue apporter au roi des « solutions de rechange », qui lui permettaient de ne se sentir à la discrétion de personne [1]. Vraiment, le fils

---

1. « Les Américains se sont aperçus que, par l'effet de la concurrence, les Allemands, peu à peu, les remplaçaient partout. Une seule raison, la seule que le roi veuille connaître : *ils sont moins chers*. Ils ont enlevé depuis un an toutes les commandes d'équipement téléphonique et l'adjudication de voies ferrées. Dans toutes les villes où les Américains avaient établi de grands magasins, ceux-ci décrochent pour laisser la place aux Allemands. Les sociétés américaines de travaux publics Becker et Becktel viennent d'être balayées de toutes leurs positions par la société allemande Govenco. » (J.-P. Penez et M. Jarnoux : *Une Enquête chez le fils d'Ibn-Séoud, Paris-Match*, 6-13 mars 1954, p. 45.) « Une centrale de l'immigra-

d'Abdur-Rahman avait eu la « *baraka* ». Fondateur de famille, fondateur de communautés humaines et de villes, fédérateur de provinces et fondateur de royaume, sur tous les plans où peut s'exercer l'activité créatrice d'un homme, on pouvait dire qu'il avait magnifiquement réussi.

Vingt ans plus tôt, ou vingt ans plus tard, une pareille réussite eût été impossible. Partout Ibn-Séoud se fût heurté à des positions prises, à des portes verrouillées. Il a eu la bonne fortune de naître au moment précis où se desserrait l'étreinte qui étouffait l'Arabie et il a accompli son œuvre, avant qu'une autre étreinte se resserrât autour d'elle. Mettant à profit le reflux de la marée ottomane, il est parvenu à imposer l'unité aux tribus du désert et à rassembler entre ses mains leurs multitudes éparses, juste à temps pour leur éviter de succomber à une nouvelle mainmise étrangère. Sans le travail accompli entre 1900 et 1925, Ibn-Séoud n'aurait jamais été à même de se libérer des Turcs, de tenir tête à Londres, de poser ses conditions à Washington ; et l'Arabie, après avoir été la vassale du Sultan et la chasse gardée du Foreign Office, serait devenue, simplement, un fief économique de la Maison Blanche. « La grande affaire de cette vie, a dit Clemenceau, est de passer entre les hommes. » Ibn-Séoud, lui, est passé entre les empires.

Mais si l'Arabie a bénéficié, jusqu'ici, de l'évolution du monde, elle risque aussi bientôt d'en être la victime. Jadis, sa pauvreté et son isolement la laissaient en dehors des grandes convulsions de l'Histoire. L'époque où l'on pouvait parler de « l'Arabie heureuse » est révolue. Les richesses inouïes découvertes dans son sous-sol risquent d'en faire demain l'enjeu de terribles convoitises ; la valeur stra-

tion, dirigée à Alexandrie par Hans Muller, alias Hassim Bey, ancien lieu-tenant-colonel de Rommel, a recruté en Allemagne 1.200 instructeurs et spécialistes militaires pour le Proche-Orient. Plus de 8.000 ouvriers et techniciens allemands· sont à l'œuvre entre le Nil et le golfe Persique. » (*Paris-Match*, 29 décembre 1951.) Cette réapparition des Allemands — et non seulement des Allemands, mais des Italiens et des Japonais — sur la scène du Proche-Orient est un phénomène tout nouveau, qui ne peut manquer d'avoir des conséquences imprévues.

tégique que lui a conférée le développement des armes modernes fait d'elle une des régions les plus vulnérables du globe, celle que les belligérants futurs se disputeront peut-être avec le plus d'acharnement. Impossible de se cantonner dans un « neutralisme » commode pour jouer, encore une fois, un empire contre un autre : l'un des principaux protagonistes est déjà installé sur son sol. Impossible également de se tenir à l'écart des hostilités : dès le premier jour, l'Arabie sera au centre de l'ouragan.

Sans doute ne saurait-on en faire grief au roi. Qu'il eût été là ou non, la situation eût été la même. Pas plus qu'on ne saurait le rendre responsable du fait qu'ayant voulu mener son pays à l'indépendance nationale, il y soit parvenu au moment précis où la notion d'indépendance perdait beaucoup de sa valeur. Quelle indépendance y a-t-il, de nos jours, pour les petites nations ? Le chant de la Liberté ne résonne plus guère que là où s'élève le bourdonnement des cyclotrons atomiques, à Hanford ou à Kilinousk. Seuls les U.S.A. et l'U.R.S.S. sont encore pleinement maîtres de leur avenir. Tous les autres pays en sont réduits à un rôle secondaire. Certains d'entre eux, fiers de leur grandeur passée, se refusent à l'admettre. Ils se croient encore libres d'orienter leur destin à leur guise. Ce n'est qu'une illusion. Qu'un incident imprévu éclate à l'autre bout du monde, et avant la tombée du jour, leurs villes peuvent être pulvérisées...

Il est un autre plan, sur lequel l'évolution de l'Arabie offre une ample matière à réflexion. Vouloir sauter pardessus mille ans d'histoire, en brûlant toutes les étapes intermédiaires, et passer sans transition du féodalisme tribal aux formes les plus poussées du capitalisme contemporain, n'est pas une opération qui puisse se faire sans douleur. Cette « mutation » collective, d'autant plus brutale qu'elle s'effectue sur un rythme plus rapide, peut avoir des répercussions psychologiques imprévisibles. Comment l'individu supportera-t-il cette rupture avec les modes de vie qu'ont connus les générations qui ont précédé la sienne ? Sera-t-il

412

capable de s'adapter, d'une façon durable à ces conditions d'existence nouvelles ? Ne risque-t-il pas de se briser en cours de route, faute d'avoir respecté les transitions nécessaires ? Enfin, aura-t-il les capacités intellectuelles requises pour acquérir et assimiler la somme de connaissances qu'exigera bientôt son nouvel état ?

Norbert de Bischoff, observateur attentif des problèmes du Proche-Orient, nous assure que oui. Selon lui, la stagnation séculaire dont l'histoire des nomades nous fournit l'image, n'est pas une disposition spécifique de leur nature, mais un reflet de l'immutabilité du milieu où ils ont vécu.

« La tradition, écrit-il, repose sur la propriété. Or le nomade ne possède presque rien. Son histoire commence avec sa naissance et finit avec sa mort. Aucun mythe historique, aucun mythe familial ne le lient au passé. Rien ne l'attache à la terre. Sans foyer, sans maison, il parcourt les étendues illimitées de la steppe ou du désert, emportant avec lui son maigre patrimoine, qu'il peut d'ailleurs trouver à remplacer à tout moment et en tout lieu.

« L'unité de la tribu sous l'autorité de chefs, s'opère sous la pression des nécessités du moment, pour se dénouer bientôt sous la pression d'autres contraintes. Elasticité et souplesse extrêmes : telles sont les règles que l'homme doit observer lorsqu'il vit face à face avec une nature toute-puissante, qui dispose sur lui d'une supériorité manifeste.

« En revanche, les nomades possèdent un riche bagage de faits d'expérience et d'observations concernant tous les domaines de la vie quotidienne. On se tromperait lourdement si on considérait le fruit d'une expérience millénaire, comme la preuve d'une tradition. Il faut plutôt y voir le témoignage de l'invariabilité des conditions extérieures, au milieu desquelles les nomades mènent, depuis des milliers d'années, leur dur combat contre une nature invariablement hostile. Dans cette lutte, ils sont arrivés à acquérir un degré incroyable d'adaptation. Mais le fruit de leur expérience ne plonge pas ses racines dans l'âme : il est de caractère nettement utilitaire. Aussi l'abandonnent-ils avec la plus grande facilité dès qu'un changement dans les conditions extérieures met à leur disposition des armes meilleures, moins chères ou plus efficaces dans la lutte pour la vie.

« C'est pourquoi ce sont justement les peuples les plus arriérés au point de vue culturel, les peuples les plus voisins de l'état primitif, qui offrent le moins de résistance à la technique moderne et en acceptent la magie avec un enthousiasme enfantin. Ce point est capital, si l'on veut comprendre le mécanisme de l'esprit nomade, et l'évolution actuelle de l'Orient [1]. »

C'est ce qu'Ibn-Séoud a fort bien pressenti. Eclairé par la connaissance intime qu'il a de son peuple, il a compris que pour le sortir de sa torpeur et de son instabilité (ces deux phénomènes ne sont contradictoires qu'en apparence), il fallait commencer par modifier le cadre de sa vie, faute de quoi l'œuvre amorcée serait constamment à refaire. Il a vu qu'il fallait donner aux collectivités nomades une structure sociale et hiérarchique, enracinée dans le sol et faite pour durer. N'était-ce pas à cela que répondait la constitution de l'Ikwan ? N'était-ce pas pour cela que le fils d'Abdur-Rahman avait expliqué inlassablement aux premiers pionniers d'Artawiya, que l'avenir de l'Arabie était suspendu tout entier au succès de leur entreprise ? Quel autre moyen y avait-il de mettre un terme à cette affreuse dispersion d'énergie qui les amenait, de siècle en siècle, à faire explosion au-dehors ou à s'entre-déchirer sur place ? Pour que l'Arabie pût prendre rang parmi les nations modernes, il fallait immobiliser les générations montantes, remplacer leurs tentes de feutre par des maisons de pierre et développer en elles un amour de la patrie plus puissant que l'appel du désert ou l'attirance de l'inconnu. Le problème était le même, qu'il s'agît des Anatoliens errant de garnison en garnison ou des Bédouins galopant de point

---

1. Norbert de Bischoff : *La Turquie dans le Monde,* pp. 47-49.

d'eau en point d'eau. Mais ce que Mustapha Kémal avait voulu accomplir par une transformation psychologique de l'individu, Ibn-Séoud s'est efforcé de le réaliser par une modification technique du milieu.

Qu'un tel bouleversement n'aille pas sans occasionner des remous imprévisibles au fond de ces âmes altières, profondément attachées à leurs traditions et à leurs coutumes, est l'évidence même. « L'Arabie n'a pas oublié les secrets de son passé, écrit Gérald de Gaury, ni ce qu'elle doit à sa civilisation deux fois millénaire. Devra-t-elle abandonner tout cela pour recevoir, de l'Occident, des avantages d'une autre nature ? Il est peu probable qu'un pays qui recèle et garde le cœur de l'Islam, le sanctuaire de la Mecque, se détourne volontairement des prescriptions de Mahomet, pour adopter le credo de races étrangères. L'Islam est un code rigide, et il peut n'être pas facile pour ses adeptes, de continuer à s'y conformer étroitement, tout en menant la vie hautement industrialisée dont l'Ouest leur fournit le modèle. Cette vie s'accompagne de nouveaux horizons, de nouveaux tabous, d'une nouvelle philosophie de la vie, de nouveaux modes d'existence et d'une conception de la sécurité basée sur des salaires stables. Par ailleurs, ces mœurs nouvelles peuvent aussi engendrer la lassitude ou le dégoût. Bien des ressortissants des pays limitrophes soupirent aujourd'hui déjà après le « bon vieux temps », où les hommes pouvaient s'emparer, en une nuit, de la richesse et du pouvoir et provoquer, du jour au lendemain, l'envie de leurs voisins ; où le plus élevé pouvait s'effondrer brusquement, et le plus humble s'élever, d'une façon non moins spectaculaire ; où il y avait place pour les aventures du corps, de l'esprit et de l'âme. Ceux qui ont réussi dans cette vie ancienne, ne peuvent guère espérer réussir dans la vie nouvelle. Inévitablement, des hommes d'un type nouveau surgiront pour servir d'exemple à la race. Ce processus n'est pas encore très avancé. Peu d'années, il est vrai, se sont écoulées depuis le jour où le premier Européen flaira une odeur de pétrole dans l'air arabe et où, interrogeant les anticlinaux de ce pays inconnu, nous nous penchions avec stupeur sur nos trous de forage au fond desquels bouillonnaient des flaques de naphte bleu-vert. Pourtant les Arabes ont déjà de nouvelles ambitions, et, jusqu'à un certain point, un nouveau caractère [1]. »

Ce qui est vrai pour les êtres, l'est aussi pour la nature. Une métamorphose aussi radicale ne s'opère pas en un tournemain. Il faut du temps pour que les palmeraies, semées à la surface des sables comme des archipels de verdure s'étendent suffisamment pour se rejoindre les unes les autres. Le désert est immense et reste le désert. Sa majesté semble défier les efforts des humains. Mais avec les possibilités accrues qu'apporte l'outillage moderne, il n'est pas interdit de penser que l'homme en triomphera.

Un jour viendra, tôt ou tard, où les Arabes devront être en mesure de se suffire à eux-mêmes. Seront-ils prêts, quand arrivera l'échéance, à assurer la relève des techniciens occidentaux ? L'édification d'une industrie puissante au Hasa aura-t-elle pour effet de créer, comme le souhaitent les Américains, « une classe arabe moyenne d'artisans et d'agriculteurs, susceptibles d'exécuter n'importe quel travail » ? Ou bien engendrera-t-elle, comme l'affirment les Russes, « un prolétariat indigène, déraciné et revendicateur, infiniment plus perméable à l'idéologie communiste que ne l'auraient été les anciennes tribus guerrières et féodales » ? L'exemple de ce qui s'est passé dans les raffineries d'Abadan, après le départ des Anglais, n'est pas très rassurant. Pas plus que les troubles d'inspiration communiste qui éclatèrent dans le Hasa, en octobre 1953, et qui ne purent être maîtrisés que par l'application de la loi martiale...

Mais les ambitions du roi étaient plus larges et plus hautes. Ce qu'il attendait de la « modernisation sans capitulation de l'Arabie » ce n'était pas l'apparition d'une classe sociale nouvelle — bourgeoise ou ouvrière. C'était la formation d'une nation, au sens intégral du terme, c'est-à-dire

1. Gérald de Gaury : *Arabia Phœnix*, p. 133.

d'un corps social doté de *tous* les organes nécessaires à son existence et capable de servir de guide aux autres pays arabes.

Ibn-Séoud et ses héritiers parviendront-ils à mener à bien cette expérience ? Rendront-ils à l'Islam la force et l'éclat qui furent les siens, au temps de son ancienne splendeur ? Le rigorisme étroit des doctrines wahabites sera-t-il un adjuvant ou une entrave à la réalisation du programme qu'ils se sont tracé ?

« On peut lier les Arabes à une idée, comme à une longe, nous dit Lawrence. La libre allégeance de leurs esprits en fait des serviteurs fidèles et soumis. Aucun d'eux n'essaye de s'échapper avant le succès. On les entraînerait aux quatre coins du monde, rien qu'en leur montrant les richesses et les plaisirs de la terre. Mais qu'ils rencontrent sur leur route le prophète d'une idée, sans toit pour abriter sa tête et sans autre moyen de subsistance que la chasse ou la charité, et ils le suivront aussitôt, en abandonnant leurs richesses. Ce sont d'incorrigibles enfants idéalistes, aveugles aux couleurs comme aux nuances. Leur esprit est étrange et sombre, riche en affaissements comme en exaltations, sans mesure, mais plus ardent et plus fertile en croyances que n'importe quel autre au monde. Peuple des beaux départs : entraîné le plus follement par le concept le plus abstrait, déployant dans la lutte un courage et une invention sans limites, et indifférent à la fin ; peuple aussi instable que l'eau, mais, précisément comme l'eau, assuré peut-être à la fin de la victoire. Depuis l'aurore de la vie, ses vagues tour à tour se brisent sur les falaises de la chair. Chacune d'elles est retombée, arrachant cependant un peu du granit qui l'arrête. Peut-être un jour une lame semblable roulera-t-elle sans obstacle sur le lieu où le monde matériel aura cessé d'exister et peut-être l'esprit de Dieu planera-t-il alors sur le visage de ces eaux... [1] »

C'est en effet la mer qu'évoque l'Arabie, avec ses flux et

---

1. T. E. Lawrence : *Les Sept Piliers de la Sagesse*, pp. 55-56.

ses reflux, ses courants invisibles, ses longues phases de calme et ses périodes de tempête. Qui peut prédire l'avenir de la mer ?

Trois vagues, jusqu'ici, l'ont soulevée au-dessus d'elle-même et ont fait jaillir jusqu'aux étoiles l'écume scintillante de son génie. La première, avec Mahomet, du VIIe au XIIe siècle ; la seconde, avec Abdul-Wahab, aux XVIIIe et XIXe siècles ; la troisième, avec Ibn-Séoud, qui s'amorce et s'enfle sous nos yeux. Est-ce la vague suprême, à laquelle la victoire est promise ? Ou bien, s'écroulera-t-elle comme les précédentes, pour faire place à des siècles de silence et d'immobilité, durant lesquels se formera lentement, la vague suivante ?

Ce sont là des questions auxquelles seuls les Arabes peuvent répondre...

CXVI

Ibn-Séoud, pour sa part, y a déjà répondu avec cette confiance en l'avenir qui est un des traits distinctifs de sa nature.

Un soir de novembre 1950, le maître de l'Arabie séoudite recevait, dans son palais de Ryhad, une commission de l'O.N.U., venue le consulter sur le problème palestinien. Une collation avait été servie sur une terrasse de la résidence, d'où la vue s'étend au loin sur les espaces dorés du Nedjd. Le crépuscule était très doux. Une brise légère agitait la cime des palmiers, tandis qu'à l'Occident, le jour sombrait dans des reflets d'opale.

Au moment où la nuit tomba — elle tombe vite dans ces régions — les lampadaires de l'autostrade reliant le palais à la Capitale s'allumèrent d'un seul coup, dessinant jusqu'à l'horizon une guirlande de lumière. L'un des délégués ne put retenir un cri d'admiration.

Avec une courtoisie souveraine, Ibn-Séoud se pencha vers lui et lui dit :

— « Ce que vous voyez là, Excellence, ce sont les colliers de perles de l'Arabie nouvelle. »

Puis, lui désignant un groupe de jeunes hommes coiffés d'aiguals à cordelettes de soie qui s'entretenaient un peu à l'écart avec des officiers de l'Ikwan, il ajouta :

— « Cependant, les plus beaux joyaux que je possède, ce ne sont pas ces lumières. Ce sont mes fils. Je commence à me faire vieux. J'ai eu une existence bien remplie. Le moment ne tardera guère où j'aurai droit au repos. Mais je mourrai tranquille : mes enfants achèveront mon œuvre. Si Dieu les aide autant qu'il m'a aidé moi-même, ils arbitreront un jour les destinées de plus de cent millions de Croyants. »

— « N'est-il pas imprudent de vouloir prévoir aussi loin ? objecta le délégué. Le monde vit sur un volcan. Si un nouveau conflit éclatait, quel serait le sort de l'Arabie ? »

Ibn-Séoud réfléchit un instant et répondit avec simplicité :

— « Il n'est de pouvoir qu'en Dieu, et je n'ai pas la prétention de connaître ses desseins. Mais il a déjà comblé l'Arabie de tant de bienfaits, qu'il continuera à le faire, s'il estime qu'elle le mérite. Il m'est apparu dans le désert au temps de ma jeunesse, et m'a dit une parole que je n'ai jamais oubliée. C'est elle qui a inspiré tous les actes de ma vie... »

— « Et peut-on savoir ce qu'Il a dit à Votre Majesté ? »

Ibn-Séoud resta un moment silencieux. Puis, presque à voix basse, il prononça lentement ces mots :

— « POUR MOI TOUT N'EST QU'UN MOYEN, MÊME L'OBSTACLE. »

CXVII

Le roi Ibn-Séoud mourut le 9 novembre 1953, à 9 h. 40 du matin, emporté par une crise d'angine de poitrine, alors qu'il résidait dans son palais d'hiver de Taïf, situé à cinquante kilomètres de la Mecque.

Depuis quelques mois déjà, affaibli par ses crises cardiaques et plus qu'à moitié aveugle, le souverain ne quittait guère le fauteuil roulant que lui avait donné Roosevelt. Il avait remis virtuellement le pouvoir à son fils aîné, le prince Saud. Mais sa vitalité se manifestait encore par des explosions de colère et des sursauts de volonté qui faisaient trembler son entourage. Semblable au roi Lear, il agonisa longtemps sous les voûtes sombres du palais de Taïf, luttant sans répit contre les progrès de son mal, jusqu'au jour où une crise plus forte acheva de le terrasser.

La radio de la Ville sainte diffusa aussitôt la nouvelle, qui fut reprise par celle de Damas et, quelques heures plus tard, par tous les postes d'émission du monde.

Lorsque les habitants du Nedjd et du Hedjaz, du Haïl et du Hasa apprirent que le cœur le plus puissant de l'Arabie avait cessé de battre, ils furent saisis d'une sorte de stupeur. Tout s'arrêta d'un seul coup. Les ouvriers dans les raffineries suspendirent leur travail ; les dockers dans les ports jetèrent leurs fardeaux sur les quais ; les Bédouins des caravanes descendirent de leur monture ; les soldats dans les casernes posèrent leur fusil sur le sol ; avions, trains, camions, tout s'immobilisa sur place. Six millions d'Arabes se tournèrent vers la Mecque et tombèrent à genoux.

La presse du monde entier rendit hommage au roi défunt en des termes qui exprimaient autant d'admiration que de respect.

— « *Le roi du désert Abdul-Aziz Abdur-Rahman Al-Séoud, souverain absolu d'Arabie séoudite est mort,* écrivit le journal du Caire « El Ahram ». *Etrange vie que celle de ce descendant d'Haroun-Al-Rachid qui, musulman fanatique, devint, grâce à la civilisation occidentale, l'un des hommes les plus riches du monde.* »

— « Ibn-Séoud est mort, écrivit le « Daily Express » de Londres. *Il fut le plus tenace, le plus habile et le plus heureux de tous les chefs arabes de sa génération. Au mépris de la politique britannique, il conquit un royaume ; en collaboration avec les Américains, il exploita ses champs pétrolifères. Les Britanniques, à qui il dama le pion, et les Américains qui lui versaient 50 millions de livres par an, apprirent à respecter ses qualités exceptionnelles.* »

— « *En mourant*, écrivit Jean-Paul Penez dans « Paris-Match », *le roi Ibn-Séoud, celui que les Anglais ont surnommé le Napoléon de l'Arabie, a laissé à son fils un royaume vaste comme la moitié de l'Europe, troisième producteur de pétrole du monde et leader spirituel du monde arabe. Un demi-siècle de chevauchées fantastiques, une épopée plus étourdissante que n'en imagina jamais roman de chevalerie ont accompli ce miracle. En plein XXe siècle, le roi Ibn-Séoud a fait surgir des sables une nation nouvelle.* »

— « *L'histoire de ce jeune Emir sans Emirat, devant qui s'incline aujourd'hui l'Arabie entière*, écrivit René Branellec dans « l'Illustration », *sera l'un des faits les plus étonnants de notre siècle.* »

— « *Le roi des Sables n'est plus !* écrivit Guémarqué dans « Rivarol », *Ibn-Séoud vient de mourir, et avec lui disparaît la plus grande figure du monde arabe. Il est entré dans la légende, alors qu'il était encore en vie et son ombre planera longtemps sur les pistes du désert.* »

Comme l'exige la loi musulmane, la dépouille du défunt devait être inhumée avant le coucher du soleil.

Le corps du vieux roi-guerrier, qui portait quarante-trois cicatrices de blessures d'épée, de lance ou de sabre, recueillies au cours d'un demi-siècle de combats, fut roulé dans sept linceuls et un tapis de prière. Son avion personnel l'emporta à Ryhad, où commençaient déjà à affluer les télégrammes de condoléances de tous les chefs d'Etat étrangers.

Les hauts dignitaires du royaume, l'Ikwan et le clergé voulurent lui faire des obsèques solennelles. Mais le roi, avant de mourir, en avait disposé autrement : conformément aux coutumes en vigueur chez les Wahabites, il voulait être enseveli sans aucun apparat et désirait que sa sépulture ne différât en rien de celle du plus humble des Croyants.

Il fut donc transporté dans un cimetière au sud-est de la ville, celui-là même où il s'était caché lors de son coup de main sur la capitale. Il y retrouva la reine Jauhara, qu'il avait tant aimée, et ceux d'entre ses fils qui étaient morts avant lui.

Conformément à son désir, rien ne distingue sa tombe de celles qui l'entourent. Ce n'est qu'un modeste rectangle de terre, une stèle sans inscription — une simple pierre blanche, en face de l'infini.

APPENDICES

ARCADES AMBO...

En rédigeant mes biographies de Mustapha Kemal et d'Ibn-Séoud, j'ai rencontré inévitablement sur ma route deux hommes exceptionnels, — Thomas Edward Lawrence et Harry Saint-John Bridger Philby, — qui ont joué un rôle déterminant dans l'histoire du Proche-Orient et sans lesquels le monde arabe n'aurait sans doute jamais acquis sa physionomie actuelle.

Ayant pris, avec le temps, une mesure plus exacte de leur personnalité, le portrait en filigrane que j'avais tracé de Lawrence m'est apparu insuffisant pour lui rendre justice. Il ne permettait pas au lecteur de saisir l'âpreté de ses combats, ni la profondeur de son désespoir. Je lui ai donc consacré un volume à part, destiné à insérer sa trajectoire dramatique entre les campagnes victorieuses du Loup et du Léopard [1].

Mais semblable à la toile de Pénélope, un travail historique n'est jamais terminé. Sans cesse il faut y revenir pour mieux éclairer tel ou tel personnage, accentuer le relief de tel ou tel événement. C'est ainsi que les pages où j'ai décrit l'itinéraire de Lawrence m'amènent à donner aujourd'hui plus d'importance à Philby.

L'action de ces deux hommes s'équilibre, en effet, d'une façon surprenante. Non seulement leurs destinées forment un contrepoint parfait, mais leur caractère et leur œuvre sont à la fois si opposés et si complémentaires qu'on ne saurait évoquer la figure de l'un sans que le souvenir de l'autre ne surgisse aussitôt.

« Un récent pamphlet nationaliste », écrit Philby, « m'as-

---

1. Benoist-Méchin, *Lawrence d'Arabie, ou le rêve fracassé*, La Guilde du Livre et Editions Clairefontaine, Lausanne, 1961.

425

socie à Lawrence dans la transformation subie par la carte du Moyen-Orient, et il se peut que nous ayons joué tous deux un rôle dans ce processus : *Arcades ambo*, artisans d'un épisode aujourd'hui oublié [1]. »

« Deux compagnons cheminant côte à côte, deux artisans d'un épisode aujourd'hui oublié... » puisque Philby a choisi lui-même ces formules pour définir ses rapports avec un homme qui ne cessa jamais d'être son contradicteur passionné et son rival malchanceux, nous n'avons cru pouvoir mieux faire que de les adopter à notre tour. Mais Philby pèche par excès de modestie lorsqu'il laisse entendre qu'ils ont peut-être participé l'un et l'autre « à un épisode oublié ». Loin d'être oublié, cet épisode suscite l'intérêt d'un public toujours plus vaste et si leurs noms demeurent intimement associés, ce n'est nullement par une coïncidence fortuite ou le caprice d'un polémiste, mais en vertu du rôle historique qu'ils ont effectivement joué.

Thomas Edward Lawrence est né le 16 août 1888, à Tremadoc, dans le pays de Galles. Harry Saint-John Bridger Philby a vu le jour le 3 avril 1885 à Badulla (Ceylan), et il est étrange de penser que la vie allait amener ces deux hommes, nés presque en même temps mais à plus de 8.000 kilomètres l'un de l'autre, à venir s'affronter dans le désert d'Arabie — cette Arabie pour laquelle ils éprouvèrent tous deux une invincible fascination.

Nous savons que Lawrence eut toujours des doutes sur la légitimité de sa naissance, car ses parents n'étaient pas mariés selon la loi, et qu'il changea plusieurs fois de nom, comme pour s'évader d'une identité qui lui était devenue étrangère. Or, — coïncidence curieuse, — un doute plana toute sa vie sur l'identité de Philby. Non que l'union de ses parents n'eut été parfaitement légale. En ce qui le concerne, les choses se passèrent autrement :

« Sa mère », nous dit Mgr Ryckmans, « l'oublia un jour, au départ d'une visite à une plantation de thé. Après de nombreuses battues, les serviteurs finirent par trouver une femme tzigane en possession de deux enfants du même âge et de mêmes traits. Elle avait trouvé l'un d'eux sur la route et, comme l'enfant trouvé était somptueusement vêtu tandis que le sien n'était pas mieux pourvu qu'au jour de sa naissance, elle avait procédé à une répartition plus équitable, de sorte qu'elle était devenue incapable de distinguer son propre enfant de celui qu'elle avait trouvé. Les serviteurs éberlués tranchèrent

---

1. H. Saint-John Philby : *Forty years in the wilderness*. Voir le chapitre intitulé *T. E. Lawrence and his critics*, Londres, 1957, p. 109.

le dilemme en prenant possession de celui qui était le mieux vêtu [1]. »

Mais contrairement au choc psychologique que provoqua, chez Lawrence, la révélation de son illégitimité, cet événement n'eut aucune incidence sur l'équilibre moral de Philby. C'est tout au plus s'il lui causa un plaisir malicieux. « Personne n'a su, jusqu'à ce jour, si j'étais moi-même, ou le fils de la Tzigane », devait-il écrire plus tard, avec plus d'amusement que de dépit [2]. Ajoutons, avec Mgr Ryckmans, que le doute n'était guère possible. « Philby était bien Philby, Anglais jusqu'au bout des ongles. Ses yeux bleus d'acier, son humour jamais endormi, sa volonté de fer, sa ténacité, sa franchise, ses accès de violence tempérés par une patience opiniâtre et une courtoisie qui rappelait les temps à jamais révolus, permettent de trancher le dilemme en toute sécurité [3]. »

À dix ans, c'est-à-dire à l'âge où Lawrence entra à la *City School* d'Oxford, Philby fut confié à la *Westminster School* de Londres. Mais chez lui, pas de randonnées passionnantes à travers la campagne anglaise à la recherche d'églises romanes ou de remparts médiévaux. Sa jeunesse calme et studieuse se passa à l'ombre de la vieille abbaye où il prenait part aux offices du dimanche, revêtu d'un surplis blanc. Comme il avait une jolie voix, on le fit chanter dans les chœurs. Il participa à ce titre au jubilé de la reine Victoria et au couronnement d'Edouard VII.

A l'époque où Hogarth discerna chez Lawrence des dispositions précoces pour l'histoire et l'archéologie, ses maîtres inculquèrent à Philby une solide éducation classique. Ils lui firent étudier le latin, le français et l'arabe littéral qu'il finit par parler couramment. Il poursuivit ses études à Cambridge, l'université rivale d'Oxford où Lawrence préparait son diplôme de « Bachelor of Arts », en rédigeant une thèse sur l'*Influence des Croisades sur l'architecture militaire du moyen âge*.

Dès ce moment, les contrastes de leurs caractères allèrent en s'accentuant Jamais Philby ne fit preuve d'un génie comparable à celui de son émule. Jamais il n'exerça le même ascendant sur son entourage et jamais non plus son style n'atteignit à la splendeur flamboyante qui caractérise *Les Sept Piliers de la Sagesse*. Beaucoup moins artiste que Lawrence, il possédait en revanche un sentiment religieux profond, totalement étran-

---

1. G. Ryckmans : *H. Saint-John Philby, Nederlands Historisch-Archeologisch Instituut in het Nabije oosten*, Istanbul, 1961, p. 2.

2. Saint-John Philby : *Arabian Days*, pp. 9, 10.

3. G. Ryckmans : *op. cit.*, p. 3. Signalons que le nom de Saint-John lui était venu de la plantation de thé appartenant à son père.

ger à l'auteur de *La Révolte dans le désert.* C'était un esprit pondéré, chez qui le manque d'imagination poétique était compensé par un jugement très sûr et une absence complète d'ostentation et de cabotinage.

Si l'on voulait caractériser la différence de leurs natures, on dirait que Lawrence était un poète, qui cherchait passionnément à concrétiser son rêve ; Philby, un explorateur, que rien ne passionnait davantage que l'observation du monde réel. D'où leur façon très dissemblable d'aborder l'Orient : Philby s'efforçait de le connaître tel qu'il était ; Lawrence lui demandait d'être le révélateur de sa propre personnalité.

Pourtant, les deux hommes possédaient un trait commun : l'horreur du conformisme. C'est à Cambridge que Philby commença à affirmer sa personnalité et à s'insurger contre l'atmosphère victorienne de la vieille université. « Son attitude s'explique », nous dit Mgr Ryckmans, « par la réaction d'un tempérament d'une vigueur, d'une trempe et d'une originalité peu communes, contre l'emprise de son milieu, attaché à un traditionalisme conformiste vidé de son contenu, qui imposait l'adhésion à des préjugés sociaux qui paraissaient surannés au jeune étudiant [1]. »

En 1908, Philby entra à l'*India Office,* où il travailla durant sept ans. Après quoi, il fut envoyé auprès de Sir Percy Cox, qui venait d'être nommé Haut-Commissaire britannique en Mésopotamie (1915). L'année précédente, Lawrence avait été affecté à l'Etat-Major du Caire. Ici encore, la rivalité des services auxquels ils appartenaient n'allait pas tarder à les mettre en conflit. Car la politique anglaise en Mésopotamie, inspirée par les autorités britanniques de Bombay, s'efforçait de conserver à l'Angleterre la route *terrestre* des Indes, qui passe par Damas, Bagdad, Téhéran et Karachi ; tandis que la politique anglaise en Arabie, telle qu'on la concevait au Caire, visait avant tout à maintenir ouverte la route *maritime* des Indes, qui passe par le canal de Suez, la mer Rouge et le détroit de Bab-el-Mandeb.

Comme on le voit, tout conspirait à opposer ces deux jeunes gens qui s'étaient spécialisés dans l'étude du monde islamique. Aussi ne s'entendirent-ils guère lorsqu'ils se rencontrèrent pour la première fois à Bassorah, en janvier 1916. Philby avait trente ans, et Lawrence vingt-sept. L'armée du général Townshend venait de se faire encercler par les Turcs à Kut-el-Amara. Lawrence avait été envoyé en Mésopotamie pour tenter de soudoyer Halil Pacha, le commandant de l'armée turque et obtenir

---

1. G. Ryckmans, dans *Le Muséon,* LXI, 1948, p. 308.

de lui la libération des unités assiégées. Ayant échoué dans sa négociation, Lawrence suggéra de fomenter une révolte générale parmi les Arabes de la vallée du Tigre, qui aurait eu pour effet d'obliger les Turcs à desserrer leur étreinte. Mais il se heurta au *veto* de l'Etat-Major de l'armée des Indes. Lawrence déclarait qu'il fallait offrir l'autodétermination aux populations irakiennes pour stimuler leur ardeur. Les généraux britanniques s'y refusèrent avec indignation, estimant qu'un tel projet encouragerait les Hindous à revendiquer des avantages similaires.

On ne sait pas si Philby partagea la réprobation des militaires, mais le portrait qu'il en trace dans ses souvenirs corrobore l'opinion peu flatteuse qu'en avait l'auteur des *Sept Piliers*. Tels qu'il les dépeint, ils ne donnent pas l'impression d'avoir eu l'esprit particulièrement délié. « Ils se montraient réfractaires à la logique et ne semblaient céder à d'autres moyens de persuasion que les coups ou la menace de débâcle : c'étaient les seuls arguments capables de les pousser à l'action. » Cette similitude de points de vue aurait pu rapprocher les deux hommes. Il n'en fut rien. Leur première rencontre à Bassorah fut courtoise, mais réservée. Elle devait marquer le début d'un antagonisme qui n'allait cesser de grandir durant les années suivantes. Philby trouva Lawrence trop imbu de sa personne ; Lawrence trouva Philby parfaitement insignifiant.

Six mois plus tard (17 octobre 1916), Sir Ronald Storrs et Lawrence entamaient des négociations avec Hussein, le Grand Chérif de la Mecque, en vue d'organiser la révolte des Bédouins du Hedjaz. Presque en même temps (novembre 1916), Sir Percy Cox et Philby prenaient contact à Oqaïr avec Abdul-Aziz Ibn-Séoud, le jeune Emir du Nedjd dont l'étoile montait au firmament de l'Arabie.

D'emblée, Philby fut subjugué par la personnalité puissante de celui que certains de ses biographes allaient appeler le « Napoléon du Désert ». Il vit aussitôt « l'homme de l'avenir » dans ce Bédouin astucieux et génial, d'une volonté inflexible et d'une vitalité hors de pair. Tout comme la rencontre de Lawrence et de Fayçal à Hamra [1], celle de Philby et d'Ibn-Séoud à Oqaïr devait avoir une influence décisive sur la suite des événements. Déjà membres de deux services rivaux, Philby et Lawrence allaient devenir, à dater de ce jour, les champions respectifs des deux souverains arabes qui se haïssaient le plus.

Dès leur première entrevue, Fayçal était apparu à Lawrence comme « l'homme qui dresserait la Révolte arabe en pleine

---

1. Cf. Benoist-Méchin : *Lawrence d'Arabie, ou le rêve fracassé*, pp. 104 et s.

gloire », tandis qu'Abdul-Aziz n'était, à l'entendre, « qu'un rustre grossier, inculte, iconoclaste » dénué de tout ce qui faisait pour lui l'attrait du monde islamique : la poésie, la culture et un certain style de vie somptueux et raffiné. Philby, lui, n'avait que du mépris pour Fayçal. Il éprouvait en revanche, une admiration sincère pour Ibn-Séoud, qui rêvait d'arracher La Mecque à l'emprise des Hachémites pour y restaurer le culte dans sa pureté primitive. A ses yeux, l'arrière-petit-fils d'Abdul-Wahab était l'incarnation de la vertu coranique, austère et militante, en face de la dévotion hypocrite d'une dynastie corrompue. L'incarnation de la force aussi, puisque nous savons qu'il était — et Massignon le confirme — « le seul souverain arabe qui possédât, à cette époque, une armature militaire et sociale fidèle ».

A Oqaïr, Sir Percy Cox, agissant au nom de l'Angleterre, s'était porté garant de l'indépendance du Nedjd. En échange de quoi il avait obtenu la neutralité d'Ibn-Séoud dans le conflit qui opposait les Anglais aux Turcs. Mais Londres, — peut-être sous l'influence des amis puissants que Lawrence possédait dans la capitale, — n'en continua pas moins à jouer la carte hachémite. Abdul-Aziz, que l'on croyait avoir « neutralisé », fut mis en quarantaine et systématiquement ignoré.

Alarmé des conséquences dangereuses que risquait d'avoir cette politique, Philby se rendit en 1917 au Quartier Général d'Allenby qui se trouvait à Kalab, devant Gaza. Il protesta avec vigueur contre les thèses de Lawrence, assura que les Hachémites n'étaient que des coquins cauteleux et rapaces, bien incapables de jouer le rôle que leur assignait l'initiateur de la *Révolte dans le désert* et prévint le Commandant en chef de l'armée d'Egypte que « Lawrence avait misé sur le mauvais cheval ». C'était Ibn-Séoud — et non Fayçal — qu'il aurait fallu soutenir... Louis Massignon, qui rencontra Philby à Gaza au cours de cette visite, ne manqua pas d'observer « qu'il n'avait pas la classe de Lawrence [1], mais qu'il voyait plus loin et plus juste que lui ».

Il va sans dire que cette intervention irrita au suprême degré l'auteur des *Sept Piliers de la Sagesse,* dont la longanimité n'était pas le trait prédominant. Outre qu'elle tendait à le discréditer auprès d'Allenby, elle survenait au moment précis où il avait les nerfs à vif, car il venait d'apprendre l'existence du traité Sykes-Picot, dont l'application risquait de réduire à néant toutes les promesses qu'il avait faites aux Hachémites.

---

1. Cf. Louis Massignon : *Mes rapports avec Lawrence en 1917.* Dans Roger Stéphane : *Lawrence,* Paris, 1960, p. 209.

C'est à ce moment, sans doute, qu'il se jura « de conduire la Révolte arabe (c'est-à-dire les Hachémites) si follement à la victoire que l'opportunisme des grandes Puissances dût leur conseiller ensuite de satisfaire ses revendications [1] ».

Nous ne savons pas au juste quels moyens il employa ni quelles influences il fit intervenir pour neutraliser l'effet des déclarations de Philby. Toujours est-il que le gouvernement de Londres ne modifia en rien sa ligne de conduite. Il continua à favoriser Hussein et à ignorer Ibn-Séoud. Profondément déçu, Philby retourna à Ryhad, en tant que chef d'une petite délégation britannique.

Au matin du 1er octobre 1918, Lawrence fit son entrée victorieuse à Damas, au milieu des acclamations d'une population en délire. Mais cette journée de triomphe devait déboucher sur des lendemains amers.

Dès janvier 1919, à la Conférence de la Paix réunie à Paris, il devint clair que les Alliés n'entendaient tenir aucune de leurs promesses. Au cours de scènes dramatiques, où Lawrence livra « le combat suprême de sa vie », il se heurta aux refus catégoriques de Lloyd George et de Clemenceau. Malgré ses objurgations, une moitié des territoires arabes libérés du joug ottoman fut attribuée à la France ; l'autre à l'Angleterre, et un « Foyer National Juif » fut installé en Palestine. De la Fédération hachémite promise à Hussein et à ses fils, il ne resta plus rien. Le rêve de Lawrence s'était irrémédiablement écroulé.

Les populations arabes, consternées par ces perspectives d'avenir si différentes de celles qu'on leur avait promises, entrèrent aussitôt en ébullition. Emeutes au Caire, manifestations de masse en Irak, attentats en Palestine, batailles rangées en Syrie, transformèrent cette région du monde en un chaudron de sorcière. Il fallut charger Churchill de rétablir la situation. Celui-ci s'empressa de convoquer au Caire tous les experts britanniques du Proche et du Moyen-Orient (mars 1921).

A la Conférence du Caire, Lawrence, que Churchill avait pris comme conseiller, suggéra un certain nombre de mesures qui lui paraissaient de nature à détendre la situation. Fayçal reçut le trône d'Irak et un petit royaume fut créé en Transjordanie, dont les destinées furent remises à son frère Abdallah. Rafistolage dérisoire, au regard de l'édifice grandiose que Lawrence avait eu l'imprudence de promettre aux Arabes...

Sitôt la conférence terminée, Lawrence fut envoyé en mission à Djeddah, afin de mettre le Chérif Hussein au courant des décisions prises. Mais avec le temps, le chef de la dynastie

---

1. T. E. Lawrence : *Les Sept Piliers de la Sagesse*, p. 346.

des Hachémites était devenu un vieillard quinteux et atrabilaire. Le seul mot de « Mandat » suffisait à le mettre hors de lui. Lorsqu'il apprit que Fayçal n'aurait pas la Syrie, ni Abdallah la Palestine, il ne se contint plus. Levant sa canne sur Lawrence, il le traita d'imposteur et menaça de le faire jeter au bas de l'escalier de son palais. Ulcéré, Lawrence rompit les pourparlers et regagna le Caire.

De là, il se rendit à Amman, afin d'amener Abdallah à se contenter du territoire exigu qui lui était offert (septembre 1921). Besogne d'autant plus rebutante pour Lawrence qu'il devait s'y faire l'avocat de sa propre défaite. Il y retrouva Philby, qui venait y occuper les fonctions de représentant de Sa Majesté britannique. Contrairement à toute attente, les deux hommes semblent s'être assez bien entendus. Ils avaient perdu l'un et l'autre beaucoup de leurs illusions et ne voulaient pas étaler leurs dissensions sous les regards malveillants d'une population étrangère. De plus, ils possédaient la vertu éminemment britannique de ne jamais laisser des divergences d'opinion dégénérer en querelles personnelles. Philby aurait pu triompher à bon compte. Non seulement il s'en abstint, mais il ménagea l'amour-propre de Lawrence et poussa plus tard l'élégance jusqu'à le défendre contre ses détracteurs. Il fut frappé de trouver en lui « un mélange curieux de virilité et de sensibilité féminine [1] », et expliqua ses excentricités par une « originalité foncière, un souci naïf de publicité et un tempérament intellectuel tourné vers l'ascétisme », ajoutant qu'il y avait incontestablement en lui « quelque chose de génial [2] ».

Mais Lawrence traversait, à cette époque, la crise la plus douloureuse de sa vie. Lorsqu'il quitta Amman, le 8 décembre 1921, après avoir transmis ses pouvoirs à Philby, ce fut pour rentrer en Angleterre, se démettre de toutes ses fonctions et s'engager dans la R. A. F. comme simple soldat (3 août 1922).

Avait-il expliqué à son rival, avant de le quitter, les raisons de son désespoir ? Lui avait-il révélé à quel point les vainqueurs avaient manqué de parole ? Ce n'est pas impossible. Mais Philby savait déjà à quoi s'en tenir. De plus en plus écœuré par la politique de la Grande-Bretagne à l'égard des pays arabes, il ne tarda pas à se démettre, lui aussi, de toutes ses fonctions et alla rejoindre Ibn-Séoud en Arabie. Celui-ci, se sentant menacé par la mégalomanie de Hussein et « lâché » par la Grande-Bretagne qui s'était portée garante de son indépendance, avait

1. H. Saint-John B. Philby : *Arabian Days*, pp. 49-50.
2. Cf. G. Ryckmans, dans *Le Muséon*, LXXII, 1959, p. 243.

décidé de passer outre à la convention d'Oqaïr en lançant l'Ikwan contre le Hedjaz. Dès lors, le destin de Philby était scellé : « Il avait choisi la liberté, en rompant résolument toutes ses attaches avec l'Occident [1]. »

C'est ici où les itinéraires spirituels de Philby et de Lawrence divergent. « D'Orient », avait écrit avec un mépris souverain l'auteur des *Sept Piliers de la Sagesse*, « j'ai pu considérer l'Occident et ses conventions avec des yeux neufs et — en fait — *cesser d'y croire*. » Mais il n'avait pas, pour autant, rompu avec lui. Malgré l'écroulement de ses espoirs, il était revenu en Angleterre pour s'engager comme simple soldat dans la Royal Air Force, passant ainsi « de l'absolu de l'autorité à l'absolu de l'obéissance ». Il devait y subir un calvaire de treize années, avant de se tuer dans un accident de motocyclette.

Philby n'avait pas le même tempérament que Thomas Edward. Il n'était pas l'homme des envolées fulgurantes ni des effondrements désespérés. Mais comme il était aussi obstiné que son rival, il alla lui aussi jusqu'au bout de son aventure. Il suivit une voie différente, mais tout aussi radicale. Au lieu de tempêter, de faire scandale et de se débattre sur place, il trancha calmement tous les liens qui le liaient encore à l'Occident et partit en secouant sur lui la poussière de ses sandales. Ayant pris la décision en silence, il la réalisa sans bruit.

Après avoir accompli ce « changement complet d'orientation », il participa aux côtés d'Abdul-Aziz à la conquête du Hedjaz. Il assista au siège de Djeddah, dont il a relaté les péripéties parfois cocasses dans son livre intitulé *Forty years in the wilderness* [2] et fit son entrée solennelle dans cette ville, en même temps que le souverain (23 décembre 1925).

Sept ans plus tôt, Lawrence était entré à Damas au milieu « d'une tempête d'acclamations ». Philby traversa Djeddah dans un silence angoissé, car les habitants redoutaient le fanatisme des Wahabites. Pourtant la libération de Damas n'avait été qu'un feu de paille, tandis que l'implantation des Séoudites à Djeddah dure encore aujourd'hui.

A partir de ce moment, Philby s'installa définitivement en Arabie et s'intégra, sans esprit de retour, à la communauté wahabite dont il avait adopté les usages, le costume, la langue et la religion [3].

S'étant converti à l'Islamisme, il effectua en 1930 son pre-

---

1. G. Ryckmans : *H. Saint-John Philby*, p. 5.
2. H. Saint-John B. Philby : *Forty years in the Wilderness*. The siege of Jidda, pp. 110-142.
3. G. Ryckmans : *op. cit.*, p. 6.

mier pèlerinage à La Mecque, et a raconté en termes saisissants l'émotion profonde qui s'empara de lui à la vue de la Pierre Noire et du Mont de la Miséricorde. « Je me sentis », écrit-il, « comme un esprit désincarné, rendu par accident ou par miracle à son environnement naturel [1]... »

Il eut l'impression d'avoir franchi un Rubicon. « Mes émotions », nous dit-il, « trop complexes pour que je puisse les analyser, ont dû être celles de beaucoup d'autres hommes dans le passé qui, de César jusqu'à nos jours, ont accompli délibérément un pas en avant qu'ils savaient devoir être définitif. Ayant brûlé mes vaisseaux derrière moi, j'entrai dans une carrière nouvelle, sans l'ombre d'un regret ni d'un remords [2]. »

« Le contact avec le milieu wahabite fut pour lui une révélation », nous dit Mgr Ryckmans. « Il constata pour la première fois que l'idéal religieux pouvait être le ferment de vie d'une nation tout entière. Jamais l'Arabie n'aurait été unifiée, et jamais cette unité n'aurait été maintenue sans ce ferment. Aussi n'éprouvait-il aucun regret de voir s'évanouir le peu qui restait d'une tradition formaliste, dépourvue de sens dans l'ambiance des puritains du désert. Sans se faire puritain lui-même — car il avait horreur de tous les fanatismes — il résolut d'adorer Dieu comme l'adorait ce peuple qui était désormais le sien [3]. »

Le roi, qui lui avait conféré le nom de « Cheikh Abdallah », lui fit don d'une maison à La Mecque — dont il avait fait son « foyer spirituel » — et d'une autre, très modeste, à Ryhad, pour lui permettre de prendre part aux séances du Conseil de la Couronne [4]. « Ainsi se nouèrent les liens d'amitié qui unirent pendant trente ans l'héritier des chefs bédouins et l'ancien agent britannique. Ils se voyaient chaque jour au divan du palais royal où se réunissait le Conseil dont les membres, assis le long des murs sur des tapis, discutaient gravement et longuement des affaires de l'État, tandis que le roi se tenait, selon la coutume bédouine, à l'angle du mur de fond de la salle, près de la fenêtre. Il arrivait fréquemment qu'il mandât son ami au cours de la journée pour avoir son avis au sujet d'une affaire urgente [5]. »

1. H. Saint-John Philby : *Arabian Days*, p. 281.

2. H. Saint-John Philby : *Forty years in the wilderness. First steps in Islam*, p. 146.

3. G. Ryckmans : *H. Saint-John Philby*, p. 6.

4. Il assistait aux séances à titre non officiel, car il avait refusé d'être nommé Conseiller de la Couronne, afin de conserver toute son indépendance.

5. G. Ryckmans : *op. cit.*, pp. 7, 8.

Ce fut Philby qui mit le roi en relation avec Charles Crane et l'ingénieur américain Karl S. Twitchell, dont les prospections géologiques aboutirent à la découverte des gisements de pétrole qui devaient faire la fortune de la dynastie. Il tenta tout d'abord d'en faire bénéficier l'*Irak Petroleum*, où l'influence anglaise était prépondérante. Mais les Américains, ayant offert des conditions supérieures, il dut y renoncer.

A partir de ce moment, il consacra la majeure partie de son temps à l'exploration du pays et on ne peut qu'admirer la somme d'observations et de connaissances que ce nouvel Hérodote recueillit au cours de ses voyages. On trouverait difficilement un Bédouin qui ait accompli des périples plus nombreux à travers les diverses provinces de la péninsule. Depuis la terre de Midian, au nord [1], jusqu'au district de Najrân, au sud, depuis les côtes de la mer Rouge jusqu'à celles du golfe Persique, il n'est pour ainsi dire pas de ville, de bourgade ou d'oasis qu'il n'ait visitée. Il fut le premier à traverser de part en part le grand désert du Ruba-al-Kâli [2], et le premier à dresser la carte de l'Arabie centrale. Mais là ne se limitèrent pas ses activités.

Les frontières séparant l'Arabie méridionale de l'Yémen avaient toujours été contestées. La situation qui régnait entre les territoires relevant de l'autorité de l'Imam Yahia, ceux qui se trouvaient dans la mouvance d'Ibn-Séoud et les espaces plus ou moins anarchiques de l'Hadramaout, cette longue bande de terrain qui borde l'océan Indien, était d'autant plus confuse qu'on ne savait au juste où s'arrêtaient les zones de transhumance des tribus et qu'on ne possédait aucun relevé topographique de la région.

Au cours de l'hiver 1931-1932, des formations séoudites s'étaient installées — à tort semble-t-il — dans le village d'Aru. Par mesure de représailles l'Imam Yahia avait fait occuper Najrân, où ses troupes — « sans doute pour se rendre agréables à la population », comme le remarque ironiquement Philby [3] — s'étaient livrées à une série d'exactions et de pillages.

Furieux, Ibn-Séoud lança contre elles des unités de l'*Ikwan* placées sous le commandement de Luwaï, le vainqueur de Kurma. Celles-ci obligèrent les occupants yéménites à se retirer de Najrân et les battirent à plate couture. Des négociations furent entamées en vue d'un cessez-le-feu. Comme celles-ci traînaient en longueur, Ibn-Séoud perdit patience. Voulant vider

1. Cf. H. Saint-John B. Philby : *The Land of Midian*, London, 1957.
2. Cf. H. Saint-John B. Philby : *The Empty Quarter*, London, 1933.
3. H. Saint-John B. Philby : *Arabian Jubilee. Relations with the Yaman*, pp. 185 et s.

l'abcès qui suscitait des contestations perpétuellement renaissantes il donna l'ordre à ses deux fils Saud et Fayçal, de marcher sur Sana, la capitale de l'Yémen.

Le 5 avril 1934, les forces séoudites franchirent la frontière yéménite à la faveur d'une tempête de sable. En moins de trois semaines, Fayçal atteignit Hodeida, le port sur la mer Rouge d'où la capitale du Yémen tirait son ravitaillement. Pendant ce temps, Saud occupait la province de Tihama. La résistance yéménite semblait définitivement brisée.

Mais le raid fulgurant de Fayçal alarma les Puissances occidentales et en premier lieu l'Angleterre, qui voyait dans l'Yémen un glacis qui protégeait la ville et le territoire d'Aden. Des bateaux de guerre britanniques, français et italiens cinglèrent vers Hodeida et allèrent mouiller dans ce port, « afin d'inciter les Séoudiens à faire preuve de modération ».

Ibn-Séoud, qui se trouvait à Ryhad, comprit le sens de cet avertissement. Fort sagement, il estima qu'il ne pouvait s'offrir le luxe de l'ignorer. Il envoya à ses deux fils l'ordre de ne pas avancer plus loin.

Des négociations arabo-yéménites s'ouvrirent peu après à Taïf. Elles aboutirent, le 13 mai 1934, à la signature d'un traité par lequel Ibn-Séoud s'engageait à retirer ses troupes d'Hodeida et à évacuer le Tihama, moyennant le versement d'une forte indemnité.

Mais le traité de Taïf ne supprimait pas pour autant les causes de friction, qui résidaient dans l'imprécision des frontières. La seule solution rationnelle consistait à les délimiter. Ibn-Séoud confia cette mission à Philby, qui l'accepta avec joie. Elle faisait de lui l'arbitre entre l'Arabie et l'Yémen.

Philby se mit en route le 19 mai 1936. Prenant congé du roi à Ashaïra, il descendit tout d'abord vers Abha, la capitale de la province de l'Asir, en empruntant les vallées du Wadi Ranya, du Wadi Bisha, et du Wadi Tathlith, bien décidé à pousser jusqu'à l'océan Indien, afin d'être le premier européen à avoir traversé l'Arabie du nord au sud, après l'avoir fait d'est en ouest, et d'ouest en est. D'Abha il parcourut en tous sens la partie méridionale du Hedjaz, dressa la carte de la frontière dans la zone limitrophe de l'Yémen et dirigea les travaux de la Commission mixte chargée de la jalonner. Bientôt, 240

---

1. A la conférence du Caire, Lawrence avait participé au tracé des frontières de la Transjordanie. On voit donc que l'affirmation de Philby, selon laquelle « ils avaient joué tous deux un rôle dans la transformation subie par la carte du Moyen-Orient », doit être prise dans son sens littéral.

stèles s'alignèrent en bordure d'une ligne, longue de 650 kilomètres, qui allait d'un point de la côte de la mer Rouge situé entre Muassam et Maïdi, jusqu'à la lisière du Ruba-al-Kâli [1]. Le tracé de la frontière, établi sous sa direction, tenait compte à la fois des données géographiques et de la disposition des zones de transhumance des tribus. Qu'il ait pu y parvenir, sans soulever de nouvelles querelles, témoigne à la fois de ses talents de diplomate et· de l'autorité qu'il avait su acquérir sur les populations. Il veilla en outre à la stricte application de la clause du traité par laquelle les deux parties s'étaient engagées à ne pas construire de fortins à moins de cinq kilomètres de part et d'autre de la ligne de démarcation.

Après avoir passé un mois dans l'oasis de Najrân, où Halévy avait été le premier à relever des inscriptions sabéennes en 1870, Philby descendit vers le Djauf méridional, pour gagner Shabwa, l'ancienne capitale de l'Hadramaout. A la fin du mois d'août, il arriva à Shibam, à Tarim et à Saïwun. Conformément à ses plans, il atteignit l'océan Indien à Shihr, d'où il gagna Mukalla [1].

« Les autorités d'Aden », nous dit Ryckmans, « n'accueillirent pas avec une particulière faveur la présence d'un émissaire d'Ibn-Séoud sur les territoires d'allégeance britannique. De plus, le bruit avait couru que Philby avait pénétré dans le Hadramaout à la tête d'un détachement de soldats wahabites. Philby n'insista pas [2]. » D'autant plus qu'au-delà de la frontière séoudite, il n'était plus couvert· par la protection d'Ibn-Séoud. Il savait que le roi d'Arabie fermerait les yeux sur son escapade, mais seulement à condition qu'elle ne lui créât pas d'ennuis.

Sur le chemin du retour, il aperçut au loin les ruines légendaires de Marib, l'antique capitale des Sabéens ; mais il ne put y pénétrer, par suite du mauvais vouloir du gouverneur de la province, qui craignait de mécontenter l'Imam en recevant chez lui un ami d'Ibn-Séoud [3].

Revenu à Najrân, Philby se dirigea vers le port de Jizân, sur la mer Rouge et remonta la plaine de la Tihama jusqu'à Djeddah. Il n'avait pas seulement fixé les frontières de deux royaumes : il avait parcouru un territoire de 200.000 kilomètres carrés, pour la plus grande part inexploré.

Ce fut à la suite de cette mission que Philby sentit croître

1. G. Ryckmans : *op. cit.* p. 12.
2. *Id.*
3. L'année précédente, Hans Helfritz, un explorateur allemand, les avait entrevues lui aussi. Mais il ne s'y était pas attardé, par suite de l'attitude hostile des habitants.

son intérêt pour les inscriptions pré-islamiques dont il avait aperçu de nombreux spécimens le long de sa route. Ayant rejoint La Mecque au début du pèlerinage (18 février 1937), il y rencontra le roi et lui fit part de son désir d'en effectuer le relevé. Ainsi naquit le projet d'expédition qu'il devait effectuer en 1951 en compagnie de trois savants belges de renom international : le chanoine Ryckmans, de l'Université de Louvain, son neveu Jacques Ryckmans et le docteur Philippe Lippens.

Ce n'est pas le lieu de relater ici les détails de cet étonnant voyage que Philby se plaisait à nommer « *le magnum opus* » de sa vie [1]. Bornons-nous à signaler que la petite caravane, organisée sous l'égide du roi, parcourut 5.448 kilomètres de désert dont plus de 2.000 dans des zones encore inconnues, et en rapporta, outre une foule d'observations géologiques, zoologiques et météorologiques, près de 15.000 inscriptions sabéennes et pré-islamiques, soigneusement retranscrites, photographiées et inventoriées [2].

Mais tandis que Philby s'acquittait de ces différentes missions et s'adonnait aux joies de l'épigraphie [3], l'Arabie subissait une transformation profonde. Avec les flots de pétrole, un flot d'or avait déferlé sur le pays, faisant craquer les structures austères de l'ancien Etat wahabite. Dans la préface de son livre sur l'Arabie séoudite [4], Philby se livra à de sombres pronostics. Le vieux roi Ibn-Séoud, qui avait mené toute sa vie l'existence d'un Bédouin frugal, juste et pieux, fut débordé par des événements auxquels il n'était pas préparé. Il avait vécu pauvre et fut écrasé dans sa vieillesse sous le poids de sa fortune. Les exigences de sa famille devinrent exorbitantes et ses forces

1. Philippe Lippens, qui avait été chargé de l'organisation matérielle de la mission, a dressé le compte rendu de ce « raid de printemps », dans son livre : *Expédition en Arabie centrale*, Adrien Maisonneuve, Paris, 1956.

2. Ces inscriptions ont été publiées sous les auspices de l'Institut orientaliste de l'Université de Louvain, par Mgr Ryckmans, dans *Le Muséon* : LXVI, pp. 267-317 et par Jacques Ryckmans : *Ibid*, pp. 318-342.

Signalons également l'important ouvrage de Jacques Ryckmans : *L'Institution monarchique en Arabie méridionale avant l'Islam (Ma'in et Saba)*, Bibliothèque du Muséon, vol. 28, Louvain, 1951. Ce livre a été rédigé juste avant l'expédition.

3. H. Saint-John B. Philby : *Epigraphical Expedition in Sa'udi Arabia (1951-1952)* dans *Proceedings of the twenty-third International Congress of Orientalists, Cambridge 21st - 28th August 1954*. Londres 1957, pp. 90-91 et 109.

4. H. Saint-John Philby : *Sa'udi Arabia*, Londres, 1955.

déclinantes furent impuissantes à endiguer la marée montante de la corruption et de la vénalité, importées surtout par des forbans accourus de l'extérieur pour exploiter ce peuple austère, nullement préparé à l'usage de pareilles richesses [1].

Après la mort d'Ibn-Séoud, la situation empira. Philby souffrait de voir tant de vertus essentielles sacrifiées au goût du lucre, tandis que l'austérité cédait le pas à la prodigalité la plus folle. Sans doute n'avait-il jamais été puritain. Mais avec l'âge, son goût inné pour l'ascétisme reprenait une vigueur nouvelle sous le manteau wahabite.

En février 1955, il donna, en qualité d'invité de l'Aramco, une série de conférences, dans lesquelles les problèmes politiques et économiques qui se posaient à l'Arabie étaient traités avec une liberté d'expression que justifiait sans doute l'ampleur des services qu'il avait rendus à la dynastie, mais qui n'étaient de nature à plaire ni au palais royal, ni au gouvernement de Ryhad. Pour aggraver les choses, une partie de ses conférences fut publiée à Londres, dans la revue *Foreign Affairs*.

La réaction ne se fit pas attendre. Son livre *Arabian Jubilee*, que l'ancien maire de La Mecque avait traduit en arabe et fait éditer au Caire, fut interdit en Arabie. Philby fut sommé de se rétracter et de soumettre désormais ses écrits à la censure — ou de quitter le pays.

Fièrement, l'ancien conseiller d'Ibn-Séoud refusa de s'incliner. Un tiers de siècle s'était écoulé depuis le jour où Lawrence avait été chassé de Djeddah par la colère de Hussein. A son tour, Philby quitta l'Arabie, le cœur déchiré. « A midi, le 15 avril 1955 », écrit-il, « je dis adieu à ma maisonnée en pleurs, et quittai Ryhad à tout jamais [2]. »

Mais des amis intervinrent en sa faveur auprès du roi Saud. Ils lui firent valoir que Philby ne méritait pas une pareille disgrâce. Après tout, ses critiques étaient inspirées par un amour brûlant pour l'Arabie... Ils n'eurent guère de peine à faire revenir le souverain sur une décision qu'il semble avoir surtout prise à l'instigation d'un de ses frères. « Je ne fais pas grief au Cheikh Abdallah d'avoir critiqué mon gouvernement », déclarat-il. « Je le blâme seulement de n'être pas venu me le dire à moi-même, au lieu de porter le débat devant un public étranger. »

Au bout de quelques mois, Saud pardonna à Philby. Il rapporta le décret de bannissement et lui fit savoir que rien ne s'opposait à son retour en Arabie. Philby, qui souffrait de son

---

1. Cf. G. Ryckmans : *H. Saint-John B. Philby*, p. 16.
2. H. Saint-John B. Philby : *Forty years in the wilderness*, p. 16.

exil plus cruellement qu'il ne voulait en convenir, s'empressa
de saisir cette offre et revint s'installer dans sa petite maison
de Ryhad (30 mai 1956). Il y consacra les dernières années
de sa vie à la rédaction de ses mémoires et à l'élaboration de
plusieurs volumes, encore inédits [1].

Il mourut à Beyrouth le 30 septembre 1960, âgé de 75 ans,
au retour d'un voyage en Europe, au cours duquel il avait
rendu visite à Mgr Ryckmans. Aucun des deux compagnons
d'exploration ne pensa que c'était la dernière fois qu'ils se
voyaient, tant Philby s'était montré alerte et joyeux [2].

Il repose aujourd'hui dans le petit cimetière musulman de
Bashura. Son fils a fait graver sur une stèle cette simple inscription : « *Ici repose le plus grand des explorateurs de l'Arabie* ».

Arcades ambo... Ainsi a pris fin, dans la paix d'un petit
cimetière libanais, le long périple qu'il avait entrepris au début
de la première guerre mondiale, en compagnie de Thomas
Edward Lawrence. Bien qu'ils se soient souvent heurtés au cours
de leur carrière, les deux hommes avaient trop de passions en
commun pour être vraiment ennemis.

Si « Aurens » et « Abdallah [3] » se sont retrouvés dans un
monde meilleur, nul doute qu'ils n'y poursuivent leur voyage
côte à côte ; et si l'on pouvait entendre leurs propos — où
l'Arabie tient sûrement une place de choix, — ils fourniraient
la substance d'un merveilleux dialogue des morts.

Novembre 1961.

1. Notamment le tome II de *The Land of Midian*, l'histoire de son
proconsulat à Amman et une biographie de la reine Balkis.

2. Cf. G. Ryckmans, *op. cit.* p. 1.

3. Ce sont les noms que les Arabes donnèrent respectivement au poète
et à l'explorateur.

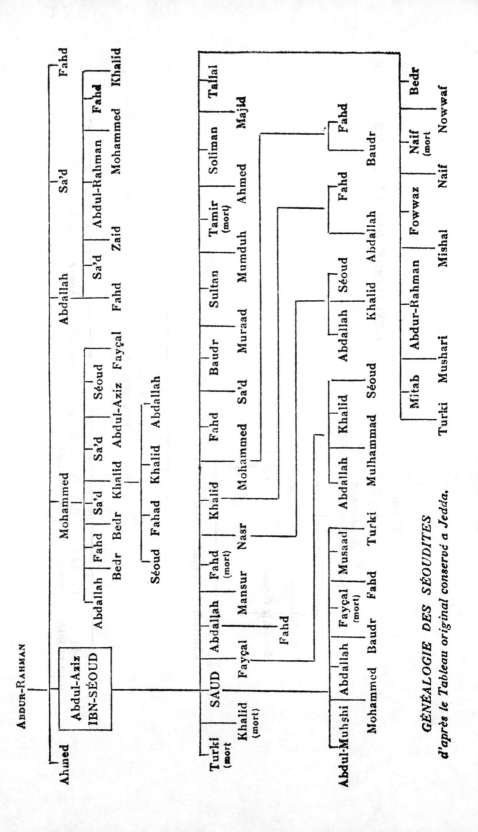

GÉNÉALOGIE DES SÉOUDITES
d'après le Tableau original conservé à Jedda.

GÉNÉALOGIE DES SÉOUDITES

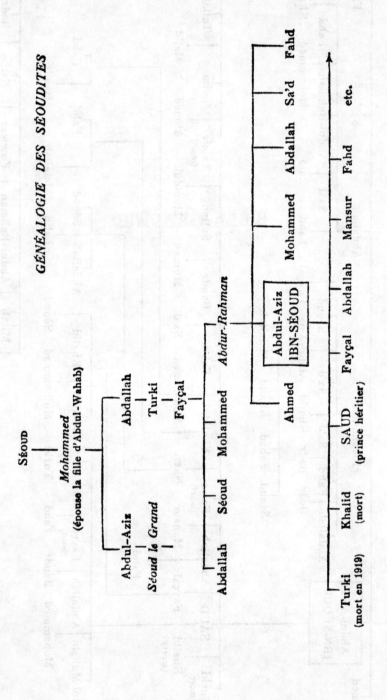

BIBLIOGRAPHIE

BIBLIOGRAPHIE

par ordre alphabétique des noms d'auteurs.

A : VOLUMES

ANCEL (Jacques) : *La question d'Orient.* Paris, 1923.

ARMSTRONG (H.-C.) : *Lord of Arabia.* London, 1937.

BENOIST-MÉCHIN : *Mustapha Kémal, ou la mort d'un empire.* Paris, 1954.

BERTAUD (W.) : *Les Wahabites.* Paris, 1926.

BISCHOFF (Norbert de) : *La Turquie dans le monde.* Paris, 1936.

BOUSSARD (Léon) : *Le secret du colonel Lawrence.* Paris, 1946.

BRÉMOND (Général) : *Le Hedjaz dans la guerre mondiale.* Paris, 1931.

BROUCKE (J.) : *L'Empire arabe d'Ibn-Séoud.* Bruxelles, 1929.

BURTON (Sir Richard) : *The Gold Mines of Midian.* London, 1878.

CHAIR (Somerset de) : *Le Tapis doré.* Paris, 1951.

CHASLES (Michel) : *Mémoire sur les méthodes en géométrie.* Paris.

DEGRELLE (Léon) : *Ma campagne de Russie.* Bruxelles, 1952.

DOUGHTY (Charles M.) : *Arabia Deserta.* Paris, 1949.

DUCROCQ (Albert) : *Les armes de demain.* Paris, 1949.

GAUDEFROY-DEMOMBYNES (M.) : *Les Institutions musulmanes.* Paris, 1946.

GAURY (Gerald de) : *Arabia Phœnix.* London, 1946.

GRAVES (Robert) : *Lawrence et les Arabes.* Paris, 1933.

GUIOT (Commandant) : *Combats sans espoir.* Paris, 1951.

HITTI (Ph. K.) : *Précis d'Histoire des Arabes.* Paris, 1950.

HOFER : *Histoire de la Chimie.*

HUMBOLDT (Alexandre de) : *Cosmos.*

International Petroleum Cartel (The). Washington, 1952.

JOUVENEL (Bertrand de) : *L'Amérique en Europe.* Paris, 1952.

KAMMERER (A.) : *L'Abyssinie, la mer Rouge et l'Arabie.* Le Caire, 1935.

KEIRALLAH (Docteur George) : *Arabia reborn.* University of New-Mexico.

LAWRENCE (T.-E.) : *Les Sept Piliers de la Sagesse.* Paris, 1949.

LAWRENCE (T.-E.) : Préface à *l'Arabia deserta* de DOUGHTY. Paris, 1949.

LAWRENCE (T.-E.) : *Lettres.*

LAWRENCE (T.-E.) : *The Mint.* (Inédit.)

LIPPENS (Philippe) : *Expédition en Arabie centrale,* Adrien-Maisonneuve, Paris, 1956.

Livre du VIIIe centenaire de Bernard de Clairvaux. Strasbourg, 1953.

LONGRIGG (Stephen Hemsley) : *Oil in the Middle-East.* Oxford University Press.

MAHOMET : *Le Coran.* Trad. Ed. MONTET. Paris, 1923.

MEULEN (Van der) : *The wells of Ibn-Saud.* Praeger, New York.

MIKUSCH (Dagobert von) : *König Ibn Saud,* Paul List Verlag, München.

PELLEGRIN (Arthur) : *L'Islam dans le Monde.* Paris, 1950.

PHILBY (H. St John B.) : *The Heart of Arabia.* Londres, 1922.

PHILBY (H. St John B.) : *Arabia of the Wahhabis.* Londres, 1928.

PHILBY (H. St John B.) : *A Pilgrim in Arabia.* Londres, 1946.

PHILBY (H. St John B.) : *Arabian Days.* Londres, 1948.

PHILBY (H. St John B.) : *Arabian Jubilee.* Robert Hale, Londres, 1956.

PHILBY (H. St John B.) : *Forty Years in the Wilderness.* Robert Hale, Londres, 1957.

PILLEMENT (Georges) : *Palais et châteaux arabes en Andalousie.* Paris, 1951.

PTOLÉMÉE : *Géographie.* Livres V et VI.

ROOSEVELT (Elliott) : *Mon Père m'o dit...* Paris, 1947.

SÉDILLOT (L.-A.) : *Histoire des Arabes.* Paris, 1854.

SHERWOOD (Robert E.) : *Le Memorial de Roosevelt.* Paris, 1951.

446

Stettinius (Edward R. Jr.) : *Le Prêt et Bail, arme de la Victoire.* New-York, 1944.
Strabon : *Géographie,* Livre VII.
Thomas (Lowell) : *With Lawrence in Arabia.* London, 1921.
Twitchell (Karl S.) : *Saudi-Arabia.* Princeton University Press.
Young (Général Desmond) : *Rommel.* London, 1950.

B : RAPPORTS ET DISCOURS

Auchinleck (Général) : Rapport n° 38.177. London, *Gazette,* supplément du 13 janvier 1948.
Benoist-Méchin : Rapport à l'amiral Darlan, le 9 janvier 1942.
Catroux (Général) : Proclamation à la radio du Caire le 8 juin 1941.
Churchill (Sir Winston) : Discours à la Chambre des Communes, le 9 septembre 1941.
Dentz (Général) : Rapport au gouvernement français sur les opérations de Syrie. Août 1941.
Wavell (Maréchal) : Déclaration. *Combat,* 4 juin 1946.

C : FONDS DE DOCUMENTATION

Écoles des Langues orientales, Paris.
Imperial War Museum, London.
Oriental school of Languages, London.
Royal Institute of International Affairs, London.

D : JOURNAUX ET PÉRIODIQUES

1) Le Caire
Journal d'Égypte.
2) Damas
Liwa et Istiqlal.
3) Londres
British Admiralty : « The Persian Gulf Pilot. »
Daily Telegraph.
Geographical Journal : « Captain Shakespeare's last journey. » (Vol. LIX, 1922.)

Journal of the Royal Asian Society : Gerald de GAURY :
« Arabia and the Future. » Vol. XXXI, 1944.
Near East and India Economist.
The Times.
    4) LA MECQUE
Umu-al-Kura.
    5) NEW-YORK
American Magazine : Déclaration de Kenneth J. E.
    EDWARDS, octobre 1947.
American Magazine : Gerald de GAURY, octobre 1947.
American Magazine : James MAC PHERSON, octobre 1947.
Catholic Herald.
Fortune.
Life : Floyd OHLIGER, 20 juin 1949.
New York Times, 19 mars 1946.
Time : Burt. E. HULL, 20 novembre 1950.
Reader's Digest : André VISSON : « Why must we build
    that Pipe-Line ? », juin 1944.
    6) PARIS
Annuaire du Bureau des Longitudes. Année 1850.
Aurore : J.-R. PERCHERAL : « Le Malaise arabe », 28 août
    1951.
Figaro : Général CATROUX : « Réflexions sur l'affaire
    syrienne », 20 août 1949.
Figaro : Sir Winston CHURCHILL : « Mémoires », 9 février
    1950.
Figaro : James de COQUET : « Pétrole 51 », 24-25 mars
    1951.
France-Illustration : Frédéric MÉGRET : « Des Mille et
    Une Nuits aux puits de pétrole », 7 janvier 1950.
France-Illustration : René BRANELLEC : « Ibn-Séoud »,
    20 janvier 1951.
Hommes et Mondes : Maurice PERNOT : « La Ligue
    arabe », mars 1947.
Monde : Édouard SABLIER : « Le nouveau putsch syrien »,
    16 août 1949.
Monde : Edouard SABLIER : « La vraie bataille du Proche-
    Orient », 19 novembre 1949.
Paris-Match : Jean-Pierre PENEZ et Maurice JARNOUX :
    « Enquête chez le fils d'Ibn-Séoud », 6-13 mars 1954.
Rivarol : GUÉMARQUÉ : « Avec Ibn-Séoud, Roi des sables »,
    20 novembre 1953.
Samedi-Soir : 3 octobre 1949.

TABLE DES MATIÈRES

II

IBN-SÉOUD OU LA NAISSANCE D'UN ROYAUME

PREMIÈRE PARTIE

MOBILITÉ ET IMMOBILITÉ DES ARABES
(5000 av. J.-C.-1880)

DEUXIÈME PARTIE

LA CONQUÊTE DU NEDJD
(1880-1905)

QUATRIÈME PARTIE

L'ARABIE SÉOUDITE

(1928-1945)

CINQUIÈME PARTIE

L'ARABIE SÉOUDITE, BASTION AVANCÉ
DE L'HÉMISPHÈRE OCCIDENTAL
(1945-1953)

APPENDICES

CARTES ET CROQUIS

La reproduction photomécanique,
l'impression et le brochage
ont été réalisés dans les ateliers
de Pollina à Luçon
pour les Éditions Albin Michel

Achevé d'imprimer en mars 1990
N° d'édition 11114. N° d'impression 12160
Dépôt légal avril 1990

IMPRIMÉ EN FRANCE